高等院校本科会计学专业教材新系

『十二五』普通高等教育本科国家级规划教材

会计制度设计

Accounting System Design

第7版

李端生 王玉兰 主编

东北财经大学出版社
Dongbei University of Finance & Economics Press
大连

图书在版编目（CIP）数据

会计制度设计 / 李端生，王玉兰主编. —7版. —大连：东北财经大学出版社，2019.12（2021.2重印）
（高等院校本科会计学专业教材新系）
ISBN 978-7-5654-3686-4

Ⅰ.会… Ⅱ.①李… ②王… Ⅲ.会计制度-设计-高等学校-教材
Ⅳ. F233

中国版本图书馆CIP数据核字（2019）第204160号

东北财经大学出版社出版
（大连市黑石礁尖山街217号 邮政编码 116025）
网 址：http：//www.dufep.cn
读者信箱：dufep@dufe.edu.cn
大连天骄彩色印刷有限公司印刷 东北财经大学出版社发行

幅面尺寸：185mm×260mm 字数：415千字 印张：17.75 插页：1

2019年12月第7版 2021年2月第25次印刷

责任编辑：王 莹 吴 茜 责任校对：贺 荔
封面设计：冀贵收 版式设计：钟福建

定价：42.00元

教学支持 售后服务 联系电话：（0411）84710309

如有印装质量问题，请联系营销部：（0411）84710711

第7版前言

随着我国企业会计准则的国际趋同和对会计监管力度的加大，设计内部会计制度已成为每一个单位的必要工作。作为一门基础性会计学课程，会计制度设计是高等财经院校会计学、财务管理和审计学专业的必修课；作为一项具体性会计工作，会计制度设计的基本理论和方法是各单位会计人员和注册会计师都必须掌握的知识。

本教材自2001年第一版出版以来，得到了广大读者的一致好评，并于2013年入选教育部“十二五”普通高等教育本科国家级规划教材。至2016年，本教材已经历了五次修订，在每一次的编写和修订过程中都力求理论联系实际，注重规范性、适用性、通俗性、时效性和前瞻性。所谓规范性，是指严格遵循国家会计法规制度；所谓适用性，是指紧密联系企业会计实践，着重阐述企业会计制度的设计原理与方法；所谓通俗性，是指努力做到浅显易懂，便于读者理解和掌握；所谓时效性，是指教材内容既要与会计规范理论的发展、会计法规制度的完善和会计监管政策的变化保持同步，又要紧跟会计技术手段发展的步伐；所谓前瞻性，是指敢于对受信息技术和管理理论发展影响较大的内容做出预判性设计。基于此，本教材在系统阐述企业会计制度设计的基本理论、基本原则、基本程序和基本方法的基础上，除详细介绍会计机构、会计科目、会计凭证、会计账簿、财务报表、账务处理程序、成本核算等传统会计制度设计内容外，还对内部控制、会计政策选择和破产清算会计等前沿性制度设计进行了讲解。因此，本教材既可供高等财经院校会计学、审计学、财务管理、资产评估专业学生以及在职会计人员培训使用，又可作为会计制度设计人员的指导性读物。

2016年第六版修订以来，我国企业会计准则等规章制度又发生了较大变化。例如，2016年12月发布了《增值税会计处理规定》和《企业破产清算有关会计处理规定》；2017年发布了《企业会计准则第42号——持有待售的非流动资产、处置组和终止经营》，修订了《企业会计准则第14号——收入》《企业会计准则第16号——政府补助》《企业会计准则第22号——金融工具确认和计量》等3项金融工具准则；2018年12月修订了《企业会计准则第21号——租赁》；2019年5月发布了《关于修订印发2019年度一般企业财务报表格式的通知》等。这些规章制度的颁布实施对会计教学内容和会计实务工作都产生了较大影响。

为了体现会计准则等规章制度的最新变化，保证本教材的规范性、适用性、通俗性、时效性和前瞻性，更好地服务于会计教学和会计实务，我们进行了本次修订工作。本次修订工作可用“完善、增加、删除、扩充”四个关键词概括，具体地讲：

第一，针对会计规范变化、信息系统升级和财务共享服务，对会计工作组织制度设计、会计科目设计、会计凭证设计、财务报表设计、成本核算制度设计、破产企业会计制度设计等六章的内容进行了补充和完善。

第二，结合企业信息化规范，增加与会计信息化有关的制度设计内容，包括：会计岗位设置、财务共享中心设计和会计信息化环境下的内部控制设计；结合增值税改革和内部控制规范，在明细账设计中增加了应交增值税明细账和应交税费明细账设计，在备查账簿设计中增加了出纳登记簿、发票登记簿和研发支出辅助账的设计。

第三，删除了与现行会计实务结合不紧密的教材内容，包括：第五章中普通日记账、日记总账和报告式总分类账的设计；第七章第二节中日记总账账务处理程序的设计和凭单日记账账务处理程序的设计；第七章第四节中汇总记账账务处理程序的应用举例；第十章责任会计制度设计。

第四，扩充二维码拓展阅读材料，本部分内容均为真实案例，缩小了理论与实践之间的距离，使教学与实务的关系更加密切，增强了教材的趣味性。这是本次修订工作的最大亮点，希望能给读者带来全新的阅读感受。

本教材由山西财经大学会计学院李端生教授和王玉兰副教授主编。具体分工如下：李端生教授编写第一章和第八章；王玉兰副教授编写第六章、第九章和第十章；许燕副教授编写第七章和二维码拓展阅读材料；张海燕讲师编写第三章和第十一章；李征讲师编写第二章；山西省财政税务专科学校高宇茜老师编写第四章和第五章。本次修改总纂工作由李端生和王玉兰共同完成。敬请广大读者提出宝贵意见，以便我们进一步改进和完善。

感谢东北财经大学出版社王莹、吴茜等各位编辑为本教材付出的辛勤劳动，她们的敬业精神令人敬佩。更要感谢各位读者对本书的青睐和包容，你们的支持和指正是本教材进步的不竭动力。

李端生　王玉兰

2019年6月于山西财经大学会计学院

目 录

MULU

第一章 会计制度设计概述

学习目标

掌握会计规范体系的含义及组成内容，明确会计制度在会计规范体系中的地位和作用，了解会计制度设计的意义、内容、原则、种类与程序以及会计制度设计人员应当具备的条件。其具体目标包括：

□ 知识目标

了解会计规范、会计法律、会计准则、会计制度等基本概念，熟悉会计制度设计的意义、设计的主体和设计的内容，掌握会计制度设计应遵循的原则、程序和方法。

□ 技能目标

掌握会计制度设计的程序和方法。

□ 能力目标

理解会计制度设计的内容，把握会计制度设计人员应具备的条件。

第一节　会计制度与会计规范体系

一、会计规范体系的含义及组成内容

（一）会计规范体系的含义

会计是伴随人类生产实践和经济管理的客观需要而产生并发展的一项管理活动，其本质是对企业的经济业务事项进行确认、计量、记录和报告，并通过所提供的会计信息对企业的经济活动做出预测、参与决策和实行监督。因此，会计的管理职能首先表现在企业内部。但任何一个单位的经济活动都不可能是孤立的，必然与各方面发生直接或间接的联系。例如一个生产企业，既要与供应单位、购货单位发生购销关系和债权债务关系，又要

与银行、投资者分别发生信贷关系和权益关系，还要与政府有关部门发生税收征纳关系并接受其监督管理。可见，会计在处理经济业务事项时，所涉及的经济关系远远超出企业范围。会计如何处理企业与各方面的经济关系，不仅影响本企业的财务收支和利益分配，而且影响国家、投资者、债权人、供应商、客户以及职工个人的经济利益。因此，为了保证会计处理过程的合法合理性和会计处理结果的客观正确性，必须制定一套具有指导性和约束力的会计规范。

会计规范是指用来指导和约束会计实践工作与会计人员行为的各种会计法律、会计行政法规、会计规章制度及会计职业道德。由此按照一定的逻辑关系所组成的整体则为会计规范体系。因此，会计规范体系具有三个方面的特征：一是结构性，即它是由各种会计规范构成的，各种会计规范之间具有一定的结构和内在联系；二是功能性，即各种会计规范都有其特定的作用，对会计工作都起着一定的指导和约束作用，且又具有明显的整体功能；三是互补性，即组成会计规范体系的各种规范之间相互联系、相互作用和相互补充，从而保证了会计规范体系的严密性和完整性。

（二）会计规范体系的组成内容

会计规范体系由会计法律制度和会计职业道德两部分组成。具体地讲，会计规范体系包括会计法律、会计行政法规、会计规章制度和会计职业道德四个层次：

（1）会计法律，是指调整我国经济生活中会计关系的法律总规范，如《中华人民共和国会计法》（以下简称《会计法》）。它是会计法律制度的最高层次，指导会计工作的最高准则，也是制定其他会计法规的依据。它由国家最高权力机关——全国人民代表大会及其常委会制定。

（2）会计行政法规，是指调整经济生活中某些方面会计关系的法律规范。它由国家最高行政机关——国务院制定发布，如《总会计师条例》《企业财务会计报告条例》等。

（3）会计规章制度，是指由主管全国会计工作的行政部门——财政部就会计工作某些方面的内容所制定的规范性文件，如《企业产品成本核算制度（试行）》《会计基础工作规范》《会计档案管理办法》《会计从业资格管理办法》《企业内部控制基本规范》《企业会计准则——基本准则》以及各项具体企业会计准则等。作为会计法律制度的最低层次，会计规章制度必须依据会计法律和会计行政法规制定。

（4）会计职业道德，是社会道德规范在会计工作中的具体化，它存在于会计工作者的思想意识和社会舆论之中，既是会计工作者在长期会计实践中形成的共同认可并自觉遵守的规范，也是会计工作者发自内心的行为标准。与会计法律制度的成文性、强制性等特点比较，会计职业道德更多地表现为习惯性和自律性，它对会计法律制度的有效施行起着明显的保障作用。换句话讲，只有严密完善的会计法律制度而没有会计工作者较高的职业道德水平和道德决策能力，会计法律制度的作用将大打折扣，会计工作将很难规范有序地运行。因此，会计职业道德不仅自身属于会计规范，而且影响其他会计规范作用的发挥。

长期以来，我国会计界高度重视会计职业道德建设问题。1996年财政部颁布的《会计基础工作规范》，对会计职业道德提出了系统全面的要求。1998年财政部颁布的《会计职业道德规范》中将我国会计人员的职业道德内容概括为：爱岗敬业、诚实守信、廉洁自律、客观公正、坚持准则、提高技能、参与管理和强化服务。1999年10月，第九届全国人大常委会第十二次会议修订通过的《中华人民共和国会计法》，将“会计人员应当遵守职业道德，提高业务素质”作为一项法律要求确定下来。2012年12月，财政部颁布的《会计从业资格管理办法》中，也将遵守会计职业道德作为取得会计从业资格、从事会计工作的基本条件。2018年4月，财政部发布《关于加强会计人员诚信建设的指导意见》，首次制定了对严重失信人员的惩戒制度。2018年12月，国家发改委、人民银行、财政部、最高人民法院、税务总局等19个部门联合发布《关于对会计领域违法失信相关责任主体实施联合惩戒的合作备忘录》（发改财金［2018］1777号），对会计领域违法失信当事人（会计人员、国有企业法定代表人、董事、监事等）制定了多部门信息共享的联合惩戒措施，包括对严重失信会计人员法律制裁、行政处罚、行业惩戒，个人信息在财政部和“信用中国”等主要新闻网站向社会公布，限制从事会计工作，限制专业技术职务晋升，限制取得相关从业资格证书，限制参评各种荣誉奖项，限制担任金融机构高级管理人员，限制担任国有企业法定代表人、董事、监事，限制登记为事业单位法定代表人等。这是中华人民共和国成立以来参与部门最多，惩戒措施最具体、最严厉的会计失信处罚规定。可见，加强会计职业道德建设，提高会计职业道德水平，既是完善我国会计法规体系的基本要求，也是会计工作者必须具备的基本素质。

我国会计规范体系组成内容参见图1-1。

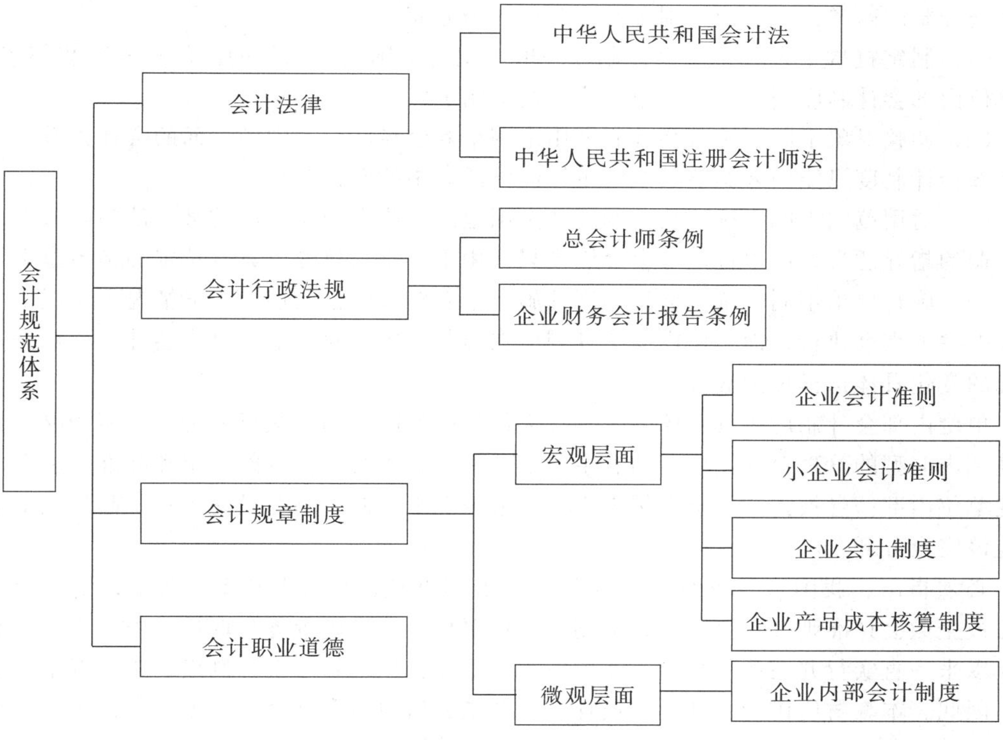

图1-1　我国会计规范体系图

二、会计制度的含义与特点

（一）会计制度及其演变

会计制度是指由政府有关部门和企事业单位制定的，用来约束具体会计工作的一种会计规范。作为会计规范体系的重要组成部分，会计制度随着会计的发展而不断演变并且日趋完善。古代会计时期，会计作为记录经济活动的一种方法，并无专人负责，大多由生产者或经营者兼办，相应地也没有真正意义上的会计制度。随着社会生产力的发展，企业经营规模的扩大和经营范围的拓宽，出现了专门从事会计工作的账房先生，他们凭借自己的工作经验和习惯形成了一定的会计行为守则并相对固化，成为最原始也最粗放的会计制度。可以说这个时期的会计制度具有明显的自发性和随意性特征。直至近代会计时期，随着科学技术的不断进步，商品交易事项日趋复杂，资本大众化趋势日趋明显，股份公司成为企业的主要组织形式，促使企业的所有权与经营权逐步分离。在这种情况下，会计提供的数据资料不再局限于满足企业经营者的需求，而必须同时满足企业投资者、债权人、政府以及其他利益相关者的需求，由此决定了企业会计信息的生成必须严格遵守特定的标准，执行统一的规范。此时的会计制度不再是随意性的经验总结和自发性的工作习惯，而必须由专门机构按照一定程序和要求制定和颁布。

可见，会计制度的演变是一个从简单到复杂、从随意到规范、从粗放到精细、从松散到严密的发展过程。

（二）会计制度的种类及主要区别

根据会计制度的制定机构和作用范围不同，会计制度可以划分为统一会计制度和单位内部会计制度两类，二者的区别主要体现在四个方面：

（1）制定机构不同。统一会计制度一般由主管全国会计工作的部门——财政部制定，而单位内部会计制度则由企事业单位财会机构制定。

（2）调整对象不同。统一会计制度用来调整社会经济活动中各方面的会计关系，而单位内部会计制度只能用来调整其制定主体经济活动中的会计关系。

（3）适用范围不同。统一会计制度在全国范围内或在国民经济的某个部门内通用，具有普遍的指导意义，而单位内部会计制度只适用于其制定单位，具有特定的指导意义。

（4）施行要求不同。统一会计制度的施行带有较大的强制性，一般情况下基层单位必须无条件地贯彻执行，而单位内部会计制度在施行中则相对灵活，可由会计人员根据实际情况的变化具体选择和把握。

单位内部会计制度按其具体内容和提供信息的目的不同，又可分为外向型的财务会计制度和内向型的管理会计制度。前者主要规定对外披露会计信息的要求和标准，后者主要规定单位内部信息披露的要求和标准。但多数情况下，两种制度是交织在一起的，不能也不应该完全分开。

必须指出，我国自2006年颁布实施会计准则以来，经过十几年的改革，统一会计制度已被企业会计准则、小企业会计准则、事业单位会计准则等逐步取代。中华人民共和国成立以来一直实行并在我国会计工作中发挥了重要作用的统一会计制度，正在退出历史舞台。因此，本教材所讲的会计制度设计，主要是针对单位内部会计制度，并以企业内部会计制度为主体。

（三）会计制度的特点

（1）目的性。会计制度的这一特点表现在两个方面：一是规范和指导特定主体的会计工作，从而适应一定的经营管理目的；二是实现为各利益相关者提供会计信息的目的。

（2）合法性。会计制度必须根据国家的会计法律和会计行政法规制定，符合各种法律法规的要求。

（3）实践性。会计制度是对会计实践经验的高度概括和总结，它来源于会计实践并经过理论升华后指导会计实践。

（4）系统性。会计制度是一个由各种具体规定所组成的有机系统，并且是一个既能发挥各种制度个体作用又能确保其整体功能的系统。

（5）强制性。会计制度要求在特定主体范围内施行，当事人必须按照制度要求处理相关事项并承担相应的责任。

三、会计制度在会计规范体系中的地位

在会计规范体系中，会计制度处于基础地位，这是因为：

（一）会计制度是会计法律法规的具体说明和详细规定

我们知道，会计法律法规是针对会计活动的普遍规律所作的总结，是国家对社会经济活动中的会计共性问题做出的统一规定，因此，具有高度概括性。正因为如此，它很难兼顾不同部门、不同行业，特别是不同企业的特殊情况，满足会计实践的具体要求。换句话讲，如果只有会计法律法规而没有会计制度，会计法律法规的普遍指导意义就很难与会计实践的具体需求有机地结合起来，不可避免地会削弱会计法律法规的效力。因此，任何一个经济单位，必须在会计法律法规的指导下制定内部会计制度。从这个意义上讲，会计制度实质上是会计法律法规的具体说明和详细规定，是指导会计实践工作、约束会计人员行为的直接依据和基本标准。

（二）会计制度是会计规范体系形成的先决条件

从会计规范的演变过程可以看出，最初的会计规范是带有自发性、随意性的会计制度，以后随着商品经济的发展，股份公司的出现，所有权与经营管理权的分离，各利益相关者对企业会计信息披露的要求越来越高，才出现了以会计准则为特征的会计规范。在此基础上，适应市场经济是法治经济的特点，又形成了以会计法律为指导的会计规范。会计规范从随意性制度阶段向有序性准则阶段，再向强制性法律阶段的转化，一方面表明会计规范体系的不断完善，另一方面也反映出会计制度始终是会计规范体系的基础内容，是会计规范体系形成的先决条件。

需要指出，建立以会计法律法规为指导、以会计准则和统一会计制度为核心、以单位内部会计制度为基础、以会计职业道德为保障的会计规范体系，正是我国会计规范体系改革和发展的基本趋势。但是，这种趋势仍然不会改变会计制度在会计规范体系中的基础地位。

第二节　会计制度设计的意义、内容与原则

一、会计制度设计的意义

任何单位的会计工作，都是围绕一定的会计目标，为完成一定的会计任务而开展的。要想保证会计任务的圆满完成、会计目标的顺利实现，并充分发挥会计在经济管理中的作用，必须具备多方面的条件。严密完善的会计制度是开展会计工作的基础，是建立现代企

业制度、完善公司治理不可缺少的一环。离开会计制度设计，就无法形成会计工作的指导规范，其结果必然使会计工作陷入无章可循、无所适从的困境。会计行为的合理化、会计运转的规范化、会计工作效率的提高、会计信息质量的保证、会计作用的发挥就都是空话。可以说，会计制度设计是整个会计工作的“基本建设”工作，主要解决“建账”的问题。如果能够用“记账、算账、报账、用账和查账”概括会计其他全部工作的话，“建账”无疑是它们的基础和必备条件。这一“基础”的质量直接决定“建筑”在“基础”之上的其他项目的质量。许多单位往往由于会计制度不健全、不科学、不合理，而发生资产流失、费用失控甚至营私舞弊等现象，给一些违法乱纪行为以可乘之机。实践证明，会计制度设计的好坏，不仅对会计工作有极强的制约作用，而且直接影响审计工作的进行和整个企业管理工作的质量。如果会计制度设计这一“先天”性工作做得不好，那么会计的其他工作即使再予以改善，也终难收到理想的效果。由此可见，会计制度设计有着重要意义。

但是，在高度集中的计划经济体制下，企业作为国家行政机关的附属物，缺少经营管理方面的自主权和经济利益的索取权，经营活动范围狭小，经济业务比较简单，因此，会计制度基本上由财政部门或上级主管部门设计，并强制企业无条件执行，企业基本上没有必要设计内部会计制度。社会主义市场经济体制的建立和完善，使企业成为自主经营、自负盈亏、自我约束和自我发展的经济实体。现代企业制度的推行，又使企业的筹资渠道不断拓宽，投资主体呈现多元化，财务活动领域扩大，会计关系趋向复杂。在这种情况下，国家制定的统一会计制度或会计准则无法满足各个企业的实际需要，在它们的指导下设计企业内部会计制度，已成为每一个企业财会工作的重要内容。换句话讲，设计会计制度不只是财政部门或上级主管部门的事，而是每一个企业财会部门应当从事的工作，会计制度设计的理论与方法是每一个财会人员必须掌握的知识。

会计制度设计，就是根据国家有关会计法律法规，采用文字或图表等形式，对会计工作应遵循的原则、应采用的程序和方法、应达到的要求等，做出明确的规定，作为会计工作的指导规范。

概括地讲，会计制度设计的意义反映在以下方面：

（一）完善会计规范体系，保证会计法规效力

前已述及，会计规范体系是指由指导和约束会计行为的各种法律法规、规章制度所组成的有机统一整体。会计规范既有反映和揭示全社会会计活动普遍性的内容，又有反映和揭示国民经济某个部门或某个单位会计活动特殊性的内容；既有指导各部门、各单位会计工作的法律法规，又有指导某个部门或某个单位会计工作的规章制度。会计制度是会计规范体系的重要组成内容，因此，设计会计制度，有利于进一步完善会计规范体系，使会计规范形成通用性与专用性相结合、强制性与灵活性相结合、宏观指导性与微观指导性相结合的有机统一整体。同时，由于设计会计制度必须以具有普遍指导意义的国家会计法律法规为依据，将会计法律法规的普遍性与企业会计实践的特殊性紧密地结合起来，因此，它可以使国家会计法律法规的普遍指导意义更加具体化、对象化，为会计法律法规在企业的施行奠定良好的基础。这就是说，设计内部会计制度，能够对国家会计法律法规的贯彻执行起到保障和推动作用。

（二）优化会计组织结构，规范企业会计行为

会计机构是企业内部组织和直接从事会计工作的职能部门，会计人员是从事会计工作的具体成员。企业的会计行为是否规范、合理，很大程度上取决于财会机构和财会人员的组织。如何设置会计机构、配备会计人员，并对会计人员的工作职责做出明确的规定，直接关系到会计工作能否顺利进行。通过会计制度设计，能够优化企业会计组织结构，科学配备会计人员，解决因结构不合理、组织不严密、责权不相称、手续不健全等带来的会计行为失范问题，为规范会计工作提供组织保证。

此外，通过设计会计制度，详细具体地规定了各方面会计工作应当遵守的规范，如进行会计核算应当设置的总账科目和明细科目，应使用的凭证、账簿的种类和格式以及它们的操作方法，进行会计分析应建立的指标项目、应采用的分析程序和分析方法，实行内部控制应符合的要求、应采用的手段等。从而为保证企业会计行为的规范化奠定了扎实的基础。所以，设计会计制度，对优化会计组织结构、规范企业会计行为起着不可忽视的作用。

（三）完善内部控制体系，强化经营管理制度

内部控制体系由内部会计控制制度和内部管理控制制度所构成。其中，内部会计控制制度强调凡涉及财产物资的增减、货币资金的收付、往来款项的结算等任何一项会计工作，都应当由两人或两人以上分工掌管、相互制约。实行内部会计控制制度，既有利于加强会计人员之间的相互制约、相互监督，防止错误和舞弊行为发生，又有利于合理组织会计工作，防止工作失误，及时纠正差错，保证工作质量。内部会计控制制度作为会计制度的一项重要内容，有赖于会计制度的设计。因此，科学地设计会计制度，不仅能够防止会计工作中的漏洞，避免或减少各种不法行为，强化内部控制，而且有利于健全和完善企业经营管理制度，充分发挥会计在企业管理中的作用。

（四）促进内部合理分工，提高会计工作效率

会计工作效率的高低，取决于组织形式、人员素质、操作工具等多种因素，但毋庸置疑，作为会计工作指导规范的会计制度是决定性因素。在设计会计制度时，对会计机构的设置、会计人员的分工协作关系、会计事项的处理办法以及会计工作的许多具体方法都做出合理的规定，客观上为促进会计工作效率的不断提高创造了条件。

（五）保证会计工作质量，提高会计信息价值

会计制度对企业会计工作应遵守的原则、应采用的程序和方法、应达到的要求等做出具体、明确的规定，这不仅使会计人员在从事会计工作时有了确认依据和标准，并在这些标准的指导下，规范地完成各项工作，保证会计记录具备及时性和准确性，会计报告具备完整性和可验证性，从而强化会计基础工作，提高会计工作质量，而且为会计信息使用者了解和理解会计信息提供了可靠依据。在市场经济条件下，会计信息的使用者分为内部使用者和外部使用者，内部使用者一般对企业的会计工作比较熟悉，便于了解和理解各种会计信息，进而充分利用。而外部使用者一般不了解企业的会计工作情况，无法准确判断并充分相信企业会计信息的质量，这种情况下，会计信息的使用价值会不同程度地受到影响。随着市场化程度的不断提高，会计信息外部使用者的范围不断扩大，政府有关部门、企业管理当局、投资人、债权人、供应商、客户、社区、中介机构等都已成为会计信息的使用者。因此，企业只有设计科学性强、透明度高的会计制度，才能满足内外使用者的需求，便于他们理解和利用会计信息。

总之，对市场经济体制下的任何一个企业来讲，会计制度设计都是必不可少的工作。科学设计会计制度，不仅是做好企业会计工作的基础，而且对于开展内部审计和提高外部审计的工作效率，保证企业经济活动的合法性、合理性都具有重要意义。因此，如何设计理论依据充分、可操作性强、便于理解和执行的会计制度，是每一个会计工作者都应当认真考虑的问题和必须掌握的知识。

二、会计制度设计的内容

设计会计制度，要求根据会计工作的一般原理和会计工作组成要素之间的逻辑关系，将会计科目、会计凭证、会计账簿、财务报表的种类和格式以及会计核算组织形式、内部控制制度、成本核算制度等内容加以规范化，组成一套指导会计实践的会计程序和方法。为此，组织和从事会计工作所需要的一切规定、标准和要求，都属于会计制度设计的内容。

在企业里，应当设计哪些会计制度主要取决于两个因素：一是企业会计活动内容的复杂程度，二是企业会计管理要求的精细程度。一般地讲，会计内容复杂、管理要求严格的企业，需要设计的会计制度内容就比较多，反之则比较简单。由于会计活动的范围大小、内容多少与会计管理的要求高低取决于企业经营规模和管理水平，所以说会计制度设计的内容与企业规模和经营管理水平直接相关。在一般企业里，需要设计的会计制度内容主要包括三个方面：

（一）会计工作基本条件方面的制度

作为企业会计工作核心和主要工作内容的会计核算，必须具备一定的基础条件才能开展。因此，只有将会计科目、会计凭证、会计账簿、财务报表等方面的制度设计完备，才能为开展会计工作提供基本条件和依据。具体地讲，属于这方面设计的制度内容主要包括：

（1）会计科目及其使用说明。要求规定企业所需要的总分类科目和明细科目的名称、类别、编号、核算内容以及使用方法。

（2）会计凭证。要求对会计工作中所使用的各种原始凭证和记账凭证的格式、联次、用途、传递程序、填制要求、保管方法等做出规定。

（3）会计账簿。要求对各种账簿的种类、格式以及它们之间的勾稽关系做出规定，建立严密完善的会计账簿体系和使用保管制度。

（4）财务报表（主要是内部财务报表）。要求明确规定内部财务报表的种类、格式、内容、用途以及编制方法和报送对象等，并将内部报表的有关指标与外送报表衔接起来，内外结合，形成完整的财务报表体系。

（二）会计组织工作方面的制度

要想合理利用会计工作的基本条件，保证会计工作的正常秩序和运行效率，必须设计会计组织工作方面的制度。主要内容包括：

（1）关于账务处理程序的规定。要求对企业采用何种账务处理程序以及由此决定所需要的会计凭证和会计账簿做出明确规定，保证企业的会计核算在高效低耗的基础上进行。

（2）关于核算工作组织形式的规定。要求对企业采用集中核算形式还是分散核算形式，采用某种形式时的具体要求，集团公司与分、子公司以及厂部会计部门与车间核算机构之间的关系等做出规定。

（3）关于会计机构内部组织及人员分工的规定。要求合理规定内部组织结构，合理划分工作岗位、妥善配备各个岗位上的会计人员数量和技术职称，明确制定各工作岗位的职责权限和各岗位之间的协调方式。

（4）关于会计档案管理和会计工作交接的规定。要求对会计档案的保管、查阅、销毁以及会计工作的交接做出明确规定，保证会计档案的完整性和安全性，会计交接工作的有序性。

（三）会计管理工作方面的制度

会计管理制度主要是针对企业的会计决策、会计控制、会计分析、会计检查等内容做出的规定。设计会计管理制度的目的在于强化会计的管理功能，提高会计管理水平，并保证会计核算工作的效率和质量。这方面需要设计的会计制度内容比较广泛，且层次较高，企业之间的差别较大。一般地讲，应当考虑以下几方面内容：

（1）内部控制制度。它要求对企业经济活动实施内部控制的目的、原则、程序、方法、手续等做出明确的规定，确保各种经济活动的有序运行，从制度上避免业务处理过程中可能出现的各种漏洞，杜绝营私舞弊行为的发生。

（2）成本核算和成本管理制度。它要求根据企业的经营特点和管理要求，确定成本计算对象、成本计算期、成本项目、费用归集和分配程序，成本计算方法等，保证成本核算过程的规范性和成本核算结果的可靠性。此外，为了促进企业成本管理工作，提高成本管理水平，还需要借鉴成本管理方面的先进经验和方法，设计标准成本、作业成本等方面的规章制度。

（3）会计政策选择与变更方面的有关制度。会计政策应当具备稳定性，但在企业经营模式和经营范围发生重大变革时，会计政策则应当予以调整。因此，需要针对会计政策的选择与变更做出相应规定。

（4）其他有关的制度，如会计预测、会计决策、会计分析、会计考核、会计检查等方面的制度。相对来讲，这些制度属于企业会计制度中层次较高的内容。各企业可根据自身的管理要求和会计工作现状确定是否设计，在小型企业里可不予考虑。

除上述外，企业进行财产清查、会计信息系统升级改造，以及企业破产清算等，都需要设计相应的会计制度。

需要指出，由于各个企业的具体情况存在差异，会计制度设计的内容也不完全相同。在实践工作中，企业只有针对自身实际情况，实事求是，并合理借鉴其他企业的成功经验，才能设计出科学合理的会计制度。

三、会计制度设计的原则

设计会计制度是一项复杂而严肃的会计工作，设计质量如何，直接决定会计工作的运行质量。为此，在设计会计制度时，应当遵循以下原则：

（一）合规性原则

为保证社会主义市场经济健康有序地运行，国家颁布了一系列财经法规政策。这些法规政策，既体现了社会主义市场经济发展的方向，又反映了宏观管理的要求。由于企业的会计行为涉及社会经济活动的诸多领域，所以设计会计制度不仅要以会计法律法规为依据，而且必须遵守有关的财经法规政策，包括金融、证券、财政、税务、外汇、公司管理等方面的法规政策。只有这样，才能保证企业设计的会计制度与国家财经法规政策的一致性，充分发挥会计制度在指导会计工作中的作用，促进社会主义市场经济健康有序地运行。

（二）实用性原则

设计会计制度的直接目的是指导企业的会计工作，规范其会计行为，此外，对完善企业内部的经营管理制度也起着不可忽视的作用。要想保证上述目的的实现与作用的发挥，必须针对企业的生产经营特点和经营管理要求设计会计制度，绝不能脱离实际。因此，企业在设计内部会计制度时，必须充分考虑自身的经营模式、经营范围、生产工艺过程和管理要求等具体情况。在此基础上，设计出符合企业实际、可操作性强的会计制度。各企业之间在设计会计制度时只能借鉴吸收而不能简单模仿。如果忽视这一点，企业设计的会计制度必然适应性弱、指导性差，甚至将企业的会计工作引入歧途。例如，企业的生产类型不同，使用的成本计算方法就不一样，如果一个单步骤大批量生产的企业，硬性照搬多步骤小批、单件生产企业的成本计算方法，其结果必然是人力、财力、物力的浪费。又如，一个只有产品销售收入的企业，如果简单模仿具有多种经营收入企业的会计科目，结果只能是画蛇添足。

（三）系统性原则

如前所述，会计制度的设计内容涉及会计工作的各个方面，相当复杂。如何使繁多的会计制度成为一个有机的统一整体，既有利于各种制度自身作用的充分发挥，又能最大限度地实现会计制度的整体功能，是设计会计制度时必须认真考虑的问题。为此，应当按照系统理论科学组织、统筹规划，确保所设计的会计制度从内容组成到体例结构上都能形成完整的体系，既防止各种疏漏和短缺，又避免重复和冲突现象。

（四）前瞻性原则

会计制度是用来指导会计工作的，一经建立，应当保持较长时期的稳定，不宜经常改变。否则，会使会计人员难以掌握、无所适从，影响会计信息的可比性，并造成人力、财力、物力的浪费。但是，会计制度总是适应一定的会计管理体制和企业经营机制产生的，且随着市场体系的完善、企业经营规模的扩大和管理要求的提高而发展变化。所以，会计制度的稳定只能是相对的，固定不变的会计制度很难适应实际会计工作。因此，设计会计制度必须具有超前意识，要能够科学预测未来会计领域的发展趋向和工作内容的变化，相应设计出当前会计工作虽不需要，但不远的将来可能适用的会计制度，并与其他会计制度内容协调一致。只有这样，才能确保会计制度在较长时期的稳定，最大限度地发挥作用。

此外，为了有利于修改会计制度，不经常改变制度的基本框架结构，在设计会计制度时，最好对各项规定留有适当余地。例如，会计科目的分类编号，应当留有一些空号，以便在业务扩展需要增设会计科目时，不改变原有的编号系统即可予以解决。这样做可以节约设计费用和提高设计工作效率。

（五）效益性原则

会计质量包括会计手续的严密性，会计确认的准确性，会计计量的公允性，会计记录的客观性、可靠性和一致性，会计内容的全面性和完整性，会计信息的相关性、真实性和适用性等各个方面。要想保证会计质量，必须具备严密完善的会计制度。由于会计制度需要在会计实践中贯彻执行，因此设计时绝不能搞繁琐哲学，更不能故弄玄虚，摆花架子。应当在保证质量的前提下，力求简便易行，使会计制度的执行者学起来浅显易懂，用起来得心应手，花最少的劳动耗费完成自己的工作任务。为此，设计会计制度时必须遵循成本效益原则，在减少设计耗费的同时，保证会计制度效用的最大化，达到成本效益的最优组合。

需要指出，简化会计制度的内容和手续，必须在保证会计质量的前提下进行，否则，必然影响会计工作的质量。任何不考虑实际情况，人为简化会计制度的现象，在设计会计制度的工作中都是要不得的。

第三节　会计制度设计的种类和程序

一、会计制度设计的种类

按照会计制度设计的范围和内容不同，会计制度设计可以分为全面性会计制度设计、局部性会计制度设计和修订性会计制度设计三类。分别叙述如下：

（一）全面性会计制度设计

全面性会计制度设计是指对会计工作所应遵循的一切规范进行的设计，通过设计搭建起会计制度的基本框架，并形成一套完整的会计制度体系。全面性设计的内容包括本章第二节所提及的三大类会计制度，所设计的制度能够提供会计实践当中所有问题的答案。例如，应当设置哪些会计科目才能保证经济业务的系统分类和会计资料的准确可靠；应当采用何种成本计算方法才能真实反映各种产品的实际耗费；应当设计哪些财务报表；财务报表所需要的各种数据资料如何通过会计凭证的记录和账簿的登记得到；应当采用何种会计核算形式才能最大限度地减少会计无效劳动；各种经济业务的会计处理程序和手续如何制定才能满足内部控制制度的要求，并提高会计工作效率和会计信息质量等。

由于全面性会计制度设计的内容复杂、涉及面广、头绪多、难度大、质量要求高，因此，设计时应当从总体设计延伸到具体设计。总体设计是对所要设计的会计制度内容和范围进行的总体规划；具体设计是在总体设计的基础上，采用具体的方法和程序来完成总体设计的要求，并采用文字或表格等形式做出详细具体的规定。总体设计和具体设计是两个紧密联系的环节，总体设计是“纲”，具体设计是“目”，不进行总体设计，无法勾画出会计制度的“蓝图”，对设计的全部内容难以做到心中有数，难免产生顾此失彼或重复劳动的现象。不进行具体设计，无法将“蓝图”变为现实，形不成具有可操作性的会计制度。

（二）局部性会计制度设计

局部性会计制度设计是指对会计工作的部分规范，特别是对部分经济业务的会计处理程序和方法进行的设计。设计的内容一般是原会计制度中没有，但实际工作中已经出现的经济业务，原因大多由经营规模的扩大、经营范围的拓宽、经营方式的改变和管理要求的提高等引起。例如，企业实行内部结算办法，就需要设计内部结算制度；企业进行股份制改造，就需要设计“股本”方面的会计核算办法；企业信息系统升级改造，就需要设计会计信息化会计制度等。

（三）修订性会计制度设计

修订性会计制度设计是指对原有的会计制度予以修改而进行的设计，如材料的实际成本计价改为计划成本计价；固定资产折旧方法由直线法改为加速折旧法；坏账准备的计提由应收账款余额百分比法改为账龄分析法；材料领用的先进先出法改为加权平均法；长期投资收益核算的成本法改为权益法等。这些变化都需要对原有会计制度进行相应的修改。通过修订性会计制度设计，更新会计制度的相关内容。

一般来说，局部性会计制度设计和修订性会计制度设计，涉及工作面较小，设计内容较为单一，主要进行具体设计工作。但设计过程中必须注意与原有会计制度内容的协调配套。

二、会计制度设计的方式

根据企业会计人员的综合素质、知识结构和会计制度设计的要求不同，会计制度的设计可以采用不同的方式。

（一）自行设计

自行设计是指由本企业会计人员独立进行的会计制度设计，这是设计会计制度最常用的方式。其优点是设计人员了解企业的各方面情况，熟悉企业供、产、销各种经济业务和人、财、物各种资源要素，容易得到企业各职能部门和有关人员的支持与配合，能够节省设计时间和减少设计费用，便于将会计制度落到实地，保证会计制度的适用性。其缺点是设计人员容易受到传统习惯的影响，不利于大胆借鉴和吸收新理念、新知识、新经验、新做法。如果设计人员的综合素质和设计能力达不到要求，很难保证会计制度的设计质量。

（二）委托设计

委托设计是指设计会计制度的企业委托中介机构或专家为企业设计会计制度。目前，帮助企业设计会计制度已成为国内外会计师事务所等中介机构的一项重要业务。相对来讲，这些机构的人员对国家的法规制度理解较深，知识面较宽，业务水平较高，创新能力较强。因此，委托这些机构帮助企业设计会计制度，有助于通过制度设计促进企业的会计工作，提升企业的会计管理水平。但委托设计的缺点是不易得到企业各方面人员的全力配合，设计人员对企业的熟悉程度相对较低，难免造成某些制度内容与企业实际的脱离，从而削弱会计制度的实用性。此外，设计成本相对较高。

（三）联合设计

联合设计是指以企业会计人员为主体，聘请会计制度设计专家做指导共同设计企业会计制度。这样做，有利于充分发挥自行设计和委托设计的优点，克服各自的缺点，相互配合，取长补短，将会计发展的最新动向和相关知识与企业的实际情况充分地结合起来，提升企业会计制度的设计质量，保证会计制度的实用性和先进性。

三、会计制度设计的程序

会计制度的设计程序是指设计工作的步骤。合理的设计程序，不仅有利于保证设计质量，而且可以提高工作效率，降低设计费用，便于企业各有关部门和人员了解和熟悉会计制度。一般地讲，会计制度设计程序可以分为以下步骤：

（一）准备阶段

1.确定会计制度的设计类型及具体内容。如前所述，会计制度的设计类型分为三种，即全面性会计制度设计、局部性会计制度设计和修订性会计制度设计，不同种类的设计具有不同的设计要求。因此，必须首先确定设计类型，明确设计目标，以便进一步确定设计范围和具体内容，从而有的放矢地开展准备工作。

2.进行调查研究并搜集相关资料。根据设计的范围和内容，对企业有关的业务活动进行调查研究，了解与设计项目相关的各种情况，掌握第一手材料。设计人员只有做到心中有数，才能设计出质量高、适用性强的会计制度。需要调查研究的问题和收集的资料很多，主要包括：

（1）企业的经营方式和经营范围；

（2）现代企业制度的建立情况；

（3）企业的内部组织机构及职责权限规定；

（4）企业的融资渠道和方式，企业与利润分配方式；

（5）企业会计机构内部组织及岗位责任；

（6）企业的资本构成情况；

（7）企业的产品生产组织方式和工艺技术特点；

（8）企业的材料采购方式和产品销售方式；

（9）企业内部的经济核算形式及要求；

（10）企业的办公条件及信息化水平；

（11）企业会计制度的现状及实施情况；

（12）企业会计人员的专业理论水平和实际工作能力；

（13）各种业务，包括材料采购业务、存货业务、工薪业务、销售业务、投资业务、货币收支业务等的处理程序；

（14）企业的远期规划和近期目标；

（15）广大干部职工对完善企业管理制度及会计制度的建议和意见；

（16）国家关于会计工作的一切指导性规范和财经法规制度；

（17）会计、统计、业务核算人员的培训计划和要求；

（18）其他需要调查的内容。

3.拟订工作提纲，提出会计制度设计的基本方案和总体规划，并编制工作日程进度表，妥善安排工作进度。

（二）编写阶段

编写阶段的主要任务是：根据工作提纲，综合调查研究的结果，针对设计的内容，按照会计制度设计的原则，编写具体的会计制度。编写工作的顺序可以针对具体情况分别采取以下两种形式：

1.会计处理程序式。按照会计事项的处理程序，从原始凭证的设计开始，到财务报表的设计为止。其具体包括：

（1）设计会计科目；

（2）设计原始凭证；

（3）设计记账凭证；

（4）设计会计账簿和辅助记录；

（5）设计财务报表；

（6）规划会计事项的处理办法；

（7）制定会计核算程序；

（8）编写会计制度使用说明。

2.会计核算指标式。以会计制度的目的作为出发点，先确定会计制度所要提供的指标体系，产生相应的财务报表。然后确定提供这些指标所需要的各种记录、计算和汇集手段。其具体包括：

（1）制定各种会计指标；

（2）设计会计科目；

（3）设计会计账簿和辅助记录；

（4）设计记账凭证和原始凭证；

（5）规划各种会计事项的处理方法；

（6）制定会计核算程序；

（7）编写会计制度的使用说明。

一般来讲，以上第二种工作顺序适用于为新成立的企业设计会计制度。因为在这种情况下，会计工作一切从头开始，参考资料少，可供借鉴的经验不多，这种工作顺序有利于保证会计制度主要目标的完成。而第一种工作顺序适用于对原有制度加以修订时使用。在这种情况下，原有的制度体系比较完善，各部分制度之间衔接严密，指标的提供已有保证，只需要修改或补充部分内容，而这种工作顺序可以分阶段对各部分会计制度进行设计。但无论采用哪种工作顺序，都必须按总体设计的有关要求进行。需要指出，在具体设计和编写会计制度过程中，应当由财会部门组织牵头，吸收供应、生产、销售、计划、人力资源管理、设备等有关职能部门参加，以便集思广益，减少无效劳动，防止失误，同时也有利于企业各职能部门和广大干部职工尽快熟悉会计制度，以便自觉地遵守执行。

（三）试行和修订阶段

设计会计制度是一项要求极高的工作，即使在设计时已经做出周密细致的安排和部署，但仍可能有不符合实际需要之处。例如，某些内容过分繁琐，不便于施行；某些内容之间衔接不严，存在漏洞；某些内容被排斥在外，无法满足工作需要等。因此，对设计出来的会计制度，应当经过一段时间的试行，以便在实践中检验其适用性和有效性。在此基础上，总结经验，发现问题，及时采取修订措施。对于过分简化不能充分提供会计信息和满足管理需要的应当予以丰富；过分繁琐不宜在实际工作中应用的应当予以概括提炼；对于内部控制不严、相互衔接不紧存在漏洞的应当彻底堵塞；表现落后不利于会计发展提高的应当坚决更改。经过试行和修订后，使会计制度逐步趋于严密、完善和先进，然后再正式施行。

需要说明的是，为了保证新制度的贯彻实施，应当做好宣传工作，向企业各个部门及全体员工介绍新制度的优点、内容和执行要求。具体说明各种业务的处理规程和采用的方法、编制的凭证、登记的账簿以及与财会部门的联系方式。特别是对各业务部门、各有关业务经办人员，更需要提出明确具体的要求，以便在实际操作过程中，照章办事，防止发生错误和产生误解，保证会计制度的施行效果。

如前所述，由于会计制度对完善企业的整个经营管理制度起着重要作用，因此，企业的主要领导应当高度重视企业会计制度设计工作，全力支持会计部门制定和实施新会计制度，有效帮助会计部门协调各方面的关系，采用必要的行政手段推进会计制度的施行和不断完善。

第四节　会计制度设计人员的条件

会计制度设计人员的综合素质，决定会计制度的质量。因此，不管采用何种方式设计会计制度，都要求设计人员必须具备较高的法规政策水平、系统的财会理论知识、丰富的实践工作经验、大胆的开拓创新精神和良好的工作作风。具体地讲，会计制度设计人员应当具备以下条件：

一、谙熟国家有关的财经法规政策

前已述及，企业会计制度必须符合国家有关财经法规政策的要求，与此并行不悖。这就要求会计制度的设计人员必须具有强烈的法规意识和政策观念，熟悉会计、审计、财政、税收、金融、保险、证券、投资、工资、外汇、社保等方面的法规政策，正确理解和掌握各项法规政策对会计制度设计的指导或影响作用，确保所设计的会计制度与有关法规政策之间的协调统一，促进会计规范体系的完善。

二、通晓会计理论和会计实务

会计制度设计人员必须对会计的基本理论、基本原则有深刻的理解，精通会计工作的基本内容和基本方法，掌握会计工作的内在规律性，了解国内外会计发展的基本趋向，并能够熟练地运用会计理论指导会计实践，解决会计实际问题。只有这样，才能对会计制度设计工作中出现的各种疑难问题做出科学合理的解释，并使各种特殊要求得到相应的满足，进而设计出高质量的会计制度。如果设计人员对会计理论和会计实务一知半解，只知其然，不知其所以然，很难完成会计制度的设计工作，更谈不上制定高质量的会计制度。例如，设计人员如果没有掌握原始凭证的设计理论，很难设计出规范、标准、适用的原始凭证；如果没有融会贯通相关业务的会计准则，很难设计出严密完善的业务处理制度；如果没有深刻理解内部控制的内涵和外延，很难避免内部控制存在缺陷，保证内部控制制度的运行效果。

三、具备企业管理的综合知识

财会部门作为企业内部的职能机构，主要从事价值核算与管理，它既是会计制度的制定机构，又是会计制度的直接执行机构。但会计制度的执行不只是财会机构的事情，而是企业各职能部门的共同职责。因为会计工作的许多内容涉及企业各职能部门，许多原始资料也来源于各职能部门，并经过会计整理加工后为各职能部门所利用。因此，会计制度设计人员，应当全面了解和掌握企业供、产、销各个环节，人、财、物各种资源的管理知识，熟悉相关职能部门的职责权限及其与会计部门的关系，以便在设计会计制度时，做到心中有数，有的放矢，正确处理各方面的关系，保证各部门处理经济业务过程中的相互协调和相互制约，强化会计制度权威性的同时，提高会计制度的适用性。

四、具备较强的组织规划能力

会计制度设计实质上是对企业会计工作运行标准的统一组织和规划，涉及企业的各个经营环节、各种经济业务和各层管理机构。如果组织合理、规划得力，可以收到理想的运行效果，反之则会降低会计制度的效力，甚至阻碍会计工作的正常运行。所以，会计制度设计人员必须具备较强的组织规划能力和沟通能力，审时度势，善于根据企业的实际情况和面临的外部环境做出准确判断和合理选择，确保会计制度的科学性、先进性和实用性。

五、熟知审计工作的基本规律

审计主要是对会计工作的审核和检查，而审查的依据除有关财经法规制度以及会计准则外，还需要考虑企业的内部会计制度。因此，审计特别是内部审计与会计制度设计之间存在极为密切的关系。设计的会计制度如果符合审计工作规律，不仅有利于及时提供审计所需要的会计资料，强化审计监督，而且可以促进会计工作的顺利运行。反之，既不利于审计证据的搜集，影响审计工作效率，还可能造成会计工作的漏洞。所以，会计制度设计人员必须明确会计与审计之间的关系，熟悉审计工作的基本规律，掌握审计工作的基本知识和技能。

六、具有创新精神和严谨作风

随着经济全球化趋势的加快，市场化程度的提高，商业模式的不断创新，会计的国际化趋势愈加明显，会计信息的国际“商业语言”功能日趋强大。在这种背景下，会计制度设计人员必须具有前瞻意识和开拓创新精神，在设计会计制度时，绝不能拘泥于传统做法，要敢于借鉴和吸收外来经验，将会计理论发展的最新成果与企业的会计实践紧密地结合起来。唯此，才能保证和提高会计制度的质量。同时，设计人员还必须具备实事求是的工作态度和严谨细致的工作作风，注重每一个细节。因为只有在“设计”环节下足功夫，才能保证“运行”环节少出甚至不出问题。

七、具备过硬的语言文字功底

如前所述，设计会计制度主要采用文字和图表两种形式，其中绝大多数的会计制度最后都需要形成文字，以便执行者阅读、学习、理解和应用。因此，设计企业会计制度，既要做到概念准确、结构严谨、内容完整、规定具体，又必须做到表述清晰、语言流畅、用词恰当，便于执行者理解。这就要求会计制度设计人员必须具备过硬的语言文字功底，善于采用通俗易懂的语言表达较为抽象的会计专业内容，确保所设计的会计制度浅显易懂，操作方便。

总之，随着会计理论和会计实务的不断发展变化，会计制度设计人员必须相应地更新理念，拓宽视野，丰富专业知识，提高综合素质。唯此，才能设计出科学先进、严密完善、切实可行的会计制度。

本章小结

本章内容属于会计制度设计的基本理论。随着我国以会计准则为核心的会计规范体系的建立和完善，企业会计制度设计的必要性日益增强。会计制度设计是一门集财务会计、管理会计和审计等专业知识于一身，融会计基础理论、会计应用理论与会计实务于一体，全面提升学生专业素养的课程。希望通过本章学习，帮助学生了解我国的会计规范体系及其发展趋势，明确企业会计制度在会计规范体系中的地位，掌握会计制度设计的意义、内容、种类和程序，熟悉会计制度设计人员应当具备的条件。

主要概念和观念

□　主要概念

会计规范　会计规范体系　会计制度　会计制度设计

□　主要观念

会计制度设计是我国现行会计规范体系下开展会计工作的必然要求，会计从业人员除了具备会计理论知识和会计实务处理能力外，还必须具备会计制度设计能力。

基本训练

□　知识题

• 阅读理解

1.1　简答题

(1) 什么是会计规范体系？会计规范体系由哪些内容组成？

(2) 简述统一会计制度与单位内部会计制度的主要区别。

(3) 设计会计制度有何意义？会计制度设计的内容包括哪些？

(4) 设计会计制度应当遵循哪些原则？

(5) 设计会计制度的程序及每一程序的主要工作内容是什么？

(6) 会计制度设计有几种类型和方式？各适用于何种情况？

(7) 会计制度设计人员应当具备哪些条件？

1.2　思考题

(1) 分析我国会计规范体系的发展趋势。

(2) 你与会计制度设计人员的要求存在哪些差距？

(3) 你认为会计制度设计课程与财务会计、财务管理等课程有何关系？

• 知识应用

1.1　单项选择题

(1) 会计制度设计的程序一般不包括（　　）。

A.准备阶段　　B.预算阶段　　C.设计阶段　　D.试行与修订阶段

(2)（　　）是企业进行会计核算工作的规范。

A.会计法　　B.企业会计准则

C.会计基础工作规范　　D.企业会计制度

(3) 设计会计制度的类型一般是根据企业所在行业特点、（　　）和企业规模来确定的。

A.企业经济特征　　B.企业经济性质　　C.企业组织特点　　D.企业所在地

(4) 做好会计制度设计的关键是（　　）。

A.调查研究　　B.确定设计类型　　C.确定设计方案　　D.选择设计手段

1.2　多项选择题

(1) 会计制度设计的内容一般包括（　　）。

A.会计工作基本条件方面的制度　　B.会计组织方面的制度

C.会计管理方面的制度　　D.会计法规制度

(2) 按照会计制度设计的范围和内容不同，会计制度的设计一般分为（　　）。

A.全面性设计　　B.局部性设计　　C.修订性设计　　D.选择性设计

(3) 根据企业会计人员的业务素质、知识水平状况，会计制度设计可以采用的方式有（　　）。

A.自行设计　　B.委托设计　　C.联合设计　　D.会议设计

1.3　判断题

(1) 只有注册会计师才具有会计制度设计能力。（　　）

(2) 所有单位的会计制度设计都必须是全面性制度设计。（　　）

(3) 所有单位的会计制度设计一定要采取委托设计方式。（　　）

□　技能题

请根据此前已经学习过的财务会计知识以及本章的学习内容，绘制一张会计制度设计内容框架表。

□　能力题

• 案例设计题

根据我国现行会计规范体系，为一新注册成立的小型食品加工企业设计会计制度的种类、方式和内容。

第二章 会计工作组织制度的设计

学习目标

明确会计工作组织制度的主要内容与设计原则，了解会计机构、会计人员的设置方式与职责权限、掌握会计档案管理制度和会计工作交接制度的设计要求和内容等。其具体目标包括：

□ 知识目标

明确会计工作组织制度的设计内容、设计原则和意义，了解财务机构与会计机构分设与合设的优缺点，掌握会计机构和会计岗位设置、会计档案管理和会计工作交接等方面的相关法律法规。

□ 技能目标

掌握会计机构设置和会计人员配备的设计原理。

□ 能力目标

具备设置会计机构、建立会计岗位责任制以及会计档案管理、会计工作交接等方面的制度设计能力。

第一节 会计工作组织制度的内容与设计原则

一、会计工作组织制度的意义及内容

（一）会计工作组织制度的意义

正确反映和监督会计对象是会计的基本职能，保证会计信息的真实性和完整性，提高会计信息的使用价值是会计工作的基本目标。要想充分发挥会计职能，及时完成会计任务，有效实现会计目标，必须建立健全会计工作的组织制度，科学合理地组织和规划会计工作。会计工作组织制度就是根据国家有关法规制度的规定，结合本单位的具体情况，对

会计工作进行科学组织而设计的会计制度。

设计会计工作组织制度的意义表现在三个方面：一是建立最优化的会计组织机构和会计运行机制，确保会计工作的高效率、低消耗；二是完善会计工作的支持与保障系统，确保会计工作的科学化、有序化；三是营造严谨规范的会计工作环境，强化会计人员的责任感、使命感。

（二）会计工作组织制度的内容

会计工作组织制度的任务是运用组织、规划和协调等手段，完善会计组织机构、优化会计人员结构，提高会计工作效率，降低人力、财力、物力的消耗，实现会计工作目标。因此，它包含的内容是多方面的，主要包括：（1）会计机构的设置、会计机构内部的岗位分工以及岗位责任制的建立；（2）会计人员的配备、职责权限界定以及会计人员任免；（3）会计档案的保管、查阅以及销毁规定；（4）会计工作的交接规定；（5）会计核算组织形式和账务处理程序；（6）其他组织制度。

上述六个方面的制度并不是完全独立的，它们往往交织在一起，共同保障会计工作的有序运行。本章主要介绍前四个方面的制度设计理论与方法，后两方面的内容留待以后章节讨论。

二、会计工作组织制度的设计原则

要想充分发挥会计在经济活动中的管理作用，科学严谨地组织会计工作，有效完成会计工作任务，必须按照一定的原则设计会计工作组织制度。一般地讲，应当遵循以下五条原则：

（一）适应性原则

这一原则要求会计机构的规模大小、级别高低必须与企业的经营规模或行政级别相适应；会计人员的数量多少、层次高低必须与企业的业务数量和工作难度相适应；会计档案的管理制度、会计工作的交接制度既要与国家有关规定相吻合，又必须适应本企业的具体要求。

（二）保障性原则

如前所述，会计工作组织制度的基本功能是保证会计工作的有序运行，防止因组织、规划及分工不合理而造成会计工作秩序紊乱、责任不清、效率低下、耗费加大。因此，设计会计工作的组织制度，必须遵守保障性原则，使这方面的制度确实能够起到保证会计工作科学有序运行的作用。

（三）精简性原则

这一原则要求会计机构必须精简、高效，以最少的人力、财力、物力耗费为信息需求者提供使用价值最大的会计信息资料，追求会计效益的最大化。要坚决防止机构臃肿、人浮于事和形式主义等现象，在保证会计工作效率和质量的前提下尽量减少无效劳动。

（四）岗位责任制原则

这一原则要求会计机构的内部分工必须明确具体，将会计工作的全部内容合理划分，并落实到每个小组或每个会计人员头上。做到各小组之间、有关人员之间，既有明确的分工，能有效地防止相互推诿、工作扯皮现象，又有默契的配合，能有力地加强内部控制，减少会计差错，防止营私舞弊。只有这样，才能充分调动会计人员的积极性，形成正常的工作秩序，促进工作目标的顺利实现。

（五）协调性原则

这一原则要求会计机构与企业的其他职能管理部门之间，必须建立有机的协调关系，包括与供应部门、销售部门、生产部门、人力资源管理部门等的协调配合。坚持协调性原则，既可以保证企业管理总目标的实现，又有助于充分发挥财会管理在企业管理中的核心作用。

第二节 会计机构的设置

一、设置会计机构的意义

会计机构是单位内部组织领导和直接从事会计工作的职能部门，也是会计制度的主要执行机构；会计人员是从事财务会计工作的人员，也是会计制度的主要执行人员。会计制度的贯彻执行情况如何，关键取决于会计机构和会计人员。因此，建立健全会计机构，合理配备会计人员，并明确规定他们的工作职责和权限，是会计工作组织制度设计必须首先解决的问题。

关于会计机构的设置，《中华人民共和国会计法》（以下简称《会计法》）第三十六条明确规定："各单位应当根据会计业务的需要，设置会计机构，或者在有关机构中设置会计人员并指定会计主管人员。不具备设置条件的，应当委托经批准设立从事会计代理记账业务的中介机构代理记账。"具体地讲，凡实行独立核算的企业都必须单独设置会计机构，配备相应的会计人员；会计业务不多的小微企业经有关部门批准后，虽然可以不单独设置会计机构，但必须配备专职的会计人员，或者委托经批准设立从事会计代理记账业务的中介机构代理记账。

为什么要单独设置会计机构或配备专职会计人员呢？

我们知道，会计的职能是对企业的经济活动过程和结果进行反映与监督，以保证经济活动的合法性和合理性、会计信息的及时性和准确性。要想充分发挥会计的职能，尤其是监督职能，必须首先保证会计监督职权的相对独立性和会计业务处理的专一性，使其不受其他机构的干扰或制约。这就要求会计必须有独立的工作机构和专职的工作人员，以便有组织、有秩序、规范地办理会计业务，实施会计监督。因此，设置会计机构，对于明确会计工作的范围、内容以及责任，确定会计的任务并保证其完成，完善会计核算，强化会计监督，充分发挥会计在经营管理中的作用等，都具有非常重要的意义。否则，会计工作很可能处于组织纪律松散、职责权限不清、推诿扯皮现象不断的混乱状态。

但是，由于会计机构只是企业内部的一个职能部门，受其工作权限的限制，要想组织全面性的经济核算，并对企业内部的各个职能部门实施有效监督，无疑存在一定的困难。因此，《会计法》第三十六条又规定："国有的和国有资产占控股地位或者主导地位的大、中型企业必须设置总会计师。"由于总会计师的职务相当于企业行政副职，因此在其直接领导下的会计机构相应地增强了独立性和权威性，可以从组织上保证会计行使监督权力，对企业的全部经济活动、各职能部门的业务实施会计监督，组织全面性经济核算。同时，总会计师的设置，还可以使会计直接参与企业的经营决策活动，制定企业发展规划，有利于会计管理作用的充分发挥。

二、会计机构和财务机构的分设与合设

某财务管理中心机构设置示例

一般地讲，企业财务部门的主要职责是组织筹集和供应资金，管理各项财务收支和分配企业的财务成果，监督检查各项财务活动和企业财务计划执行情况。简言之，就是负责企业资金的筹集、调拨、使用、分配、保护和归还。会计部门的主要职责是对资金运动的过程及结果进行确认、记录、计算、报告和分析。因此，会计与财务在工作内容、工作任务以及工作方法等方面各有差异，客观上决定了会计机构和财务机构有分别设置的必要。但由于实际工作中会计工作与财务工作往往交叉进行，同时完成，很难严格区分，因而会计机构和财务机构又有合并设置的可能。

会计机构和财务机构采用哪种方式设置，应当根据企业的经营规模、业务量大小决定。一般地讲，中小型企业由于生产经营过程和业务往来关系比较简单，发生的经济业务量不多，财会人员配备较少，适宜采用合并设置的方式；而大型企业特别是集团化公司的经营范围较宽、经济业务复杂，往来关系频繁，经营管理要求高，会计人员数量多，为了保证工作的专一性，进而提高工作质量，应当采用分别设置的方式。

机构的分设与合设，既不影响财务工作与会计工作的不同性质，一般也不改变从事这些工作的人员，只是由同样的财会人员在两个部门或同一部门中进行两种不同性质的工作。但在设计会计制度时，必须明确它们的区别与联系，并作为两个不同的职能机构加以考虑，以便使设计出的制度能更好地满足各自的工作需要。

下面针对会计机构和财务机构分设与合设的相关要素进行比较，从中可以看出两种方式的主要区别以及各自的优缺点。具体内容参见表2-1。

三、会计机构的内部组织

宝钢股份组织架构

会计机构的内部组织，是指在会计机构内部，根据各种会计业务及其相互之间的联系，进行的合理分工和组合。这种分工和组合可以使会计机构内部形成若干个相对独立的工作小组，专门负责某类经济业务的会计处理。合理的会计机构内部组织，不仅有利于各小组之间的职责划分，建立岗位责任制，有条不紊地组织和从事会计工作，而且有利于强化内部控制，做到相互制约、相互监督，防止工作中的失误和舞弊。同时，由于会计人员承担的工作任务专一，能够在搞好会计核算工作的前提下，积极参与企业其他管理工作。

下面以大中型制造企业为例，按照会计机构和财务机构合并设置的要求，将全部财会业务分为固定资产、采购及应付款、销售及应收款、职工薪酬、成本、出纳、投资、稽核和总账报表、税金和利润等不同类型，并相应分成以下工作小组：

（1）固定资产组，负责固定资产和在建工程的日常核算与管理。

（2）材料组，负责原材料、低值易耗品、包装物等存货的核算和应付账款的核算。

（3）成本组，负责各种生产费用的核算和产品成本的计算。

（4）工薪组，负责职工薪酬的计算、分配、发放及相应的核算。

（5）销售组，负责产成品、销售、应收账款以及税金、利润等业务的核算。

（6）出纳组，负责库存现金、银行存款等货币资金的核算与管理。

表 2-1　**会计机构和财务机构分设与合设比较表**

设置办法	分设		合设
机构名称	会计科	财务科	财会科
机构负责人	会计科长	财务科长	财会科长
组成人员	记账员、稽核员、成本核算员、工资核算员、材料核算员、报表编审员等	出纳员、资金管理员、利润管理员等	会计部门和财务部门的全体工作人员
主要工作内容	资金运动过程及结果的确认、记录、计算、报告和分析	资金的筹集、调拨、使用、分配、归还和保护	会计、财务的全部工作
优点	①分工明确、各司其职、各负其责 ②防止重核算、轻管理的现象 ③便于加强内部控制		①加强财务会计联系，便于协调 ②会计记录及时、直接 ③减少信息传递环节，提高工作效率
缺点	信息传递慢，工作手续增多，协调相对困难，费用加大		容易造成职责不清，内部控制减弱，忙于事务，忽视管理
适用范围	大型企事业单位		中小型单位

（7）资金组，负责筹资业务和对外投资业务的核算与管理。

（8）综合组，负责凭证汇总、总账登记、报表编制、报表报送、稽核以及报表分析等工作。

各工作小组应当指定一人专门负责，在总会计师的监督和财会部门负责人的直接领导下开展具体工作，形成一个以总会计师（或财务总监）为指导、以财会部门负责人为主管、以各个工作小组为主体的财会机构组织体系。

图 2-1、图 2-2 分别列示了国有大中型企业集中核算制下和分散核算制下财会机构组织架构。图 2-3 列示了集团公司集中核算制下财会机构组织架构。

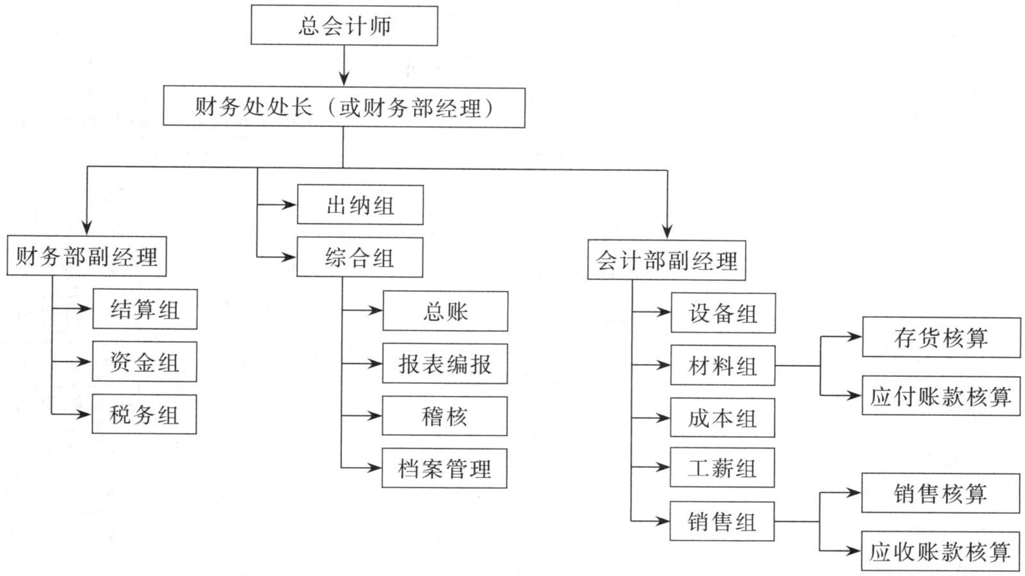

图 2-1　国有大中型企业集中核算制下财会机构组织架构图

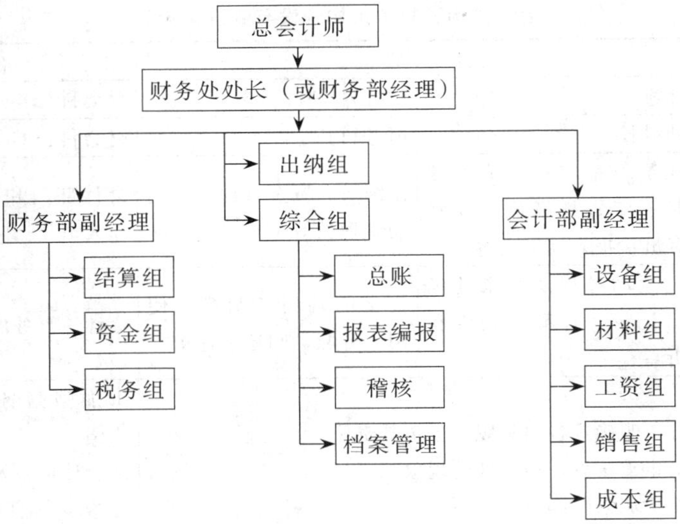

图2-2　国有大中型企业分散核算制下财会机构组织架构图

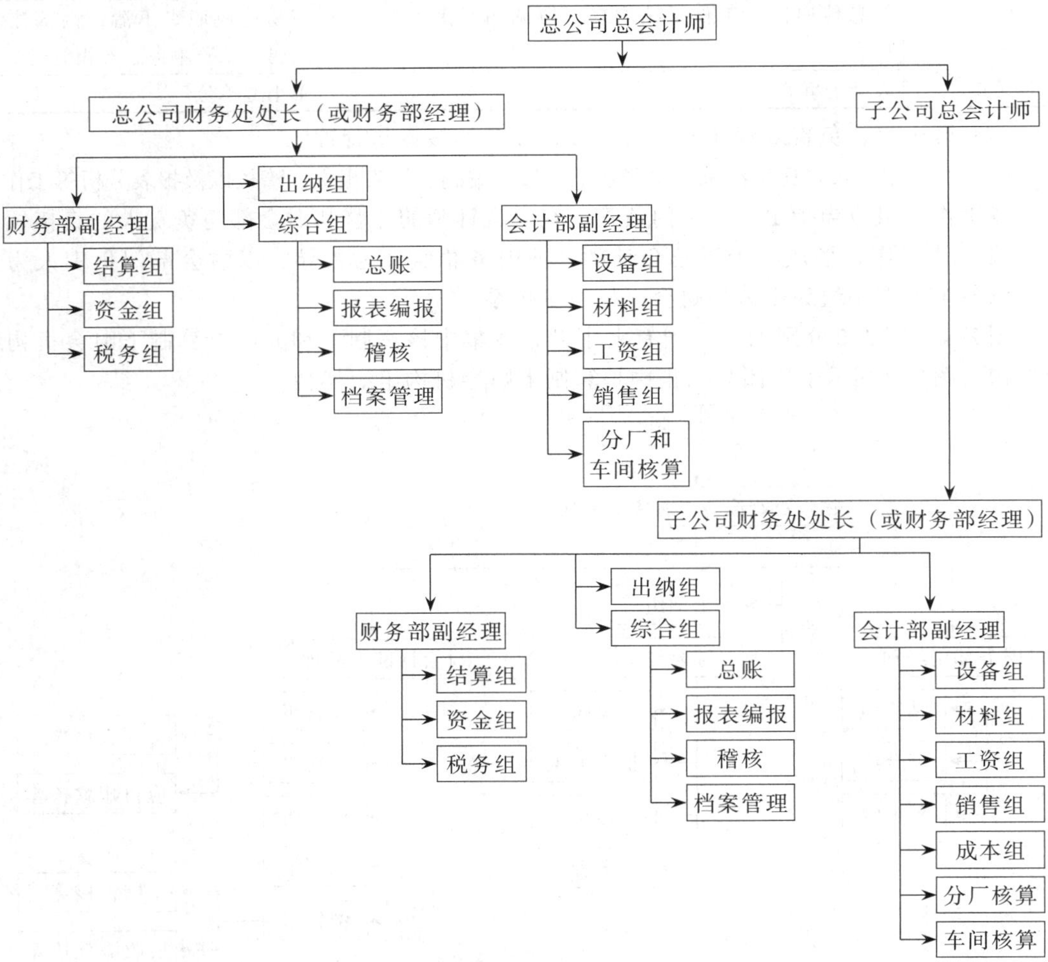

图2-3　集团公司集中核算制下财会机构组织架构图

图2–1中，考虑到材料组、销售组和综合组的工作量较大，同时为了加强内部控制，又作了进一步的划分。如果企业的债权债务结算业务很大，也可单独设置“结算组”。总之，在人员配备允许的情况下，可参照图示进行财会机构的内部组织。做到事有专人管，人有专项责，职责分明，控制严密，分工合理，配合默契。

需要指出，由于财务共享服务的推广，集团公司会计机构内部组织结构发生了较大变化，有关内容将在本章第五节中详细介绍。

对于小型企业，主管会计工作的单位负责人一般称“主管会计工作副厂长或副总经理”，会计人员人数通常为2~10人，所以，不宜按核算组配备会计人员，直接设置会计岗位就可以。其会计机构组织体系参见图2–4。

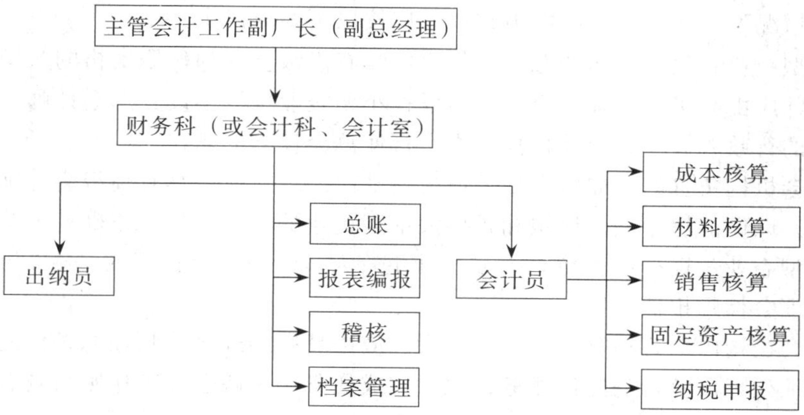

图2–4 小型企业财会机构组织架构图

第三节 会计人员的配备

一、会计人员的编制

会计人员的编制是指企业从事会计工作所需人员的有效数量。合理确定会计人员的编制，不仅可以防止会计机构内部人浮于事、责任不清的现象，又能避免事多压人、劳逸不均的情况，有效地保证会计机构高效率、低消耗运转，因此，在设置会计机构时，必须重视这一问题。既要符合精简机构、满负荷工作的要求，又要配备足够数量的会计人员，以保证会计任务的及时完成。

确定会计人员编制的主要依据是会计的工作量。应当采用科学合理的方法计算出各会计工作岗位的业务数量后，按照会计人员的平均工作定额，确定所需会计人员数量。例如，某企业的材料采购、收发业务最多时每天可达150次，最少时每天100次，日平均业务量约120次左右。经测算，日人均处理业务量一般为70笔，包括有关原始凭证的填制和审核、记账凭证的编制、材料采购成本的计算和有关账簿的登记等具体工作。那么，材料岗位最少应当配备两名会计人员，才能保证材料核算任务的及时完成。

二、会计人员的能力结构

按照《会计法》第三十八条规定，会计人员应当具备从事会计工作所需要的专业能力。担任单位会计机构负责人（会计主管人员）的，还应当具备会计师以上专业技术职务资格或者从事会计工作三年以上经历。这就是说，对于不同岗位的会计人员应当提出不同的业务水平要求，以便建立合理的会计人员能力结构。因此，根据会计工作量确定会计人员数量的同时，还应当根据会计工作难度确定会计人员的能力结构，确保各个会计岗位配备人员的技术职称、业务能力与工作要求相吻合。既要防止业务能力过高，造成人才的浪费，又要避免业务能力过低，不能满足工作的需要。力求做到人尽其才、才尽其用、力所能及。一般情况下，会计人员的能力结构，应按以下要求确定：

（1）大型企业、集团公司的总会计师应由具有高级会计师任职资格的人担任；中型企业的总会计师应由高级会计师或会计师担任；小型企业可以不设置总会计师，但必须由精通财会业务的行政领导主管会计核算工作，行使总会计师的职权。

（2）财会机构负责人，如财会处长或财会部门经理，应由具有高级会计师或会计师资格的人担任，以便能够独立地组织和领导大中型企业的会计工作，正确处理各种类型的经济业务；小型企业的财会机构负责人或会计主管人员，应由会计师或具有3年以上会计工作经历的助理会计师担任。

（3）财会机构内部各核算小组的负责人，应由具有助理会计师任职条件的人担任，以便保质保量地处理所负责的经济业务，独立完成任务。一般会计工作则由具有会计从业资格的人员担任。

需要指出的是，负责领导财会工作的人员也应当合理配置。总会计师一般不宜设副职，以免权责不相称或权责分不清；大中型企业的财会处长或财会科长（财会部经理）可适当配备1~2名副职；小型企事业单位的财会部门设负责人1人即可，不必再设副职。这样做有利于避免工作扯皮和推诿现象，提高工作效率。

三、会计人员的异质性问题

会计人员的异质性是指企业财会团队这一群体当中各个成员之间的特征差异。由于会计人员的性别、年龄、学历、技术职称、职业背景等方面存在一定的差异，而这种差异往往可以成为激发或抑制会计工作热情、提高或降低会计工作效率、增强或削弱会计队伍持续发展能力的重要因素。因此，配备会计人员时，绝不能忽视异质性问题。应当最大限度地利用异质性可能带来的正能量，合理控制异质性的潜在风险，尽量消除异质性的负面效应。具体地讲：

（1）性别异质性的合理存在，能够在团队成员之间产生一定的互补效应，弥补单一性别或性别比例严重失调所带来的各种缺陷，提升工作效率和工作质量。因此，应当合理制定财会人员选聘录用政策，有效调动男性人员从事财会工作的主动性和积极性，逐步改变目前女性会计人员占比过高，财会团队竞争意识较弱，风险承受能力和创新能力不足的现象。

（2）年龄异质性的合理存在，有利于团队在传承优良传统的同时接受现代管理理念和管理手段，防范过度规避风险或极端偏好风险两种情况可能带来的不利影响，使倾向于规避风险损失的年长者与倾向于获取风险收益的年轻者之间产生互补效应，保证财会团队的持续稳定发展。因此，配备会计人员时，应当科学把握成员之间的年龄结构，始终保持老、中、青三种财会人员之间的合理比例，形成以老带新、以新促老、经验共享、知识互补的格局。

（3）学历异质性的合理存在，可以使财会团队成员之间具有认同感、服从感甚至依赖感，形成较强的向心力、凝聚力和执行力。因此，配备会计人员时，绝不能一味地排斥或消除学历异质性，应当根据不同财会岗位的能力需求予以选择和保留，科学规划学历结构，使之不断“优化”而不是“高化”。唯此，才能做到人尽其才，才尽其用，营造财会团队的和谐氛围，保证财会团队的健康发展。

（4）优秀的财会团队绝不是高级技术职称人才的简单堆积，而是各种技术职称人员的优化组合。团队当中，既需要财会理论素养高超、财会法规知识全面、实践工作经验丰富、组织协调能力卓越、开拓创新精神强劲、能够起到领路作用的高端人员，也离不开合作意识好、执行能力强、吃苦精神足、发展潜力大，勇于奉献的业务骨干和工作人员。因此，配备会计人员时，必须保证职称等级的合理配置与分布状况，尽量形成高、中、初三种技术职称的“塔式”结构并保持动态平衡。

（5）专业背景异质性的合理存在，有助于团队成员从不同角度，采用不同的方式考察、认识、分析、判断和解决问题，通过不同路径并借助不同技术收集、加工和反馈相关信息，为团队开展工作带来更多的信息源和能力集。在知识更新周期不断缩短，知识交叉趋势日趋明显的当代社会更是如此。因此，配备会计人员时，应当以财会专业背景人员为主体、以相关专业背景人员为支撑，大胆吸收具有法律、金融、税务以及网络技术、信息技术等专业背景的人员，以便营造仁者见仁，智者见智，群策群力的团队氛围，最大限度地开发他们的创新能力。

四、会计人员的职责

会计人员的职责，指担任各种职务或各工作岗位上的会计人员应承担的责任，或者说应尽的义务。它由企业会计工作的具体任务决定，是会计人员必须履行的岗位责任。按照我国《会计法》的有关规定，会计人员的主要职责是进行会计核算，实行会计监督，但对于不同岗位的会计人员来讲，其具体职责并不完全相同。因此，设计会计制度，应当结合会计机构的内部组织情况，将会计人员职责加以对象化和具体化，以促使会计人员尽职尽责，努力完成好本职工作。同时，也有利于考核各岗位会计人员的工作业绩，建立健全考核评价制度。

财务会计岗位招聘信息选编

不同的岗位具有不同的职责。现就各个会计工作岗位的职责分别说明如下：

（一）总会计师职责

按照《总会计师条例》的规定，总会计师的主要职责如下：

1.编制和执行预算、财务收支计划、信贷计划，拟订资金筹措和使用方案，开辟财源，合法有效地使用资金。

2.进行成本费用预测、计划、控制、核算、分析和考核，督促本企业有关部门降低消耗，节约费用，提高经济效益。

3.建立健全经济核算制度，利用财务会计资料进行经济活动分析。

4.负责本企业财会机构的设置和财会人员的配备，就会计专业职务的设置和聘任提出方案。

5.组织会计人员的业务培训和考核，支持会计人员依法行使职权。

6.协助主要行政领导对企业的生产经营做出决策，参与新产品开发、技术改造、科技研究等方案的制订和重大经济合同的研究、审查等。

7.监督本企业贯彻执行国家的各项财经法规、政策和制度。

8.承办企业主要行政领导交办的其他工作。

（二）财会机构负责人职责

1.在总会计师的指导下，负责组织和领导本企业的具体财会工作，开展会计核算和会计监督。

2.组织制定本企业的财务、会计制度，并负责贯彻执行。

3.参与编制企业的各种预算和计划并负责执行和监督。

4.贯彻执行国家有关的财经法规政策，监督企业各项资金的使用和分配。

5.负责会计人员的业绩考核、业务指导、岗位分工、工作协调等。

6.承办总会计师交办的其他工作。

（三）财会机构内部各工作岗位的职责

1.固定资产会计工作岗位的主要职责包括：（1）会同有关部门制定固定资产管理与核算办法；（2）参与核定固定资产需用量、编制固定资产更新改造和修理计划；（3）计算提取固定资产的折旧和减值准备；（4）负责登记固定资产明细账和累计折旧账户；（5）参与固定资产的清查盘点以及使用效果的分析；（6）登记在建工程相关账簿，计算在建工程成本。

2.材料会计工作岗位的主要职责包括：（1）会同有关部门制定材料管理与核算办法；（2）参与制定材料的计划成本和消耗定额；（3）计算材料的实际采购成本，控制采购费用，分析材料成本差异；（4）负责登记材料采购、原材料、周转材料和应付账款等明细账，结算清理应付款项，计提存货跌价准备；（5）参与材料的清查盘点以及存货结构的分析。

3.成本会计工作岗位的主要职责包括：（1）会同有关部门制定成本管理与核算办法；（2）参与编制成本费用计划，分析成本费用计划的执行情况；（3）计算产品生产成本，控制生产费用；（4）负责登记生产成本、制造费用和管理费用等明细账，编制成本和费用报表；（5）指导车间和班组进行成本核算，参与在产品和未入库半成品的清查盘点等。

4.工薪会计工作岗位的主要职责包括：（1）会同有关部门制定工资管理与核算办法，参与编制薪酬计划；（2）计算和发放工资及其他薪酬；（3）负责工薪分配与核算；（4）计算提取职工教育经费和工会经费并监督其使用情况。

5.销售会计工作岗位的主要职责包括：（1）会同有关部门制定产成品管理与核算办法；（2）参与编制销售计划和利润计划并监督其执行情况；（3）控制销售费用，计算产品销售成本，销售税金及附加；（4）负责登记产成品、销售收入、应收账款、税金和利润等明细账以及发出商品的有关记录，并负责应收款项的及时清算和税金的上缴；（5）负责计提坏账准备、编制账龄分析报告；（6）编制销售和利润报表并分析计划的完成情况；（7）参与产成品的清查盘点以及库存情况的分析。

6.资金会计工作岗位的主要职责包括：（1）会同有关部门制定实收资本（股本）和银行借款的管理与核算办法；（2）参与编制资金计划并监督其执行情况；（3）负责登记实收资本（股本）、银行借款、对外投资及其他有关的明细账；（4）核算银行借款利息和对外投资收益；（5）负责银行借款的及时归还和投资的收回。

7.出纳工作岗位的主要职责包括：（1）会同有关部门制定库存现金、银行存款的管理与核算办法；（2）落实现金管理制度，把好现金收支关；（3）负责登记库存现金、银行存款日记账，做到日清日结；（4）定期编制出纳报告单，反映货币资金收支情况；（5）参与库存现金和银行存款的清查盘点等。

8.总账报表工作岗位的主要职责包括：（1）协助财会机构负责人做好会计组织工作；（2）负责记账凭证的汇总和总账的登记；（3）负责结账、对账工作，编制各种财务报表；（4）负责会计凭证、账簿和报表等档案的管理工作；（5）负责财务报告的分析工作。

9.稽核工作岗位的主要职责包括：（1）审核各种预算和计划；（2）审核各项财务收支，保证其合法合理；（3）复核会计凭证和账簿的记录，保证账证、账账和账实相符；（4）复核财务报表，保证其准确性。

以上9个会计工作岗位是在财会机构内部分为8个小组的基础上，对综合组又进行分工后设置的。实际工作中，企业可以根据财会机构内部分工的精细程度做出相应的调整。

五、会计信息化环境下会计岗位的设置

按照我国《会计基础工作规范》第十一条的规定，会计工作岗位一般可分为：会计机构负责人或者会计主管人员、出纳、财产物资核算、工薪核算、成本费用核算、财务成果核算、资金核算、往来核算、总账报表、稽核、档案管理等。计算机技术和财务软件的普遍应用，对传统会计岗位产生了较大冲击。一般情况下，大中型企业应当设置出纳、系统主管、软件操作、审核记账、系统维护、系统审查、数据分析和会计档案保管等岗位。各个岗位的职责如下：

（一）出纳岗

会计信息化环境下的出纳岗位职责与传统出纳岗位职责基本一致。区别在于，会计信息化下需通过会计软件中出纳管理功能模块完成，具体负责支票管理（支票登记簿）、录入或网络获取银行对账单、进行银行对账操作、输出对账结果、输出长期未达账项、核销已达账项、输出日记账和资金日报等工作。

（二）系统主管岗

系统主管是会计信息化环境下新增的岗位，主要负责协调计算机及会计软件系统的运行工作，要求由具备会计和计算机知识，至少有2年以上的软件操作经验或会计信息化组织管理经验，并且具备中级以上会计专业技术职务的人员担任。实际工作中，这一岗位通常由会计机构负责人或会计主管兼任。系统主管岗的主要职责如下：

1.统筹规划本企业会计信息化工作，负责信息化系统的日常管理，监督并保证信息化系统的正常运行。

2.负责会计岗位设置和人员配备，制定各个系统操作人员的工作权限和岗位责任；参与制定会计信息化各个岗位的质量考评指标；对系统操作人员提出任免和轮换建议。

3.监督检查会计数据输入和会计资料（凭证、账簿、报表和其他辅助性会计资料）输

出的及时性、合规性和完整性。

4.参与制定会计信息系统硬件资源和软件资源的配置和更新工作。

5.参与企业管理制度的完善和修订工作，结合会计信息化，提出改进建议。

（三）软件操作岗

软件操作涵盖传统会计岗位中的原始凭证审核和制单等工作。对于规模较小、会计岗位设置不细的企业，可配备一名软件操作员；对于规模较大、会计岗位设置较细的企业，应当分别在职工薪酬、固定资产、材料、成本、销售等核算组（核算模块）下设置多名软件操作员，并在每个模块下细分为原始凭证审核岗和制单岗。软件操作岗位要求由会计专业知识扎实，并能熟练操作财务软件的会计人员担任。具体职责主要包括：

1.负责审核所分管业务的原始凭证，并依据经审核无误的原始凭证编制记账凭证。

2.在操作权限范围内负责数据输入、数据处理、数据备份和数据输出（包括打印输出凭证、账簿、报表）等工作。

3.负责对输入数据进行检查、核对，核对无误后交审核记账员复核记账。对审核中发现错误的数据，按照规范的更正方法予以更正。

4.每日操作结束后，应及时做好数据备份并妥善保管。

5.保管好自己的操作口令，并定期更换操作密钥。

6.操作过程中发现系统问题时，记录故障情况并及时向系统管理员报告。

7.在打印输出的记账凭证上加盖个人名章，并要求出纳人员在收付款记账凭证上签名或盖章。

（四）审核记账岗

审核记账岗涵盖传统会计岗位中的稽核、记账凭证审核、账簿登记和报表编制等岗位，要求由具备能熟练操作会计软件，具有中级以上会计专业技术职务的人员担任。审核记账岗必须与出纳岗分别设置，二者不可兼任。对于规模较小、只配备出纳和会计两名会计人员的企业，可与软件操作岗合并设置；对于规模较大的企业，应当按照核算模块分别设置，也可以由主管会计兼任。审核记账岗的主要职责如下：

1.负责审核原始凭证，对违法违规、错误或内容不完整的原始凭证做出处理决定。

2.负责审核录入系统的记账凭证，对审核中发现错误的记账凭证，退回软件操作员，并要求其按照规范方法进行更正。对更正后的记账凭证进行再审核，直至凭证正确。

3.负责对审核无误的记账凭证予以确认、签字，并进行记账操作。

4.结账前，检查已发现错误的记账凭证是否按照规范操作方法予以更正，是否已对全部记账凭证进行审核和签字，已审核和签字的记账凭证是否全部记账。

5.负责检查打印输出的凭证、账簿和报表是否正确、完整，对检查无误的凭证、账簿和报表进行整理，并转交会计档案资料保管员保管。

（五）系统维护岗

系统维护岗是会计信息化环境下新增加的会计岗位，主要负责保证计算机硬件、软件的正常运行，管理计算机内会计数据。该岗位要求由具备全面计算机知识和一定会计专业知识的人员担任。对于规模较小的企业，如不具备设置条件，可由会计软件开发商负责，由系统主管人员负责与软件开发商协调和沟通；对于大中型企业，尤其是大型企业应当设置专人专岗。具体职责主要包括：

1. 定期检查会计信息系统的软件、硬件运行情况。

2. 及时排除会计信息系统运行中的软件、硬件故障。

3. 配合软件开发商对会计信息系统的功能改进和软件升级换版的调试工作。

4. 负责岗位人员变动或会计科目调整时的系统维护。

（六）系统审查岗

系统审查岗是会计信息化环境下增设的会计岗位，主要负责监督计算机及会计软件系统的运行，防止计算机舞弊行为的发生。系统审核岗要求能熟练操作会计软件，并具有中级以上会计专业技术职务的人员担任，可以由审核记账岗人员兼任。系统审查岗的主要职责如下：

1. 审查会计信息化岗位设置和人员配备是否合理。是否遵循了不相容职务分离制度，各岗位人员是否存在越权行为。

2. 发现系统安全问题或隐患时，及时向会计主管反映，并提出处理意见。

（七）数据分析岗

数据分析岗是传统会计岗位中报表分析岗位的演变，要求由达到会计信息化中级水平和中级以上会计专业技术职务的人员担任。主要职责如下：

1. 制定分析方案。结合本企业实际情况，选择会计数据分析方法，确定分析模型和分析时间，为企业经营管理及时提供信息。

2. 开展定期分析。按旬、月、季、年定期对企业的财务状况、经营成果、成本费用、现金流量等会计数据进行分析，并形成定期分析报告。

3. 开展专项分析。重大项目实施前，应借助历史会计数据进行可行性分析，形成项目可行性分析和预测报告，并参与决策的制定；实施过程中，应结合实际数据，进行项目计划完成情况分析，形成重大项目计划执行进度分析报告；项目结束后，应对项目执行结果进行分析，形成项目总结分析报告。

4. 开展应急分析。根据单位领导临时需要，及时提供应急性分析报告。

（八）会计档案保管岗

会计档案资料指会计信息化的电子备份（数据光盘、系统光盘）和打印输出的纸质会计资料，简称“待归档会计资料”。会计档案资料保管指上述会计档案资料归档前在会计部门的保管。对于规模较小的企业，会计档案资料保管可由审核记账岗兼任，在规模较大的企业里应设专人专岗。具体职责主要包括：

1. 整理和保管需存档保管的会计电子资料备份以及纸质会计凭证、账簿、报表及其他需要存档保管的会计资料。

2. 登记和保管待归档会计档案资料保管簿，详细记录每月产生的待归档会计资料的类别、份数和转交人员的签字情况。

3. 负责待归档会计资料的安全、完整和保密，如需查阅，需经本单位会计部门负责人审批，并做查阅登记。所有待归档会计资料原则上不得借出，如确需外借，必须遵循《会计档案管理办法》的规定。

4. 按照本企业制定的会计档案管理办法规定，移交会计档案并归档保管。

第四节 财务共享中心的设计

随着企业扩张和集团制企业模式的普及，管理松散、优势资源配置效率和资金使用效率不高等问题凸显，传统会计机构设置和功能的局限性日益显露，倒逼财务管理转型升级，财务共享服务便应运而生。

一、财务共享中心的内涵

财务共享中心是一个面向集团提供财务共享服务的会计机构，是全集团的会计信息（或财务数据）中心。财务共享服务是一种将分散于各成员单位、重复性高、易于标准化的会计处理业务（核算业务）进行流程再造和标准化，并集中到财务共享中心统一处理，达到集团内会计政策一致、标准统一、整合财务资源、方便集团总部管控、提升客户满意度、提高工作效率和降低财务成本的目的。企业集团的成员单位越多，设置财务共享中心越有必要。20世纪80年代初，福特汽车公司在欧洲设立世界上第一个公认的财务共享中心，根据美国《财富》杂志2008年的调查，世界企业500强中有86%的企业、欧洲半数以上的跨国公司已经或正在建设财务共享服务。1995年IBM企业（外资企业）在中国建立了第一个财务共享中心，截至2018年底，已有中兴通讯、深圳华为、中国中车、中国中铁、中石油、中国移动、中国电信、宝钢、青岛海尔、美的、苏宁易购、万科、中国工商银行、建设银行、毕马威、德勤、顺丰控股等200多家集团企业设立了财务共享中心，并取得了良好效果。集团公司设立财务共享中心已成为未来集团制企业会计机构设置的必然趋势。

二、财务共享中心设计目标

财务共享服务正是推动集团企业财务向战略财务、业务财务和共享财务转型的有效模式。设计财务共享中心的目标如下：

1.增强总部管控效力。财务共享服务可以使集团内各子、分公司和分支机构的会计业务按照集团统一的会计政策和标准进行集中处理，实现集团总部对集团内部财务资源的统一筹划和集中管理，有效避免因标准不一、执行偏差和内部管理“黑洞”现象所滋生的问题。它是财务职能在各子、分公司和分支机构发挥协同和管控作用的重要工具，能够穿透到业务底层，增强经营支持能力和集团总部管控力度，是集团财务管理的战略性平台。

2.降低集团运营成本。财务共享中心通过把分散在集团内部各子、分公司和分支机构的重复性会计业务进行集中处理，可以大量减少子公司会计业务，减少会计人员数量，降低会计成本。还可以通过财务共享服务带动集团业务共性服务，进而降低集团的运营成本。

3.提高工作效率。财务共享服务中心通过集约化手段把复杂的工作变得更为简单和更为标准，将传统的会计记账改变为“集团会计工厂”的运营方式。这样既提高了集团财务效率，又实现了集团财务和业务的融合，进而提高了集团运营水平。

4.助推财务转型。通过建立财务共享中心，把集团公司的会计业务集中到中心处理，集团总部和各子、分公司和分支机构不需要专设会计核算人员，财务管理工作留给总部财务和子公司财务处理，专业分工更加精准，有助于财务实现从核算型向经营支持和价值创造型的转变。

5.支撑战略转型。会计核算的最终结果是输出能够展示组织经营全景的会计数据，财务共享中心以集团作为会计主体，利用相关数据展示集团经营全景，为集团管理、决策和创新提供支持。

6.降低合规风险和税务风险。财务共享中心将分散在各子、分公司和分支机构的会计业务按照统一政策、流程和标准进行处理，可以有效防范各自为政可能引发的合规风险和税务风险。

三、影响财务共享中心设计的因素

财务共享中心的构建能否成功依赖于很多因素，主要影响因素如下：

1.集团高管层的支持力度

财务共享中心的设立需要改革原有会计机构，并缩减集团总部和各子、分公司及分支机构的会计人员编制，重新调配岗位，留下熟悉并掌握信息技术、会计专业素养较高和实战经验丰富的高端人才。而裁减员工是非常敏感的问题，没有集团高管层的大力支持只能是纸上谈兵。安永咨询公司2015年对中国企业财务共享服务所做的调查报告显示，“集团企业管理层的支持力度”是影响财务共享中心建设的首要因素。

2.强有力的信息技术支撑

财务共享中心的会计主体是整个集团，基本特色是流程标准化、集中化、自动化和智能化。因此，数据传输、处理、汇总、计算都离不开网络技术、电子影像技术、大数据、云计算、财务机器人等信息技术的支持。根据中兴新云2018年对213家设立财务共享中心集团企业的调查，已有44.8%的财务共享中心在账务处理、发票认证、发票查验、银行对账、费用审核、发票开具、合并报表编制、收款核销、收付款管理、供应商对账、客户对账、关联交易处理、客户信用管理、纳税申报、涉税数据核对与校验等业务处理中使用了财务机器人。可见，信息技术是财务共享服务数字化转型的动力，也是财务共享中心设立和运行的支柱。

3.竞争的激烈程度

竞争是市场经济的基本特征，随着全球经济一体化格局的形成，企业不同程度地受到来自国内外同行竞争的影响。对于集团公司而言，集约化、集中管理、统一筹划是未来抵抗风险的必要选择，在技术和人员有保证的前提下，财务共享服务可延伸至业务共享服务领域，如对供应商和客户的管理服务。

四、财务共享中心的设计原则

财务共享中心设计并不是简单地增加一个会计机构，它要求集团企业会计处理流程优化、集团会计人员明显减少、会计信息的有用性增强、会计成本大幅度降低、工作效率显著提高。因此，设计财务共享中心应当遵循以下5项原则。

1.流程化运作

财务共享服务的特点是会计处理流程化、集约化、标准化、规模化和高效化，而流程化是集约化、标准化、规模化和高效化的前提和基础。因为，一个成熟的、运行有序的财务共享中心必然是一个流程型组织。如果不能做到流程化管理，或流程化水平不佳，那么财务共享中心就没有存在的价值和意义。

2.同类业务归并

财务共享服务要求集团内各子、分公司和分支机构共有的、重复率较高的业务进行同类合并，并按业务类型设置核算岗位。如将集团内各子、分公司和分支机构的费用报销、资金结算、成本费用、固定资产、采购付款、销售收款、总账报表、税务管理、绩效管理、档案管理等业务按类合并，分别设置会计岗位，提供专项服务。

3.高效协作

财务共享服务要求内部组织之间互相提供协作和支持，并保持协作关系顺畅、高效和充分。

4.人员配备均衡

由于财务共享中心每一个核算组都承担着全集团各子、分公司和分支机构的会计事务，因此，核算组人员配备一定要做到均衡合理，避免出现配备不足或人员过剩的问题。

5.管理跨度合理

内部协调、沟通顺畅是财务共享中心有序运行的前提。因此，在内部组织设置上应保持合理的管理跨度，使得中心内每个小组间、共享中心经理和组内成员之间都能保持有效的沟通。

需要指出，财务共享中心的建立因企业而异，所以，不同的集团企业应当根据自身特点进行组织结构的设计。

五、财务共享中心的设计步骤

宝钢集团财务共享中心实践经验

（一）确定财务共享中心的职责

集团企业财务组织结构由集团总部财务、财务共享中心和成员公司财务三部分组成。其中，集团总部财务负责面向集团的，涵盖财税政策、资金管理、资产管理、对外关系、财务分析、预算管理、业绩考评和风险控制等领域的战略财务管理职能。成员单位财务负责面向子公司的业务财务管理职能，设计子公司预算管理、风险控制、资产管理、财务分析、业务支持、属地财税政策、共享中心接口等领域，向财务共享中心提供核算支持。财务共享中心则通过网络和信息技术接收成员单位财务提供的业务原始资料和数据，按照集团统一的标准进行会计核算，向集团总部财务和成员单位财务提供会计信息。

（二）确定财务共享中心设立数量和服务范围

一个企业集团，可以考虑仅在集团总部或经营场所所在地设立一个面向全集团的财务共享中心，也可以按集团所涉及的经营区域设立多个面向某区域的财务共享中心。如非跨国集团公司，可选择在国内一线、二线城市设立多个财务共享中心；跨国集团可以选择亚洲区、东南亚区、欧洲区等多个财务共享中心。

财务共享中心的服务范围是一次性将全部成员单位纳入服务范围，还是选择分期分批逐步纳入服务范围，各企业集团可根据自身情况予以选择。

（三）确定财务共享中心身份

财务共享中心有独立身份和非独立身份两种情况。

1.独立身份

独立身份指财务共享中心独立于集团总部财务部门之外，可以是与集团总部财务部门平行的独立机构，还可以是一个独立的法人企业。

与集团总部财务部门平级，有利于财务共享中心直接获取集团公司高层领导的支持和指导，更具管理灵活性。据中兴新云2018年对国内213家设立财务共享中心企业的调查，有高达25.2%的受调查企业采用此方式。

将财务共享中心设立为独立法人，在为集团内其他法人提供财务服务时，有利于保证财务的独立性，更有动力降低成本，提高效率，并通过服务领域的拓展，实现价值创造。在中兴新云2018年对国内213家设立财务共享中心企业的调查报告中，有近8.6%的受调查企业采用此方式。

2.非独立身份

非独立身份指财务共享中心是集团总部财务部门内部的一个组织单位，和集团总部财务部门是上下级关系，这种设置有利于集团财务部门总体的管理和协调。根据中兴新云2018年对国内213家设立财务共享中心企业的调查，有高达60.5%的受调查企业采用此方式。

集团选择哪种身份设立，应结合子、分公司或分支机构数量、业务类型的数量和涉及地理区域范围来确定。

（四）流程再造与优化

流程再造与优化是财务共享中心生存的基础，也是其核心能力。一般情况下，可设计费用报销、资金结算、采购到付款、订单到收款、固定资产核算、成本核算、发票开具、纳税申报、总账到报表、档案管理、客户信用管理、预算管理、绩效经营分析等流程。其中，费用报销、采购到付款、订单到收款是财务共享中心最主要的三大流程。财务共享中心再造与优化的费用报销流程如图2-5所示。

（五）设计中心内部信息系统架构

以优化业务流程来设计财务共享中心的信息系统架构是发挥财务共享中心功能的基石。一般情况下，财务共享中心信息系统应包括财务运营系统、电子影像系统、电子报账系统、会计核算系统、资金管理系统、银企互联系统、税务管理系统和电子档案系统等。

财务运营系统覆盖企业价值链的业务过程和管理过程，主要由业务人员使用。在系统功能设计时，通过将财务需求与业务需求相结合，使财务所需数据和信息的采集节点在业务前端，业务人员进行业务处理的过程中，产生的数据和信息自动流转至核算层。该系统一般包括员工费用报销、供应商管理和客户关系管理等。

电子影像系统是财务共享中心的基础信息系统，通过扫描纸质原始单据，生成电子影像上传，为共享中心的人员提供财务审核。

财务运营系统中的费用报销系统、开票系统、供应商协同系统和客户协同系统以及网上报账系统都属于财务共享中心的核心信息系统。

电子报账系统用于各单位进行统一报账，是财务相关信息收集和传递的平台，可与电

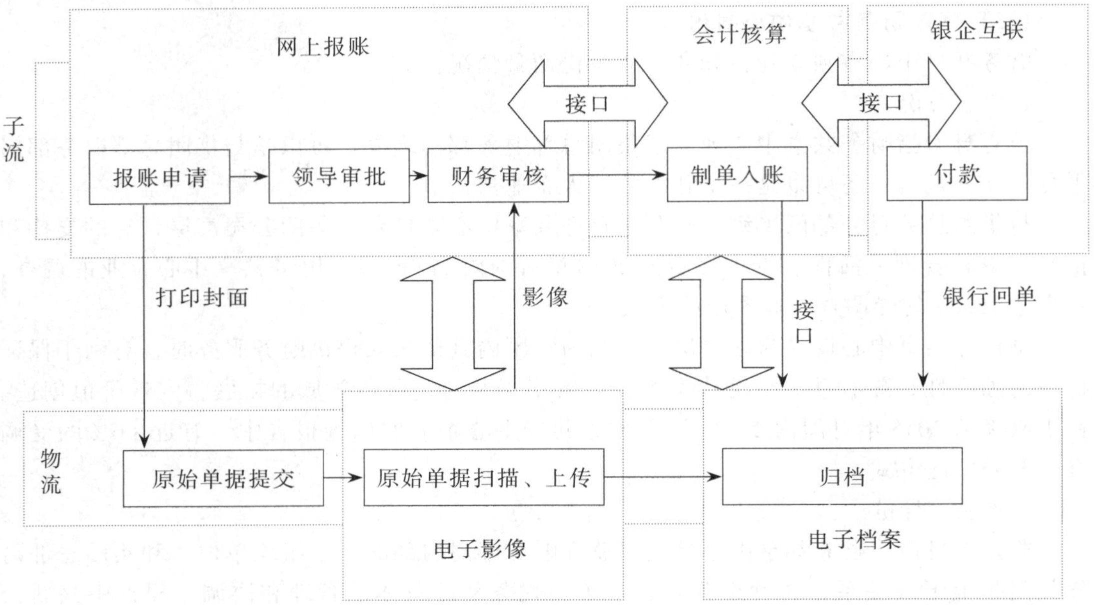

图2-5 财务共享中心费用报销流程

子影像系统和核算系统实现无缝连接，实现上传后的影像图片自动匹配电子报账单，并自动生成会计凭证，再将信息传递给会计核算系统、资金管理系统和税务管理系统，是实现报账信息采集、审批、传递和财务审核以及账务自动处理的信息中转系统。

会计核算系统，是进行记账凭证编制、自动记账、过账和生成账簿、报表的系统平台。资金管理系统是对资金流、资金调度、资金结算和资金运作管理的信息系统，和会计信息系统、银企互联系统贯穿，实现资金的全流程管理。

银企互联系统，是企业财务软件系统与银行网上系统在线链接的接入系统。

税务管理系统是企业税务核算、纳税申报、税务管理的财务信息系统，一般包括税务政策维护、税务数据采集、税务核算、审核、汇总、纳税申报以及税务筹划、分析等功能，是企业税务管理和监控的平台。电子档案系统是会计档案电子化管理平台，并将电子档案与纸质档案进行关联管理。财务共享中心内部信息系统架构如图2-6所示。

（六）设计中心内部组织机构和岗位设置

财务共享中心的职能是对全集团业务进行会计核算，按核算功能模块设置内部组织机构是最基本的模式，详见图2-7。每一功能模块还应当依据工作内容设置相应的岗位，一般情况下，可以分别设置行政管理岗、运营管理岗、业务操作岗和运行支撑岗四类。

1.行政管理岗。相当于传统会计机构中的负责人或主管会计，可设财务共享中心主任1名、副主任1~2名。其中，中心主任全面主持财务共享中心的各项工作，制订工作计划，加强制度建设以及信息化管理，负责团队建设以及考核；分管资金组，总账报表组，负责成员单位会计信息质量与资金流出控制，运行费用预算与日常费用支出的审批工作，组织编写并报送月度运行简报。中心副主任配合主任并主管共享中心档案管理、期末关账及财务报表工作；分管成本费用组，协管资金管理组与总账报表组，保障收入与成本费用核算的真实性；推动信息化工作的实施与开展，定期组织员工培训和会计基础工作自查，提高员工综合业务素质。

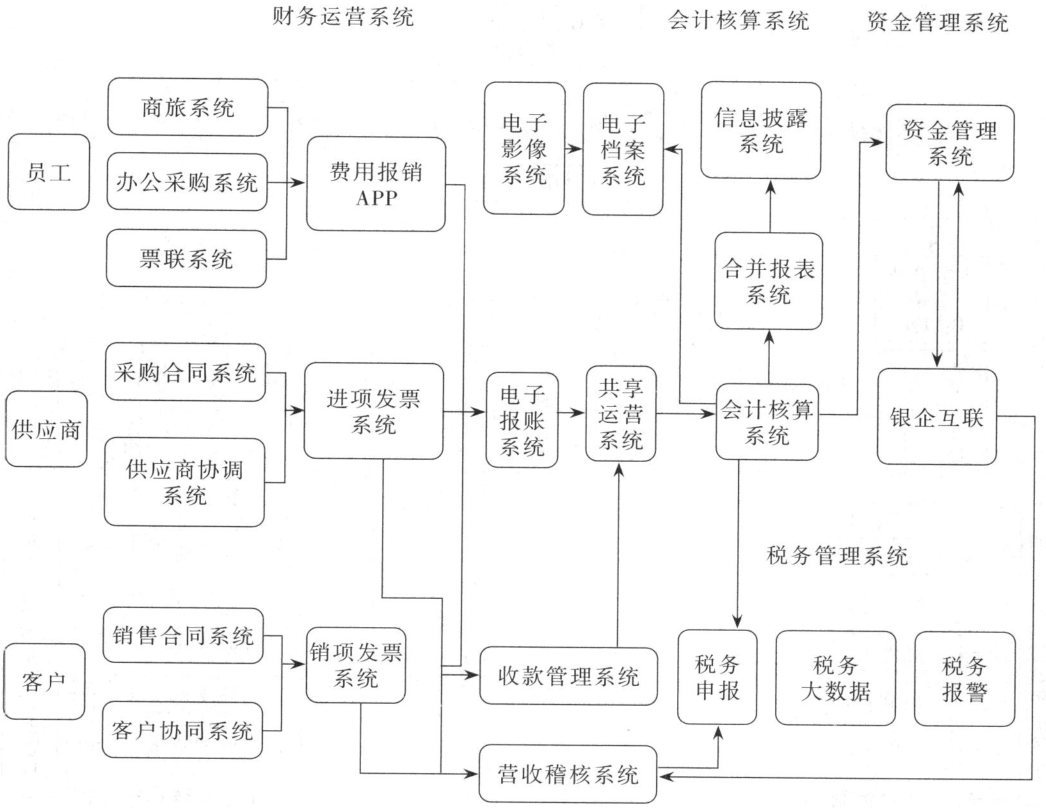

图2-6 财务共享中心内部信息系统架构

2.运营管理岗。负责共享中心运营质量和绩效管理，修订相关管理制度和流程标准化文件；制定共享中心运营标准并监督实施；制定共享中心的运营指标、年度发展计划、推动并确保运营指标的顺利完成；在中心主任的领导下协调中心内各部门工作。

3.业务操作岗。负责处理集团企业集中的会计核算业务。可以根据业务量的大小、业务的复杂程度以及集团企业的实际情况，设计出纳岗、资金核算岗、工薪核算岗、成本核算岗、费用核算岗、收入核算岗、材料核算岗、固定资产核算岗、税务核算岗、报表管理岗、原始单据扫描岗、会计档案保管岗等岗位。除原始单据扫描岗外，其他岗位的职责与传统会计岗位职责基本一致，这里不再赘述。

4.运行支撑岗。主要负责财务共享中心软件系统的运行，信息化管理与实施；负责软件操作人员的岗位授权；负责会计信息化管理与实施工作，优化流程；收集财务软件运行中出现的问题、意见及建议，并积极提出改进措施；负责执行培训计划等。

六、财务共享中心人员配备应考虑的因素

1.财务共享中心人员素质要求。建立财务共享中心后，各项工作更加集中、专业性更强，所以，财务共享中心应当配备一个专业知识过硬、熟知会计政策和流程、熟练操作计算机、掌握一定的信息技术、沟通协作能力强的优秀专业团队。

某保险公司财务共享组织与系统架构

2.财务共享中心人员配备数量。财务共享中心人员配备应当遵循传统会

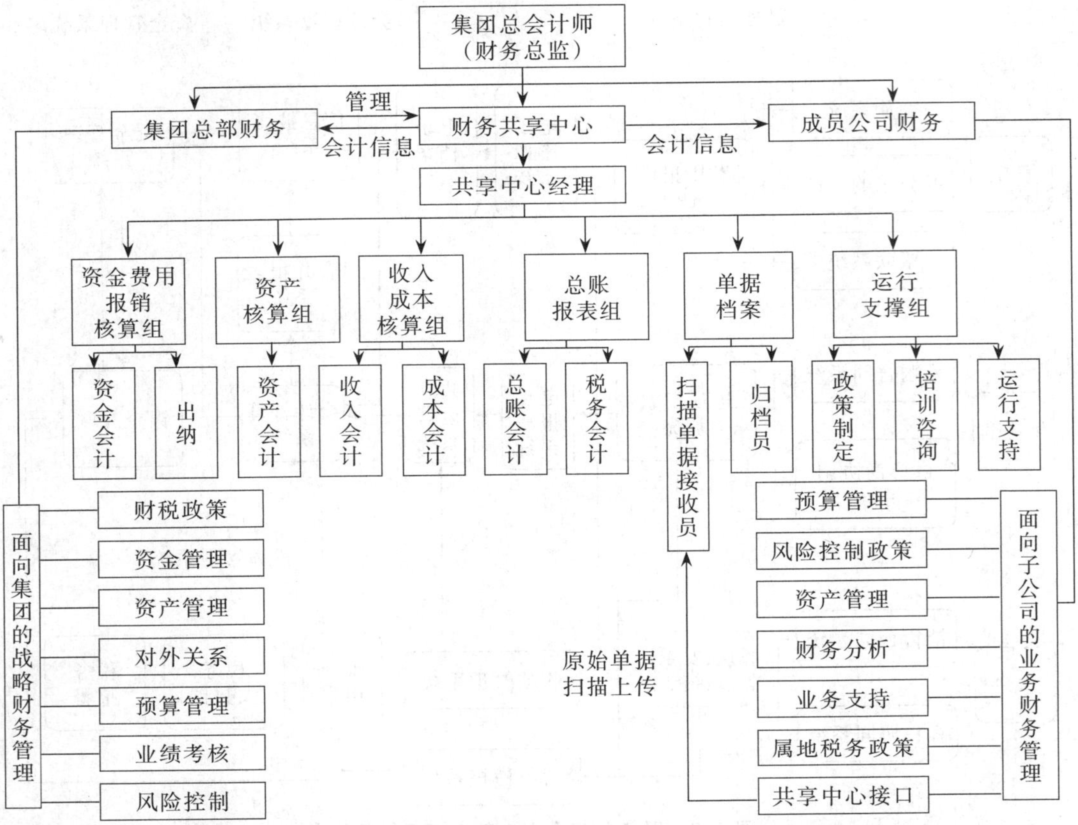

图2-7　财务共享中心内部组织架构及与集团总部财务、成员单位财务间的关系

计机构人员配备规则，可以是一人一岗、一人多岗、多岗一人。各单位可根据需要，并综合考虑以下因素予以研判。

（1）信息系统范围。财务共享中心内部信息系统越多，工作量越大，需要配备的人员数量越多。按照一般人员编制原理，人员编制=日总标准工作量/人均日标准工作量。日总标准工作量=日均单据量×标准工作量系数。人均日标准工作量=日均有效作业时间/标准单基准时间。

（2）服务空间范围。纳入财务共享中心的成员单位越多，工作量就越大，需要配备的人员人数就越多。如果财务共享中心设立为独立法人并对集团外企业提供会计服务，则需要配备的人员人数就需要更多。

（3）服务业务领域。如果财务共享中心服务的业务领域除涉及会计核算外，还涉及成本管理、绩效分析、客户信用评估等领域，则需要配备的人员数量就会增加。

（4）智能化水平。如果中心已经应用财务机器人，业务处理智能化水平较高，需要配备的人员数量就会大幅度减少。

（5）业务处理团队技能水平。如果团队中每一个成员都达到独立顺畅操作的水平，需要配备的人员数量就会减少。

第五节 会计档案管理制度的设计

一、会计档案及其种类

(一) 会计档案的含义

会计档案是指企业在进行会计核算等过程中接收或形成的，记录和反映单位经济业务事项的，具有保存价值的文字、图表等各种形式的会计资料，包括通过计算机等电子设备形成、传输和存储的电子会计档案。《会计档案管理办法》第五条规定：“单位应当加强会计档案管理工作，建立和完善会计档案的收集、整理、保管、利用和鉴定销毁等管理制度，采取可靠的安全防护技术和措施，保证会计档案的真实、完整、可用、安全。”

(二) 会计档案的种类

1.会计凭证类：包括原始凭证、记账凭证以及其他各种凭证。

2.会计账簿类：包括总账、明细账、日记账、固定资产卡片及其他辅助性账簿。

3.财务报告类：包括月度、季度、半年度、年度财务会计报告。

4.其他类：包括银行存款余额调节表、银行对账单、纳税申报表、会计档案移交清册、会计档案保管清册、会计档案销毁清册、会计档案鉴定意见书及其他具有保存价值的会计资料。

二、会计档案立卷与归档制度的设计

(一) 纸质会计档案立卷归档制度设计

按照财政部、国家档案局发布的《会计档案管理办法》的规定，企业形成的各种会计档案，都应当由会计机构和会计人员按照归档要求，负责整理立卷，装订成册，编制会计档案保管清册后交有关部门和人员统一管理。具体地讲，会计档案立卷与归档制度的设计，需要考虑以下内容：

1.对取得和填制的各种会计凭证在登记账簿后，应按照凭证类别和时间顺序编号整理，定期装订成册并加具封面，说明起止日期、凭证种类及数量，由会计人员签章后归档。

2.对一些重要的文件，如经济合同、中外合资企业的协议章程、决议、工程预算等相关会计资料，应单独装订成册并统一编号后予以归档。

3.对各种会计账簿在年终结平或转记新账后，由会计人员装订成册、统一编号并由有关人员签章后归档。

4.对各种财务报告，应按月份分类装订成册，加具封面并由有关人员签章后归档。

(二) 电子会计档案归档制度设计

根据《会计档案管理办法》的规定，企业可以利用计算机、网络通信等信息技术手段管理会计档案。企业从外部接收的电子会计资料附有符合《中华人民共和国电子签名法》规定的电子签名的，可仅以电子形式归档保存，形成电子会计档案。企业内部形成的属于归档范围的电子会计资料可仅以电子形式保存，形成电子会计档案。但需要同时满足下列条件：

1.形成的电子会计资料来源真实有效，由计算机等电子设备形成和传输；

2.使用的会计核算系统能够准确、完整、有效接收和读取电子会计资料，能够输出符合国家标准归档格式的会计凭证、会计账簿、财务报表等会计资料，设定了经办、审核、审批等必要的审签程序；

3.使用的电子档案管理系统能够有效接收、管理、利用电子会计档案，符合电子档案的长期保管要求，并建立了电子会计档案与相关联的其他纸质会计档案的检索关系；

4.采取有效措施，防止电子会计档案被篡改；

5.建立电子会计档案备份制度，能够有效防范自然灾害、意外事故和人为破坏的影响；

6.形成的电子会计资料不属于具有永久保存价值或者其他重要保存价值的会计档案。

三、会计档案保管与销毁制度的设计

（一）会计档案保管制度

按照《会计档案管理办法》的规定，会计档案保管制度的设计，应主要考虑保管人员、保管方式、档案移交、档案借阅和保管期限五个方面的问题。

1.保管人员。各单位应当设立独立的档案机构，专门负责包括会计档案在内的各种档案的管理。对于规模小、人员少而未设立专门档案机构的单位，可在会计机构内部指定专人保管，但出纳人员不得兼管会计档案。为了保证会计档案的安全完整，做到“四防”（防火、防盗、防蛀、防腐），档案管理室必须保持通风、干燥，保管人员必须尽职尽责，其他人员必须遵守档案管理方面的制度。

2.保管方式。各单位的会计档案应由本单位档案机构统一保管，但为了方便会计部门的查阅与核对工作，对于当年形成的会计档案，在会计年度终了后可由会计机构临时保管1年，再移交档案管理机构保管。因工作需要确需推迟移交的，可经档案管理机构同意后，由会计机构临时保管，但时间最长不超过3年。

3.档案移交。会计机构在办理会计档案移交时，应当编制会计档案移交清册。纸质会计档案移交时应当保持原卷的封装。电子会计档案移交时应当将电子会计档案及其元数据一并移交，其文件格式必须符合国家档案管理的有关规定。特殊格式的电子会计档案应当与其读取平台一并移交。档案管理机构接收电子会计档案时，应当对电子会计档案的准确性、完整性、可用性、安全性进行检测，符合要求的才能接收。

4.档案借阅。各单位保存的会计档案一般不得对外借出，确因工作需要且根据国家有关规定必须借出的，应当严格按照规定，办理相关登记手续。查阅或复制会计档案的人员，严禁对会计档案篡改和损害，并在规定时间内归还会计档案。

5.保管期限。会计档案的保管期限有永久和定期两类。按照《会计档案管理办法》的规定，年度财务报告、会计档案保管清册、会计档案销毁清册和会计档案鉴定意见书要求永久性保管；库存现金和银行存款日记账保管25年；月、季度、半年度财务报告，银行对账单、银行存款余额调节表和纳税申报表保管期限为10年；原始凭证、记账凭证、总账、明细账、日记账、其他辅助性账簿以及会计档案移交清册保管期限为30年；固定资产卡片在固定资产报废清理后保管5年。

一般情况下，会计档案应当由本单位自行保管，但也可以委托具备档案管理条件的机构代为管理会计档案。委托中介机构代理记账的单位，应当在签订的书面委托合同中，明确会计档案的管理要求及相应责任。

（二）会计档案销毁制度

单位应当定期对已到保管期限的会计档案进行鉴定，并形成会计档案鉴定意见书。经鉴定，仍需继续保存的会计档案，应当重新划定保管期限；对保管期满，确无保存价值的会计档案，可以销毁。会计档案鉴定工作应当由单位档案管理机构牵头，组织单位会计、审计、纪检监察等机构或人员共同进行。经鉴定可以销毁的会计档案，应当按照以下程序销毁：

1.由档案管理机构编制“会计档案销毁清册”，列明拟销毁会计档案的名称、卷号、册数、起止年度、档案编号、应保管与已保管期限、销毁时间等内容。

2.单位负责人、档案管理机构负责人、会计管理机构负责人、档案管理机构经办人、会计管理机构经办人在会计档案销毁清册上签署意见。

3.档案管理机构负责组织会计档案销毁工作，并与会计机构共同派人员负责监销，监销人在销毁会计档案前，应按会计档案销毁清册所列内容清点核对，销毁后应在销毁清册上签名或盖章，并将监销情况上报本单位负责人。会计档案销毁清册见表2-2。

表2-2　**会计档案销毁清册**

档案名称	起止日期	册数	销毁原因	销毁方法	备注

档案机构负责人　　会计主管　　监销人　　保管

电子会计档案的销毁还应当符合国家有关电子档案的规定，并由单位档案管理机构、会计管理机构和信息系统管理机构共同派员监销。

保管期满但未结清的债权债务会计凭证和涉及其他未了事项的会计凭证不得销毁。纸质会计档案应当单独抽出立卷，电子会计档案单独转存，保管到未了事项完结时为止。单独抽出立卷或转存的会计档案，应当在会计档案鉴定意见书、会计档案销毁清册和会计档案保管清册中列明。

第六节　会计工作交接制度的设计

一、会计工作交接制度设计的意义

会计人员在调动工作或因故长期离职时，必须有人接替其工作，会计工作的这种移交和接替过程称为会计工作交接。为了保证会计工作的连续性，明确交接人员各自承担的责任，防止会计工作因交接而造成混乱和差错，杜绝可能出现的各种不合规行为，必须设计严密完善的会计工作交接制度。

二、会计工作交接制度设计的内容

设计会计工作交接制度，应主要对交接前的移交准备、交接程序和内容以及监交等做出具体的规定。

（一）关于移交准备工作的规定

会计人员因故离职时，必须向接替人员办理正式的会计移交手续，在移交手续未办妥前不得离职。移交人员因故不能承办移交手续时，经领导批准，可委托他人代办移交，但移交中的责任仍需由移交人承担。在正式办理移交手续前，移交人必须做好以下方面的准备工作：（1）对已经受理但尚未填制凭证的经济业务事项，应填制相应的记账凭证并登记入账；（2）对尚未登记账簿的会计凭证应登记完毕，并在最后一笔余额后加盖印章；（3）将全部移交资料分类整理，做到账证相符、账账相符、账表相符、账实相符；（4）对未了会计事项应写出书面材料，说明其内容、原因、处理办法及相关责任。

（二）关于交接程序和内容的规定

会计工作的交接，应当按照移交清册逐项进行，接替人员应对移交内容逐项核对后再予以接收，包括：（1）库存现金、有价证券必须根据账簿余额盘点验收，账实不符时，移交人员应按规定时间和要求负责查清；（2）会计凭证、会计账簿、财务报告等各种会计档案必须完整无缺，发现资料短缺时应由移交人员查清原因；（3）银行存款账户余额要与银行对账单核对相符，如有未达账项，应编制银行存款余额调节表调节相符，各种资产、债权债务的账面余额应与实物或对方账户的余额核对相符；（4）移交人所使用的各种图章、印鉴必须齐全并交接清楚。

会计主管人员办理移交手续时，除了移交所经管的会计事项外，还应将全部财会工作、重大财务收支、会计人员状况、下属单位的有关财会情况，与本企业财务往来密切的单位及人员情况等，向接替人员做出详细介绍，以便接替人员尽快熟悉情况，开展工作。

在会计交接过程中，移交人员有责任解答接替人员对有关交接事项提出的质疑，不得以任何理由、任何形式借故拖延移交时间和移交项目。同样，接替人员也不得以任何借口推诿不接替。对双方均不解的会计事项应立据说明，并由移交人签字负责。

办理交接手续后，接替人员原则上应继续使用移交的账簿，不许自行另立新账，以保持会计记录的连续性。如果接替人员认为前任会计的有关会计处理不符合相关会计制度的规定，在征得会计机构负责人或单位负责人同意后，方可另立新账，并按有关规定办理更换账簿手续。

（三）关于监交的规定

会计人员办理交接时，必须有监督人员参加，以严格交接手续，分清是非，明确责任，保证交接工作的顺利进行。一般会计人员交接时，应由会计主管人员监交；会计主管人员交接时，应由单位负责人监交，必要时还可由上级部门派人会同监交。

会计工作交接完毕后，移交人员、接替人员和监交人员都必须在移交清册上签章，并注明单位名称、交接日期、交接人员姓名、职务及其他需要说明的事项和意见。移交清册一般一式三份，交接双方各执一份，存档一份。此外，负责监交的人员在会计交接完毕后，还应将交接情况向单位主管领导汇报。

本章小结

本章内容是有关会计工作组织制度设计的基本概念、基本理论和基本方法，是会计制度设计的重要内容，要学好这一制度设计，就要掌握我国现行会计法律法规对会计机构和岗位设置、人员配备、会计档案管理和会计工作交接的相关规定。

主要概念和观念

□　主要概念

会计工作组织制度　会计机构　会计岗位　财务共享中心　会计档案　会计交接

□　主要观念

会计工作组织制度包括会计机构的设置和会计岗位分工，会计人员的配备、职责划分以及任免，会计档案的保管、查询、借阅以及销毁，会计工作交接以及会计核算组织形式及账务处理程序等内容，做好会计工作组织制度设计是提高会计工作质量和工作效率的重要因素。

基本训练

□　知识题

• 阅读理解

1.1　简答题

（1）设计会计工作组织制度应遵循哪些原则？

（2）设置会计机构有何意义？

（3）确定会计机构和财务机构分设还是合设的主要依据是什么？

（4）会计机构内部应如何分工？各个会计岗位的主要职责是什么？

（5）如何确定会计人员的编制？各个层次的会计人员应具备什么条件？

（6）大中型企业的会计组织机构应如何设计？

（7）集团公司的会计组织机构应如何设计？

（8）会计信息化环境下会计岗位设置有哪些？其与传统会计岗位设置有何区别？

（9）什么是财务共享中心？财务共享中心适合在什么样的企业建立？其职责定位是什么？

（10）财务共享中心设计的目的是什么？

（11）财务共享中心设计的影响因素有哪些？其设计有哪几种身份选择？你赞同哪种身份？

（12）财务共享中心内部组织架构应如何设计？

（13）财务共享中心会计岗位应如何设置？人员配备应考虑哪些因素？

（14）会计档案管理制度的设计包括哪些内容？

（15）会计工作交接制度的设计包括哪些内容？

1.2　思考题

（1）分析会计机构与财务机构分设与合设的利弊。

（2）以出纳岗位为例，在进行会计工作交接时应注意哪些事项？

（3）与传统会计机构人员相比，财务共享中心对会计人员有哪些新的要求？

（4）企业会计信息化水平的不断提高，尤其是财务机器人在企业会计中的应用，会对会计职业产生哪些冲击？如何应对？

（5）随着集团制企业组织形式的日益增多，建立财务共享中心已成为集团公司会计机构设置的必然趋势。你认为财务共享中心的普及对会计职业产生了哪些影响？如何应对？

● 知识应用

1.1 单项选择题

（1）中小型企业会计组织机构一般宜采用（ ）。

A.会计与财务分别设置形式 B.会计与财务合并设置形式

C.总会计师领导下的集中核算形式 D.财务主管领导下的分散核算形式

（2）根据《会计基础工作规范》，下列不属于会计工作岗位的是（ ）。

A.出纳 B.会计电算化

C.环境绩效考核 D.成本费用核算

（3）下列企业中必须设置总会计师的是（ ）。

A.大型中外合资企业 B.大型国有企业

C.大型民营企业 D.大型外商独资企业

（4）（ ）通常只设财务主管、会计、出纳等少数几个岗位，甚至只设会计和出纳两个岗位。

A.总会计师领导下的集中核算模式 B.总会计师领导下的分散核算模式

C.财务主管领导下的分散核算模式 D.会计部经理领导下的集中核算模式

1.2 多项选择题

（1）我国《会计法》对总会计师的设置，下列说法不正确的是（ ）。

A.所有企业都必须设置总会计师

B.股份制公司必须设置总会计师

C.行政事业单位必须设置总会计师

D.国有和国有资产占控股地位或者主导地位的大、中型企业必须设置总会计师

（2）在对企业会计组织机构进行设置时应遵循的原则是（ ）。

A.适应性原则 B.保障性原则

C.精简性原则 D.岗位责任制原则

（3）下列属于会计档案资料的有（ ）。

A.银行对账单 B.会计档案销毁清册

C.库存现金日记账 D.备查账

1.3 判断题

（1）所有保管到期的会计档案都必须销毁。 （ ）

（2）民营企业应当设置总会计师之职。 （ ）

（3）所有单位都应当根据会计业务的需要设置会计机构。 （ ）

□ 技能题

根据此前已经学习过的财务会计知识以及本章的学习内容，请为某企业绘制一张会计岗位设置图。

□　能力题

● 案例设计题

根据我国现行会计法规的规定，为一新注册成立的大型国有制造业企业设计会计机构模式结构图。

第二章 会计科目的设计

学习目标

明确会计科目的设计原则和程序，掌握总账会计科目和明细会计科目的设计方法。其具体目标包括：

□ 知识目标

了解会计科目的含义，以及会计科目设计的意义、原则、程序和方法，掌握国家现行会计规范对会计科目设计的相关规定。

□ 技能目标

掌握总账会计科目和明细会计科目的设计原理。

□ 能力目标

具备根据企业经济业务确定会计科目名称及其编号以及编写会计科目使用说明的能力。

第一节 会计科目设计概述

一、设计会计科目的意义

会计工作的任务是通过对会计对象进行全面、连续、系统和客观真实的反映，为企业内外部的信息使用者提供决策所需要的会计信息。会计对象即企业在一定时期所发生的经济业务或经济事项。按其所反映的经济内容不同，可将会计对象具体划分为资产、负债、所有者权益、收入、费用和利润六大会计要素，但是，要完成会计工作的任务，仅从这六个方面予以反映是远远不够的。因此，还应遵循一定的原则对会计对象进行更加详细、具体的分类，会计科目就是对会计对象具体内容进行分类核算的项目名称。设计会计科目，实质上就是如何对会计要素的具体内容，或者说经济业务的具体内容做出科学的分类，以确定每类经济业务的名称及相互之间的关系，使之形成完整的会计科目体系。

从会计循环的角度讲，会计科目是会计核算的起点，在企业会计制度中起着“支柱”作用。因此，会计科目设计应是企业会计制度设计的一个最重要的环节，它不仅是会计凭证、会计账簿、财务报表等设计的前提和基础，而且直接关系到整套会计制度设计的质量，进而影响到会计工作的质量。因此，在设计会计科目时，既要明确规定每一会计科目反映的经济内容及其所属类别，又要具体确定各个会计科目之间的关系。会计科目分类后，要求既能够反映资金运动的全部过程和结果，又能够反映会计科目各个组成部分的特殊情况。

做好会计科目设计对保证企业会计制度设计的质量，完成企业会计工作的任务具有以下几方面的意义：

（一）便于为企业内、外部会计信息使用者提供决策所需要的会计信息

会计科目设计，使经济业务发生后引起的各项会计要素的增减变动情况得到了系统的、分类的反映，有利于准确确定并提供与企业相关的各利害关系集团所需要的会计信息。

（二）为建立科学、完善的会计核算方法体系奠定了基础

会计核算方法作为一个完整的体系，除设置会计科目外，还包括复式记账、填制和审核会计凭证、登记账簿、成本计算、财产清查与编制财务报表，其中会计科目是有效应用其他各种方法的基础和依据，会计科目设计得科学合理，就能较好地设计会计凭证、会计账簿与财务报表；否则，就会产生账目混乱、家底不清、核算不便、编表困难等现象，影响会计核算工作的顺利进行和会计核算的质量。具体包括以下几点：

1.会计科目的设计，保证了复式记账法的广泛应用。复式记账法的特点就是对发生的每一笔经济业务，都要在该业务所涉及的两个或两个以上的账户中进行全面反映，以完整地记录经济业务的全貌，揭示经济业务的来龙去脉。会计科目的设置，使得每一笔经济业务所涉及的各方面都有相应的会计科目加以反映，是复式记账法得以应用的必备条件。

2.会计科目的设计，为顺利编制记账凭证提供了依据。全面、连续、系统地反映经济业务是会计核算的任务和特点，会计科目的设计，使得会计人员在取得并审核原始凭证后，可以根据原始凭证所涉及的经济内容，确定所使用的会计科目，按照复式记账法的原理编制会计分录或记账凭证。

3.会计科目的设计，为开设账户、建立账簿提供了依据。账户是按会计科目在账簿中开设的户头，科目与账户之间的关系是：会计科目是账户的名称，而账户是会计科目所反映的经济内容的动态反映。所以说如果没有会计科目，账户和账簿也就无从谈起，会计科目体系的设计是账户体系和账簿体系设置的基础与依据。

4.会计科目的设计，有利于成本计算的准确性和财产清查工作的顺利进行。成本计算必须在国家规定的成本计算方法下，严格按照成本开支范围及成本项目计算所生产产品的生产成本；财产清查的目的就是要做到财产物资的实存数与账存数相符，它们都必须借助于账簿记录方能进行，而账簿则是根据会计科目设置的。

5.会计科目的设计，为编制财务报表奠定了基础。财务报表是对信息使用者提供会计信息的书面报告，企业在一定会计期间的经营成果和特定日期的财务状况等会计信息必须通过财务报表这一会计载体予以报告。通过对会计科目的设计，就可以得到财务报表所需要的反映企业财务状况和经营成果的会计信息。事实上，构成财务报表的诸项目的名称均来源于会计科目，并且绝大多数报表项目的名称与会计科目是一致的，报表项目的金额也来源于有关账户的期末余额或当期发生额。

（三）有利于会计工作的合理分工和会计工作的顺利开展

严密完善的会计科目体系，为财会部门的内部分工提供了方便，便于准确划分核算组，并正确确定各组的工作任务，科学合理地组织会计工作，规范会计行为，使会计工作有序地进行。

二、会计科目设计的原则

会计科目是对会计核算的具体内容进行分类核算的项目，所谓会计核算的具体内容也就是企业所发生的经济业务，从资金运动的角度讲，即企业再生产过程中的资金运动，而企业的资金运动是有一定规律的，会计科目的设计自然应有一定的规律可循。从会计核算方法体系角度讲，会计科目是会计核算的基础和前提，是会计核算方法体系的重要组成部分，因此，设计会计科目必须符合会计核算内容本身的特点，遵循会计核算方法本身的规律。此外，由于我国实行的是“统一领导，分级管理”的会计管理体制，财政部对企业会计科目的设置有比较严格的规定，因此，设计会计科目还应与我国现行会计法规特别是企业会计准则相适应。具体地讲，设计会计科目应遵循以下几项原则：

（一）合法性原则

合法性原则是指会计科目设计应符合国家现行会计法规制度的要求。国家的会计法规制度，体现了国家管理经济和对财会工作的总体要求，设计会计科目时，首先必须以此为依据，其中，最主要和最直接的依据是财政部颁发的企业会计准则、小企业会计准则以及企业会计准则附录《会计科目和主要账务处理》，它们涵盖了各类企业的交易和事项，企业可以根据本单位的业务范围从中选取适用的会计科目。

（二）适应性原则

经济管理包括国家的宏观经济管理和企业的微观经济管理两个层次，而会计是经济管理的重要组成部分，通过为国家宏观管理和企业的微观管理提供重要的信息来发挥其控制作用，履行其管理职能。会计科目的设计要满足经济管理的需要，必须符合以下具体要求：

1.统一性与灵活性相结合。会计科目提供的信息既要能满足国家宏观经济管理的需要，又要能满足企业微观经济管理的需要，这就要求会计科目设计既要坚持统一性，又要注意微观经济管理需要的灵活性，即企业可以在不违反会计准则确认、计量和报告要求的基础上，结合本单位的业务特点和管理要求增设、分拆、合并会计科目，对于涉及不到的交易或事项，可以不设置会计科目，这一点对于总分类会计科目的设计尤其重要。例如，对于没有对外投资业务的单位，就无需设置“交易性金融资产”“债权投资”“其他债权投资”“其他权益工具投资”“长期股权投资”等会计科目及相应的资产减值准备会计科目。再如，按照《会计科目和主要账务处理》规定，企业对外赊销商品应当设置“应收账款”会计科目，预收款销售业务应当设置“预收账款”科目，但是对于采取预收款方式销售业务不多的企业，可以不单独设置“预收账款”科目，而将该业务并入“应收账款”科目核算，类似的情况还有“应付账款”和“预付账款”科目的设置。

2.适应本单位的具体情况。会计科目的设计除符合国家相关财经法规制度，还必须考虑单位规模大小、业务繁简和对经济管理的具体要求。这一点主要针对明细分类科目的设计。例如，对于没有外币业务的单位，“库存现金”科目和“银行存款”科目就无需按照币种设置明细科目；对于材料种类较少的单位，可以直接按照材料名称设置明细科目，而无需按照材料种类设置等。

（三）专一性原则

专一性原则是指会计科目所反映的经济业务应当具有单一性。设计会计科目时，原则上一个会计科目只反映一种类型的经济业务，不能把不同类型的经济业务合并在一个科目中反映，以免造成核算困难、账目混乱、资金运动的来龙去脉不清、经办责任不明、会计信息失真等现象的发生。例如采购业务的核算，如果既不设置“材料采购”科目，也不设置“在途物资”科目，而是将未入库的材料与库存材料混在一起，在“原材料”中核算，势必难以分清采购员和保管员之间的经济责任，也不便于对材料采购业务的控制和管理。但是，对于某些反映债权债务的结算类会计科目，当发生业务量较小的债权债务科目，可予以合并，如“其他应收款”和“其他应付款”科目，可合并设置“其他往来”科目；对于同一单位既是本单位的债权人又是本单位的债务人时，可以按照主业务将债权债务科目合并为一个往来科目，同时反映债权和债务。例如，对于以赊销为主的企业，可设置“应收账款”科目，同时核算赊销债权和预收款债务，不再单独设置“预收账款”科目；对于以预收款为主的企业，可设置“预收账款”科目，同时核算预收款债务和赊销债权，不再单独设置“应收账款”科目。

（四）逻辑性原则

逻辑性原则是指总分类科目之间以及总分类科目与明细分类科目之间应具有一定的逻辑性。会计科目是对会计核算的具体内容进行分类核算的项目的名称，也是财务报表项目的主要名称，为了使报表项目既不至于过多过细，又不影响报表信息的准确提供，会计科目需要进行级别的划分。会计科目按照级别分为总分类科目和明细分类科目，总分类科目对明细分类科目起着统驭和控制作用，明细分类科目对总分类科目起着补充说明的作用。从逻辑学的角度讲，设计会计科目实质上是为会计核算的各项内容确定概念，因此，在设计会计科目时，应符合逻辑性原则。其具体要求为：

1.会计科目应使用肯定性、明确性的概念，不能使用否定性或模棱两可的概念。

2.全部总分类科目的外延之和必须能够全面反映单位资金运动的全过程，即具有全面覆盖性。

3.总分类科目外延应当与其所属的明细科目的外延之和相等。

4.同级会计科目之间在外延上必须保持全异关系，即总分类科目之间、明细分类科目之间不能出现包含关系、交叉关系或全同关系。

三、会计科目的设计步骤

通过以上内容的介绍，我们知道，设计会计科目实质上是对企业会计核算内容进行的总括分类和具体分类，是在国家财经法规和会计法规指导下，对每一会计科目的核算内容、经济用途、使用方法及编号等所做的规定。因此，设计会计科目的步骤可归纳如下：

（一）明确与会计科目设计直接相关的会计法规制度

在现行会计法规体系中，直接与会计科目设计相关的会计法规主要是企业会计准则及其附录——《会计科目和主要账务处理》、小企业会计准则等。各企业单位在设计会计科目时，应根据自身经济业务类别进行选择确定本单位应使用的会计科目。

（二）全面了解本单位的经济业务内容

会计科目所反映的内容应与企业现有经济业务和潜在经济业务内容一致，即有什么类型的经济业务，就应当有反映该业务内容的会计科目。会计科目的设计要以业务为导向，并做到科目与业务一一对应，既不能过剩，也不能缺少。要做到这一点，必须详细调查企业情况，全面了解企业的经济业务。

（三）对经济业务进行科学分类，确定会计科目的名称

在全面了解企业经济业务的基础上，应当按照经济管理和会计核算的要求对其进行科学合理的分类，以确定各业务所涉及的会计科目的名称。对经济业务进行分类的方法有多种，如可以按照资金运动的过程将经济业务分为资金进入企业的业务（筹资业务）、采购与付款业务、生产业务、销售与收款业务、利润计算与分配业务以及对外投资业务；也可以按照经济业务性质，将经济业务分为涉及企业财务状况的经济业务和涉及企业经营成果的经济业务两类。但不论采用哪种分类标准都应当有利于确定会计科目的数量和名称。

（四）为会计科目编号，建立会计科目体系

为会计科目编号实际上就是为会计科目设计代码。其目的是便于使用者对会计科目的掌握和运用，便于登记账簿、查阅账目和建立会计信息系统。设计会计科目不仅应确定会计科目的名称，还应为每一会计科目设计代码，以便形成完整的会计科目体系。

（五）编写会计科目的使用说明

会计科目的使用说明是对每一会计科目的核算内容、经济用途、使用方法、主要会计事项的处理方法及特殊事项的会计处理等进行的文字性介绍。编写会计科目的使用说明是设计会计科目最为重要和最为复杂的工作步骤，其作用在于全面介绍会计科目，帮助会计人员正确理解、使用会计科目。因此，会计科目使用说明的编写质量，是会计科目设计乃至整个会计制度设计成功与否的标志。

（六）列示主要会计事项的账务处理办法

为便于会计人员在较短的时间内正确掌握和运用本单位所设置的各会计科目，在上述设计工作完成以后，还应对本单位可能发生的各项经济业务编制会计分录，作为会计科目使用说明的附录，它是对如何正确应用会计科目所做的示范。

第二节　总分类科目的设计

会计科目按其反映经济内容的详尽程度不同，可分为总分类科目和明细分类科目。总分类科目是对会计核算的全部内容进行的分类，提供的是会计核算的总括价值指标；明细分类科目是对总分类科目所反映的内容所做的进一步分类，提供的是详细具体的价值指标和数量指标。两类科目的有机结合和合理利用，方能为经营管理提供完整系统的会计指标。因此，会计科目的设计，既包括总分类科目的设计，也包括明细分类科目的设计。本节主要讨论总分类科目的设计。

前已述及，设计会计科目首先要了解单位的经济业务内容，然后再根据经济业务的内容设计会计科目。企业所发生的经济业务，虽然会因企业类型的不同而有所不同，如制造企业的经济业务主要涉及供、产、销业务；商品流通企业的经济业务主要涉及购、销业务，但是，所有企业的经济业务都有一个共同点，都会形成一个完整的资金运动过程，即都是一个资金进入企业、资金在企业中运动和资金退出企业的过程。由于在所有的企业类型中，制造企业的资金运动最为复杂，也最具有代表性，所以，下面将按照制造企业资金运动的一般程序，阐述各类经济业务应设计的总分类科目。

一、按反映的经济内容设计总分类科目

在我国现行会计管理体制下，总分类会计科目的设计实际上只是各单位根据本单位可能发生的各项经济业务，在企业会计准则、小企业会计准则和《会计科目和主要账务处理》中规定的总账会计科目中，予以选择、增加、分拆或合并。凡是国家会计制度中已明确规定的会计科目，企业只有用名的选择权，而没有命名权。只有对会计准则中没有涉及而企业确实已经发生了的经济业务，方允许企业自行增设会计科目。本教材遵循会计科目设计的一般性，主要介绍我国企业会计准则范围内制造企业的科目设计。

（一）筹资业务的会计科目设计

筹资业务即资金进入企业的业务。随着我国现代企业制度的建立，企业的筹资自主权不断扩大，筹资渠道也呈多样化。企业的筹资业务主要有：吸收投资者以货币资金或其他有形及无形资产投入的资本；向金融机构举借债款取得资金；向社会发行股票及债券取得资金等。

1.吸收投资业务或发行普通股业务的会计科目设计

根据我国企业会计准则的规定，投资者可以以现金、实物和无形资产等形式对企业进行投资。当企业筹集到投资者以各种方式投入的资本金时，一方面形成所有者权益，另一方面增加了企业的资产。因此，应当设置相应科目反映收到的投资额。独资公司和有限责任公司应当设置“实收资本”科目；股份有限公司应当设置“股本”科目；在吸收投资业务活动中，对于投资者实际缴付的出资额超过在注册资本或股本中所占份额的差额，应当设置“资本公积”科目予以反映。

2.向金融机构借款业务的会计科目设计

向银行或其他金融机构借款是企业筹资的主要渠道之一。按照借款期限不同，各种借款可分为1年期以下和1年期以上两种，前者称为短期借款，后者称为长期借款。对于借款本金，应当按照借款期限是否超过12个月，分别设置“长期借款”和“短期借款”科目。

对于短期借款所产生的利息，应当设置“应付利息”“财务费用”科目，以反映企业因借入短期借款应当负担而未实际支付的利息。

对于长期借款所产生的利息，应区别专门借款和一般借款分别设置会计科目。专门借款是指为购建或者生产符合资本化条件的资产而专门借入的款项，通常有明确的用途，并具有标明该用途的借款合同，如企业为购建固定资产、购买材料和商品而专门借入的款项。根据借款费用准则规定，为专门用途借入的款项，在资产的购建期内所产生的借款利

息，应当予以资本化，作为相关资产的成本，记入“在建工程”“研发支出”“生产成本”等科目；不在资产的购建期内所产生的借款利息，应当予以费用化，记入“应付利息”“财务费用”等科目。一般借款是指除专门借款之外的借款，由于其用途没有特指用于符合资本化条件资产的购建或者生产，因此，产生的借款利息费用同短期借款利息的核算，应当在发生时确认为费用，记入“应付利息”“财务费用”等科目。

3.发行企业债券业务的会计科目设计

通过发行企业债券筹集资金，是市场经济体制和现代企业制度下一种越来越重要的筹资方式，它既有利于企业的发展，又有利于社会闲散资金的充分利用。目前，我国发行的企业债券，期限一般都在一年以上，故应当设置“应付债券”和“应付利息”科目，用以核算发行债券的本金（面值）、利息调整和应付利息；对于发行可转换债券的企业，还应增设“其他权益工具”科目用以核算权益成分的公允价值。资产负债表日，按照发行债券的摊余成本和实际利率计算确定的债券利息费用，应当区别所筹资金的用途分别使用“在建工程”“研发支出”“制造费用”“财务费用”等科目。

4. 发行其他权益工具业务的会计科目设计

企业发行除普通股以外的归类为权益工具的各种金融工具（可转换公司债券、优先股、永续债）等筹集资金的业务，则需要开设“其他权益工具”会计科目，并按发行金融工具的种类等进行明细核算。该科目属于所有者权益类，并在资产负债表所有者权益项目中列报。分派现金股利或利息时，应当设置“利润分配”和“应付股利”科目

5.以公允价值计量的金融工具发行业务的会计科目设计

根据现行会计准则，属于这种类型的业务有两种：一是对于需要拆分且形成衍生金融负债或衍生金融资产的，应将拆分的衍生金融负债或衍生金融资产按照其公允价值在“衍生工具”科目核算；二是对于发行的且嵌入了非紧密相关的衍生金融资产或衍生金融负债的金融工具，如果发行方选择将其整体指定为以公允价值计量且其变动计入当期损益的，则应在“交易性金融负债”等科目核算。

6.特殊融资业务的会计科目设计

除以上两种主要借款业务外，企业还可能发生采用分期付款方式购入固定资产，或以融资租赁方式租入固定资产等业务。对于采用分期付款方式购入固定资产发生的应付款项，以及采用融资租赁方式租入固定资产形成的租赁费等特殊融资业务，应当设置“长期应付款”科目进行核算。如果融资租赁固定资产的最低租赁付款额高于租赁开始日租赁资产公允价值，或者采用分期付款方式购入的固定资产的购买价款的现值低于实际应当支付的款项时，对于差额部分还应当设置“未确认融资费用”科目。如果企业为经营租入的固定资产发生了改良支出，还应当设置“长期待摊费用”科目。

（二）对外投资业务的会计科目设计

随着资本运营的大力推广，企业对外的投资活动也会越来越多，投资业务正成为企业会计核算的重要经济事项。投资业务的内容主要包括企业以货币资金、债权、实物、无形资产等对外投资，企业实际收到和按被投资方的经营结果确认投资收益，收回投资等。为此，除前面已设置的“库存现金”“银行存款”“原材料”“库存商品”“固定资产”“无形资产”等科目外，还应分别不同情况设置其他会计科目。

1.以公允价值计量且其变动计入当期损益的金融资产类投资业务的会计科目设计

企业分类为以摊余成本计量的金融资产和以公允价值计量且其变动计入其他综合收益的金融资产之外的金融资产，应当分类为以公允价值计量且其变动计入当期损益的金融资产，通常包括股票、基金、可转换债券等。当发生这类业务，企业应当设置“交易性金融资产”科目。对于交易过程中发生的交易费用、取得时已到付息期尚未领取的利息或已宣告但尚未发放的现金股利，以及持有期间应收的现金股利或利息，还应当设置“应收利息”“应收股利”“投资收益”等科目。资产负债表日，该类资产公允价值与其账面余额之间的差额，应当设置“公允价值变动损益”科目。

2.以摊余成本计量的金融资产类投资业务的会计科目设计

当企业发生以摊余成本计量，并以收取合同现金流量为目的的债券投资业务时，应当设置“债权投资”科目核算该投资债券的实际成本；如果支付的价款中包含已宣告但尚未领取的利息和持有期内应收取的利息，应当设置“应收利息”“投资收益”等科目；资产负债表日，对于预期发生的减值，应当设置“信用减值损失”“债权投资减值准备”科目。

3.以公允价值计量且其变动计入其他综合收益的金融资产类投资业务会计科目的设计

企业购入归类为以公允价值计量且其变动计入其他综合收益的债务工具时，应当设置“其他债权投资”“应收利息”科目；对于持有期间应计提的利息，应当设置“投资收益”科目。资产负债表日，对于因公允价值变动产生的损益，应当设置“其他综合收益”科目；发生减值时，应当设置“信用减值损失”科目。

企业发生以公允价值计量且其变动计入其他综合收益的非交易性权益工具（优先股、永续债）投资业务时，应当设置“其他权益工具投资”“应收股利”科目；对于资产负债表日因公允价值变动产生的损益，应当设置“其他综合收益”科目；资产负债表日发生减值时，应当设置“信用减值损失”科目；出售时，对出售损益和出售前累计发生的公允价值变动损益，应当设置“盈余公积”和“利润分配”科目。

4.长期股权投资类业务的会计科目设计

长期股权投资是指企业对被投资单位实施控制（对子公司投资）、共同控制、有重大影响（对联营企业投资）的权益性投资，以及对其合营企业的权益性投资。当此类业务发生时，应当设置“长期股权投资”科目；对于非控股合并下以发行权益性证券取得长期股权投资所产生的股本溢价、手续费和佣金，应当设置“资本公积”科目；对于买价中包含的发行方已宣布发放但尚未支付的现金股利，以及采用成本法核算的长期股权投资持有期间应收取的现金股利部分，应当设置“应收股利”和“投资收益”等科目；对于权益法下初始投资成本小于应享有被投资方可辨认净资产公允价值份额的差额，应当设置“营业外收入”科目。对于权益法核算下按照投资份额应确认的投资收益，应当设置“投资收益”科目；对于按照投资份额应分担的亏损，应当设置“投资收益”科目，并视具体情况，增设“长期应收款”或“预计负债”科目。在资产负债表日，无论是采取成本法核算，还是权益法核算，当长期股权投资发生减值时，应当设置“资产减值损失”“长期股权投资减值准备”科目。

（三）固定资产业务的会计科目设计

1.固定资产购置业务的会计科目设计

企业发生购置厂房、机器设备等固定资产业务时，应当根据固定资产的取得方式及固定资产的状态不同，设置“工程物资”“在建工程”“固定资产”等科目。

2.固定资产折旧业务的会计科目设计

固定资产因使用磨损而减少的价值称为折旧。折旧的发生意味着固定资产价值的减少，理应在“固定资产”科目中反映，但由此导致“固定资产”科目的余额只是固定资产的账面净值，其历史成本信息在会计记录中消失。这样，将不利于企业加强固定资产的管理，也无法满足信息使用者的信息需求。因此，需要单独设置“累计折旧”科目，反映固定资产的磨损价值，并通过“累计折旧”与“固定资产”科目的对比分析，考察企业固定资产的新旧程度，决定其报废、大修和更新的时间，加强固定资产管理。

对于企业应负担的折旧费用，应当区别固定资产的不同用途，设置“制造费用”“管理费用”“销售费用”“研发支出”“其他业务成本”等科目。

3.固定资产处置、清查及减值业务的会计科目设计

固定资产因出售、转让、对外捐赠、报废或毁损等原因退出企业时，应当设置“固定资产清理”科目；对于因出售、转让所发生的利得或损失，应当设置“资产处置损益”账户；对于因对外捐赠、报废或毁损所产生的利得或损失，应当设置“营业外收入”或“营业外支出”科目。对于清查中发现的盘盈，应当设置“待处理财产损溢”和“以前年度损益调整”科目；对于清查中发现的盘亏，应当设置“待处理财产损溢”和“营业外支出”科目。资产负债表日，因技术进步、长期闲置不用、遭受毁损等原因使固定资产发生减值时，应当设置“在建工程减值准备”“固定资产减值准备”科目。

（四）无形资产业务的会计科目设计

无形资产业务包括无形资产的取得、摊销、出租和处置等。企业以外购或自行研发等方式取得无形资产时，应当设置“无形资产”“研发支出”等科目；采用摊销方式转移无形资产的价值时，应当设置“累计摊销”科目。对于企业应负担的无形资产摊销费用，应区别自用和出租，分别设置“管理费用”、“制造费用”、“研发支出”和“其他业务成本”科目。资产负债表日，如发生无形资产被新技术替代、市价大幅下跌或虽已超过法定保护期限但仍具有部分使用价值等情况时，应当设置“资产减值损失”和“无形资产减值准备”科目。对于出租无形资产取得的收入，应当设置“其他业务收入”科目。无形资产报废时，应当设置“营业外支出”科目。对于出售无形资产产生的损益，应当设置“资产处置损益”科目。

（五）租赁业务的会计科目设计

1.出租方租赁业务的会计科目设计

出租方租赁业务会计科目应区分经营租赁业务和融资租赁业务分别设置。

对于用于经营租赁的固定资产，应当设置“经营租赁资产”科目，采用类似资产的折旧政策计提折旧时，应当设置“经营租赁资产累计折旧”科目；对于应收取的租金，应当设置“应收经营租赁款”和“租金收入”科目。

对于购入的用于融资租赁的资产，应当设置“融资租赁资产”科目。实际发生融资租赁业务时，对于租赁期内应收的租金应当设置“应收融资租赁款”“租赁收入”“未担保余值”科目。资产负债表日，应收融资租赁款发生资产减值时，应当设置“坏账准备”科目；融资租赁资产发生减值的，应当设置“融资租赁资产减值准备”科目；未担保余值发生减值的，应当设置“未担保余值减值准备”科目；对于应收租赁款按照固定的周期性利率计算的租赁期内各个会计期间的利息收入，应当设置“财务费用”科目。

2.承租人租赁业务的会计科目设计

承租人发生租赁业务时，对于以短期租赁和低价值资产租赁以外的租赁业务租入的资产，应当设置“使用权资产”“使用权资产累计折旧”科目；对于应付的租赁款，应当设置“租赁负债”科目。资产负债表日，对于按照固定的周期性利率（即折现率）计算的租赁负债在租赁期内各会计期间的利息费用，应当设置“财务费用”科目；如果租入的资产发生减值，应当设置“使用权资产减值准备”科目。

（六）采购业务的会计科目设计

企业以各种方式筹集到生产经营所需要的资金后，就可以利用这些资金进行材料的采购。采购业务的内容主要有：购买材料、支付各项采购费用，计算材料的实际采购成本，结算因采购材料而发生的债务，材料验收入库等。

1.采购成本计算业务的会计科目设计

材料的采购成本包括材料的买价、运杂费（包括运输费、装卸费、包装费、保险费、仓储费等）、运输途中的合理损耗、入库前的挑选整理费、购入材料发生的税金（如关税）和其他费用。为了全面反映企业在材料采购过程中发生的买价及各项采购费用，正确计算材料采购成本，在采用计划成本进行日常核算的企业中，应当设置“材料采购”科目；在采用实际成本进行日常核算的企业中，应当设置“在途物资”科目。

需要指出的是，商品流通企业采购商品时，应当设置“在途物资”科目。对企业采购过程中发生的包装费、运输费、装卸费、保险费，运输途中的仓储费、运输途中的合理损耗、入库前挑选整理费用等进货费，应当计入存货采购成本。但对于进货费用金额较小的，也可以在发生时直接计入当期损益（销售费用）。

2.采购价款结算业务的会计科目设计

企业采购材料，涉及企业与供应商及其他相关部门之间的材料买价或采购费用的结算，并且有赊购、现购、开具商业汇票和预付款等多种结算方式。采用赊购方式时应当设置“应付账款”科目；采用现购方式时应当设置“库存现金”“银行存款”“其他货币资金”等科目；采用商业汇票结算方式时应当设置“应付票据”科目；采用预付款结算方式时应当设置“预付账款”科目，对于预付款购货业务不多的企业，可以不单独设置“预付账款”科目，将预付款业务归并至“应付账款”科目中核算。

另外，按照我国税法的规定，增值税一般纳税人在采购业务中还应当设置“应交税费——应交增值税（进项税额）”科目，以单独核算在购货业务中产生的增值税额。

3.材料验收入库业务的会计科目设计

企业购买的各种材料物资，虽然用途不尽相同，有的直接构成产品实体，有的则是有助于产品的形成，还有的则是为了保护产品，但它们在运达企业后，都需要经过验收入库，形成企业的存货。因此，应当根据各种材料的用途，分别设置“原材料”“周转材料”（或单独设置“包装物”和“低值易耗品”）等科目。如果企业采用计划成本核算材料，对于验收入库材料的实际成本与计划成本之间的差异，应当设置“材料成本差异”科目。如果企业购入的材料、机器设备用于在建工程，应当设置“工程物资”科目予以反映。

商品流通企业所采购的商品验收入库后，应当设置“库存商品”科目。对于采用售价核算的企业，还应专门设置反映商品进价与售价之间差额的“商品进销差价”科目。

企业委托外单位加工材料时，应当设置“委托加工物资”科目；企业受托代销商品时，应当设置“受托代销商品”和“受托代销商品款”科目。企业依据专项订货合同，收到对方以交易对价方式发来的专用加工材料时，应当设置“合同负债”科目。

（七）生产业务的会计科目设计

制造企业完成了生产准备工作以后，就要借助于劳动力和劳动资料对劳动对象进行加工，进而形成产成品。制造企业产品的加工制造过程，实质上是对劳动力、劳动资料和劳动对象耗费的过程，是劳动力、劳动资料和劳动对象的价值转移的过程。因此，生产业务主要包括：向职工支付工资及各种车间管理费用；计提固定资产折旧费；计算加工产品所耗费的各种材料费用；计算完工产品的实际生产成本；结转完工验收入库产品的生产成本等。因此，生产业务应当设置的会计科目，除前面已提到的“库存现金”“银行存款”“原材料”“周转材料”等科目外，还应当分别不同情况，设置其他一些会计科目。

1.生产费用核算业务的会计科目设计

企业在一定时期内发生的费用，有些是为生产某种产品发生的直接性费用，可以直接计入该种产品的实际生产成本；有些是为生产几种产品发生的间接性费用，需要通过一定的归集和分配方式，在它们之间合理分配计入各种产品的生产成本；有些则是企业行政管理部门为组织和管理企业的生产经营活动而发生的管理费用。按照制造成本法的要求，前两种费用应计入产品的生产成本，而第三种费用应作为企业的期间费用，计入当期损益。因此，在制造企业里，对于所发生的应当直接计入产品成本的费用项目，应当设置“生产成本”（或“基本生产成本”和“辅助生产成本”）科目；对于所发生的不能直接计入产品成本的各项费用，应当设置“制造费用”科目。

对于管理上需要单独核算废品损失和停工损失的企业，还应当单独设置“废品损失”和“停工损失”科目，以汇集和分配基本生产车间的废品损失及因停工而发生的各种费用。另外，如果企业有对外提供劳务的业务，应当设置“劳务成本”科目，以反映对外提供劳务所发生的成本。

对于企业发生的以经营租赁方式租入的固定资产的改良支出等事项，由于支出的受益期限超过12个月，按照权责发生制原则，还应当设置“长期待摊费用”科目。

2.库存产品业务的会计科目设计

库存产品是指已完成全部生产过程并验收入库，符合产品质量标准和技术条件，可以作为商品对外销售的产成品。为了对库存产品的入库、出库和结存情况进行反映，需要设置“库存商品”科目。对于产成品按计划成本核算的企业，由于库存商品的实际成本与计划成本往往存在差异，因此，还应单独设置“产品成本差异”科目，与“库存商品”科目一起，反映库存产品的实际成本。

对于已经过一定生产过程并已检验合格交付半成品仓库，但尚未制造完工成为商品，仍需继续加工的中间产品，还应当设置“自制半成品”科目，专门反映企业库存自制半成品的实际成本，以便为开展内部结算，考核各车间、各部门的工作业绩提供条件。

按照现行企业会计制度的规定，为真实反映企业所有存货的真实价值，依据谨慎性原则的要求，资产负债表日，企业应当对存货采用成本与可变现净值孰低法进行计量。对由于存货毁损、全部或部分陈旧过时或销售价格低于成本等原因，使存货成本高于可变现净值的，应按可变现净值低于存货成本的部分，计提存货跌价准备。因此，应当设置“存货跌价准备”科目。

（八）销售业务的会计科目设计

销售业务是指企业对外销售商品、对外销售不需用或多余材料、对外提供劳务、让渡资产使用权等所发生的业务，主要包括因销售而引发的收入确认业务、因销售所支付的各项销售费用业务、按照国家有关规定计算各种销售税金业务、结转销售成本业务和结算因销售而引起的债权业务等。因此，销售业务除涉及前面提到的“库存现金”“银行存款”“库存商品”等科目外，还应当针对不同业务，设置其他会计科目。

1.产品（商品）销售业务的会计科目设计

产品（商品）销售是企业的主要经营业务，如没有签订销售合同，或虽签订销售合同，但没有附加特殊条款的情况下，应按照如下规则设计会计科目：对于主营业务所取得的收入，以及在销售过程中产生的销售退回和销售折让，应当设置“主营业务收入”科目予以反映；对于销售过程中产生的增值税额，增值税一般纳税人应当设置“应交税费——应交增值税（销项税额）”科目；对于在销售业务中应结转的商品销售成本，应当设置“主营业务成本”科目；对于应负担的销售税金，应当设置“应交税费”“税金及附加”等科目。

但是，当企业签订的销售合同附加特殊条款时，应视不同条款分别设计，具体如下：

（1）对于销售合同中附有销售退回条款、保修条款、客户额外购买选择权以及授予客户知识产权许可条款的销售业务，业务发生时，应当增设“预计负债”科目；如果是为取得销售合同、合同续约或合同变更发生的增量成本，如销售佣金及额外佣金，则应当设置“合同取得成本”科目。

（2）对于销售合同中附有质量保证条款（如延长保修）的销售业务，业务发生时，应当增设“合同负债”科目。

（3）对于销售合同期限在1年以上并附有应付客户对价条款的销售业务，对于实际支付的对价，应当增设“合同资产”科目；对于企业签订合同履行期限在1年以上的销售业务，发生与履行该合同直接相关的支出（如直接材料、直接人工、制造费用、专项服务费等）时，应当增设“合同履约成本”科目；摊销合同履约成本和合同取得成本时，应当设置“主营业务成本”科目。

（4）对于合同中存在重大融资成分的销售业务（分期收款销售业务）发生时，应当增设“未实现融资收益”和“应交税费——待转销项税额”“财务费用”科目。

（5）对于销售合同中约定有售后回购条款的销售业务，不设置“主营业务收入”“主营业务成本”科目，应当设置“其他应付款”、“财务费用”和“发出商品”科目。

（6）对于销售合同中约定售后租回的销售业务，不设置“主营业务收入”和“主营业务成本”科目，应当设置“递延收益”科目。

（7）对于委托代销业务，应当增设“发出商品”科目；对于受托代销业务，应当设置“受托代销商品”、“受托代销商品款”和“其他业务收入”科目。

2.附营业务的会计科目设计

附营业务是指企业出租固定资产、出租无形资产、出租包装物和商品、销售材料、用材料进行非货币性交易（非货币性资产交换具有商业实质且公允价值能够可靠计量）或债务重组等业务。这些业务所产生的收入应当设置“其他业务收入”科目予以反映，相关的成本费用则通过设置“其他业务成本”科目核算。

3.债权结算业务的会计科目设计

企业发生的销售业务，按照结算方式的不同，可分为现销、赊销、商业汇票结算和预收款等四种类型。在赊销方式下，企业不能于销售的同时收回货款，从而形成企业的债权，对此，应当设置“应收账款”科目予以反映；当收到客户开具的商业汇票时，应当设置“应收票据”科目；当收到客户预付的购货款时，应当设置“预收账款”科目；对于发生预收款业务量较少的单位，也可以不单独设置“预收账款”科目，而通过“应收账款”科目核算。

对于企业签订合同履行期限在1年以上的销售业务，预收合同价款时，不设置“预收账款”科目，应当设置“合同负债”科目；按照合同进度确认合同收入时，不设置“应收账款”科目，应当设置“合同结算”科目。对于一份合同涉及两种以上商品、各商品的交货时间不同，并约定最后一种商品交货收款的销售业务，业务发生时，不设置“应收账款”科目，应当设置“合同资产”科目。对于合同中存在重大融资成分的销售业务（分期收款销售业务）发生时，不设置“应收账款”科目，应当设置“长期应收款”科目。

对于企业因其他原因形成的债权，如企业拨出的备用金、各种赔款、罚金、暂付押金以及应向职工收取的各种垫付款项等，应当设置“其他应收款”科目予以核算。

按照企业会计准则的规定，资产负债表日，企业还应对各种应收款项估计信用损失，并根据预计结果对应收款项进行减值处理。因此，应当设置“坏账准备”和“信用减值损失”科目分别反映企业提取的坏账准备金及应负担的预期信用损失（坏账损失），并于资产负债表日，与“应收票据”“应收账款”“预收账款”科目比较，反映应收票据和应收账款的净额。资产负债表日，如合同资产、合同履约成本、合同取得成本发生减值时，应当分别设置“合同资产减值准备”“合同履约成本减值准备”“合同取得成本减值准备”科目。

4.销售费用的会计科目设置

企业在销售产品过程中发生运输费、装卸费、包装费、保险费、展览费和广告费、商品维修费、预计产品质量保证损失以及为销售本企业商品而专设的销售机构（含销售网点和售后服务网点）的职工薪酬、业务费、折旧费、固定资产维修费等费用时，应当设置“销售费用”科目。

（九）职工薪酬业务的会计科目设计

职工薪酬包括短期薪酬、离职后福利、辞退福利、其他长期职工福利，以及提供给职工配偶、子女、受赡养人、已故员工遗属及其他受益人的福利。其中短期薪酬包括职工工资、奖金、津贴和补贴、职工福利费、医疗保险费、工伤保险费、生育保险费、住房公积金、工会经费、职工教育经费、短期带薪缺勤、短期利润分享计划、非货币性福利及其他短期薪酬等诸多项目。职工薪酬业务既包括职工薪酬费用的分配和结算业务，也包括职工薪酬的发放业务。由于职工薪酬费用分配和结算的时间与薪酬发放时间往往不一致，需要设置“应付职工薪酬”科目，专门反映企业与职工之间薪酬性债务的结算和发放情况。对于企业因结算职工薪酬所发生的费用，应区分职工岗位性质，分别设置“生产成本”“劳务成本”“研发支出”“制造费用”“在建工程”“管理费用”“销售费用”等科目。在实际发放职工薪酬时，应当使用“库存现金”和“银行存款”等科目。

对于设定离职后福利收益计划的企业，应增设“财务费用”科目；对于向职工提供辞退福利的企业，应当增设“财务费用”和“未确认融资费用”科目。

（十）持有待售资产业务的会计科目设计

按照《企业会计准则第42号——持有待售的非流动资产、处置组和终止经营》的规定，对于企业将非流动资产（在建工程、固定资产、生产性生物资产、无形资产、商誉、长期股权投资、长期应收款、投资性房地产等）或处置组中的资产划分为持有待售类别时，应当设置“持有待售资产”科目；资产负债表日，当被划分为持有待售的资产发生减值时，应当设置“资产减值损失”“持有待售资产减值准备”科目。处置被划分为持有待售资产的金融工具、长期股权投资和投资性房地产时，应当设置“资产处置损益”科目。

（十一）持有待售负债业务的会计科目设计

按照《企业会计准则第42号——持有待售的非流动资产、处置组和终止经营》的规定，对于企业将流动负债（应付账款、应付职工薪酬等）划分为持有待售的处置组中的负债时，应当设置“持有待售负债”科目。处置持有待售负债时，应当设置“资产处置损益”科目。

（十二）投资性房地产业务的会计科目设计

投资性房地产，是指企业为赚取租金或资本增值，或二者兼有所持有的房地产，包括建筑物和土地使用权。因外购或自行建造取得投资性房地产时，应当设置“投资性房地产”科目。对于采用成本模式进行后续计量的投资性房地产，计提折旧时，应当设置“投资性房地产累计折旧”和“其他业务成本”科目；资产负债表日，投资性房地产发生资产减值时，应当设置“资产减值损失”和“投资性房地产减值准备”。对于采用公允价值模式进行后续计量的投资性房地产，资产负债表日，投资性房地产公允价值发生变动时，应当设置“公允价值变动损益”科目。自行建造的投资性房地产出租时，应当设置“开发成本”科目。投资性房地产取得租金时，应当设置“其他业务收入”科目。投资性房地产转换为存货时，应当设置“开发产品”科目。

（十三）财产清查业务的会计科目设计

为保证会计核算资料的正确性，确保资产实存数与账存数一致，企业应定期或不定期地对企业财产进行清查。对于实物资产清查中发现的盘盈、盘亏及毁损情况，应当设置“待处理财产损溢”“管理费用”“营业外支出”“其他应收款”等科目；对于清查中发现并经批准核销的应收款，则应冲销“坏账准备”科目；对于清查中发现无法支付的应付账款，则应当设置“营业外收入”科目。

（十四）利润计算及利润分配业务的会计科目设计

按照会计准则规定，应当对企业一段时间的经营成果进行核算，如果企业实现了盈利，还应按照公司法的规定，对已实现的利润进行分配。因此，就出现了利润计算及利润分配业务。其业务内容主要有：结转收入、结转成本费用、计算利润总额、计算应交所得税、进行利润分配等。为此，除前述已提到的所有收入、费用科目外，还应当分别不同的利润核算阶段，设置其他会计科目。

1. 利润计算业务的会计科目设计

（1）经营管理费用的会计科目设计

经营管理费用是指企业为组织和管理生产经营活动所发生的管理费用，包括企业在筹建期间发生的开办费、工会经费、职工教育经费、业务招待费、技术转让费、研发费用、董事会费、矿产资源使用费、技术转让费、审计费、诉讼费、咨询费、行政管理部门职工薪酬、办公费、差旅费、物料消耗、低值易耗品摊销、折旧费以及车间和行政管理部门固定资产修理费等。当企业发生此类支出时，应当设置“管理费用”科目予以核算。

(2) 筹资费用的会计科目设计

筹资费用是指企业为筹集生产经营所需资金而发生的费用，包括利息支出、利息收入、汇兑损益以及相关的手续费、发生的现金折扣和收到的现金折扣等。当企业发生此类业务时，应当设置“财务费用”科目予以核算。

(3) 营业外收支业务的会计科目设计

企业的收支业务，除前面已提到的营业收入（主营业务收入、其他业务收入）和营业成本（主营业务成本、其他业务成本）业务外，还会发生各种营业外收支业务。如果企业发生固定资产报废毁损利得、罚款收入、债务重组利得、与企业日常经营活动无关的政府补助、盘盈利得及接受捐赠利得等事项，应当设置“营业外收入”科目；如果发生非流动资产损毁报废损失、资产盘亏损失、债务重组损失、罚款支出、公益性捐款支出及非常损失等事项，则应当设置“营业外支出”科目。

(4) 资产减值损失业务的会计科目设计

资产负债表日，受市场规律、技术进步等因素的影响，企业所拥有的存货、在建工程、固定资产、无形资产、商誉，对子公司、联营企业和合营企业的长期股权投资，采用成本模式进行后续计量的投资性房地产，探明石油天然气矿区权益和井及相关设施等资产项目可能会发生价值的减损，为单独反映上述资产的减损价值，应当设置“资产减值损失”科目。

(5) 利润总额及净利润计算业务的会计科目设计

企业在一定时期内实现的全部收入减去全部支出后的差额，即企业实现的利润或发生的亏损，为了准确计算企业的经营成果，必须设置一个专门将当期全部收入与当期全部费用进行对比的会计科目，即“本年利润”科目。

(6) 所得税业务的会计科目设计

资产负债表日，如果企业通过“本年利润”科目计算出的利润总额为正数，按照《中华人民共和国企业所得税法》的规定，应当计算并上缴企业所得税。利润总额扣除当期应负担的所得税费用后的余额即为当期净利润。我国现行会计制度规定，企业所得税的核算方法为资产负债表债务法，需要核算会计与税法规定不一致所产生的应纳税暂时性差异和可抵扣暂时性差异。为此，除涉及前面已提到的“应交税费”“本年利润”“银行存款”等科目外，还应当设置“所得税费用”“递延所得税资产”“递延所得税负债”等科目。

2. 利润分配业务的会计科目设计

依据《中华人民共和国公司法》的规定，企业实现的净利润应当按照以下顺序分配：提取法定盈余公积、提取法定公益金（或提取储备基金、企业发展基金、职工奖励及福利基金）、分配优先股股利、提取任意盈余公积、分配普通股股利等。

分配利润，意味着企业已实现利润额的减少，本应记入“本年利润”账户的借方，但这样会使“本年利润”账户不能提供当期实现利润的总括情况，而这一指标又是企业内外部所有信息使用者所必需的。因此，应当单独设置“利润分配”科目，专门反映企业当期利润的分配情况。此外，还应根据利润分配的不同去向，分别设置“盈余公积”“应付股利”等科目。

（十五）其他综合收益业务的会计科目设计

当企业发生企业会计准则规定未在当期损益中确认的各项利得和损失，但允许直接计入所有者权益的业务时，应当设置“其他综合收益”科目。本科目核算内容较为分散，涉及《企业会计准则第2号——长期股权投资》中关于采取权益法核算的长期股权投资，投资方在取得长期股权投资后，被投资单位发生的其他综合收益，投资方按照持股比例份额，计入报表中的金额；《企业会计准则第3号——投资性房地产》中关于自用或者作为存货的房地产转换为公允价值计量的投资性房地产，在转换日公允价值大于账面价值的金额；《企业会计准则第9号——职工薪酬》中关于有设定受益计划，离职后福利的企业，因重新计量设定受益计划导致净负债或者净资产发生变动的金额；《企业会计准则第19号——外币折算》中关于企业对境外经营的报表进行折算时，外币报表折算差异在资产负债表权益项下列示的金额；《企业会计准则第22号——金融工具确认和计量》中关于可供出售金融资产公允价值变动，除减值损失和外币货币性业务形成的汇兑差额外的金额；《企业会计准则第24号——套期保值》中关于现金流量套期工具产生的利得或者损失中属于有效套期的部分。

（十六）特殊业务事项的会计科目设计

企业在存续期间，除发生正常经营业务外，可能会发生一些偶发性特殊业务事项，此时，就需要针对可能发生的特殊经济业务事项设置会计科目。具体如下：

1.企业在合并过程中产生了商誉，应当设置“商誉”和“商誉减值准备”等科目。

2.企业享受的受益时间在1年以上的政府补贴，应当设置“递延收益”科目。

3.企业取得政府作为所有者投入的具有专项或特定用途的款项，应当设置“专项应付款”科目。

4.企业需要确认由于未决诉讼、对外提供担保、产品质量保证、重组义务、亏损性合同等负债项目，应当设置“预计负债”科目。

5.企业回购本公司股票时，应当设置“库存股”科目。

6.企业发生需要调整以前年度损益的事项，或者本年度发现的重要前期差错更正，需要调整以前年度损益的事项，应当设置“以前年度损益调整”科目。

7.企业取得了衍生工具，为核算其公允价值及其变动所产生的金融资产或金融负债，应当设置“衍生工具”科目；企业开展套期保值业务，应当设置“套期工具”“被套期项目”“套期收益”“净敞口套期收益”等科目，核算因套期工具或套期保值项目公允价值变动所产生的资产或负债，以及套期损益情况。

8.高危行业需要专设的会计科目。按照财政部2009年6月发布的《企业会计准则解释第3号》的规定，高危行业企业按照国家规定提取的安全生产费以及维持简单再生产费用等具有类似性质的费用，需专设“专项储备”会计科目予以核算。

综上，我们对制造企业的经济业务进行了分类，并对每类经济业务应当设置哪些会计科目作了较为系统的分析。从中可以看出：设置任何一个会计科目，都是为了反映一定的经济业务，特定的经济业务需要由特定的会计科目反映。这就是说，经济业务内容是设置会计科目的基础。因此，会计科目可以按其反映的经济内容分为资产类、负债类、共同类、所有者权益类、成本类和损益类等六类。具体分类情况参见表3-1。

表3-1　　会计科目按经济内容的分类

顺序号	编号	名　称	顺序号	编号	名　称
		一、资产类	28	1411	委托加工物资
1	1001	库存现金	29	1431	周转材料
2	1002	银行存款	30	1461	存货跌价准备
3	1015	其他货币资金	31	1481	持有待售资产
4	1101	交易性金融资产	32	1482	持有待售资产减值准备
5	1121	应收票据	33	1505	债权投资
6	1122	应收账款	34	1506	债权投资减值准备
7		应收款项融资	35	1507	其他债权投资
8	1123	预付账款	36	1508	其他权益工具投资
9	1124	合同资产	37	1524	长期股权投资
10	1125	合同资产减值准备	38	1525	长期股权投资减值准备
11	1126	合同履约成本	39	1526	投资性房地产
12	1127	合同履约成本减值准备	40	1527	投资性房地产累计折旧
13	1128	合同取得成本	41	1528	投资性房地产减值准备
14	1129	合同取得成本减值准备	42	1531	长期应收款
15	1130	应收退货成本	43	1532	未实现融资收益
16	1131	应收股利	44	1601	固定资产
17	1132	应收利息	45	1602	累计折旧
18	1231	其他应收款	46	1603	固定资产减值准备
19	1241	坏账准备	47	1604	在建工程
20	1321	受托代销商品	48	1605	工程物资
21	1401	材料采购	49	1606	固定资产清理
22	1402	在途物资	50	1607	使用权资产
23	1403	原材料	51	1612	未担保余值

续表

顺序号	编号	名　称	顺序号	编号	名　称
24	1404	材料成本差异	52	1613	未担保余值减值准备
25	1406	库存商品	53	1701	无形资产
26	1407	发出商品	54	1702	累计摊销
27	1410	商品进销差价	55	1703	无形资产减值准备
56	1711	商誉	90	420	库存股
57	1712	商誉减值准备	92	4401	其他权益工具
58	1801	长期待摊费用			五、成本类
59	1811	递延所得税资产	93	5001	生产成本
60	1901	待处理财产损溢	94	5101	制造费用
		二、负债类	95	5201	劳务成本
61	2001	短期借款	96	5301	研发支出
62	2201	应付票据			六、损益类
63	2202	应付账款	97	6001	主营业务收入
64	2203	预收账款	98	6051	其他业务收入
65	2204	合同负债	99	6101	公允价值变动损益
66	2211	应付职工薪酬	100	6111	投资收益
67	2221	应交税费	101	6112	净敞口套期收益
68	2231	应付股利	102	6113	套期损益
69	2232	应付利息	103	6115	资产处置损益
70	2241	其他应付款	104	6117	其他收益
71	2245	持有待售负债	105	6301	营业外收入
72	2314	受托代销商品款	106	6401	主营业务成本
73	2501	递延收益	107	6402	其他业务成本
74	2601	长期借款	108	6403	税金及附加

续表

顺序号	编号	名　　称	顺序号	编号	名　　称
75	2602	应付债券	109	6601	销售费用
76	2603	租赁负债	110	6602	管理费用
77	2701	长期应付款	111	6603	财务费用
78	2711	专项应付款	112	6701	资产减值损失
79	2801	预计负债	113	6702	信用减值损失
80	2901	递延所得税负债	114	6711	营业外支出
三、共同类			115	6801	所得税费用
81	3101	衍生工具	116	6901	以前年度损益调整
82	3201	套期工具			
83	3202	被套期项目			
四、所有者权益类					
84	4001	实收资本(或股本)			
85	4002	资本公积			
86	4003	其他综合收益			
87	4101	盈余公积			
88	4103	本年利润			
89	4104	利润分配			

注：表中没有编号的会计科目为国家会计规范中尚未规定编号。

二、按账户的用途和结构设计会计科目

账户的用途是指设置账户的目的，即通过设置和使用账户为经营管理提供什么指标；账户的结构是指使用账户的方式，即如何运用账户为经营管理提供会计指标。设计会计科目，不仅要考虑会计科目反映的经济内容，而且还要考虑根据会计科目设置的账户的用途和结构。也就是说，在按照会计科目反映的经济内容设计会计科目的基础上，再按照会计科目所开设的账户的用途和结构设计会计科目。只有这样，才能在明确每一会计科目反映的经济内容的基础上，进一步掌握它们的使用方法，达到正确、规范应用会计科目的目的。按照账户的用途和结构，可将会计科目分成盘存类、投资类、权益类、结算类、调整类、过渡类、待处理类、无形资产类和其他类九类。具体分类情况参见表3-2。

表3-2 **会计科目按用途和结构的分类**

<table>
<tr><th colspan="2">类别</th><th>名称</th></tr>
<tr><td rowspan="3">盘存类科目</td><td>货币资产类</td><td>库存现金、银行存款、其他货币资金</td></tr>
<tr><td>存货类</td><td>原材料、周转材料、库存商品、工程物资、委托加工物资、委托代销商品、受托代销商品、发出商品</td></tr>
<tr><td>非流动资产类</td><td>投资性房地产、固定资产、在建工程、未担保余值</td></tr>
<tr><td colspan="2">投资类科目</td><td>交易性金融资产、债权投资、其他债权投资、其他权益工具投资、长期股权投资</td></tr>
<tr><td rowspan="2">权益类科目</td><td>资本类</td><td>实收资本(或股本)、库存股、资本公积、其他综合收益、其他权益工具</td></tr>
<tr><td>留存收益类</td><td>盈余公积、利润分配</td></tr>
<tr><td rowspan="2">结算类科目</td><td>债权结算类</td><td>应收票据、应收股利、应收利息、应收账款、合同资产、应收退货成本、其他应收款、预付账款、长期应收款、递延所得税资产</td></tr>
<tr><td>债务结算类</td><td>短期借款、应付票据、应付账款、预收账款、合同负债、受托代销商品款、应付职工薪酬、应付利息、应付股利、应交税费、其他应付款、预计负债、长期借款、应付债券、长期应付款、专项应付款、递延所得税负债</td></tr>
<tr><td rowspan="2">调整类科目</td><td>备抵调整类</td><td>坏账准备、合同资产减值准备、合同履约成本减值准备、合同取得成本减值准备、存货跌价准备、持有待售资产减值准备、债权投资减值准备、长期股权投资减值准备、投资性房地产减值准备、投资性房地产累计折旧、累计折旧、固定资产减值准备、未担保余值减值准备、累计摊销、无形资产减值准备、商誉减值准备、利润分配</td></tr>
<tr><td>备抵附加类</td><td>材料成本差异</td></tr>
<tr><td rowspan="6">过渡类科目</td><td>跨期摊配类</td><td>长期待摊费用</td></tr>
<tr><td>集合分配类</td><td>制造费用</td></tr>
<tr><td>成本计算类</td><td>生产成本、材料采购、劳务成本、在建工程、研发支出、债务履行成本、债务取得成本</td></tr>
<tr><td>收入类</td><td>主营业务收入、其他业务收入、投资收益、公允价值变动损益、净敞口套期收益、套期损益、资产处置损益、其他收益、营业外收入</td></tr>
<tr><td>费用类</td><td>主营业务成本、税金及附加、其他业务成本、销售费用、管理费用、财务费用、营业外支出、资产减值损失、信用减值损失、所得税费用、以前年度损益调整</td></tr>
<tr><td>财务成果计算类</td><td>本年利润</td></tr>
<tr><td colspan="2">待处理类科目</td><td>待处理财产损溢</td></tr>
<tr><td colspan="2">无形资产类科目</td><td>无形资产、商誉</td></tr>
<tr><td colspan="2">衍生类科目</td><td>衍生工具、套期工具、被套期项目</td></tr>
</table>

上述各类会计科目的具体用途是：

（一）盘存类科目

该类科目反映企业货币资金及各种财产物资的增减变动及其结存情况，用以提供企业有形资产指标，以便计算并考核企业的“资产负债率”“流动比率”“速动比率”“存货周转率”等主要财务指标。

（二）投资类科目

该类科目反映企业对外股票、债券及其他投资数额的增减变动及其实有情况，提供对外投资指标，以便了解企业的理财方针、投资结构和投资风险。

（三）权益类科目

该类科目反映所有者对企业净资产所有权的增减变动情况及其结果，提供投入资本和留存收益等指标，计算并考核企业“资本保值增值率”“资本积累率”“净资产收益率”等主要财务指标。

（四）结算类科目

该类科目反映企业与国家、其他单位或个人之间发生的债权、债务的结算情况，提供“资产负债率”“流动比率”“速动比率”“应收账款周转率”等主要财务指标。

（五）调整类科目

该类科目是按照实质重于形式原则和谨慎性原则而设置的一些对基本科目期末余额进行调整的科目，其目的是使基本科目所提供的指标更加真实、准确和有用。例如，“坏账准备”科目与“应收账款”和“其他应收款”科目结合，可提供企业可望收回的债权数；“累计折旧”科目与“固定资产”科目结合，可提供企业拥有的固定资产净值；“存货跌价准备”科目与存货类科目结合，可提供企业存货可变现净值指标等等。

（六）过渡类科目

该类科目反映企业资金运动过程中各项收入、费用的发生以及经营成果的形成情况，提供经营管理所需要的成本、损益等指标，以便计算并考核企业的资产保值增值率、资产报酬率、销售利润率、已获利息倍数、销售增长率、成本利润率、净资产收益率、经营亏损挂账率等主要财务指标。

（七）待处理类科目

该类科目反映企业在财产清查中发现的资产短缺或溢余的发生及处理情况，提供企业资产管理效益指标。

（八）无形资产类科目

该类科目反映企业为生产商品或者提供劳务、出租给他人或为管理目的持有的、没有实物形态的非货币性长期资产，主要提供企业所拥有的法定权利和商誉价值等指标。

（九）衍生类科目

该类科目主要反映企业开展衍生金融工具业务而产生的资产或负债。

第三节 明细分类科目的设计

一、明细分类科目与总分类科目的关系

如前所述，设计会计科目，不仅要设计总分类科目，还应设计明细分类科目，包括二级、三级明细科目，如有特殊需要还可以设置四级明细科目，以便形成完整的科目级别体系，为企业经营管理提供总括的和详细的数据资料。

基于总分类科目和明细科目之间的控制与被控制、补充与被补充关系，明细科目的内容和使用方法应与总账科目保持一致。所以，设计明细科目，首先，应当考虑总分类科目所反映的内容和特点，总分类科目反映的内容和特点不同，需要设置的明细科目也必然不同，如反映企业债权债务的总分类科目，其明细科目就应明确债务方或债权方的名称；又如反映企业财产物资的总分类科目，其明细科目就应明确财产物资的具体类别和名称等。其次，由于我国特定的会计管理体制，在设计明细科目时，还应结合国家会计制度中对明细科目设计的要求和规定。这就是说，明细科目的设计必须在国家会计制度的规定和要求之下，结合本单位经营管理的要求和总分类科目的特点进行。

二、明细分类科目的具体设计

（一）特殊要求的明细科目设计

1.有总账科目必须有相应的明细科目

这类明细科目是指国家会计制度中规定必须设置的明细科目，并且给定了明细科目名称。属于这种情况的总账科目及其明细科目的内容参见表3-3。

表3-3 **特殊要求的明细科目表**

总账科目	明细科目		总账科目	明细科目
	二级明细	三级明细		
其他货币资金	银行汇票		应付职工薪酬	工资
	银行本票			职工福利
	信用卡			社会保险费
	信用证保证金			住房公积金
	存出投资款			工会经费
	外埠存款			职工教育经费
交易性金融资产	股票投资 债券投资 基金投资	成本		非货币性福利
		公允价值变动		辞退福利
				股份支付

续表

总账科目	明细科目		总账科目	明细科目
	二级明细	三级明细		
其他债权投资	债券名称	成本	长期借款	成本
		利息调整		利息调整
		应计利息	应付债券	债券面值
		公允价值变动		利息调整
债权投资	债券名称	成本		应计利息
		利息调整	资本公积	资本溢价(股本溢价)
		应计利息		
其他权益工具投资	权益工具名称	成本		其他资本公积
		公允价值变动	盈余公积	
长期股权投资	被投资单位名称	投资成本		法定盈余公积
		损益调整		
		其他综合收益		
		其他权益变动		
工程物资	专用材料			任意盈余公积
	专用设备			
	工器具			储备基金
在建工程	建筑工程			
	安装工程			企业发展基金
	在安装工程			
	待摊支出			职工奖励及福利基金
应交税费	应交增值税	进项税额		
		已交税费		利润归还投资
		转出未交增值税		
		减免税款		盈余公积补亏

续表

<table>
<tr><th rowspan="2">总账科目</th><th colspan="2">明细科目</th><th rowspan="2">总账科目</th><th rowspan="2">明细科目</th></tr>
<tr><th>二级明细</th><th>三级明细</th></tr>
<tr><td rowspan="22">应交税费</td><td rowspan="6">应交增值税</td><td>销项税额</td><td rowspan="12">利润分配</td><td>提取法定盈余公积</td></tr>
<tr><td>出口退税</td><td>提取任意盈余公积</td></tr>
<tr><td>进项税额转出</td><td>提取储备基金</td></tr>
<tr><td>出口抵减内销产品应纳税额</td><td>提取企业发展基金</td></tr>
<tr><td>转出多交增值税</td><td>提取职工奖励及福利基金</td></tr>
<tr><td>未交增值税</td><td>利润归还投资</td></tr>
<tr><td>应交消费税</td><td></td><td>应付现金股利</td></tr>
<tr><td>应交资源税</td><td></td><td>应付利润</td></tr>
<tr><td>应交企业所得税</td><td></td><td rowspan="2">转作股本的股利</td></tr>
<tr><td>应交个人所得税</td><td></td></tr>
<tr><td>应交土地增值税</td><td></td><td>盈余公积补亏</td></tr>
<tr><td>应交城建税</td><td></td><td>未分配利润</td></tr>
<tr><td>应交房产税</td><td></td><td rowspan="2">研发支出</td><td>费用化支出</td></tr>
<tr><td>应交土地使用税</td><td></td><td>资本化支出</td></tr>
<tr><td>应交车船税</td><td></td><td rowspan="6">公允价值变动损益</td><td>交易性金融资产</td></tr>
<tr><td>应交教育</td><td></td><td>交易性金融负债</td></tr>
<tr><td rowspan="4">应交矿产资源补偿费</td><td rowspan="4"></td><td>投资性房地产</td></tr>
<tr><td>其他权益工具投资</td></tr>
<tr><td>套期保值</td></tr>
<tr><td>衍生工具</td></tr>
<tr><td rowspan="2"></td><td rowspan="2"></td><td rowspan="2">所得税费用</td><td>当期所得税费用</td></tr>
<tr><td>递延所得税费用</td></tr>
</table>

2.根据所采用的核算方法确定明细科目的名称

属于这种要求的总账科目主要是“周转材料”（“包装物”“低值易耗品”）和“长期股权投资”等科目。当周转材料采用“五五摊销法”进行会计核算时，应在“周转材料”总分类科目下设置“在库周转材料”“在用周转材料”“周转材料摊销”等3个明细科目，如果企业采用的是一次摊销法或其他价值转移方法，则无需设置。对于长期股权投资，当企业采用权益法进行会计核算时，在“长期股权投资”总分类科目下，应当设置“投资成本”“损益调整”“其他综合收益”“其他权益变动”4个明细科目，如企业采用成本法核算，则无需设置。

（二）一般要求的明细科目设计

这类明细科目是指国家会计制度中只规定应当设置明细科目，至于明细科目的名称则由企业根据自身情况确定。属于这种情况的明细科目设计方法可分为以下13种：

1.按资产种类、品名设置明细科目

当一个资产科目核算的资产种类较多，而且每一类资产又包括多个资产项目时，就需要按照资产类别和品名设置明细科目，进行明细核算，以便为加强管理、明确经济责任提供准确、详细的会计信息。属于这种情况的总账科目有“原材料”、“周转材料”（或“包装物”“低值易耗品”）、“库存商品”、“持有待售资产”、“持有待售资产减值准备”、“固定资产”、“待处理财产损溢”等。

2.按负债类别和项目设置明细科目

当一个负债科目核算的负债涉及多种类别时，就需要按照负债类别和项目设置明细科目，进行明细核算，以提供准确、详细的会计信息。如“短期借款”和“长期借款”应按照“抵押借款”“质押借款”“保证借款”设置二级明细科目，按照借款项目设置三级明细科目；“持有待售负债”科目应按照“持有待售的固定资产”“持有待售的无形资产”设置二级明细科目，再按照具体的资产品名设置三级明细科目。

3.按单位或个人名称设置明细科目

按这种方法设置明细科目的总账科目主要是反映企业债权和债务的总账科目，包括“应收票据”“应收账款”“应收股利”“应收利息”“其他应收款”“长期应收款”“应付票据”“应付账款”“预收账款”“预付账款”“其他应付款”“未确认融资费用”“实收资本”等科目。这是因为，企业的每一笔债权，都有相应的债务负担者，而每一笔债务，也都有相应的债权享有者，作为反映债权和债务的总账科目只能提供各种债权和债务的总额，而不能提供对每一债务方或债权方的债权金额或债务金额。因此，为准确反映企业的债权和债务，加强债权和债务的管理，及时索取债权和偿还债务，企业应按单位户名或人名设置明细科目。对于企业吸收的所有者投资，为准确提供各所有者实际出资额占股东权益总额的比重，“实收资本”科目应按照投资人设置明细科目进行明细核算。

4.按费用项目的名称设置明细科目

属于这种情况的总账科目主要是成本费用类科目，包括“制造费用”“管理费用”“财务费用”“销售费用”等科目。这些总账科目是按照费用发生的用途设置的，所核算的费用项目较多，为加强经济管理、节省费用开支、提高经济效益，企业应按核算的费用项目名称设置明细科目。

5.按成本计算对象设置明细科目

成本计算对象是指费用的物质承担者，按成本计算对象设置明细科目，有利于客观反映各对象应负担的费用，准确计算各对象的实际成本。因此，属于这种情况的总账科目主要指成本计算类科目，包括“材料采购”“在途物资”“生产成本”“在建工程”“劳务成本”“研发支出”等科目。对于“生产成本”科目，如果企业同时设置基本生产车间和辅助生产车间，应首先设置“基本生产成本”和“辅助生产成本”两个二级明细科目，然后再按照成本计算对象设置三级明细科目。为简便科目设置，还可以取消“生产成本”科目，直接将“基本生产成本”和“辅助生产成本”科目升为一级科目，从而按成本计算对象设置二级明细科目。

6.按业务种类设置明细科目

属于这种情况的总账科目主要包括“劳务成本”“主营业务收入”“其他业务收入”“主营业务成本”“其他业务成本”“投资收益”等。由于这些科目所反映的业务种类较多，为准确反映各类业务所实现的收入和所发生的支出，企业应按各科目所核算的业务种类设置明细科目，进行明细核算。例如，“劳务成本”科目应按照接受劳务种类设置明细科目；“主营业务收入”和“主营业务成本”科目应按照主营业务种类设置明细科目；“其他业务收入”和“其他业务成本”科目应按照其他业务种类，如材料销售、代理销售、固定资产出租、无形资产出租等设置明细科目；“投资收益”科目应按照投资种类，如交易性金融资产、长期股权投资、债权投资、其他债权投资等设置明细科目等。

7.按项目名称设置明细科目

属于这种情况的总分类科目主要是“递延收益”“营业外收入”“营业外支出”。其中：“递延收益”科目应按照政府补助项目的名称设置明细科目；“营业外收入”应按照收入项目设置明细科目，如非流动性资产处置利得、非货币性资产交易利得、债务重组利得、政府补助、盘盈利得、捐赠利得等；“营业外支出”应按照支出项目设置明细科目，如非流动资产处置损失、非货币性资产交换损失、债务重组损失、公益性捐赠支出、非常损失、盘亏损失等。

8.按交易或事项设置明细科目

属于这种情况的总分类科目是“预计负债”，确认预计负债时，应按照对外提供担保、未决诉讼、产品质量保证、重组义务和亏损性合同设置明细科目，进行明细核算。

9.按暂时性差异项目设置明细科目

属于这种情况的总分类科目有“递延所得税资产”和“递延所得税负债”。其中：“递延所得税资产”科目应按照可抵扣暂时性差异项目设置明细科目；“递延所得税负债”科目应按照应纳税暂时性差异项目设置明细科目。

10.按车间、部门设置明细科目

属于这种情况的总分类科目是“制造费用”，为准确计算产品的实际生产成本，需要对“制造费用”科目按照车间、部门设置明细科目进行明细核算。

11.根据业务需要设置明细科目

对于“库存现金”和“银行存款”两个总分类科目是否需要设置明细科目，取决于企业是否有外币业务，如果没有外币业务，则不需要设置明细科目；如果有外币业务，为准确反映各币种库存现金和银行存款的增减变动与余额情况，则应根据币种设置明细科目，进行明细分类核算。

12.按贷款人和贷款种类设置明细科目

属于这种情况的总分类科目有“短期借款”和“长期借款”科目。其中：“短期借款”应按照借款种类、贷款人和币种设置明细科目；“长期借款”应按照贷款单位和贷款种类设置明细科目。

13. 根据所涉及的总账科目的名称设置明细科目

在编制财务报表时，当一个会计科目期末余额影响某一报表项目的填列金额时，该会计科目就应以所涉及的总账会计科目的名称设置明细科目。如“坏账准备”科目，应以“应收账款”“应收票据”“预付账款”“其他应收款”“长期应收款”设置明细科目。

（三）不需要设置明细科目

属于这种情况的总分类科目主要包括：“累计折旧”“存货跌价准备”“材料成本差异”“债权投资减值准备”“合同资产减值准备”“长期股权投资减值准备”“未担保余值减值准备”“固定资产减值准备”“累计摊销”“无形资产减值准备”“商誉减值准备”等调整类科目，以及“固定资产清理”“商誉”“本年利润”“库存股”“资产减值损失”“以前年度损益调整”等科目。

第四节　会计科目的编号与使用说明

一、会计科目编号的作用

会计科目的编号就是对全部会计科目按其反映的经济内容及其在会计科目体系中的地位，分别确定一个号码，作为科目的代号。代号一经确定，不得随意变更。会计科目编号的目的是便于开展会计核算，具体作用表现在以下几个方面：

1.便于确定科目的类别和位置。编号可以确定各科目所属类别及其在该类中的位置，使会计科目表的设计工作更加科学、系统和具有逻辑性，便于会计人员理解、记忆和使用。

2.便于账簿设置、记账和编制财务报表。按照会计科目的编号开设账簿，可以避免重建账和漏建账，有利于建账、记账和报表编制工作的有序开展。

3.便于会计信息系统的建立和运行。建立会计信息系统的目的就是提高工作效率和效果，减轻会计人员的工作量。为充分发挥计算机信息系统的作用和特点，对于内容固定且使用频繁的会计科目的操作应尽量简化，节约时间。科目编号在计算机制证、记账和编制财务报表中将起到一定的简化作用。

二、会计科目编号的原则

为使会计科目编号发挥以上作用，应当遵循下列原则：

1.专一性原则，即一个号码只能代表一个会计科目，不能同时代表别的科目，以免在使用时发生混乱。

2.规律性原则，即会计科目的编号应当按照一定的规律进行，做到排列有序、层次分明，使人们根据科目编号就能够判断出各个会计科目所属的类别及其所反映的经济内容，并方便记忆和查阅，切忌杂乱无章，随意拼凑。

3.简明性原则，即代表会计科目的数字不宜过长，也不宜过短，要真正起到以简代繁的作用。

4.伸缩性原则，为保证会计科目的代码具有专一性，并保持其稳定性，在设计科目代码时，应具有一定的预见性，为将来可能增加的会计科目预留空号，以便在增设会计科目时不影响编号的基本顺序。

三、会计科目的编号方法

会计科目的编号方法一般以总账科目的编号方法为代表，明细科目的编号方法借鉴总账科目的编号方法进行。在我国，总账科目的编号方法及属于特殊要求的明细科目的编号由国家统一规定。从理论上讲，会计科目的编号方法很多，有数字顺序法、数字分组法、汉语拼音法、字母组合法等，但实践中常用的编号方法主要是数字顺序法和数字分组法。我国目前即采用这两种方法。

（一）数字顺序法

数字顺序法是依据科目编号原则，对按照一定顺序排列的全部总账会计科目或某一总账科目所属全部明细科目，从第一号开始，编到最后一个科目为止的编号方法。这种编号方法的优点是简单、直观，从最后一个科目编号可以知道企业大概设置了多少个总账科目，或某一总账科目共设置了多少个明细科目。其缺点是由于将全部总账科目并排，不能从编号上确认科目所属的类别及其所反映的经济内容。因此，该方法主要适用于明细科目编号和一些经济业务简单、总账科目数量较少单位的总账科目的编号。我国明细科目编号即采用此方法。

（二）数字分组法

数字分组法是指将代表科目的数字从左向右按照一定的规律分成若干组，每一组代表一定的含义。科目代码分为几组、每组包含的数量有几个，由该组所代表的含义决定。我国所使用的分组方法主要有三位数分组法和四位数分组法两种。以2001年为界，2001年前分行业会计制度采用的编号方法是三位数分组法，2001起企业会计制度规定使用的分组法是四位数分组法，其具体内容参见表3-1。四位数字的具体分组如下：

1.首位数字。首位数字为第一组，表示会计科目的大类，是对全部总账科目按其所反映的经济内容所做的分组，该组只需要一个数字。我国财政部颁布的《会计科目和主要账务处理》中，将全部总账科目分为6组，所选数字从“1”开始，依次为：“1”代表资产类；“2”代表负债类；“3”代表共同类；“4”代表所有者权益类；“5”代表成本类；“6”代表损益类。

2.第二位数字。第二位数字为第二组，表示会计科目的小类，是对某类会计科目按其所反映的经济内容所做的进一步分组，该组同第一组一样也只需一位数字。由于在六类总账科目中，资产类、负债类、损益类科目各分为十小类，其他三类科目的分类数量都在十小类以下，为保证编号数字不超过四位，并遵从规律性原则，六类总账科目编号中的第二位数字都从“0”开始，依次增加，最大数字为“9”，如资产类科目编号中前两位数字

“10”表示资产中的货币资金；“11”表示资产中的对外交易性投资及短期债权；“14”表示存货；“15”表示长期投资及长期债权；“16”表示固定资产；“17”表示无形资产；“18”表示递延资产；“19”表示待处理财产损溢。

3.第三位数字。第三位数字为第三组，表示会计科目在小类基础上进一步的类别划分，可以称其为小小类，该组同前两组一样，也只需一位数字。虽然各类总账科目所划分的小小类数量不同，但它们的数字选用是一样的，即都是从“0”开始，依次升高至最后一小小类。如“100”表示基本货币资金；“110”表示交易性投资；“112”表示经营性应收短期债权；“113”表示投资性债权，等等。

4.第四位数字。第四位数字代表第四组，表示会计科目在所属小小类中按某一种排列标准进行排序时所处的位置。各小小类科目虽然包含的科目数量不同，但都在10个以下，因此，只需一位数字，从“1”开始，依据科目编号原则进行编排。如“1001”代表“库存现金”科目；“1002”代表“银行存款”科目；“1101”代表“交易性金融资产”科目；“1121”代表“应收票据”科目；“1131”代表“应收股利”科目；“2001”代表“短期借款”科目；“4001”代表“实收资本（或股本）”科目；“5001”代表“生产成本”科目；“6001”代表“主营业务收入”科目，等等。

以上是对总分类科目编号方法的介绍，会计科目的编号除涉及总账科目编号外，还应对明细科目进行编号。我国现行制度除对总分类科目编号方法予以规定外，还对属于特殊要求的明细科目的编号方法予以规定。我国所规定的明细科目的编号方法是数字顺序法，非特殊要求明细科目的编号方法可依照特殊要求明细科目编号方法执行。由于各总分类科目所属明细科目的数量不同，很可能有些总分类科目包含的明细科目的数量超过10个，因此，编号是从01开始，依次递升，不必预留空号。在采用编号书写会计科目时，总分类科目编号与明细分类科目编号可以像文字书写一样，中间由“—”符号分开，如“2221—01—01”代表“应交税费——应交增值税（进项税额）”；也可以连续书写，我国现行会计制度中采用的是后一种方法，如“22210101”代表“应交税费——应交增值税（进项税额）”科目。

四、会计科目使用说明的编写

（一）会计科目使用说明的编写要点

结合企业经济业务，按照会计科目所反映的经济业务的内容或账户的用途和结构设置会计科目，并按照国家规定的方法对科目予以编号后，并没有完成会计科目设计的任务。因为，从会计科目的名称上看，虽然能概括说明所反映的经济内容，但很难准确表明它的核算范围、使用方法等。例如，“长期待摊费用”科目，是用来反映企业所发生的支付在先，而受益负担在后，且受益负担期在1年以上的各项费用的实际支付、分摊和摊余情况的科目，但在本单位长期待摊费用的项目有哪些，如何进行账务处理，分摊期有多长，由谁负担等，从科目名称上是看不出来的。因此，为便于会计人员正确理解和规范使用会计科目，还必须依据一定的规律编写会计科目的使用说明，将每一会计科目的核算内容和所反映的业务范围、核算方法、所使用的计价方法、所涉及的对应科目、所开设的明细科目和明细科目的核算要求以及特殊事项会计处理等内容予以说明与陈述。

1.会计科目的核算内容和范围。会计科目的核算内容和范围，是每一会计科目区别于其他会计科目的主要标志。每一会计科目核算什么经济业务、包括的业务范围有哪些，使用说明中必须首先明确规定。例如，“长期待摊费用”科目的使用说明中首先应说明该科目核算的内容是企业已经发生，但应在本期和以后各期分别负担的分摊期限在1年以上的各项费用，其范围包括固定资产改良支出等。又如“应收账款”科目的使用说明中首先应说明该科目的核算内容和范围是企业因销售商品、提供劳务等，应向购买单位或接受劳务单位收取的款项。

2.会计科目的核算方法。会计科目的核算方法，是指针对会计事项，如何运用记账方法进行账务处理。在使用说明中应当说明财产物资的计价方法、会计科目借贷方各登记什么内容、期末有无余额以及余额的含义等。例如，“长期待摊费用”科目，应说明对于预付待摊费用项目，当实际支出时，应按实际支出数记入该科目借方；分摊时，借记“管理费用”“制造费用”等科目，贷记本科目。又如“原材料”科目，应首先说明材料的计价方法是实际成本法还是计划成本法，然后再结合其核算内容和范围说明其他内容，如采用计划成本计价购入材料时应作如下说明：企业购入并已验收入库的原材料，按计划成本借记本科目，贷记“材料采购”科目；同时，结转材料成本差异，实际成本大于计划成本的差异，借记“材料成本差异”科目，贷记“材料采购”科目，实际成本小于计划成本的差异，做相反的会计分录。

3.特殊会计事项账务处理说明。特殊会计事项是指会计科目正常核算范围之外所发生的业务事项，如资产清查和物资运输途中发生的短缺或溢余、自然灾害造成的资产损失等等。例如，“库存现金”科目，在每日终了结算现金收支或财产清查中发生的有待查明原因的短缺或溢余，应通过“待处理财产损溢”科目核算：属于现金短缺，应按实际短缺的金额，贷记本科目，借记“待处理财产损溢——待处理流动资产损溢”科目；属于现金溢余，按实际溢余的金额，借记本科目，贷记“待处理财产损溢——待处理流动资产损溢”科目。

4.明细科目的设置方法。使用说明中，要求说明各会计科目应当设置的明细科目名称或指出明细科目的设置方法。例如，“生产成本”科目，首先应当设置“基本生产成本”和“辅助生产成本”两个明细科目，其次应按成本计算对象进行明细核算。又如，“固定资产”科目在使用说明中应当说明该科目应按固定资产的类别设置二级明细科目，并按固定资产的类别、使用部门和每项固定资产设置“固定资产登记簿”与“固定资产卡片”进行明细核算。

5.期末余额及其含义。这部分内容主要说明会计科目期末是否有余额，如有余额，其方向及经济含义是什么。例如，“原材料”科目，应说明本科目期末余额在借方，反映企业期末库存原材料的实际成本或计划成本。又如，“固定资产”科目，应说明本科目期末余额在借方，反映企业期末固定资产的账面原价。

（二）会计科目使用说明编写举例

企业设置的会计科目较多，限于篇幅，本书仅以“库存现金”（1001）科目为例予以说明。

1.本科目核算企业的库存现金。企业内部周转使用的“备用金”，在“其他应收款”科目核算，或单独设置“备用金”科目核算，不在本科目核算。（核算内容及业务范围）

2.企业从银行提取现金，根据支票存根所记载的提取金额，借记本科目，贷记“银行存款”科目；将现金存入银行，根据银行退回的进账单第一联，借记“银行存款”科目，贷记本科目。

企业因支付内部职工出差等原因所需的现金，按支出凭证所记载的金额，借记“其他应收款”科目，贷记本科目；收到出差人员交回的差旅费剩余款并结算时，按实际收回的金额，借记本科目，按应报销的金额，借记“管理费用”科目，按实际借出的现金，贷记“其他应收款”科目。

企业因其他原因收到现金，借记本科目，贷记有关科目；支出现金，贷记本科目，借记有关科目。（核算方法）

3.企业应当设置“库存现金日记账”，由出纳人员根据收付款凭证，按照业务发生顺序逐笔登记。每日终了，应当计算当日的现金收入合计数、现金支出合计数和结余数，并将结余数与实际库存数核对，做到账款相符。

有外币业务的企业，应当分别人民币和各种外币设置“库存现金日记账”进行明细核算。（明细账的设置和登记要求）

4.每日终了结算现金收支、财产清查等发现的有待查明原因的现金溢余或短缺，应通过“待处理财产损溢”科目核算：属于现金短缺，应按实际短缺的金额，借记“待处理财产损溢——待处理流动资产损溢”科目，贷记本科目；属于现金溢余，应按实际溢余的金额，借记本科目，贷记“待处理财产损溢——待处理流动资产损溢”科目。待查明原因后再作如下处理：

（1）如为现金短缺，属于应由责任人赔偿的部分，借记“其他应收款——应收现金短缺（某人）”或“库存现金”等科目，贷记“待处理财产损溢——待处理流动资产损溢”科目；属于应由保险公司赔偿的部分，借记“其他应收款——应收保险公司款”科目，贷记“待处理财产损溢——待处理流动资产损溢”科目；属于无法查明的其他原因，根据管理权限，经批准后处理，借记“管理费用——现金短缺”科目，贷记“待处理财产损溢——待处理流动资产损溢”科目。

（2）如为现金溢余，属于应支付给有关单位或个人的，应借记“待处理财产损溢——待处理流动资产损溢”科目，贷记“其他应付款——应付现金溢余（个人或单位）”科目；属于无法查明原因的现金溢余，经批准后，借记“待处理财产损溢——待处理流动资产损溢”科目，贷记“营业外收入——现金溢余”科目。（特殊事项会计处理）

5.本科目期末余额在借方，表示企业实际持有的库存现金。（余额方向及其含义）

本章小结

会计科目设计是本书重点之一，本章在介绍我国现行会计准则对会计科目的规定基础上，比较全面地介绍了有关会计科目设计的基本概念、基本理论和基本方法。因会计科目设计受企业性质、规模大小、业务范围等多种因素的影响，设计难度较大，学生应当结合企业的具体情况学习。

主要概念和观念

□ 主要概念

会计科目　会计科目编号

□ 主要观念

会计科目设计应是企业会计制度设计的一个最重要的环节，它不仅是会计凭证、会计账簿、财务报表等的设计前提和基础，而且直接关系到整套会计制度设计的质量，进而直接影响到会计工作的质量。

基本训练

□　知识题

● 阅读理解

1.1　简答题

（1）设计会计科目有何意义？应遵循哪些原则？

（2）设计会计科目的步骤有哪些？

（3）制造企业的经济业务可分为哪几类？各类经济业务应如何设置会计科目？

（4）为什么要对会计科目进行编号？编号应符合哪些要求？

（5）设计明细科目的方法主要有哪些？各种方法适用于哪些明细科目的设计？

（6）如何按账户的经济内容设计会计科目？

1.2　思考题

（1）按照权责发生制原则的要求，应设计哪些特殊会计科目？

（2）如何编写会计科目的使用说明？

（3）对会计科目进行编号有何意义？

● 知识应用

1.1　单项选择题

（1）为总账科目“应收账款”设置明细科目时，一般所采用的设计依据是（　　）。

A.总账科目核算的内容类别　　B.总账科目的核算对象

C.总账科目来源或支出的用途　　D.总账科目涉及的部门

（2）在“无形资产”科目下，不可以设置为二级科目的是（　　）。

A.商标权　　B.专利权　　C.土地使用权　　D.非专利专有技术

（3）下列选项中，属于“共同类”会计科目的是（　　）。

A.商誉　　B.衍生工具　　C.研发支出　　D.所得税费用

（4）下列关于企业会计科目选择和使用的表述中，不正确的是（　　）。

A.企业有一定的自主权　　B.应符合国家统一会计制度的规定

C.应满足编制统一财务报表的要求　　D.不得自行设置和使用会计科目

1.2　多项选择题

（1）下列选项中，属于借款类会计科目的是（　　）。

A.应付账款　　B.应付利息　　C.短期借款　　D.应付债券

（2）企业采用分期收款销售方式，在不符合收入确认条件但商品已经发出的情况下，对分期收款销售的商品，不应设置的科目是（　　）。

A.发出商品　　B.主营业务成本　　C.库存商品　　D.在途商品

（3）在会计科目表设计中，需要解决的问题是（　　）。

A.会计科目分类排列的设计　　B.会计科目名称的设计

C.会计科目使用说明的设计　　D.会计科目编号的设计

1.3　判断题

（1）任何企业都可以根据自己的业务需要自行设计会计科目。　　（　　）

(2)“银行存款”科目无须设置明细科目。 ( )

(3)企业可以根据自己的业务需要自行设计总账科目的编号。 ( )

□ 技能题

根据此前已经学习过的财务会计知识以及本章的学习内容，请绘制一张会计科目表。

□ 能力题

• 案例设计题

根据我国现行会计规范体系，为一新注册成立的制造业企业设计固定资产核算的会计科目，并编写简要的使用说明。

第四章 会计凭证的设计

学习目标

了解会计凭证的设计意义和原则，掌握原始凭证和记账凭证的设计步骤、设计方法和设计内容等。其具体目标包括：

☐ 知识目标

了解会计凭证的设计意义和原则，掌握原始凭证、记账凭证设计的基本步骤和内容。

☐ 技能目标

熟悉各种经济业务所使用的原始凭证及其设计方法。

☐ 能力目标

能够结合制造企业的特点，设计各种经济业务使用的原始凭证。

第一节 会计凭证设计概述

一、会计凭证设计的意义

会计凭证是记录经济业务、明确经济责任的书面证明。以凭证为依据既是会计工作的一大特点，又是对开展会计工作提出的基本要求。经济业务发生后，取得或填制原始凭证并据此编制记账凭证，是会计核算工作的重要内容和基础环节，也是证明经济业务发生情况的原始资料，同时，通过填制凭证，又有利于加强会计监督作用。因此，科学地设计各种类型的原始凭证和记账凭证，建立健全会计凭证体系，并明确规定它们的作用和使用方法，是会计制度设计的重要一环。

一切会计记录都必须有真凭实据，这是会计工作应当遵守的一条原则，也是保证会计核算资料具有真实性、客观性和可验证性的关键。在企业会计核算中，货币资金的收付、收入费用的发生、产品成本的计算、财产物资的增减、往来款项的清算等任何一项经济业务，都必须根据有关的凭据进行账务处理。因此，设计会计凭证，不仅对记录经济业务、反映资金变化、明确经济责任有直接作用，而且影响登记账簿、计算成本、清查财产以及编制报表等会计核算工作，同时与会计分析和会计检查以及内部控制等工作也有直接的关系。具体地讲，设计会计凭证的意义有以下几方面：

（一）保证经济业务的发生和完成情况得到及时、准确的反映

在企业经济活动中，会计必须对各单位发生的经济业务进行及时准确的记录或记载。会计凭证的设置正好满足了这一要求，使得经济业务在发生的同时，通过填制或取得凭证得到反映，说明经济业务发生的地点、时间、内容以及经办业务的人员等，保证任何一项财务收支都有相应的证据予以证明。例如，通过设计“差旅费报销单”，可以将出差过程中所发生的一切费用（交通费、住宿费、生活补助费及其他费用）进行归类反映，清楚表明费用总额及各种费用的数额，以便加强费用管理。

（二）为登记账簿提供依据

任何企事业单位，要想连续、系统、全面地反映和监督经济活动过程及结果，必须采用登记账簿这一会计核算方法。而账簿的登记，必须借助于会计凭证，账簿上记录的各项数据资料，都来源于相应的会计凭证，凭证上反映的各项经济业务也必须经过整理、归类、汇总登记到有关的账簿中。因此，设计会计凭证为会计账簿的登记提供了依据。

（三）加强岗位责任制，完善内部控制制度

会计凭证不仅要记录经济业务的内容，而且要明确业务经办人员的经济责任，要求办理经济业务的有关单位和人员签名或盖章，以示负责。因此，在会计凭证上设计有关人员的签章，有利于督促业务经办人员尽职尽责，加强岗位责任制。同时，通过设计会计凭证的必要联次和合理的传递程序，可将业务发生所涉及的各职能部门或个人联系起来，使各职能部门之间以及财会部门内部各有关人员之间形成既相互联系又相互制约、相互监督的格局，有助于强化内部控制制度，保证会计工作的规范运行。

（四）便于开展会计检查和审计工作

由于经办任何经济业务，都要填制或取得相应的会计凭证，因而通过审核和检查会计凭证，可以确定经济活动是否符合国家有关的财经政策、法规和制度的规定，了解有无挥霍浪费、弄虚作假、贪污盗窃等违法乱纪的行为，以保证经济活动的合法合理性及会计资料的客观真实性。因此，设计会计凭证不仅能保证会计监督职能的充分发挥，而且有利于审计工作的开展，有利于及时发现生产经营过程中存在的问题，并有针对性地采取措施，改进工作。

二、会计凭证的设计原则

会计凭证按其主要用途和填制程序不同，分为原始凭证和记账凭证。原始凭证是在经济业务发生时取得或填制的，作为办理业务手续、证明业务发生情况、明确经办人员责任的原始依据，是具有法律效力的书面文件。记账凭证是会计人员根据原始凭证反映的业务内容，运用会计科目加工处理、编制会计分录后作为账簿登记依据的会计凭证，属于会计核算的方法和工具。

由于原始凭证和记账凭证的主要作用、使用方法、应用范围、重要程度等各不相同，设计时所应遵循的原则也必然有所区别，分述如下：

（一）原始凭证的设计原则

设计原始凭证，就是按照经济业务的发生情况和内部控制制度的要求，对原始凭证的种类、格式、内容和联次（张数）等进行的规划和制定。由于原始凭证具有法律性强、种类繁多、使用范围广、经手人员多的特点，因此，设计时应当遵循以下原则：

1.全面、详细地反映经济业务发生情况。作为经济业务发生最初书面证明的原始凭证，应把经济业务发生的时间、地点、内容、有关人员的责任等基本情况详细地提供出来。因此，设计的原始凭证应当具备如下内容：（1）原始凭证的名称（反映业务种类）；（2）填制凭证的日期（反映业务发生时间）；（3）填制凭证和接受凭证的单位（表明业务发生地点）；（4）经济业务的具体内容；（5）有关单位或个人签章（表明经手人员的责任）。这样的原始凭证，才能保证经济业务的反映具备全面性和可靠性。

2.充分满足内部控制制度的要求。企业、行政事业等单位发生的经济业务，除少数外，大部分要涉及若干单位或同一单位的几个职能机构以及相关人员。因此，在设计原始凭证时，必须根据实际需要，合理确定各种原始凭证所需要的联次数量，并规定各联的具体用途。既要满足各单位、各部门从事经济管理和核算的要求，加强岗位责任制，又要通过连续编号、复写多联等方式使各部门之间相互制约、相互监督，加强内部控制。例如，反映销货业务的“销货单”（发货票），在大中型企业里，最少应当设计四联，并由销货单位的销售部门、财会部门和仓库以及购货单位各持一联。其中，销售部门留作存根进行业务核算，财会部门凭以收款并进行会计核算，仓库凭以发货并进行实物核算，购货单位作为付款凭证办理采购业务的会计核算。

3.有利于加快凭证传递，提高工作效率。凭证如何传递，不仅关系到经办业务的各职能部门如何联系和相互制约，促使他们尽职尽责，积极完成自己承担的任务，而且关系到如何简化凭证传递过程、提高工作效率、防止产生工作脱节和漏洞的问题。这就要求在设计原始凭证时，科学合理地规定每一原始凭证的传递程序，避免传递过程中的迂回或脱节。要具体规定哪些凭证联需要经过哪些部门，在传递过程的哪个环节留归相关部门，各个传递环节的任务，等等。例如，反映领料业务的“领料单”，一般由领料部门填制后，交物资供应部门审批，仓库根据审批后的“领料单”发料，并将实发数量填入单内，交给各有关部门。其程序参见图4-1。

说明：领料单一式四联（小型企业可一式三联），由仓库填入实发材料数量后，将其中三联分别传递给用料、供应和财会三个部门，自留一联登记材料卡片。

图4-1　“领料单”传递程序图

4.原始凭证的种类、用途、格式力求标准化和通用化。在企业内部，办理同类性质的经济业务所用的凭证必须统一，并保持稳定，不能经常改变，以方便凭证的填制和审查，同时节约设计和印制费用。有些凭证应尽可能在部门、系统范围内通用，有条件的还应在地区或全国范围内统一使用，以方便财政、税务和审计等部门的监督工作。

（二）记账凭证的设计原则

记账凭证与原始凭证虽有紧密的联系，但又存在明显的区别。因此，设计记账凭证，在符合内部控制和力求标准通用化的基础上，还应遵循以下原则：

1.必须具备记账凭证的基本内容。它包括记账凭证的名称、填制凭证的日期和编号、经济业务的简要说明、使用的会计科目（包括总账科目和明细科目）及其增减变化金额、所附原始凭证的张数以及有关人员的签名或盖章。

2.必须与使用的会计核算形式相适应。不同的会计核算形式，要求有不同种类的记账凭证，如记账凭证核算形式，可以设计“收款”“付款”“转账”三种凭证，也可以设计统一的“记账凭证”。但在汇总记账凭证核算形式下，则必须分别设计收、付、转三种，并相应设计“汇总收款凭证”、“汇总付款凭证”和“汇总转账凭证”，才能满足汇总的需要。

3.满足账簿登记的需要。记账凭证是登记账簿的主要依据，由于账簿有总分类账和明细分类账之别，为了能够使总账和明细账的登记都有依据，设计记账凭证时，会计科目必须分清总账科目、子目和细目，以便分别记载它们的增减变化。此外，为了使记账凭证与账簿之间的关系更加严密，能清楚反映记账凭证是否已登账，防止漏记或多记，应在记账凭证上设计“过账”一栏。

第二节 原始凭证的设计

一、原始凭证的分类

在设计原始凭证之前，设计人员应当熟悉和掌握各种原始凭证的特殊性，以便设计出符合实际需要、凭证内容既不多余又不短缺的原始凭证。为此，必须对原始凭证进行分类。

原始凭证按其来源途径不同，可分为自制原始凭证和外来原始凭证。前者是在经济业务发生时，由本单位经办人员填制的凭证；后者是在经济业务发生时，从单位外部取得的凭证。所以，原始凭证的设计，主要是针对自制原始凭证，外来原始凭证一般不需要设计。

原始凭证按其用途不同，分为通知凭证、执行凭证和计算凭证。通知凭证指命令或要求有关部门办理某项经济业务的凭证，通知凭证由下达命令或提出要求的单位设计；执行凭证指证明某项经济业务正在进行或已经完成的凭证，一般需要自行设计；计算凭证是有关会计人员按照会计规范要求，通过一定的计算手续编制的，用以提供某项会计指标的凭证。如会计人员为了分配制造费用编制的“制造费用分配表”；为了分配材料费用编制的“材料费用分配表”；为了计提折旧编制的“固定资产折旧计算表”；为了计算完工产品成本编制的“产品成本计算单”等，都属于计算凭证。

原始凭证按其格式不同，分为通用凭证和专用凭证。通用凭证是指在全国或某一地区、某一系统、某一部门具有统一规格的凭证，可从市场上直接购买，不必自行设计；专用凭证是指具有专门用途、反映各企业特殊经济业务的凭证，必须自行设计。

原始凭证按其填制的手续不同，分为一次凭证和累计凭证。一次凭证是只反映一项经济业务或若干项同类性质的经济业务，填制手续一次完成的原始凭证，包括自制和外来两部分；累计凭证是在一定时期内反映若干项同类性质的经济业务，填制手续分次完成的原始凭证，如适用于制造业企业的"限额领料单"，就是典型的累计原始凭证。

原始凭证按其反映的经济业务类型不同，分为反映货币资金收付业务的原始凭证、反映工薪业务的原始凭证、反映固定资产业务的原始凭证、反映采购业务的原始凭证、反映生产业务的原始凭证、反映研发业务的原始凭证、反映销货业务的原始凭证、反映财务成果计算和分配业务的原始凭证、反映投资业务的原始凭证、反映筹资业务的原始凭证等。

二、原始凭证的设计步骤

明确原始凭证的设计步骤，有利于在设计原始凭证时统筹规划、合理安排，有秩序、有主次地进行，防止重复、遗漏等现象。一般地讲，企业设计原始凭证的步骤如下：

（一）根据实际需要，设计原始凭证的种类

确定符合实际需要的原始凭证种类，是设计原始凭证首先要解决的问题，它为原始凭证的设计工作划定了范围，指明了方向。设计原始凭证的种类，既要考虑经济业务的类型，又要考虑本单位管理的要求和会计核算的需要。

（二）按照原始凭证用途，设计原始凭证的格式和联次

这是设计原始凭证的关键步骤和具体工作，是产生各种形式的原始凭证的基础。不同种类的原始凭证具有不同的用途，而用途不同，又使得各种原始凭证的具体内容不同。这就要求针对不同用途的原始凭证，按照设计原则，分别设计各种凭证的格式、联次，并规定各联的具体用途。设计时，必须对凭证具备的全部内容做出合理的安排。表格内外各列示哪些项目，有关项目之间的勾稽关系如何反映，上下左右怎样布局，规格尺寸如何确定，每一凭证需要一式几份，各联如何予以区分以及采用什么纸质印制，印成何种颜色等，都应当做出合理的设计或明确的说明，以保证设计和印制质量。

（三）设计原始凭证的传递程序

原始凭证的传递程序是指对从原始凭证的填制或取得开始，到送存会计档案室为止的传递路线和传递时间所做的规定。设计原始凭证的传递程序，就是确定原始凭证从填制或取得到送存会计档案室的整个过程中，应当经过哪些部门或个人，在每个经由部门或个人应当办理哪些手续、应当停留多长时间。科学合理的原始凭证传递程序，是建立正常的会计处理秩序、加强内部控制、明确经济责任、及时提供真实可靠的会计信息、促进会计工作效率提高的有力保证。

（四）设计原始凭证的使用和保管制度

原始凭证是具有法律效力的经济资料和会计档案，任何单位在设计完成原始凭证后，都应建立规范化的使用和保管制度，以保证原始凭证的安全性及使用的合理性、合法性和合规性。对于有连续编号的空白原始凭证，如"现金收据""现金支票""转账支票""增值税普通发票""增值税专用发票"等原始凭证，应当指定专人妥善保管，并设置出纳登记簿和发票登记簿。对于已经作为记账凭证编制依据的原始凭证，应当及时附在记账凭证

下面，并按照《会计档案管理办法》的要求保管。

三、原始凭证的具体设计

原始凭证是反映经济业务发生或完成的唯一的证据，所以，按照经济业务的种类设计原始凭证是最佳的设计思路。

（一）货币资金业务原始凭证的设计

货币资金业务主要指企业的库存现金、银行存款业务。反映此类业务的原始凭证具有下列特点：既有外来原始凭证，又有自制原始凭证；既有通用凭证，又有专用凭证；从填制手续看都是一次凭证。反映库存现金业务的原始凭证主要有借款单、收据、差旅费报销单、库存现金盘点报告表和医药费报销单等。银行存款业务的原始凭证有支票、付款委托书、商业汇票等。我国银行结算凭证实行通用化管理，企业不需要自行设计，而反映库存现金业务的各种原始凭证大多需要自行设计。因此，反映库存现金收支业务的原始凭证是货币资金业务原始凭证的设计重点。

现将常用的库存现金业务收、支凭证基本格式和内容设计如下。

1.“现金收据”的设计

“现金收据”一般设计一式三联：一联作为存根备查；一联送交付款单位（或个人）收执作为报销凭证，并加盖或加印税务部门的监制章；一联送交会计凭以记账。其格式参见表4-1。

表4-1 **现金收据**

年 月 日 字第 号

交款单位或个人名称：
收款事由：
金额（大写）： ¥

会计主管 出纳 审核 交款人

注：本收据无单位公章无效。

2.“出差借款单”的设计

“出差借款单”一般只设计一联，由借款人填写后，先交其所在部门负责人审核签字，再送财会部门负责人审批后，出纳予以付款并送交会计进行账务处理。其格式参见表4-2。

表4-2 **（企业名称）出差借款单**

年 月 日 金额单位：元

借款人姓名			所在单位或部门		
出差地点			出差事由		
往返时间		借款金额		预计还款日期	
人民币（大写）					

会计主管 部门负责人 审核 出纳 经办人

3．“差旅费报销单”的设计

“差旅费报销单”属于汇总原始凭证，只需要设计一联，由差旅费报销人员和会计审计人员共同填制，经有关人员签章后，会计据此及所附各原始凭证进行账务处理，见表4-3。

表4-3　（企业名称）差旅费报销单

年　月　日

报销人姓名		所在部门			出差人员			
出差事由及出差地点				出差时间	月　日至　月　日			
费用项目	交通费				住宿费	补助	其他	合计
	火车	飞机	轮船	长途汽车				
凭证张数								
金　额								
原借款金额				实际报销金额		退款	补款	

会计主管　　部门负责人　　审核　　出纳　　经办人

4.“现金盘点报告单”的设计

“现金盘点报告表”是在对现金进行清查盘点，发现现金溢余或短缺时所使用的一张原始凭证。通常设计两联，一联由出纳留存，一联送交会计人员审查后编制记账凭证。该凭证在小型企业里可不专门设计。其格式参见表4-4。

表4-4　（企业名称）现金盘点报告表

单位名称＿＿＿＿＿＿　年　月　日　金额单位：元

账存金额	实存金额	盘　盈	盘　亏	盈亏原因

会计主管　　盘点人　　出纳

（二）工薪业务原始凭证的设计

工薪是以货币形式支付给职工的劳动报酬。工薪业务主要包括工资的结算和工资费用的分配。为了防止在工资结算和发放过程中出现弄虚作假、贪污舞弊等行为，必须设计严密的控制程序和完善的凭证体系、建立健全考勤记录和产量记录。反映工资业务的原始凭证主要有“工资单”“集体计件工资分配表”“工资分配汇总表”等。

1.“工资单”的设计

“工资单”是由劳资部门和财会部门按车间、职能科室、工段或小组按月编制的记录工资发放情况的原始凭证。通常一式三份，其中两份分别由劳资部门和会计部门存留备查及进行账务处理，另一份按每个职工裁成单条，分别发给职工。“工资单”的一般格式参见表4-5。

表4-5 **（企业名称）工资单**

部门________ 年 月 金额单位：元

工号	姓名	计时工资			计件工资	加班工资	奖金	津贴	应发工资	代扣款项										实发工资	签字
		日工资率	出勤天数	金额						房租	水电费	基本医疗保险	基本养老保险	失业保险	工伤保险	住房公积金	个人所得税	其他	合计		
生产人员合计																					
管理人员合计																					
合计																					

会计主管 部门负责人 审核 制表 出纳

2.“集体计件工资计算表”的设计

“集体计件工资计算表”是在按照生产小组的产量和计件单价计算出小组应得工资后，分配小组成员应得计件工资的原始凭证，一般按小组内各成员工资等级和实际工作时间进行分配。其格式参见表4-6。

表4-6 **（企业名称）集体计件工资计算表**

车间________ 编号________

班组________ 年 月 金额单位：元

工号	姓名	工资等级	工资等级系数	实际工作时数	应发工资	代扣款项										实发工资	签字
						房租	水电费	基本医疗保险	基本养老保险	失业保险	工伤保险	住房公积金	个人所得税	其他	合计		
合 计																	

会计主管 车间负责人 班组长 审核 制表 出纳

3.“工薪费用分配表”的设计

“工薪费用分配表”也称“工薪核算汇总表”，是对各车间或部门的工薪费用，按照受益对象进行归集和分配的原始凭证。其格式参见表4-7。

表4-7　**（企业名称）工薪费用分配表**

年　　月　　　　金额单位：元

<table>
<tr><th colspan="3">应借科目</th><th rowspan="2">工资</th><th colspan="4">社会保险费</th><th rowspan="2">住房公积金</th><th rowspan="2">工会经费</th><th rowspan="2">职工福利费</th><th rowspan="2">职工教育经费</th><th rowspan="2">合计</th></tr>
<tr><th>总账科目</th><th colspan="2">明细科目</th><th>基本医疗保险</th><th>基本养老保险</th><th>失业保险</th><th>工伤保险</th></tr>
<tr><td rowspan="6">生产成本</td><td rowspan="3">基本生产成本</td><td>A产品</td><td></td><td></td><td></td><td></td><td></td><td></td><td></td><td></td><td></td><td></td></tr>
<tr><td>B产品</td><td></td><td></td><td></td><td></td><td></td><td></td><td></td><td></td><td></td><td></td></tr>
<tr><td>⋮</td><td></td><td></td><td></td><td></td><td></td><td></td><td></td><td></td><td></td><td></td></tr>
<tr><td rowspan="3">辅助生产成本</td><td>供水车间</td><td></td><td></td><td></td><td></td><td></td><td></td><td></td><td></td><td></td><td></td></tr>
<tr><td>供电车间</td><td></td><td></td><td></td><td></td><td></td><td></td><td></td><td></td><td></td><td></td></tr>
<tr><td>机修车间</td><td></td><td></td><td></td><td></td><td></td><td></td><td></td><td></td><td></td><td></td></tr>
<tr><td rowspan="3">制造费用</td><td colspan="2">一车间</td><td></td><td></td><td></td><td></td><td></td><td></td><td></td><td></td><td></td><td></td></tr>
<tr><td colspan="2">二车间</td><td></td><td></td><td></td><td></td><td></td><td></td><td></td><td></td><td></td><td></td></tr>
<tr><td colspan="2">⋮</td><td></td><td></td><td></td><td></td><td></td><td></td><td></td><td></td><td></td><td></td></tr>
<tr><td>管理费用</td><td colspan="2">工薪费</td><td></td><td></td><td></td><td></td><td></td><td></td><td></td><td></td><td></td><td></td></tr>
<tr><td>销售费用</td><td colspan="2">工薪费</td><td></td><td></td><td></td><td></td><td></td><td></td><td></td><td></td><td></td><td></td></tr>
<tr><td>在建工程</td><td colspan="2">工薪费</td><td></td><td></td><td></td><td></td><td></td><td></td><td></td><td></td><td></td><td></td></tr>
<tr><td>研发支出</td><td colspan="2">工薪费</td><td></td><td></td><td></td><td></td><td></td><td></td><td></td><td></td><td></td><td></td></tr>
<tr><td colspan="3">合　计</td><td></td><td></td><td></td><td></td><td></td><td></td><td></td><td></td><td></td><td></td></tr>
</table>

会计主管　　　　审核　　　　制表　　　　出纳

（三）固定资产业务原始凭证的设计

固定资产业务，包括固定资产的购买、接受捐赠、工程完工验收、折旧、报废、盘盈和盘亏等，为了分别反映固定资产各项业务的发生和完成情况，需要分别设计“固定资产验收单”“工程验收决算报告”“接受捐赠固定资产情况表”“固定资产交付使用清单”“固定资产报废单”“固定资产折旧计算表”“固定资产内部转移单”“固定资产盘盈盘亏报告单”等。

1.“固定资产验收单”的设计

收到投资者投入的固定资产，企业购进不需要安装的固定资产，或已经安装完毕的固定资产，在正式投入使用前，企业应当组织由资产管理部门、会计部门、工程技术人员组成的验收小组，对固定资产进行质量检验，并根据质量检验的结果，由工程技术人员填制“固定资产验收单”。固定资产验收单通常设计为一式两联：一联交资产管理部门，用于登记固定资产卡片；一联交会计部门，用于登记固定资产明细账和总账。其格式参见表4-8。对验收合格的固定资产，应交付使用部门，并填制一式三联的“固定资产交付使用清单”：一联交资产管理部门，负责登记固定资产卡片；一联交使用部门，负责登记固定资产保管账；一联交会计部门，负责登记固定资产总账和明细账。

表4-8 **（企业名称）固定资产验收单**

编号__________ 年 月 日

合同编号	名称	规格型号	来源	计量单位	合同数量	实收数量	交工日期	验收结果		实际成本	备　注
								合格	不合格		

采购部门　　资产管理部门　　质检部门　　会计部门

2.“固定资产报废单”的设计

“固定资产报废单”通常设计一式两联，由固定资产管理部门或使用部门提出报废申请，按报废对象填制，详细说明固定资产的技术状况和报废原因，经有关部门审定批准后，送交财会部门一联，作为组织固定资产清理核算的依据。另一联留归固定资产管理部门或使用部门存查，并登记固定资产卡片。“处理意见”栏各部门审查后加注意见并签章。其格式参见表4-9。

表4-9 **（企业名称）固定资产报废单**

使用部门__________ 年 月 日 字第______号

名称	编号	规格型号	单位	数量	预计使用年限	已使用年限	原始价值	已提折旧	残值	附属设备	备注
固定资产状况及报废原因											
处理意见	使用部门			技术鉴定小组			资产管理部门			会计部门审批	

（四）采购业务原始凭证的设计

采购业务发生后，必须首先取得供货单位的“发票”、运输单位的“运单”、银行的结算凭证等，这些属于外料原始凭证，不需要设计。企业收到材料后，应办理质量检验、入库手续，为此，应当设计“材料采购成本计算单”“材料质量检验报告单”和“材料入库单”等原始凭证。因为“材料质量检验报告单”格式略，“材料采购成本计算单”和“材料入库单”的格式参见表4-10、表4-11。

表4-10　（企业名称）材料采购成本计算单

年　月　日　　字第＿＿号

类别	品名	规格及型号	计量单位	发票数量	入库数量	实际总成本										实际单位成本	计划单位成本	成本差异	备注
						买价	运输费	包装费	装卸费	保险费	增值税	进口关税	挑选整理费	其他	合计				

会计主管　　审核　　制表

表4-11　（企业名称）材料入库单

供货单位＿＿＿＿　　入字第＿＿号

发票种类及号码＿＿＿＿　年　月　日　仓库＿＿＿＿

类别	品名	规格及型号	计量单位	数量		计划单价	金额	备注
				发票数量	入库数量			
合计								

采购部门　　仓储部门　　质检员　　保管员

“材料采购成本计算单”属于计算凭证，由会计人员根据材料采购明细账、材料入库单等原始凭证编制，一式一联。

“材料入库单”也称“收料单”，一般应设计一式三联，由仓库保管人负责填制。一联留在仓库登记材料卡片和材料保管账；一联交采购部门，作为采购业务结束的证据；一联送交会计部门，作为编制记账凭证、登记材料明细账和总账的原始凭证。

（五）存货业务原始凭证的设计

存货是指企业用于销售或生产消耗的各种物品。存货业务的主要内容有存货的收入、存储、发出和盘点等。为了正确反映各种存货的收、发、结存情况，加强存货的管理，应当设计“领料单”、“限额领料单”、“产品入库单”、“产品出库单”、“委托加工材料出库单”、“发料凭证汇总表”或“材料费用分配表”、“存货盘点报告表”等。“产品出库单”即“销货单”，将在销售业务原始凭证设计中讲解。现对其他几种主要原始凭证的格式、内容予以讲解。

1.“领料单”的设计

“领料单”用于车间或部门从仓库领用材料的业务，一般设计一式三联：一联由领料单位留存，据以登记领退料登记簿；一联留归发料仓库，由保管员据以登记材料卡片和材料保管账；一联送交会计部门，据以进行会计处理。领料单中除实发数量由发料人填写，单价、金额栏由会计人员填写外，其他内容都由领料员填写。领料单的格式参见表4-12。

表4-12 （企业名称）领料单

领料部门________ 发字第________号

用　途________ 年　月　日 发料仓库________

材料类别	材料名称	规格与型号	计量单位	数量		单价	金　额	备　注
				请领数	实发数			
合　计								

领料部门　　仓储部门　　保管员　　领料员

2.“限额领料单”的设计

“限额领料单”是一种累计原始凭证，在有效期限（最长为1个月）内，只要领用不超过限额，就可以连续使用。该凭证应当在每月开始前，由生产计划部门根据生产计划、材料消耗定额等有关资料，确定领用限额。“限额领料单”一般设计一式三联，经生产计划部门负责人审核签字后，一联送交仓库据以发料，一联送交领料单位据以领料，一联送交会计部门，据以进行会计处理。

领料部门每次领料时，应当在限额领料单上填写申请领用数量，并由领料部门负责人签字。仓库发料时，应严格按照单内所列的材料品种、用途、数量限额发放，并将累计领用数计算填入单内。在规定的领用期限内，当领用数量已经达到规定的领用限额时，不得再以本限额领料单领料。月末，根据领用限额与累计领用数计算出限额余额，经仓库保管员和领料员核对无误并签字后，由仓库保管员将属于会计部门的一联送交会计部门进行会计处理。限额领料单的格式参见表4-13。

表4-13 （企业名称）限额领料单

领料单位________ 发字第________号

材料名称________ 发料仓库________

用　途________ 限额________ 年　月 计量单位________

日　期	本次领用		累计领用数			限额余额	领料员	保管员	备　注
	请领数	实发数	数量	单价	金额				
合　计									

领料部门　　仓储部门

需要指出的是，月末对于车间已领用但没有消耗完的材料，需要办理退料手续，因此，应当设计“退料单”。实践中，对于退料业务不多的企业，也可以填制红字的“领料单”，代替“退料单”。“退料单”的格式与“领料单”的格式基本相同，这里不再赘述。

3.“产品入库单”的设计

“产品入库单”是用来记录已经生产完工，经检验合格送交仓库准备销售的产品的原始凭证。入库单的内容应反映出生产或班组的名称、产品名称、产品质量等级、生产成本、入库数量等内容。通常设计一式三联，一联仓库盖章后生产部门留存，一联仓库登记存货账，一联送交财会部门进行账务处理。产品入库单的格式参见表4-14。

表4-14　**（企业名称）产品入库单**

编号________

车间____________ 班组__________　　年　月　日　　金额单位：元

产品种类	产品名称	规格及型号	鉴定等级	计量单位	送库数	实收数	总成本	单位成本

车间负责人　　仓储部门　　交库员　　保管员　　质检员

4.“存货盘点报告表”的设计

存货盘点有两种情况：一是采用实地盘存制的企业在期末进行的盘点；二是采用永续盘存制的企业为了保证账实相符而进行的盘点。两种盘存制的目的不同，所采用的盘点报告表也不相同。采用实地盘存制时，进行盘点是为了通过确定结存数计算本期发出存货的数量和金额。其盘点报告表的内容包括存货的名称、规格、期初数、本期收入数、期末结存数、本期发出数等。其格式参见表4-15。采用永续盘存制时，进行盘点是为了对那些账实不符、发生盘盈盘亏的存货进行反映。盘点报告表的内容包括存货的名称、规格、计量单位、单价、账面结存、实际结存、盘盈盘亏的数量和金额、盈亏原因等。其格式参见表4-16。

表4-15　**（企业名称）材料盘点报告表（实地盘存制）**

编号________

仓库号________　　年　月　日　　金额单位：元

材料种类	材料名称	规格及型号	计量单位	期初结存			本期入库			期末结存			本期发出		
				数量	单价	金额	数量	单价	金额	数量	单价	金额	数量	单价	金额
合计															

会计主管　　仓储部门　　清查小组　　盘点　　保管员　　会计

表4-16 **（企业名称）材料盘点报告表（永续盘存制）**

字第______号

仓库号__________ 年 月 日 金额单位：元

材料种类	材料名称	规格与型号	计量单位	数量		单价	盘盈		盘亏		盈亏原因
				账存数	实存数		数量	金额	数量	金额	

会计主管 仓储部门 清查小组 盘点 保管员 会计

（六）生产业务原始凭证的设计

严格地讲，生产业务的原始凭证主要包括材料费用分配表、燃料及动力费用分配表、工薪费用分配表、折旧费用计提表、辅助生产费用分配表、废品损失计算单、停工损失计算单、制造费用分配表、完工产品成本计算单等，但这些凭证在前述业务中已分别作了介绍。因此，这里重点介绍“材料费用分配表”“制造费用分配表”“产品成本计算单”。

1.“材料费用分配表”的设计

“材料费用分配表”，也称“发料凭证汇总表”或“发出材料汇总表”，是对月份内所耗材料按其用途进行分配的一种原始凭证，由会计人员根据“领料单”“限额领料单”和仓库人员送交的领料登记表在月底编制。“材料费用分配表”的格式参见表4-17。

表4-17 **材料费用分配表**

编号________

年 月 日 金额单位：元

应借科目			应贷科目：原材料							
总账科目	明细科目		甲材料			乙材料			……	金额合计
			数量	单价	金额	数量	单价	金额		
生产成本	基本生产成本	A产品								
		B产品								
		⋮								
	辅助生产成本	供水车间								
		供电车间								
		机修车间								
制造费用	机物料费									
管理费用	机物料费									
在建工程	材料费									
研发支出	材料费									
合计										

会计主管 审核 制表

2."制造费用分配表"的设计

制造费用是车间管理部门为组织管理产品生产而发生的间接费用。为了保证产品成本计算的准确性，应将制造费用按照一定的标准分配计入各种产品成本。为此，必须设计"制造费用分配表"。其一般格式参见表4-18。

表4-18　**（企业名称）制造费用分配表**

编号________

车间____________　　年　月　　金额单位：元

成本计算对象 ①	制造费用额 ②	分配标准数 ③	分配率 ④=②÷③	分配金额 ⑤=③×④
合　计				

会计主管　　审核　　制单

3."产品成本计算单"的设计

"产品成本计算单"是按照产品名称计算企业各种完工产品成本的原始凭证。在以会计期间作为成本计算期的企业，其格式参见表4-19。

表4-19　**（企业名称）产品成本计算单**

产品种类_________　产品名称_________　　字第______号

计量单位_________　　年　月　日　　金额单位：元

成本项目	月初在产品成本	本月费用	生产费用合计	产成品			月末在产品	备　注
				数量	总成本	单位成本		
直接材料								
燃料及动力								
直接人工								
制造费用								
废品损失								
停工损失								
合　计								

会计主管　　审核　　制表

（七）销售业务原始凭证的设计

反映销售业务的原始凭证包括"产品出库单""代垫运费清单""商品退货单""产品销售成本计算单"等。

1."产品出库单"的设计

"产品出库单"，也称"销货单""提货单"。"产品出库单"一般应设计为一式五联：

(1) 存根，由销售部门留存进行业务核算；(2) 发票，交购货人回单位报账；(3) 收款，由财会部门办理收款并进行会计核算；(4) 发货，由仓库保管凭以发货并登记仓库台账；(5) 代出门证，交门卫存查。

需要指出的是，"产品出库单"发票联必须加盖销货单位的财务专用章，否则无效；规模较小的单位，出门证联可以取消，但必须办理出门登记手续，包括出门时间、运输车辆车牌号、运输人员身份证号等信息。其格式参见表4-20。

表4-20

（企业名称）产品出库单

购货单位或个人____________　　出字第______号

发票种类及号码____________　　年　月　日　　发货仓库______

货　号	品　名	规格与型号	计量单位	数　量	单　价	金　额	备　注
金额（大写）					小写：		

销售主管　　仓储部门　　会计　　保管员　　运输部门　　提货人

2. "代垫运费清单"的设计

"代垫运费清单"，是采用发货制方式销售产品时，由销货单位代替购货单位向运输单位垫支运费后，再与购货单位结算款项所使用的原始凭证。一般设计一式三联，一联加盖公章后，随同运输单位开具的货物运输收费单送交购货单位，一联送交财会部门进行会计核算，另外一联留归销售部门存查。为简化工作，销售部门的一联可以取消，设计成一式两联。凭证的格式从略。

3. "商品退货单"的设计

"商品退货单"是由销售部门填制的，用以证明销售退回商品信息的原始凭证。其格式参见表4-21。

表4-21

商品退货单

编号________

购货单位______________　　年　月　日　　金额单位：元

合同编号：			销售发票种类及编号：		
退货原因：					
商品名称及货号		销货数量		销货金额	
规格及型号		退货数量		退货金额	
应负担的往返运费			销售部门负责人	会计部门负责人	主管领导
应支付的赔偿金					
造成退货的责任人					
处理意见					

退货部门　　质监部门　　审核　　制表

4.“产品销售成本计算单”的设计

“产品销售成本计算单”是由会计人员填制的，用以计算已销产品成本的原始凭证。其格式参见表4-22。

表4-22　**产品销售成本计算单**

编号________

年　月　日

金额单位：元

产品种类	产品名称	规格及型号	计量单位	数量	单价	金额	备注
合　计							

会计主管　　　　审核　　　　制表

（八）财务成果业务原始凭证的设计

会计期末，为了保证反映财务成果计算和分配业务会计信息的真实性、合法性和正确性，会计人员应当按照权责发生制记账基础分摊、计提相关费用，编制“短期借款利息计算表”“应付债券利息计算表”“长期待摊费用分摊表”“坏账准备计提表”“资产减值准备计提表”“无形资产摊销表”等原始凭证；根据当期有关收入、费用、损失确认和计量的结果，编制“城市维护建设税及教育费附加计算表”“损益类账户发生额表”“所得税费用计算表”等原始凭证；会计年度终了，还应编制“本年利润结转表”“盈余公积计提表”“应付现金股利计算表”“利润分配结转表”等原始凭证。表4-23至表4-29列示了几张主要业务事项的原始凭证。

表4-23　**短期借款利息计算表**

年　月　日

金额单位：元

金融机构	借款本金	借款期限	利率	应付利息
合　计				

会计主管　　　　审核　　　　制表

表4-24　**城市维护建设税及教育费附加计算表**

年　月　日

金额单位：元

税目	计税金额	税率	应交金额
城市维护建设税			
教育费附加			
地方教育费附加			
合　计			

会计主管　　　　审核　　　　制表

注：表中计税金额=本期应交增值税+本期应交消费税。

表4-25 **坏账准备计提表（应收账款余额百分比法）**

年 月 日 金额单位：元

“坏账准备”账户年初余额①	本年度已注销金额②	本年度已转回金额③	“应收账款”账户年末余额④	坏账率⑤	“坏账准备”账户年末余额⑥=④×⑤	本年末应提取金额⑦=⑥+②-①-③	备注

会计主管 审核 制表

表4-26 **损益类账户发生额表**

年 月 日 单位：元

账户名称	借方发生额	贷方发生额
主营业务收入		
其他业务收入		
营业外收入		
主营业务成本		
其他业务成本		
税金及附加		
销售费用		
管理费用		
财务费用		
⋮		
合 计		

会计主管 审核 制表

表4-27 **所得税费用计算表**

年 月 日 金额单位：元

应纳税所得额	税率	应纳税额

会计主管 审核 制表

表4-28 **盈余公积计提表**

年 月 日 金额单位：元

计提项目	计提依据	计提比例（%）	计提金额
法定盈余公积			
任意盈余公积			
合 计			

会计主管 审核 制表

注：表中计提依据=本年度净利润。

表4-29

利润分配结转表

年　月　日　　单位：元

借方科目		贷方科目		金额
总账科目	明细科目	总账科目	明细科目	
利润分配	未分配利润	利润分配	提取法定盈余公积	
			提取任意盈余公积	
			应付现金股利	
			⋮	
合　计				

会计主管　　审核　　制表

四、原始凭证设计的注意事项

尽管原始凭证的种类繁多，内容各异，但只要对以上设计的各种原始凭证进行细致的观察和分析，就不难看出，原始凭证从内容设计方面大致可以归纳为三类：（1）反映财产实物增减变动情况的原始凭证，如“材料入库单”“领料单”“产品入库单”“销货单”“存货盘点报告表”等；（2）反映货币资金收支变化情况的原始凭证，如“现金收据”“出差借款单”“差旅费报销单”“现金盘点报告表”等；（3）反映各项费用分配和成本计算情况的原始凭证，如“材料采购成本计算单”“产品成本计算单”“制造费用分配表”“工薪分配汇总表”等。

现将各类原始凭证设计应注意的事项分述如下：

（一）反映财产物资增减变化的原始凭证

该类原始凭证，用来反映和记载各种固定资产、材料、燃料、低值易耗品、产成品等的增减情况。由于对各种财产物资的核算，不仅要进行价值核算，而且要求进行实物核算，既提供详细的价值指标，又提供具体的实物数量指标。因此，设计时，除符合原始凭证设计原则外，还应注意以下问题：

1.在凭证中必须设计各种财产物资的品名、类别、规格型号、计量单位、数量、单价等内容，以方便对经济业务进行检验和考查、保管、实物核算。

2.由于财产物资的增减变动涉及的部门相对较多，因而设计的张数相应较多，如“销货单”设计一式五联。但不管几联，最好在设计时，将各联用不同的颜色进行区分，使用时，采用复写的方式。

3.某些财产物资的变动牵涉到外单位时，必须在有关联次上加盖公章，如“销货单”的发票联，并设计金额大写栏。

（二）反映货币资金收支变化的原始凭证

该类原始凭证，用来反映和记载库存现金、银行存款等的收支情况。由于银行存款结算的有关凭证实行专用，所以该类凭证的设计主要是有关库存现金的凭证。设计时应当注意以下问题：

1.为了保证货币资金的安全，防止涂改、伪造，凭证的金额除有小写外，还必须设计大写金额栏。

2.必须具备经济业务说明栏，摘要记录经济业务的内容，表明货币资金收支的原因。

3.有关责任人签章必须齐全，这些责任人包括业务经办人、审核人，尤其是出纳。付款原始凭证还需有相应领导负责人签章。

4.付款业务的原始凭证一般应有外单位加盖的公章，对外收款的原始凭证应加盖本单位的公章。

（三）反映费用成本分配计算的原始凭证

该类原始凭证，用来反映与记载费用的分配和成本的计算情况。这些凭证中，要进行一些运算，因此它们的结构比较复杂。设计的质量如何，影响费用分配和成本计算的准确性，进而影响财务成果。设计时应注意以下问题：

1.必须与本企业生产特点和管理需求紧密结合，必须适合本企业的具体情况，能反映本企业的特殊要求。

2.正确划分各栏目的具体内容，明确各栏目之间的勾稽关系、计算依据和相应的方法，以保证计算的及时性和准确性。

3.费用分配表上应当设计费用的分配标准及分配率，并置于醒目的位置，以便进行运算。成本计算单则需列出数量等内容，以便计算各种产品的单位成本。

4.该类原始凭证属内部使用，因此只设计制证人签章和主管会计员的签章，不必加盖公章。同时，金额只要求小写，不必设计大写金额。

第三节　记账凭证的设计

一、记账凭证设计的步骤

前已述及，记账凭证的设计应当遵循一定的原则，如必须具备记账凭证的基本内容、适应会计核算形式和登记账簿的需要等。同时，记账凭证的设计，又必须按照一定的步骤进行。科学合理的设计步骤，有利于减少设计工作量、提高设计工作的效率。

记账凭证的设计，一般应按下列步骤进行：

（一）设计记账凭证的种类

按照财政部发布的《会计基础工作规范》的规定，记账凭证可以采用通用格式，也可以采用专用格式，企业是采用通用格式还是专用格式，取决于自身经营规模、财会机构的内部分工和记账手段。一般情况下，小型经济单位选择通用记账凭证；大中型单位，一般应当选择专用记账凭证，收款凭证反映货币资金收入业务，付款凭证反映货币资金支出业务，转账凭证反映与货币资金无关的经济业务。

（二）设计记账凭证的格式

设计记账凭证的格式是记账凭证设计中的关键环节，将在本节第二个问题里专门讨论。

（三）设计记账凭证的保管制度

由于记账凭证是对原始凭证内容的分类整理和会计加工，它反映了经济业务发生后引起的资金变化情况，是重要的会计资料，必须建立完善的保管制度，同原始凭证一起保管和销毁。

二、记账凭证的具体设计

（一）通用记账凭证的设计

通用记账凭证，指适用于反映全部经济业务的记账凭证，采用通用记账凭证，不需要对经济业务按照是否与货币资金收付有关进行分类。其格式参见表4-30。

表4-30　**记账凭证**

记字第______号

年　月　日　附件______张

摘　要	会计科目		过账	借方金额	贷方金额
	总账科目	明细科目			
合　计					

会计主管　记账　出纳　审核　制单

表4-30展示的记账凭证格式，既适用于手工记账，也适用于计算机记账。

（二）专用记账凭证的设计

专用记账凭证，指专门用于反映某一类经济业务的记账凭证，包括收款凭证、付款凭证和转账凭证三种，在手工记账手段下，三种记账凭证的格式各具特色，参见表4-31、表4-32、表4-33。

表4-31　**收款凭证**

收字第______号

借方科目：　年　月　日　附件______张

摘　要	贷方科目		过账	金　额
	总账科目	子目、细目		
合　计				

会计主管　记账　出纳　审核　制单

表4-32 付款凭证

付字第______号

贷方科目： 年 月 日 附件______张

摘　要	借方科目		过账	金　额
	总账科目	明细科目		
合　计				

会计主管 记账 出纳 审核 制单

表4-33 转账凭证

字第______号

年 月 日 附件______张

摘　要	会计科目		过账	借方金额	贷方金额
	总账科目	明细科目			
合　计					

会计主管 记账 出纳 审核 制单

在采用计算机记账时，不论企业选择通用记账凭证，还是专用记账凭证，凭证的格式都是一样的，见表4-30。

本章小结

会计凭证设计是会计制度设计的重点，本章内容是有关会计凭证设计的基本概念、基本理论和基本方法，重点介绍货币资金业务、工资业务、固定资产业务、采购业务、存货业务、生产业务和销售业务原始凭证的设计，希望各位读者能够将本章内容与此前已经学过的会计模拟实验课程相联系，提高原始凭证填制和审核技能。

主要概念和观念

□ 主要概念

会计凭证　原始凭证　记账凭证

□ 主要观念

会计凭证设计，尤其是原始凭证设计，不仅对记录经济业务、反映资金变化、明确经济责任有直接作用，同时与会计分析和会计检查以及内部控制等工作也有直接的关系。因此，会计凭证设计是会计制度设计的重要内容。

基本训练

□ 知识题

• 阅读理解

1.1 简答题

（1）设计会计凭证有何意义？

（2）设计原始凭证应当遵循哪些原则？

（3）原始凭证应包括哪些基本要素？

（4）原始凭证的设计步骤包括哪几步？

（5）设计记账凭证应注意哪些事项？

1.2　思考题

（1）原始凭证设计与内部控制有什么关系？

（2）记账凭证设计与会计核算形式设计有什么关系？

（3）财务成果计算和分配业务应该设计哪些原始凭证？

● 知识应用

1.1　单项选择题

（1）在设计原始凭证时，重点是要（　　）。

A.真实地记录经济业务的发生过程　　B.充分体现企业内部控制的要求

C.科学地建立凭证的传递程序　　D.合理地安排原始凭证的基本要素

（2）设计原始凭证的格式时应考虑的问题是（　　）。

A.所反映经济业务的情况　　B.凭证的联次

C.与货币资金收付的关系　　D.所采用的记账方法

（3）下列属于原始凭证的是（　　）。

A.增值税专用发票　　B.请购单

C.经济合同　　D.银行存款余额调节表

（4）企业向银行送存现金、支票、银行本票、银行汇票时，应当填写并送存银行的凭证是（　　）。

A.进账单　　B.送款单　　C.存款单　　D.收款单

1.2　多项选择题

（1）收料单一般是一式三联，这三联主要是提供给（　　）。

A.保管部门　　B.会计部门　　C.销售部门　　D.采购部门

（2）因质量不符合规定而被退回的商品，其相关的退货单应送交的部门是（　　）。

A.销售部门　　B.运输部门　　C.成品库　　D.会计部门

（3）下列属于原始凭证中的执行凭证的是（　　）。

A.收料单　　B.增值税专用发票　　C.产品出库单　　D.制造费用分配表

1.3　判断题

（1）企业需要对所有原始凭证进行设计。（　　）

（2）职工借款单必须是一式一联。（　　）

（3）材料验收入库时，会计人员必须在现场。（　　）

□　技能题

根据此前已经学习过的会计模拟实验知识以及本章的学习内容，请做一张涉及货币资金支付、采购、销售和生产等业务的原始凭证表（只需写出原始凭证的名称）。

□　能力题

● 案例设计题

1.甲企业是一家大量、大批、多步骤生产的企业，配有供水、供电两个辅助生产车间，为使成本核算工作有序进行，需要设计成本核算业务的原始凭证。

要求：请为该企业设计成本核算业务的原始凭证（写出原始凭证的名称即可），并简要说明各种原始凭证的用途。

2.A公司固定资产占资产总额的比重较大，业务也较多。为了保证固定资产业务的有效实施，需要设计规范的固定资产业务原始凭证。

要求：请围绕固定资产的常见业务，为该公司设计固定资产业务的原始凭证（指明名称即可），并简要说明各种原始凭证的用途。

第五章

会计账簿的设计

学习目标

掌握会计账簿的设计原则、设计步骤和设计方法，熟悉序时账簿、总分类账簿、明细分类账簿的具体设计等内容。其具体目标包括：

☐ 知识目标

了解会计账簿的定义、种类和设计的意义，掌握序时账簿、总分类账簿、明细分类账簿等各种账簿的设计要点。

☐ 技能目标

掌握序时账簿、总分类账簿、明细分类账簿等各种账簿的设计步骤和设计方法。

☐ 能力目标

能够针对手工记账和会计信息系统进行会计账簿的具体设计。

第一节　会计账簿设计概述

一、会计账簿设计的意义

会计账簿是以会计凭证为依据，全面、系统、连续地反映和监督经济业务，汇集、整理和加工会计信息的工具。设置和登记账簿，是会计核算工作的中心环节，它可以将分散在会计凭证上的大量核算资料，加以集中和归类整理，进而为经营管理提供系统的信息资料。因此，科学合理地设计会计账簿，建立健全会计账簿体系，是会计制度设计的重要内容。

在会计核算工作中，对发生的每一项经济业务，都必须填制或取得会计凭证，以便及时地记录各项经济业务的发生情况，确定经办人员的经济责任。正因为如此，每张凭证只能反映一项或几项同类性质的经济业务，不能连续、系统、全面地反映和监督一个企业在一定时期内某类或全部经济业务的变化情况，无法为经济管理提供完整、系统的会计核算资料。要解决这些问题，必须借助会计账簿。因此，设计会计账簿，对于归类汇总会计凭证所反映的内容，编制财务报表，积累、贮存经济活动过程和结果的有关数据资料，加强会计监督等都有非常重要的意义。具体阐述如下：

（一）为连续、系统、全面地反映和监督经济业务提供了条件

连续、系统、全面地记录和计算、反映和监督经济业务是会计的特点之一，而这一特点主要体现在会计账簿中。通过会计账簿的序时记录，解决了“连续性”；通过会计账簿的分类记录，解决了“系统性”；两种记录方法的有机结合，又解决了“全面性”。所以说，设计会计账簿，为全面、系统地反映各项资产、负债和所有者权益以及经营收入、成本费用和经营成果提供了必备条件，使会计连续、系统、全面地反映和监督经济业务成为现实。而分散在会计凭证上的大量核算资料，通过账簿的登记，也有了合理的归属，进而变成更为有用的会计信息。

（二）为及时、准确地编制财务报表提供了依据

经营管理所需要的数据资料，绝大部分是由财会部门通过编制财务报表提供的。而各种财务报表中所反映的资料，又主要来源于会计账簿，例如，“资产负债表”的数据主要取自总分类账簿，“利润表”的数据主要来源于总分类账和收入、费用明细账。所以说，设置并登记会计账簿，为财务报表的及时准确编报提供了依据，从而保证了经营管理所需要的各种财务会计指标。同时，为考核与分析资金、成本和利润计划的执行情况以及制订下期计划奠定了基础。

（三）有利于经济责任的建立和考核

会计凭证对于明确经济责任有直接的作用，但它只是对个别业务进行证明，而会计账簿则可以在一定范围内建立岗位责任并予以考核。例如，通过各类材料的明细核算，可以了解库存材料的增减变化和结存情况，明确并考核仓库保管员的经济责任，促使保管员尽职尽责。又如，通过应收账款、应付账款的明细核算，可以了解企业与其他单位之间的往来结算情况，考核企业的债权、债务，促使有关人员及时清理账目，保证资金的正常周转。

（四）有利于加强会计监督，保证财产安全

会计账簿是汇集、整理和加工会计信息的工具，同时也是积累和贮存企业经济活动情况的数据库。企业的一切财务收支、经营过程和成果都要反映在有关的账簿中。因此，建立健全账簿组织体系，有利于利用账簿的功能对企业的经济活动实施会计监督、加强内部控制。通过账簿的记录，可以全面深入地了解和掌握各项财产物资、货币资金、债权债务的增减变动，在此基础上对生产经营过程进行及时有效的控制和监督，保证经济单位财产物资的安全完整和合理使用，充分发挥会计在经济管理中的作用。

此外，设计完整的账簿组织体系，还有利于开展会计分析和会计检查工作，为审计工作的开展提供全面系统的依据。通过对会计账簿的审查，揭露问题、分析原因、提出改进措施、完善会计核算工作。

二、账簿设计的原则

（一）账簿组织与企业的规模和特点相适应

账簿组织要适应企业的经营规模与管理特点，必须根据企业的具体情况确定账簿的种类、数量、格式、层次及内容。例如，在大中型企业里，材料品种多、数量大、变动频繁、保管地点分散，必须分类管理与核算，这就要求按材料类别设置二级明细账，按材料品名设置三级明细账，小型企业根据情况可以适当简化。账簿设计既要考虑满足管理需要，保证账簿组织的严密与完整，又要减少登记账簿工作量，防止重复设账，提高登账的工作效率。

（二）满足财务报表的资料需要

账簿是编制财务报表的依据，编制财务报表所需的数据资料主要来源于账簿。因此，在设计账簿时，必须考虑财务报表的指标需要，尽可能使账簿的种类、明细项目与财务报表的种类与指标做到口径一致，减少报表编制时的数据汇总或分解等计算工作，加快报表的编制和报送速度。

（三）账簿设计要与所采用的会计核算形式相适应

会计核算形式不同，对设置的账簿种类与格式也有不同的要求。例如，在“记账凭证核算形式”下，总分类账簿可设计为“三栏式”，而在“日记总账核算形式”下，则必须设计为“多栏式”。前者按会计科目分设账页，后者按会计科目在同一账页中分设专栏；前者纯属分类记录，后者则兼有序时记录和分类记录的共同作用。又如，在一般情况下，“库存现金日记账”和“银行存款日记账”采用“收、支、余”三栏式，而在“多栏式日记账核算形式”下，为便于对应账户汇总的需要，在“收、支”栏内还需分别按对应账户设明细栏目，这赋予了日记账汇总凭证的功能。

（四）设计的账簿要便于登记、审核与保管

账簿的设计还要为登账、审核与保管考虑，账页尺寸不宜太大，账页格式不宜过于复杂，以方便账簿的登记，提高工作效率，便于账证、账账、账表之间的核对。此外，还要方便账簿的审阅与保管。

三、会计账簿设计的步骤

所谓账簿的设计，就是根据企业的经营特点和管理要求对账簿的种类、数量、格式、内容、各种账簿之间的关系以及登记账簿的方法等进行的规定。为了保证账簿组织的严密性和有效性，设计账簿时，应当按照下列步骤进行：

（一）确定所使用的账簿种类

这是设计账簿必须首先解决的问题。但要确定所使用的账簿种类，就必须先了解账簿的种类。账簿的种类可以采用不同的标准来划分，具体如下：

1.按照账簿的用途，可以分为序时账簿、分类账簿和备查账簿。序时账簿的主要作用是按时间顺序记录发生的经济业务，以保证会计资料的序时性和连续性，主要包括普通日记账、货币资金日记账、购货日记账等；分类账簿的主要作用是按业务内容分类记录各项会计要素内容的增减变化情况，以保证会计资料的系统性，主要包括总分类账和各种形式的明细分类账；备查账簿的主要作用是作为辅助账簿，补充记录主体账簿（序时账和分类账）未能或无法反映的经济事项，加强会计资料的全面性。

2.按照账簿的外表形式，可分为订本账、活页账和卡片账三种。订本账簿的特点是在启用前将若干账页固定装订成册；活页账簿的特点是用账夹将零散的若干账页夹在一起，可以随时添减；卡片账簿则是活页账簿的一种特殊形式。

3.按照账簿中账页格式的不同，可以分为三栏式账簿、多栏式账簿和数量金额式账簿三种。三栏式账簿是将“金额”分成三个栏目，分别登记金额的增加、减少和结存；多栏式账簿是根据实际需要，在增加、减少栏目下划分若干栏次；数量金额式账簿是在增加、减少和结存栏目下分别设计三个栏次，用来登记财产实物的数量、单价、金额。

明白了账簿的分类，就可以根据单位的经济业务类型、经营管理要求以及财会机构内部分工情况，确定所使用的账簿种类，并在此基础上，设计各种账簿的数量、格式和内容。

（二）设计各种账簿的格式和内容

这是账簿设计的主要工作和关键步骤。在确定所用账簿的种类后，每一种账簿应采用何种外表形式、账页格式、应包括哪些具体内容等，都是需要解决的问题。这些问题将在本章以后的各节中具体讨论。

（三）规定各种账簿之间的关系

会计账簿，虽然用途和格式各异，但相互之间存在密切的联系，如总分类账对其所属的明细分类账起着控制作用，而明细分类账对总分类账起着补充和详细说明的作用，二者的关系是制约与被制约的关系。为此，设计账簿时，应明确规定各种账簿之间的勾稽关系，保证各种账簿相互制约、相互补充，完善账簿组织体系。

（四）建立会计账簿的保管制度

与会计凭证一样，会计账簿也是重要的会计档案，是企业经济活动情况的数据库。为此，企业必须妥善保管会计账簿，建立健全账簿管理制度。年终，应将使用完的账簿装订成册，交专人负责管理。保管期限及其销毁办法按国家颁布的《会计档案管理办法》执行，到期经上级审批后方可销毁。严格账簿管理制度，有利于堵塞漏洞，防止舞弊行为，保护财产安全。

第二节　序时账簿的设计

序时账簿是按照经济业务发生的时间先后顺序逐日逐笔登记的账簿。从其具体用途来看，有两种情况：一种是只起备查账簿或明细账的作用；另一种是既作为记录经济业务发生情况的账簿，又作为登记总分类账的依据，起汇总记账凭证的作用。由于其具体用途不同，设计的要求和方法也不相同。因此，设计序时账簿，首先需要解决的问题是序时账簿是否用来登记总分类账。如果采用记账凭证和汇总记账凭证登记总分类账的形式，有关日记账只是作为备查账簿或明细账，那么，序时账簿的设计就比较简单；如果用日记账登记总账，因日记账簿兼有记录经济业务详细内容和确定编制会计分录、登记总账的双重作用，设计起来则比较复杂。无论账簿的种类、格式、内容，还是各种账簿之间的关系均复杂得多，严格得多。

一、常见序时账簿的设计

常见序时账簿不作为登记总账的依据，其作用类似于明细账。在企业里，主要有反映货币资金收支业务的“库存现金日记账”和“银行存款日记账”。对于一些经常发生又需加强专门管理的业务，也可设置专门的日记账予以反映，如商品流通企业，因其进货、销货业务较为频繁，就可以设计“购货日记账”和“销货日记账”，分别反映购销业务的详细情况。制造企业的购销业务相对较少，可以不专门设计。

1.库存现金日记账和银行存款日记账的设计

库存现金日记账和银行存款日记账分别反映企业的库存现金收支业务与银行存款收付业务。为了保证货币资金的安全完整，必须对其严加管理、有效控制。因此，这两种账簿在任何企业都必须设置。其外表形式必须设计为“订本式”，账页格式一般采用三栏式，参见表5-1、表5-2。

表5-1　**库存现金日记账**　第____页

年		凭证		摘　要	对方科目	借方	贷方	余额
月	日	字	号					

表5-2　**银行存款日记账**　第____页

年		凭证		摘　要	结算凭证		对方科目	借方	贷方	余额
月	日	字	号		种类	编号				

库存现金日记账、银行存款日记账采用三栏式，便于在实际使用时，进行收入和支出的直观对比，结算余额，随时了解货币资金收支变化和结余情况，监督货币资金的使用。同时，便于按照库存现金和银行存款收支业务的发生顺序逐日逐笔登记，序时性强。但在货币资金收支业务频繁时，不便于分工记账，进而影响登记账簿的速度。因此，它适用于中小型企事业单位。

如果单位的出纳业务（货币资金收支业务）较多，需要由两名出纳人员分管库存现金和银行存款的收支业务时，可将上述三栏式库存现金日记账和银行存款日记账分别设计为“库存现金（银行存款）收入日记账”和“库存现金（银行存款）支出日记账”一栏式账簿，分别登记库存现金、银行存款的收入和支出业务。现以“库存现金收入日记账”和“银行存款支出日记账”为例介绍其格式，参见表5-3、表5-4。

表5-3　**库存现金收入日记账**

借方科目：库存现金　第____页

年		凭证		摘　要	贷方科目								
月	日	字	号										合计

表 5-4 **银行存款支出日记账**

贷方科目：银行存款 第____页

年		凭证		摘要	结算凭证		借方科目							
月	日	字	号		种类	编号								合计

“库存现金支出日记账”和“银行存款收入日记账”只要将上述格式中的“借方”改成“贷方”，“贷方”改成“借方”即可。

这种账簿适用于库存现金、银行存款收付业务繁多、出纳分工较细，并使用专用记账凭证的大型企事业单位。其使用方法是：根据收、付款凭证分别登记收入、支出日记账，每日将各种账簿登记的总额报告出纳负责人，以结出库存现金的余额，编制出纳报告单，向财务负责人提供，以便统筹安排使用货币资金，加强资金管理。

在货币资金收支业务不多的小型企事业单位，为了简化账簿设置、方便记账、总括了解库存现金和银行存款增减变化及结存情况，也可以将库存现金日记账和银行存款日记账合并设置为“出纳日记簿”。其格式参见表 5-5。

表 5-5 **出纳日记簿** 第____页

年		凭证		摘　　要	对方科目	库存现金			银行存款			结余合计
月	日	字	号			收入	支出	结余	收入	支出	结余	

当一个企业同时在两个以上的银行开户或在同一银行开设若干账户时，为了便于集中反映各银行存款或各种存款的收、支、结存情况，也可将三栏式银行存款日记账改为表 5-3 所示的格式。按每一开户银行或每一种存款分设栏目，并在其下分设“收入”“支出”“结余”三栏。

如果单位经常有外汇收支业务，为了加强外汇的管理，银行存款日记账除上述登记总账的日记账簿外，还应专设“外币式”（或称“双币式”）银行存款日记账，分别用人民币和外币进行登记。在中外合资企业里，这种账簿必须设置。其格式参见表 5-6。

表 5-6 **外币式银行存款日记账**

币种________ 第____页

年		凭证		摘　要	收　入			支　出			结　余		
月	日	字	号		外币	汇率	人民币	外币	汇率	人民币	外币	汇率	人民币

2.购货日记账的设计

购货日记账是用来序时登记材料（商品）采购业务的发生和完成情况的序时账簿。每日购货业务比较频繁的企业，一般需要设置这种日记账。其格式参见表5-7。

表5-7

购货日记账

第____页

年		发票	摘要	供货单位	借方科目：材料采购					贷方科目					账页
月	日				买价	运费	包装费	……	合计	库存现金	银行存款	应付账款	应付票据	……	

3.销货日记账的设计

销货日记账是用来序时地登记产品（商品）销售业务的发生情况的序时账簿。为提供完整的销售指标，便于销售业务的分析和考核，销货日记账一般采用多栏式，其格式参见表5-8。对于产品种类较多，或者销售涉及地域较广的企业，也可以按照产品类别或销售区域分别设计，以便分析考核各类产品或各销售区域的销售情况，及时发现销售中存在的问题，采取措施，改进销售工作，扩大销售量和市场范围。

表5-8

销货日记账

第____页

年		发票	摘要	购货单位	借方科目						贷方科目							账页
月	日				库存现金	银行存款	应收账款	应收票据	……	合计	主营业务收入					应交税费	……	
											A产品	B产品	C产品	……	合计			

二、作为登记总账依据的序时账簿的设计

当企业以库存现金日记账和银行存款日记账作为登记总账的依据时，账页格式应当设计为多栏式。

（一）多栏式库存现金日记账的设计

根据库存现金收支业务的复杂程度不同，可以设置单一多栏式“库存现金日记账”，参见表5-9，也可以将库存现金的收入业务与支出业务分开，设置“库存现金收入日记账”和“库存现金支出日记账”，参见表5-10、表5-11。在这种方式下，按库存现金收、支业务的发生顺序分别登记，每日将库存现金支出合计数从“支出账”转入“收入账”中的“支出合计”栏，以便与库存现金收入数对比，确定现金结余数。登记总账的工作，可以定期（5天、10天或1个月）进行。登记时，将各会计科目的合计数分别过入总分类

账，并将它们的总计数（现金收入合计与现金支出合计）过入“库存现金”总分类账户。经济业务不多时，也可根据各会计科目的发生数逐笔过账。

表 5-9 **库存现金日记账** 第____页

年		凭证		摘要	借方						贷方						余额
月	日	字	号		对方科目				收入合计	过账	对方科目				支出合计	过账	

说明：①“贷方科目”栏和“借方科目”栏下的空栏，使用时，根据经济业务所涉及的与“库存现金”科目对应的会计科目填制；

②每日根据收入合计数、支出合计数计算余额；

③总账可以定期进行登记，也可每日过账。

表 5-10 **库存现金收入日记账** 第____页

年		凭证		摘要	贷方科目							收入合计	过账	支出合计	结余
月	日	字	号												

表 5-11 **库存现金支出日记账** 第____页

年		凭证		摘要	借方科目					支出合计	过账	转出数
月	日	字	号									

（二）多栏式银行存款日记账的设计

如同库存现金日记账一样，可以设置“银行存款日记账”，记录全部的银行存款收支业务，也可分设“银行存款收入日记账”“银行存款支出日记账”，分别记录银行存款的收入业务和支出业务，使用方法也大致相同。但为了加强银行存款的管理，可在“摘要”后面增设“结算凭证”栏目，下设“种类”“编号”两小栏。

第三节　总分类账簿的设计

分类账簿，是对全部经济业务按照总分类账户和明细分类账户进行分类登记的账簿。由总分类账户（根据总账科目设置）组成的，用来分类登记全部经济业务，提供各种资产、负债、所有者权益、收入、费用和利润等总括核算资料的分类账簿，称为总分类账簿（简称总账）；由明细分类账户（根据明细科目设置）组成的，用来分类登记某类经济业务，提供某种资产、负债或所有者权益等明细核算资料的分类账簿，称为明细分类账簿（简称明细账），总账和明细账是控制与被控制的关系。总分类账户对其所属的明细分类账户起控制作用，明细分类账户对总分类账户起着补充和详细说明的作用。一个总分类账户的借、贷方发生额和余额，必须等于该总分类账户所属的各明细分类账户的借、贷方发生额和余额的合计数。因此，总账和明细账必须按照“同时登记、方向相同、金额相等”的原则平行登记。但是，由于总账和明细账的具体作用、登记依据及方式不同，因此，设计的要求与方法也不尽相同。

总分类账簿的作用，可以概括为记录全部经济业务、控制所属的明细分类账、为编制财务报表提供总括价值核算资料。总分类账的登记依据可以是记账凭证和汇总记账凭证，也可以是序时账簿；登记的方式可以逐笔登记，也可以采取一定的汇总方式登记。总分类账的设计，应当有利于其作用的发挥，并与登记总账的依据和方式相适应。

总分类账是各企业、行政事业单位的重要账簿，在整个账簿组织体系中，处于中心地位。为了保证其安全完整，一般使用订本式账簿，但账页格式具有不同的种类。现结合会计核算形式介绍几种常用的格式。

一、三栏式总分类账

这是最基本、最常用的总分类账，适用于“日记总账核算形式”以外的所有会计核算形式，也是分类账簿的标准格式。其特点是在账页上设置三个金额栏，即借方、贷方和余额三栏。使用时每个总账科目设立一个账户，单独占用一张（或几张）账页，定期或不定期地进行登记。其优点是简单明了，适用性强，便于记账、查账。

三栏式总分类账的格式参见表5-12。

表5-12　**总分类账**　总第____页

会计科目：　分第____页

年		凭证		摘　要	借　方	贷　方	借或贷	余　额
月	日	字	号					

二、汇总式总分类账

对于经营规模小、业务量少而又使用汇总记账凭证登记总账的单位，可将全部总账科目设在一张账页上，或按会计科目性质分设两张账页，每月根据汇总凭证登记一次，结出余额。如果一个月汇总登记几次，可在“上月余额”栏后分设栏次，按汇总凭证分时期予以登记，同时取消第一栏“汇总凭证”栏目。其优点是：登记总账的工作量简化，在一张（或两张）账页上就可看出全部资产、负债、所有者权益当月的增减变动和结存情况，便于财务报表的编制，而且节省账页。其格式参见表5-13。

表5-13 **总分类账**

年 月 第____页

汇总凭证		会计科目	借或贷	上月余额	借 方	贷 方	借或贷	余 额
字	号							
		合 计						

第四节 明细分类账簿的设计

明细分类账簿的作用是作为总分类账簿的补充，记录各种资产、负债、所有者权益、收入、费用和利润变化的具体情况，为经营管理提供详细的价值核算指标和实物核算指标。其登记的依据可以是记账凭证和原始凭证，也可以是序时账簿和原始凭证，登记的方式一般为逐笔登记。明细分类账的设计，无疑应当满足其登记依据和方式的需要，并有利于明细账作用的充分发挥。

由于各企事业单位的经营特点和管理要求不同，即使某一单位内部也因其各类经济业务的核算和管理方式不同，而对明细账的设计有不同的要求，加之明细账户具有灵活多变，账页数量难以固定、随时可能增删的特点。因此，明细分类账一般使用活页式或卡片式（多用于固定资产）账簿。其账页格式根据管理需要和记录的具体业务内容而定，一般有以下三种情况：

一、三栏式明细分类账的设计

此种明细账簿的格式如同“三栏式总分类账”，主要特征是在账页上分设三个金额栏，分别记录经济业务引起的资金增减变化和结存情况，单纯提供详细具体的价值核算指标。实收资本（股本）明细账、长期待摊费用明细账、各种债权债务（应收账款、应付账款、预收账款、预付账款、其他应收款、其他应付款、应交税费等）明细账，大多采用三栏式。这是明细账中最基本的格式，其他格式的明细账一般都是在此基础上，结合所要记录的特殊内容加以演变而来的。现以应收账款明细账为例，其格式参见表5-14。

表 5-14　**应收账款明细账**　总第____页

购货单位名称：　分第____页

年		凭证		摘　要	借　方	贷　方	借或贷	余　额
月	日	字	号					

二、数量金额式明细分类账的设计

这种账簿是在三栏金额的基础上增设“数量”和“单价”栏而形成的。它适用于既能提供详细价值指标，又能提供实物数量指标的材料、燃料、包装物、低值易耗品、产成品、固定资产等明细核算。这些明细账一般按品种规格分别设置，分别记录各种材料、产成品的入库、出库和结存的情况。现以原材料明细账为例，其格式见表 5-15。

表 5-15　**原材料明细账**

材料类别：　编号：　储存地点：　最高储量：　总第____页

材料名称：　规格：　计量单位：　最低储量：　分第____页

年		凭证		摘　要	借方			贷方			余额		
月	日	字	号		数量	单价	金额	数量	单价	金额	数量	单价	金额

设置材料类别，有利于进行材料的二级明细核算；设置储存地点，有利于账实核对、及时准确地收发料；设置最高储量和最低储量，有利于加强材料的定额管理，防止材料的超储积压或储备不足影响生产；设置编号，有利于材料识别和统一保管。其他如燃料、产成品等可比照“原材料明细账”设计。

以上是材料按实际成本计价时的账页格式，如果材料按计划成本计价，则可取消各“单价”栏，而在账页上方或“摘要”栏后增设“计划成本”栏，以简化账页格式。

三、多栏式明细分类账的设计

与三栏式明细账和数量金额式明细账相比，此种账簿的格式不固定，栏目变化较多。一般在明细科目的借方或贷方栏下设置若干金额栏，栏次的数量多少取决于明细科目的数量及所包含的具体经济内容，以及经营管理对这些内容了解和掌握的详细程度。为了适应经济内容的变化，在设计栏次时，除满足现行需要外，还应当设置一些空栏，以备后用。这种格式一般适用于成本（生产成本、材料采购）费用（制造费用、管理费用、销售费用等）类明细账、主营业务收入和其他业务收入明细账、主营业务成本和其他业务成本明细账、营业外收入和营业外支出明细账、在建工程明细账以及增值税一般纳税人应当设置的应交增值税明细账。

多栏式明细账账页格式包括借方发生额多栏式、贷方发生额多栏式和借贷方发生额多栏式三种格式。对于成本费用类账户，主营业务成本、其他业务成本、营业外支出、在建工程等账户，因需要在借方按照具体项目进行明细核算，所以应设计为借方发生额多栏式；主营业务收入、其他业务收入、营业外收入等账户，因需要贷方按照业务种类或项目进行明细核算，所以应设计为贷方发生额多栏式。应交税费账户需要在贷方按照税种名称进行明细核算，所以也应设计为贷方发生额多栏式。对于增值税一般纳税人需开设的应交增值税明细账，因需要分别在借方和贷方按照具体项目进行明细核算，所以可设计为借贷方发生额多栏式。现择其有代表性的格式介绍如下，供设计时参考。

（一）生产成本明细账的设计

该账按成本计算对象（按产品品种或批别等）设置明细账户。为了考核成本计划完成情况、分析成本升降的原因、寻求降低成本的途径，需要提供各种产品的成本构成指标。为此，该账必须按产品的成本项目在借方栏下分设栏次，以便分别记录各种费用的发生情况，提供经营管理所需要的指标，其格式参见表5-16。

表5-16 **生产成本明细账** 总第____页

产品品种或类别： 分第____页

年		凭证		摘要	借方						贷方	余额
月	日	字	号		原材料	燃料及动力	直接人工	制造费用	废品损失	合计		

注：①借方栏下的成本项目是按一般企业的情况设计的，实际工作中，可据具体情况取舍合并。
②如果采用“分批法”计算成本，明细账户按“产品批别”设置。

该账簿的使用方法如下：发生各种费用时，记入相应的栏次，它们的合计数即为产品应负担的全部费用。结转完工产品的成本时记入贷方栏下，如果“借方”合计数等于“贷方”数额，说明产品全部完工，没有余额。否则，说明尚有在产品存在。

表5-16所列示的格式，基本生产和辅助生产的明细核算都可使用，只不过由于它们的成本计算对象不同，成本项目不相同，借方栏下各栏的具体内容也不完全相同。因此，在设计时，只需将各栏的内容适当调整变更，就能满足两种成本核算的需要。

在建工程明细账的格式可比照表5-16设计。

（二）材料采购明细账的设计

材料的计价方式不同，材料采购所使用的账页格式也不相同。采用计划成本计价时，账页设计应考虑材料成本差异的结转，而采用实际成本计价则不必考虑。由于支付材料买价及采购费用与材料成本确定、结转入库的时间一般不会太长，且按各批购进的材料予以结清，因此，可采用横线登记法予以登记。

现对材料采用计划成本计价时的材料采购明细账进行设计，格式参见表5-17。值得指出的是材料一次付款，分次到达，即贷方需要登记若干次才能与借方发生额结平，则借方可设置一行，贷方与此对应分设若干小行，以保证材料采购的横线登记，结清每一批材料。

表5-17　**材料采购明细账**

材料类别：　总第____页

材料品名：　规格及型号：　分第____页

记账凭证		发票号码	供货单位	借方						收料凭证			贷方			余额
日期	编号			买价	运费	包装费	……	成本差异	合计	日期	编号	数量	计划成本	成本差异	合计	

注：月底，借方金额合计等于贷方金额合计时，表明该批材料货到款已付；当借方大于贷方，或有借方无贷方时，表明款付货未到（或未完全到达）；当借方小于贷方，或只有贷方而无借方时，表明货到款未付（或未全部付清）。

（三）制造费用明细账的设计

该账一般按车间名称设置明细账户，以反映各车间为组织和管理生产而发生的费用。为了加强费用管理，控制车间范围内各项费用的开支，需要按费用的具体项目在借方分设栏次，记录各项费用的发生情况，以便提供费用核算的详细指标。由于制造费用是为管理产品生产而发生的全部制造费用，在月底必须全部分配计入产品成本，因此，制造费用明细账的账页可以不设计“余额”栏。其格式参见表5-18。

表5-18　**制造费用明细账**　总第____页

车间名称：　分第____页

年		凭证		摘要	借方								贷方
月	日	字	号		工薪费	机物料费	水电费	修理费	劳动保护费	……	其他	合计	

管理费用、财务费用、销售费用是分别为行政管理、筹集资金、推销产品而发生的期间费用，它们的明细账账页均可比照“制造费用明细账”设计，不同点在于在账页页码中不需要划分总页码和分页码。

（四）应交税费明细账的设计

增值税一般纳税人和小规模纳税人应交税费明细账因增值税核算不同，明细项目包含的内容也存在差异。下面站在增值税一般纳税人角度予以设计。其格式见表5-19。

表5-19 应交税费明细账 第____页

年		凭证		摘要	借方	贷方																余额
月	日	字	号			未交增值税	预交增值税	待抵扣进项税额	待转销项税额	增值税留抵税额	简易计税	转让金融商品应交增值税	代扣代缴增值税	应交消费税	应交资源税	应交企业所得税	应交个人所得税	应交城镇土地使用税	应交车船税	应交教育费附加	应交矿产资源补偿费	

对于增值税小规模纳税人，表5-19中贷方第1~8项目合并为“应交增值税”项目，其他内容与增值税一般纳税人的项目相同。

（五）应交增值税明细账的设计

对于增值税一般纳税人，因准予增值税进项税额抵扣，所以需要按照增值税项目进行明细核算。应交增值税明细账见表5-20。

表5-20 交增值税明细账 第____页

年		凭证		摘要	借方						贷方			
月	日	字	号		进项税额	已交税金	销项税额抵减	转出未交增值税	减免税款	出口抵减内销产品应纳税额	销项税额	出口退税	进项税额转出	转出多交增值税

（六）多栏式明细账账页的特点

如果对以上几种多栏式明细账进行观察比较，不难看出多栏式明细账的特点如下：

（1）一般没有统一的账页格式，设计时需根据经济业务的具体内容确定。

（2）每一栏目都为经营管理提供一个具体的经济指标，如成本的组成项目、费用的构成内容等。因此，栏目设计多少，取决于管理需要的经济指标的详细程度。

（3）有关金额栏的数字相加后，可为经营管理提供一个总括的价值指标，如某种产品的生产总费用、某个车间或某个部门发生的制造费用总额或管理费用总额等。

需要指出的是，明细分类账的三种形式并不是完全孤立的，各种具体的明细分类账账页格式也不是绝对固定的，在实际工作中，可以根据企业的具体情况加以变通联合设计。例如，产成品明细账采用数量金额式，产品销售成本明细账采用三栏式，结转已售产品销售成本反映了产成品的出库（减少），而它们的明细账设置方式一样，都按产品品种设置，因此，可以考虑合二为一，设计一本联合账簿。在这种账页里，既反映产品的入库、出库（结转已售产品成本及盘亏），又反映产品的结存情况。这样做，可以简化登记明细账的工作量，加快核算速度。

第五节　会计账簿其他内容的设计

序时账簿和分类账簿是账簿组织体系中的主体账簿，对它们的设计也是账簿设计的主要内容。为此，在前三节作了比较详细的说明。但是，完整的账簿组织设计，除主体账簿外，还应包括备查账簿等辅助性账簿的设计，以及账簿使用、保管等方面的特殊性内容的设计。

一、备查账簿的设计

备查账簿的主要用途是记录序时账簿和分类账簿未能或无法反映的特殊经济事项。它的种类和格式一般没有固定的模式，完全取决于特殊经济事项的种类、内容以及对此实施管理的具体要求。为此，在设计备查账簿时，必须从实际情况出发，讲求实用性、简单化。现对制造企业常用的几种备查账簿的格式设计如下：

（一）出纳登记簿的设计

出纳登记簿由出纳人员逐日逐笔登记银行票据的签发和办理情况，是库存现金日记账和银行存款日记账的补充资料。其格式见表5-21。

表5-21　**出纳登记簿**

票据种类：　第____页

年		签发事由（摘要）	票面金额	经办人电话	经办人签字	备注
月	日					

对于商业汇票、银行本票、银行汇票等票据结算业务涉及不多的单位，也可不设计出纳登记簿，只设计支票登记簿。

（二）委托加工材料登记簿的设计

委托加工材料登记簿是加工企业为了对受托加工的材料加强实物管理，用来登记加工材料增、减、结存情况的备查账簿。该账簿登记的内容主要是材料实物数量的增减变化，由于受托的材料不办理款项结算，不需要进行价值核算，因而该账簿中可不进行材料金额的记载。其格式参见表5-22。

表5-22 **委托加工材料登记簿**

来料单位： 第____页

收料凭证		材料名称及规格	计量单位	数量	送料人	加工后材料				余料	退料凭证		领料人
日期	编号					名称及规格	单位	数量	收取加工费		日期	编号	

（三）租入固定资产登记簿的设计

租入固定资产登记簿是为了加强对经营租入固定资产的实物管理，保证其正常使用而用来登记固定资产的租入、使用和归还情况的备查账簿。如委托加工材料登记簿主要进行实物核算。其格式参见表5-23。

表5-23 **租入固定资产登记簿**

出租单位： 资产名称： 规格及型号： 计量单位： 数量： 第____页

租入凭证		租入数量	原始价值	净值	租期	月租金		使用部门	负责人签字	修理费		归还期限	经手人签字
日期	编号					单位租金	总租金			各次	累计		

（四）发票登记簿的设计

为保证发票安全，企业应开设发票登记簿，详细记录发票领购、领用和结余情况。其格式见表5-24。

表5-24 **发票登记簿** 第____页

年		摘要	领购发票		领用发票		作废发票		注销发票		备注
月	日		号码	签字	号码	签字	号码	签字	号码	签字	

（五）研发支出辅助账的设计

对于有研发活动的企业，不论是自主研发、合作研发，还是委托研发，都应当设计“研发支出”辅助账。不同研发形式下研发支出辅助账的格式不同，这里以自主研发和委托研发为例进行设计。具体格式见表5-25、表5-26。

表 5-25

自主研发“研发支出”辅助账

20××年		凭证		摘要	借方金额	贷方金额	借或贷	余额	费用明细（借方）																							
									一、人员人工费用			二、直接投入费用								三、折旧费用		四、无形资产摊销			五、新产品设计费等				六、其他相关费用			
									直接从事研发活动人员			研发活动直接消耗																				
月	日	种类	号数						工资薪金	五险一金	外聘研发人员的劳务费用	材料	燃料	动力费用	用于中间试验和产品试制的模具、工艺装备开发及制造费	用于不构成固定资产的样品、样机及一般测试手段购置费	用于试制产品的检验费	用于研发活动的仪器、设备的运行维护、调整、检验、维修等费用	通过经营租赁方式租入的用于研发活动的仪器、设备租赁费	用于研发活动的仪器的折旧费	用于研发活动的设备的折旧费	用于研发活动的软件的摊销费用	用于研发活动的专利权的摊销费用	用于研发活动的非专利技术（包括许可证、专有技术、设计和计算方法等）的摊销费用	新产品设计费	新工艺规程制定费	新药研制的临床试验费	勘探开发技术的现场试验费				
				序号					1.1	1.2	1.3	2.1	2.2	2.3	2.4	2.5	2.6	2.7	2.8	3.1	3.2	4.1	4.2	4.3	5.1	5.2	5.3	5.4	6.1	6.2	6.3	……
				期初余额																												

表 5-26

委托研发“研发支出”辅助账

项目名称：　　　项目编号：　　　是否委托境外选项：◎委托境外　○委托境内　　委托方与受托方是否存在关联关系选项：◎存在　○不存在

资本化、费用化支出选项：◎资本化　○费用化　　　项目实施状态选项：◎未完成　○已完成　　研发成果：　　研发成果证书号：

金额单位：元（列至角分）

20××年		凭证		摘要	借方金额	贷方金额	借或贷	余额	费用明细（借方）																								
									一、人员人工费用			二、直接投入费用								三、折旧费用		四、无形资产摊销			五、新产品设计费等				六、其他相关费用				七、委托外部机构或个人进行研发活动所发生的费用
月	日	种类	号数						直接从事研发活动人员		外聘研发人员的劳务费用	研发活动直接消耗			用于中间试验和产品试制的模具、工艺装备开发及制造费	用于不构成固定资产的样品、样机及一般测试手段购置费	用于试制产品的检验费	用于研发活动的仪器、设备的运行维护、调整、检验、维修等费用	通过经营租赁方式租入的用于研发活动的仪器、设备租赁费	用于研发活动的仪器的折旧费	用于研发活动的设备的折旧费	用于研发活动的软件的摊销费用	用于研发活动的专利权的摊销费用	用于研发活动的非专利技术（包括许可证、专有技术、设计和计算方法等）的摊销费用	新产品设计费	新工艺规程制定费	新药研制的临床试验费	勘探开发技术的现场试验费					
									工资薪金	五险一金		材料	燃料	动力费用																			
				序号					1.1	1.2	1.3	2.1	2.2	2.3	2.4	2.5	2.6	2.7	2.8	3.1	3.2	4.1	4.2	4.3	5.1	5.2	5.3	5.4	6.1	6.2	6.3	……	7
				期初余额																													

二、账簿启用表的设计

账簿是储存会计数据资料的重要档案，登记账簿必须要有专人负责。为了保证账簿记录的合法性和账簿资料的完整性，明确岗位责任，考核记账人员的工作情况，应当设计“账簿启用与经管人员一览表”，作为各本账的扉页在账簿启用时填列（活页账和卡片账在装订成册后填列）。表中详细载明单位名称、账簿名称、账簿编号、账簿册数、账簿共计页数、启用日期，并加盖单位公章及会计主管和记账人员章。更换记账人员时，需办理交接手续。因此，还应在表中设计交接日期、交接人员姓名以及监交人员姓名，以分清经济责任。“账簿启用与经管人员一览表”的一般格式参见表5-27。

表5-27 **账簿启用与经管人员一览表**

<table>
<tr><td colspan="12">账簿名称____________单位名称____________
账簿编号____________账簿册数____________
账簿页数____________启用日期____________
会计主管（签章） 记账人员（签章）</td></tr>
<tr><td colspan="3">移交日期</td><td colspan="2">移交人</td><td colspan="3">接管日期</td><td colspan="2">接管人</td><td colspan="2">会计主管</td></tr>
<tr><td>年</td><td>月</td><td>日</td><td>姓名</td><td>盖章</td><td>年</td><td>月</td><td>日</td><td>姓名</td><td>盖章</td><td>姓名</td><td>盖章</td></tr>
<tr><td></td><td></td><td></td><td></td><td></td><td></td><td></td><td></td><td></td><td></td><td></td><td></td></tr>
<tr><td colspan="12"></td></tr>
<tr><td></td><td></td><td></td><td></td><td></td><td></td><td></td><td></td><td></td><td></td><td></td><td></td></tr>
</table>

根据实际情况，“账簿启用与经管人员一览表”也可以分设两张，即“账簿启用表”和“经管账簿人员一览表”。表中“会计主管”负责监交，在确认交接人员各自的手续全部具备的情况下，予以盖章，表示移交完毕。

三、账页格式设计的要求

为了保证账簿的规范性、适用性，便于账簿的登记和保管，节约账簿的设计工作量和印刷费用，在设计账页格式时，应当注意以下事项：

1.账簿应尽可能地采用现成的通用格式，以便从商店直接购买，减少绘制、印刷等工作，节省开支。同时，可以尽快满足单位开展会计工作的需要。

2.账页的规格尺寸，一般以16开本或A 4 纸为宜，横式绘制、装订。多栏式明细账需要的栏目较多时（如制造费用、管理费用明细账），可采用两张账页对接的方式，绘制出全部栏目，以便全面反映明细核算的具体内容。

3.账页中金额栏的各位数应当以文字表明，以便记账和看账，设置几位数字栏，应以业务可能发生的最高数额为限，既要满足记录需要，又不设置用不着的栏目。

4.印制账簿所用的纸张，既要经久耐用，又要经济实惠。活页账账页的穿孔，要位置适当、大小适宜、便于装订。

5.账页各行次之间的距离，既要保证记账和改正错账的需要，又要避免过宽形成浪费。划线最好使用蓝色或绿色，一般不使用黑色，以保证划线和记账内容（数字及文字）

之间具有明显的区别。各栏次之间的区分线颜色最好深一些、线条粗一些。

此外，账页中的文字字体、字号、各栏之间的准确尺寸等都应予以详细说明，以保证账簿印制的质量，进而保证账簿登记内容的清晰性和美观性。

本章小结

本章主要解读会计账簿设计的基本概念、基本理论和基本方法，重点介绍总分类账簿和明细分类账簿的具体设计。本章内容与此前已经学过的基础会计学课程有相通之处，希望同学们在已经掌握的账簿登记技能基础上学习和掌握各种会计账簿的设计。

主要概念和观念

□ 主要概念

会计账簿　序时账簿　普通日记账　库存现金日记账　银行存款日记账

□ 主要观念

设计会计账簿，对于归类汇总会计凭证所反映的内容，编制财务报表，积累、保存经济活动过程和结果，加强会计监督等都有非常重要的意义。

基本训练

□ 知识题

• 阅读理解

1.1 简答题

（1）设计会计账簿有何意义？设计时应当遵守哪些原则？

（2）按照哪些步骤设计账簿，才能保证其科学合理、简明适用？

（3）总分类账簿的格式主要有几种？各自的适用范围是什么？

（4）明细账簿的常用格式有哪些？各自的适用范围是什么？

（5）多栏式明细账账页格式有何特点？

1.2 思考题

（1）手工记账与计算机记账在库存现金日记账的设计上有何异同？

（2）为什么我国会计法规要求企业必须依法设置一套账？

• 知识应用

1.1 单项选择题

（1）应交增值税明细账的格式一般采用（　　）。

A.三栏式　B.多栏式　C.数量金额式　D.卡片式

（2）下列各项中，需要列示在营业外支出明细账中的项目有（　　）。

A.非常损失　B.资产减值损失　C.投资收益　D.债务重组利得

（3）下列项目按照账页格式分类的是（　　）。

A.订本式账簿　B.活页式账簿　C.卡片式账簿　D.数量金额式账簿

（4）下列不属于特种日记账的账簿有（　　）。

A.购货日记账　B.销货日记账　C.出纳日记簿　D.银行存款日记账

1.2 多项选择题

（1）下列属于备查账簿的是（　　）。

A.委托加工材料登记簿　B.租入固定资产登记簿

C.账外资产登记簿　　D.出租固定资产登记簿

（2）总分类账簿的账页格式主要有（　　）。

A.三栏式　　B.汇总式　　C.日记总账式　　D.报告式

（3）下列可以采用多栏式账页格式的账簿有（　　）。

A.制造费用明细账　　B.材料采购明细账

C.生产成本明细账　　D.营业外收入明细账

1.3　判断题

（1）备查账簿在所有企业都必须设置。（　　）

（2）库存现金日记账账页格式一般都是三栏式。（　　）

（3）多栏式账页一般没有统一的账页格式。（　　）

□　技能题

根据此前已经学习过的财务会计知识以及本章的学习内容，请绘制一张会计账簿设计框架表（包括账簿名称、账簿外表形式、账页格式）。

□　能力题

• 案例设计题

根据我国现行会计规范要求，为一新注册成立的制造业企业设计会计账簿。

第六章

财务报表的设计

学习目标

明确财务报表的设计原则，掌握对内财务报表与对外财务报表设计的异同以及内部财务报表的设计方法等。具体目标包括：

□ 知识目标

了解财务报表的种类和财务报表设计的意义，明确财务报表设计的原则和要求。

□ 技能目标

掌握对内财务报表和对外财务报表设计原理和设计方法。

□ 能力目标

能够针对案例企业实际情况，为其设计财务报表，尤其是对内财务报表。

第一节　财务报表设计概述

一、财务报表的设计意义

会计工作的基本目的和任务是对企业内外部信息使用者提供预测和决策所需要的会计信息。通过设置科目、填制和审核会计凭证、开设并登记会计账簿等日常核算工作所得到的会计信息比较分散，因此，必须通过设计财务报表，对日常会计信息进一步进行整理、归纳和汇总，按照一定顺序对会计指标加以分类、排列和组合，形成分类信息，并以表格的形式呈现，形成财务报表。在此基础上，附加企业基本信息、公司治理、内部控制、报表附注等信息，进而形成完整的财务报告体系向企业内外部信息使用者报送。可见，财务报表是财务报告的重要组成部分，也是财务报告质量的决定性因素，因此，设计科学合理的财务报表，对于加强企业经营管理，满足利益相关方的各种需要，充分发挥会计经济管理中的作用，具有十分重要的意义。

（一）为企业管理者进行经营管理提供必要的信息资料

各企业的经营管理者，需要经常不断地考核、分析本企业的财务状况和经营情况，总结经验、查明问题存在的原因，改进经营管理工作、提高管理水平，预测经济前景、进行经营决策。所有这些工作能否顺利、正确地进行，很大程度上取决于会计人员提供会计信息的质量，而财务报表是提供会计信息的主要方式。

（二）为投资者进行投资决策提供必要的信息资料

企业的投资者包括国家、法人、外商和社会公众等。投资者所关心的是投资的报酬和投资的风险，在投资前，需要了解企业的资金状况和经济活动情况，以便做出正确的投资决策；投资后，需要了解企业的经营成果、资金使用状况以及现金支付能力等资料。财务报表是投资者了解以上信息的最主要渠道。

（三）为债权人进行信贷和信用决策提供必要的信息资料

在市场经济环境下，商业信贷和商业信用是商品经济发展的重要因素。由商业信贷所形成的债权人主要包括银行、非银行金融机构，他们需要了解企业能否按时支付利息和偿还债务的相关信息。由商业信用所形成的债权人（供应商）、因公司发行债券所形成的债权人等，同样需要了解企业偿债能力的资料。而财务报表是债权人了解这些信息的主要渠道。

（四）为政府有关部门提供监管企业所需要的各种信息资料

证券、税务、财政、工商、审计等行政管理部门，履行国家监管企业的职能，负责检查企业的资金使用情况、成本计算情况、利润的形成与分配情况以及税金的计算和结缴情况，检查企业财经法纪的遵守情况。财务报表作为集中、概括反映企业经济活动情况及其结果的会计载体，是这些部门对企业实施管理和监督的重要资料。

（五）为企业内部审计部门和外部审计机构实施监督提供必要的信息资料

审计包括企业内部审计和外部审计。内部审计是指企业内部成立的审计机构对本单位的会计工作实施的审计，外部审计包括国家审计和社会审计。国家审计是指由国家审计部门依法对企业会计工作实施的审计。社会审计是指由会计师事务所等社会中介机构对企业会计工作实施的审计。审计工作一般是从财务报表审计开始的，财务报表不仅能够为审计工作提供详尽、全面的数据资料，而且可以为进一步审计会计凭证和会计账簿指明方向。

二、财务报表的设计原则

为了充分发挥财务报表的作用，便于报表使用者进行分析和决策，在设计财务报表时，应遵循以下原则：

（一）完整性原则，即财务报表及其指标体系应当严密完整

任何一个企业，要想全面、准确地反映一定时期的经营活动过程及其结果，提供信息使用者所需要的全部会计信息，必须建立一套完整的财务报表体系，并根据国家现行会计制度、企业的经营特点和管理要求设置各种指标，按照各种指标的不同性质和不同用途以及相互之间的联系进行科学合理的分组，将每一组指标集中在一张财务报表中反映，使每一报表反映企业财务状况、经营成果、现金流量、收入或成本费用开支的某一个方面。各种财务报表中的指标应当相互联系、相互补充、相互衔接，共同构成一个完整的会计指标体系，以便反映企业经济活动的全貌。

（二）统一性与灵活性相结合原则，即财务报表的设计既要满足国家统一规定，又要满足企业具体需要

企业设计财务报表，首先应遵照现行会计准则的规定，设计对外财务报表，其报送的各种财务报表的种类、名称、格式、内容、编制方法、报送时间和程序等必须与现行会计准则保持一致；其次应当结合企业自身的管理要求和业务特点，设计实用的各种对内财务报表。内部财务报表的种类、名称、格式、内容、编制方法、报送时间和程序等由企业自行确定。

（三）稳定性原则，即报表指标内容、名称应保持相对稳定

财务报表不论是对外财务报表还是对内财务报表，都是由一系列的指标构成的，并且各报表内部指标之间，以及不同报表指标之间都具有一定的联系，只有它们的有机结合才能更加准确地提供会计信息。设计财务报表的过程，实质上也是设计报表指标及指标体系的过程。因此，报表指标及指标体系一经确定，就不应随意改动，以保持不同时期指标的可比性，使信息使用者能够通过对不同时期的同类和同种指标的对比，考察企业的成长性，评价企业的经济效益。

（四）简易性原则，即报表内容及指标要力求简明易懂，便于编制

会计工作是一项专业性极强的工作，财务报表作为会计工作的最终产品，也必然具有极强的专业性。但是，由于财务报表应用广泛，其所涉及的使用者绝大多数为非会计专业人员，因此，为了保证会计人员及时编报财务报表，也为了使广大会计信息使用者能够在较小的使用成本下，准确理解会计信息，正确、及时地应用会计信息，财务报表的内容及指标应力求概括，简明易懂，并便于编制。

第二节 财务报表基本内容的设计

一、财务报表的分类

财务报表是反映企业一定时期经营活动过程和结果的载体。对财务报表进行科学合理的分类，一方面有利于了解各类财务报表的特点，掌握它们的设计要求和规律，并在符合设计要求的基础上，具体设计各种财务报表的格式和内容；另一方面也有利于对经营管理所需要的全部会计指标进行分组，避免指标的重复设置或遗漏，保证报表设计的质量。因此，设计财务报表，应首先设计报表的类别。

不同类型的企业，由于会计核算的内容和经济管理的要求有所差异，所编制的财务报表的种类也不尽相同。鉴于制造企业的财务报表种类最多，内容也较为复杂，因此，财务报表的设计仍以制造企业为主进行阐述。制造企业所编制的财务报表可以按照以下标准分类：

（一）按照财务报表所反映的经济内容分类

按照财务报表所反映的经济内容不同，可分为反映企业财务状况的报表、反映企业经营成果的报表、反映企业现金流入和流出情况的报表、反映企业收支情况的报表和反映企业成本与费用情况的报表五类。

1.反映企业财务状况的财务报表。这类报表是用来总括反映企业某一特定日期的财务状况的财务报表，如“资产负债表”。

2.反映企业经营成果的财务报表。这类报表是总括反映企业一定时期的经营成果及其分配情况的财务报表，主要包括两类：（1）反映企业一定时期利润（或亏损）的实现情况的财务报表，如“利润表”；（2）反映企业一定时期内所实现的利润分配情况的财务报表，如“利润分配表”。

3.反映企业现金流入和流出情况的财务报表。这类报表是以现金的流入和流出来反映企业在一定时期内的经营活动、投资活动和筹资活动的财务报表，如“现金流量表”。

4.反映企业业务收支情况的财务报表。这类报表是总括反映企业在一定时期内业务收入的取得和费用支付情况的财务报表，如“主营业务收支明细表”。

5.反映企业成本与费用情况的财务报表。这类报表是总括反映企业在一定时期内，因生产加工产品所发生的各项费用的支出和成本形成情况的财务报表，主要包括三类：（1）反映企业一定时期内期间费用支出情况的财务报表，如“管理费用明细表”“财务费用明细表”“销售费用明细表”等；（2）反映企业一定时期内制造费用支出情况的财务报表，如“制造费用明细表”；（3）反映企业一定时期内所生产产品的生产成本构成情况的财务报表，如“主要产品单位成本表”和“产品生产成本表”等。

（二）按照财务报表的用途分类

按照财务报表的用途不同，可分为对外财务报表和对内财务报表两类。

1.对外财务报表。按照我国现行会计准则的规定，企业对外报送的财务报表包括“资产负债表”“利润表”“现金流量表”“所有者权益（或股东权益）变动表”“分部报告”等报表。这些对外财务报表的具体格式、编制方法和报送时间均由财政部统一规定，任何单位都不得随意更改。

2.对内财务报表。企业对内财务报表的种类、格式、编制方法及编制时间由各企业根据自身的经营特点和管理要求自行规定、自行设计。制造企业对内财务报表一般包括反映企业收入情况的财务报表和反映企业成本、费用情况的财务报表。

（三）按照财务报表的编制主体分类

按照财务报表所包含的会计主体不同，可分为个别财务报表和合并财务报表两类。这种划分是在企业拥有对外投资的情况下，由于特殊的财务关系而形成的。

1.个别财务报表。个别财务报表是由企业在自身会计核算基础上对账簿记录进行加工而编制的财务报表，只反映企业自身的财务状况、经营成果和现金流量情况，包括对内和对外财务报表。

2.合并财务报表。合并财务报表是以母公司和子公司组成的企业集团为会计主体，根据母公司和所属子公司的财务报表，由母公司编制的综合反映企业集团财务状况、经营成果及现金流量的财务报表，一般只编制对外财务报表，包括合并资产负债表、合并利润表、合并现金流量表和合并所有者权益（或股东权益）变动表等。

（四）按照财务报表的编制时间分类

按照财务报表的编制时间不同，可分为定期报表和不定期报表两类。其中定期报表按照编制的具体时间不同可分为中期财务报表和年度财务报表。中期财务报表是以短于一个完整会计年度的报告期间为基础编制的财务报表，包括月度财务报表（月报）、季度财务报表（季报）、半年度财务报表（半年报），也包括年初至本中期末的财务报表。

1.年度财务报表。年度财务报表亦称年报，是用以总括反映企业年终财务状况和全年经营成果情况的财务报表，主要包括“资产负债表”“利润表”“现金流量表”“所有者（或股东）权益变动表”“资产减值准备明细表”和“分部报告”等，其中，前四张表为基本财务报表。年度财务报表至少应反映两个会计年度或者相关两个会计期间的比较数据。

2.半年度财务报表。半年度财务报表亦称中报，是用以总括反映企业会计年度中期财务状况和经营成果情况的财务报表，主要包括“资产负债表”“利润表”“现金流量表”“所有者（或股东）权益变动表”“应交增值税明细表”。半年度财务报表同年度财务报表一样，至少应反映两个会计年度或者相关两个会计期间的比较数据。

3.季度财务报表。季度财务报表亦称季报，是用来总括反映企业季末的财务状况和一个季度的经营成果情况的财务报表，主要包括“资产负债表”“利润表”“现金流量表”“所有者（或股东）权益变动表”“应交增值税明细表”。如同年报一样，季度财务报表也应反映两个会计年度或者相关两个会计期间的比较数据。

4.月度财务报表。月度财务报表亦称月报，是用来总括反映企业月末的财务状况及其一个月的经营成果情况的财务报表，主要包括“资产负债表”“利润表”“应交增值税明细表”等对外财务报表和成本费用报表等内部报表。

对外财务报表在企业持续经营的条件下，一般按年、季、月定期编制，但在某种特殊情况下，则需要不定期编制。随着商业模式的创新和资本经营的不断扩张，不定期编制财务报表的情况会越来越多，如企业的破产、合并、联营、重组等，都需要编制不定期的财务报表。在编制对外财务报表时，哪些财务报表为年度和半年度财务报表，哪些财务报表为季度财务报表，哪些财务报表为月度财务报表，都应按照《企业财务会计报告条例》《企业会计准则第30号——财务报表列报》《企业会计准则第32号——中期财务报告》《企业会计准则第33号——合并财务报表》《企业会计准则第35号——分部报告》《关于修订印发一般企业财务报表格式的通知》等规定进行处理。对内财务报表哪些为定期财务报表，哪些为不定期财务报表由企业自行决定，同一报表在不同经营时期其编制的时间可能是不一样的，即有时是定期的，有时是不定期的。

（五）按照财务报表的编制单位分类

按照财务报表编制的单位不同，可分为单位财务报表和汇总财务报表两类。

1.单位财务报表。单位财务报表是指由独立核算的会计主体编制的，用以反映该会计主体的财务状况、经营成果及其收入和成本、费用情况的财务报表。

2.汇总财务报表。汇总财务报表是由上级主管部门将其所属各基层单位的财务报表与其本身的财务报表加以汇总，编制而成的财务报表，用以反映一个部门或一个区域的经济情况。

通过财务报表的分类，不难看出财务报表依据其反映的经济内容可以设计成一个完整的报表体系，但在具体设计时，应掌握好重点。从报表编制的用途看，重点是内部报表。因为外部报表的名称、内容、格式、编制方法、编报时间等一概由财政部统一制定，企业并无自行设计的权利。从报表的编制单位看，主要是基层报表，因为汇总报表是对基层单位对外财务报表的汇总。从报表的编制时间看，主要是定期报表，因为不定期报表具有较大的不确定性，且具有偶然性。从报表包含的会计主体看，主要是个别财务报表，因为合并财务报表均为对外财务报表。

二、财务报表基本内容的设计

财务报表由基本内容和主体内容两部分组成，其主体内容是指构成财务报表主体、体现财务报表特点的内容，一般指报表所提供的经济指标。对于这部分内容将在以后各报表设计中予以详细讨论，这里只对各种财务报表应具备的基本内容进行设计，以便具体设计每一种财务报表时参考。财务报表的基本内容应包括以下几项：

1.编制单位名称，即编制财务报表的企业、事业、行政机关及主管部门的名称，表明财务报表所反映经济内容的空间范围。

2.财务报表的名称及编号，表明各财务报表的种类及其在报表体系中所处的位置和重要程度。

3.编制报表的日期，即编制财务报表的日期或财务报表所反映的会计期间，表明财务报表所反映经济内容的时间范围。

4.计量单位，即财务报表中所使用的货币量度（元、百元等）、劳动量度（工时、工日等）和实物量度（吨、件、个等）的单位。

5.经济指标，即财务报表中各个项目的数量和金额，除必须具备本期数外，还可包括本年累计数、本期计划数、上年数和历史先进水平数等。

6.补充资料（或报表附注），是为了帮助报表使用者阅读和使用报表指标而提供的一些参考资料。一般包括：不符合会计核算基本前提的说明；重要会计政策和会计估计及其变更的说明；或有事项和资产负债表日后事项的说明；关联方关系及其交易的披露；重要资产转让及其出售的说明；企业合并、分立的说明；财务报表中重要项目的明细资料等，一般在对外报告中披露。具体内容见第三节“对外财务报表的设计”。

第三节　对外财务报表的设计

对外财务报表的设计包括对外财务报表的名称、格式、内容、编制时间、编报方法、报送时间、计量单位、编号、附注等内容的设计。

苏宁易购2018
年度报告

一、资产负债表的设计

这里所讲的资产负债表既包括个别资产负债表，也包括合并资产负债表。

（一）设计原理和格式

资产负债表是反映企业某一特定日期的财务状况的报表。其设计原理是“资产=负债+所有者权益”这一会计恒等式，是对企业一定日期的资产、负债和所有者权益项目，按照一定的分类标准和秩序进行的排列组合。

资产负债表有“账户式”和“报告式”两种格式。账户式，又称平衡式，这种格式是根据会计恒等式设计的，把报表分为左、右两部分，左方为资产，右方为权益，左、右两方数字必然相等。权益又分为上下两部分，上部分列示负债，下部分列示所有者权益。报告式，又称垂直式，是根据“资产-负债=所有者权益”这一公式设计的。报表项目自上而下排列，依次为资产、负债和所有者权益。

账户式资产负债表的优点是对资产、负债和所有者权益的等式关系列示比较直观，能一目了然地看出企业的财务状况和资本结构，便于查阅、理解和应用。目前，我国企业会计准则中规定使用账户式资产负债表。

（二）项目排列顺序的设计

资产负债表项目的排列方法一般有两种：一是按项目的重要程度排列，即按各项目在总体中所占的比重大小和在生产经营过程中的重要性排列，其目的是为满足宏观管理需要而设计。二是按存在期的长短或形成的时间早晚排列，如资产和负债即按存在期的长短排列，资产按流动资产、长期投资、固定资产、无形资产和其他资产、递延税项排列；负债按流动负债和非流动负债进行列示，依次为流动负债、长期负债、递延税项。所有者权益则按照净资产的不同来源和特定用途进行分类，依次为实收资本、资本公积、其他综合收益、盈余公积、其他权益工具和未分配利润。这种设计的目的是便于信息使用者分析和评价企业的偿债能力。我国资产负债表采用此种排列顺序。

按照财政部2009年6月发布的《企业会计准则解释第3号》的规定，高危行业企业按照国家规定提取的安全生产费以及维持简单再生产费用等具有类似性质的费用，需专设“专项储备”会计科目予以核算。该科目期末余额在资产负债表所有者权益项下增设“专项储备”项目反映，列在“盈余公积”项目前面。

（三）提供的数据资料

资产负债表中除对各具体项目单独列报外，还应当列报相关项目的合计数或总计数。例如：资产类至少应当列示流动资产和非流动资产的合计数；负债类至少应当列示流动负债、非流动负债以及负债的合计数；所有者权益类应当列示所有者权益的合计数。此外，还应当分别列示资产总计金额、负债与所有者权益之和等。根据财务报表列报准则的规定，企业需要提供比较资产负债表，以便于报表使用者通过对不同时点资产负债表数据的比较，掌握企业财务状况的变动情况及发展趋势。因此，资产负债表各项目都应提供“期末余额”和“上年年末余额”两种数据。其中，“期末余额”指各项目本期的期末数字；“上年年末余额”指各项目上年年末的数字，即上年年度资产负债表各项目的“期末余额”栏的数字。

需要注意的是，对于拥有子公司的企业，除了应编制母公司资产负债表外，还应编制合并资产负债表。在季报和半年报中，个别和合并资产负债表可以反映在同一张报表中，但在年报中，个别和合并资产负债表必须分别编制。

资产负债表的格式参见表6-1。

二、利润表的设计

这里所讲的利润表，既包括个别利润表，也包括合并利润表。

（一）设计原理和格式

利润表是反映企业一定时期经营成果的财务报表。其设计原理是“收入-费用=利润”这一会计公式。各项收入指标和费用指标的排列顺序不同，报表的格式也就不同。目前，利润表的格式主要有单步式和多步式两种。

表 6-1　**资产负债表**　会企 01 表

编制单位：　年　月　日　单位：元

资产	期末余额	上年年末余额	负债和所有者权益（或股东权益）	期末余额	上年年末余额
流动资产：			流动负债：		
货币资金			短期借款		
以公允价值计量且其变动计入当期损益的金融资产			以公允价值计量且其变动计入当期损益的金融负债		
衍生金融资产			衍生金融负债		
应收票据			应付票据		
应收账款			应付账款		
预付款项			预收款项		
其他应收款			合同负债		
存货			应付职工薪酬		
合同资产			应交税费		
持有待售资产			其他应付款		
一年内到期的非流动资产			持有待售负债		
其他流动资产			一年内到期的非流动负债		
流动资产合计			其他非流动负债		
非流动资产：			流动负债合计		
债权投资			非流动负债：		
其他债权投资			长期借款		
其他权益工具投资			应付债券		
其他非流动金融资产			其中：优先股		
投资性房地产			永续债		
固定资产			租赁负债		
在建工程			长期应付款		
生物性生物资产			预计负债		
油气资产			递延收益		
使用权资产			递延所得税负债		
无形资产			其他非流动负债		
开发支出			非流动负债合计		
商誉			负债合计		
长期待摊费用			所有者权益（或股东权益）：		
递延所得税资产			实收资本（或股本）		
其他非流动资产			其他权益工具		
非流动资产合计			其中：优先股		
			永续债		
			资本公积		
			减：库存股		
			其他综合收益		
			专项储备		
			盈余公积		
			未分配利润		
			所有者权益（或股东权益）合计		
资产总计			负债和所有者权益（或股东权益）总计		

公司法定代表人　　主管会计工作负责人　　会计机构负责人

单步式利润表是指在利润表中，将本期所有收入加在一起，再把所有费用加在一起，两者相减，一次性计算出净利润。多步式利润表是指在利润表中，通过多个连续的步骤逐步计算出企业的净利润，它反映企业在净利润形成过程中每一类业务所取得的业绩。多步式利润表一般分为三个步骤：第一步，以营业收入为基础，减去营业成本、税金及附加、销售费用、管理费用、研发费用、财务费用、资产减值损失、信用减值损失，加上其他收益、投资收益（或减去投资损失）、净敞口套期收益（或减去净敞口套期损失）、公允价值变动收益（或减去公允价值变动损失）和资产处置收益（或减去资产减值损失），计算出营业利润；第二步，以营业利润为基础，加上营业外收入，减去营业外支出后计算出利润总额；第三步，以利润总额为基础，减去所得税费用，计算出净利润（或净损失）。

单步式利润表的优点是简单直观，易于编制和理解。其缺点是不能反映净利润的形成过程及结构，不利于对企业经营成果进行分析和对未来盈利能力进行预测。而多步式利润表虽编制烦琐，但却能够提供利润构成和形成情况，便于信息使用者对企业经营成果进行分析和对未来盈利能力进行预测。我国企业会计制度规定采用多步式利润表。

需要注意的是：①无论采用单步式，还是多步式，对于普通股或潜在普通股已公开交易的企业，以及正处于公开发行普通股或潜在普通股过程中的企业，还应当在利润表中列示每股收益信息，包括基本每股收益和稀释每股收益信息；②对于拥有子公司的企业，除了应编制母公司利润表外，还应编制合并利润表，在季报和半年报中，个别和合并利润表可以反映在同一张报表中，但在年报中，个别和合并利润表必须分别编制。

（二）费用项目排列顺序的设计

根据财务报表列报准则的规定，在多步式利润表中，费用项目应当采用“功能法”列报，即按照费用在企业所发挥的功能进行分类列报，通常分为从事经营业务发生的成本、销售费用、管理费用、研发费用和财务费用等，并将营业成本与其他费用分开披露。对于企业而言，其活动通常分为生产、销售、管理、融资等。由于每一种活动中发生的费用所发挥的功能并不相同，因此，按照费用功能法将其分开列报，能够向报表使用者提供具有结构性的信息，能更清楚地揭示企业经营业绩的主要来源和构成，有助于使用者了解费用发生的活动领域，提供的信息更为相关。

（三）提供的数据资料

根据财务报表列报准则的规定，企业需要提供比较利润表，需要对报表中各项目的“本期金额”和“上期金额”分别填列。其中，“本期金额”指各项目的本期实际发生额，如在月度利润表中，指本月实际发生额；在季度利润表中，则指本季度实际发生额；在半年度利润表中，则指1月1日至6月30日的实际发生额；在年度利润表中，则指1月1日至12月31日的实际发生额。“上期金额”指上年同期利润表中“本期金额”栏内所列数字填列金额，如1月份月度利润表中的“上期金额”则应根据上年1月份月度利润表各项目的本期金额数字填列；年度利润表中的“上期金额”则应根据上年年度利润表中各项目的本期金额数字填列。采用比较利润表，可以使报表使用者通过比较不同期间利润的实际情况，判断企业经营成果的未来发展趋势。

已执行新金融准则和新收入准则的企业利润表（多步式）格式参见表6-2。

表6-2　**利润表（多步式）**　会企02表

编制单位：　年　月　单位：元

项　目	本期金额	上期金额
一、营业收入		
减：营业成本		
税金及附加		
销售费用		
管理费用		
研发费用		
财务费用		
其中：利息费用		
利息收入		
加：其他收益		
投资收益（损失以“-”号填列）		
其中：对联营企业和合营企业的投资收益		
以摊余成本计量的金融资产终止确认收益（损失以“-”号填列）		
净敞口套期收益（损失以“-”号填列）		
公允价值变动收益（损失以“-”号填列）		
信用减值损失（损失以“-”号填列）		
资产减值损失（损失以“-”号填列）		
资产处置收益（损失以“-”号填列）		
二、营业利润（亏损以“-”号填列）		
加：营业外收入		
减：营业外支出		
三、利润总额（亏损总额以“-”号填列）		
减：所得税费用		
四、净利润（净亏损以“-”号填列）		
（一）持续经营净利润（净亏损以“-”号填列）		
（二）终止经营净利润（净亏损以“-”号填列）		
五、其他综合收益的税后净额		
（一）不能重分类进损益的其他综合收益		
1.重新计量设定受益计划变动额		
2.权益法下不能转损益的其他综合收益		
3.其他权益工具投资公允价值变动		
4.企业自身信用风险公允价值变动		
⋮		
（二）将重分类进损益的其他综合收益		
1.权益法下可转损益的其他综合收益		
2.其他债权投资公允价值变动		
3.金融资产重分类计入其他综合收益的金额		
4.其他债权投资信用减值准备		
5.现金流量套期储备		
6.外币财务报表折算差额		
⋮		
六、综合收益总额		
七、每股收益：		
（一）基本每股收益		
（二）稀释每股收益		

公司法定代表人　主管会计工作负责人　会计机构负责人

三、现金流量表的设计

这里所讲的现金流量表，既包括个别现金流量表，也包括合并现金流量表。

（一）设计原理和结构

现金流量表是反映企业某一特定日期（通常是年末）现金及现金等价物的流入、流出的报表。其中，现金是指库存现金和可以随时用于支付的存款；现金等价物是指企业持有的期限短、流动性强、易于转换为已知金额现金、价值变动风险很小的投资；现金流量是指现金和现金等价物的流入、流出。现金流量表的设计原理是“现金流入量-现金流出量=现金净流量”，其设计意义在于正确评价企业的支付能力，分析企业的收益质量及影响现金流量的因素，预测企业未来的现金流量。

现金流量表的项目主要有经营活动现金流量、投资活动现金流量、筹资活动现金流量、汇率变动对现金及现金等价物的影响、现金及现金等价物净增加额、期末现金及现金等价物余额等项目，采用报告式排列。现金流量表格式分别一般企业、商业银行、保险公司和证券公司等企业类型予以规定。企业应当根据其经营活动特点，确定本企业适用的现金流量表格式。

（二）现金流量表编制方法的设计

现金流量表中的经营活动现金流量可按现金的来源和运用直接填制，也可以净利润为基础调整填制。因此，现金流量表有直接法和间接法两种编制方法。在直接法下，一般是以利润表中的营业收入为起算点，调节与经营活动有关的项目的增减变动，然后计算出经营活动产生的现金流量。其优点是分析企业经营活动现金流量的来源和用途，预测企业未来现金流量的前景。在间接法下，一般以净利润为起算点，调整不涉及现金的收入、费用、营业外支出等有关项目，剔除投资活动、筹资活动对现金流量的影响，然后计算出经营活动产生的现金流量。其优点是便于将净利润与经营活动产生的现金净流量进行比较，了解净利润与经营活动现金流量存在差异的原因，从现金流量的角度分析净利润的质量。考虑到两种编制方法各有优点，而且对信息使用者的预测和决策都具有重要意义，我国现金流量表准则规定应当采用直接法编制现金流量表，同时要求在附注中提供以净利润为基础调节到经营活动现金流量的信息。

（三）提供的数据资料

根据现金流量表准则的规定，现金流量表为比较报表，至少每年编制一次，表中各项目需提供“本期金额”和“上期金额”两种数据。在年度现金流量表中的“本期金额”指各报表项目本年度累计金额；“上期金额”则指上年度现金流量表中各项目“本期金额”栏的数字；在季度现金流量表中，“本期金额”指各报表项目本季度累计金额；“上期金额”则指上年同季度现金流量表中各项目“本期金额”栏的数字。

需要注意的是，对于拥有子公司的企业，除编制母公司现金流量表以外，还应编制合并现金流量表，在季报和半年报中，个别和合并现金流量表可以反映在同一张报表中，但在年报中，个别和合并现金流量表必须分别编制。

已执行新金融准则和新收入准则的企业现金流量表的格式参见表6-3。

表6-3

现金流量表

会企03表

编制单位：　　年　月　　单位：元

项目	本期金额	上期金额
一、经营活动产生的现金流量：		
销售商品、提供劳务收到的现金		
收到的税费返还		
收到其他与经营活动有关的现金		
经营活动现金流入小计		
购买商品、接受劳务支付的现金		
支付给职工以及为职工支付的现金		
支付的各项税费		
支付其他与经营活动有关的现金		
经营活动现金流出小计		
经营活动产生的现金流量净额		
二、投资活动产生的现金流量：		
收回投资收到的现金		
取得投资收益收到的现金		
处置固定资产、无形资产和其他长期资产收回的现金净额		
处置子公司及其其他营业单位收到的现金净额		
收到其他与投资活动有关的现金		
投资活动现金流入小计		
购建固定资产、无形资产和其他长期资产支付的现金		
投资支付的现金		
取得子公司及其他营业单位支付的现金净额		
支付其他与投资活动有关的现金		
投资活动现金流出小计		
投资活动产生的现金流量净额		
三、筹资活动产生的现金流量：		
吸收投资收到的现金		
取得借款收到的现金		
收到其他与筹资活动有关的现金		
筹资活动现金流入小计		
偿还债务支付的现金		
分配股利、利润或偿付利息支付的现金		
支付其他与筹资活动有关的现金		
筹资活动现金流出小计		
筹资活动产生的现金流量净额		
四、汇率变动对现金及现金等价物的影响		
五、现金及现金等价物净增加额		
加：期初现金及现金等价物余额		
六、期末现金及现金等价物余额		

公司法定代表人　　主管会计工作负责人　　会计机构负责人

四、所有者（或股东）权益变动表的设计

（一）设计原理和结构

所有者（或股东）权益变动表是反映一定会计期末所有者（或股东）权益构成及当期增减变动情况的报表，属于年报。其主要内容包括实收资本、其他权益工具、资本公积、其他综合收益、盈余公积、未分配利润和库存股等。该表在反映所有者（或股东）权益总量增减变动的基础上，还要反映所有者（或股东）权益增减变动的重要结构性信息，以便使报表使用者准确理解所有者权益增减变动的根源。

为了清楚地表明所有者（或股东）权益各组成部分当期的增减变动情况，所有者（或股东）权益变动表应当以矩阵的形式列示。一方面，列示导致所有者（或股东）权益变动的交易或事项，以便能够按所有者（或股东）权益变动的来源对一定时期内所有者（或股东）权益变动情况进行全面反映；另一方面，按照所有者（或股东）权益各组成部分及其总额列示交易或事项对所有者（或股东）权益的影响。

（二）提供的数据资料

根据财务报表列报准则的规定，企业需要提供比较所有者（或股东）权益变动表，因此，所有者（或股东）权益变动表应提供各项目“本年金额”和“上年金额”两组数据信息。已执行新金融准则和新收入准则的企业所有者权益（或股东权益）变动表的格式参见表6-4。

五、对外财务报表附注的设计

苏宁易购分部信息摘录

附注是财务报表不可或缺的组成部分，是对资产负债表、利润表、现金流量表和所有者（或股东）权益变动表等报表中列示项目的文字描述或明细资料，以及对未能在这些报表中列示项目的说明。附注与主体报表具有同等的重要性，是报表使用者了解企业财务状况、经营成果和现金流量的必读内容。根据财务报表列报准则的规定，报表附注应当包括如下内容：

1.企业的基本情况。

它包括：企业注册地、组织形式和总部地址；企业的业务性质和主要经营活动；母公司以及集团最终母公司的名称：财务报告的批准报出者和财务报告批准报出日等内容。

2.财务报表的编制基础。

3.遵循企业会计准则的声明。

企业应当声明编制的财务报表符合企业会计准则的要求，真实、完整地反映了企业的财务状况、经营成果和现金流量等有关信息。

4.重要会计政策和会计估计。

企业应当披露采用的重要会计政策和会计估计，不重要的会计政策和会计估计可以不披露。在披露重要会计政策和会计估计时，应当披露重要会计政策的确定依据和财务报表项目的计量基础，以及会计估计中所采用的关键假设和不确定因素。

5.会计政策和会计估计变更以及差错更正的说明。

6.报表重要项目的说明。

这里主要介绍分部报告。

表 6-4　　　　　　　　　　　　　　　　　　　　　　　　　　　　　　　　　　　　　　　会企 04 表

所有者（或股东）权益变动表

编制单位：　　　　　　　　　　　　　　　年度　　　　　　　　　　　　　　　　　　　　单位：元

项目	本年金额											上年金额										
	实收资本（或股本）	其他权益工具			资本公积	减：库存股	其他综合收益	专项储备	盈余公积	未分配利润	所有者权益合计	实收资本（或股本）	其他权益工具			资本公积	减：库存股	其他综合收益	专项储备	盈余公积	未分配利润	所有者权益合计
		优先股	永续债	其他									优先股	永续债	其他							
一、上年年末余额																						
加：会计政策变更																						
前期差错更正																						
其他																						
二、本年年初余额																						
三、本年增减变动金额（减少以“-”号填列）																						
（一）综合收益总额																						
（二）所有者投入和减少资本																						
1.所有者投入的普通股																						
2.其他权益工具持有者投入资本																						
3.股份支付计入所有者权益的金额																						
4.其他																						
（三）利润分配																						
1.提取盈余公积																						
2.对所有者（或股东）的分配																						
3.其他																						
（四）所有者权益内部结转																						
1.资本公积转增资本（或股本）																						
2.盈余公积转增资本（或股本）																						
3.盈余公积弥补亏损																						
4.设定受益计划变动额结转留存收益																						
5.其他综合收益结转留存收益																						
6.其他																						
四、本年年末余额																						

公司法定代表人　　　　　　　　主管会计工作负责人　　　　　　　　会计机构负责人

（1）分部报告的设计意义。随着企业跨行业和跨地区经营，许多企业生产和销售各种各样的产品并提供多种劳务，这些产品和劳务广泛分布于各个行业或不同地区，而不同行业产品、不同地区销售及不同性质的劳务所产生的业绩和所面临的风险不尽相同，给企业带来的发展机会也大不一样，各个业务部门（或品种）或各个经营地区的风险和报酬就构成了企业的整体风险，要评估企业的整体风险和报酬，必须借助企业的不同业务和不同地区经营的信息。分部报告就是从业务分类和地区分类的角度，分别反映企业各地区经营业务的营业收入、营业费用、营业利润、资产总额和负债总额等信息。企业提供分部信息，能够帮助会计信息使用者更好地理解企业以往的经营业绩，评估企业的风险和报酬，把握企业整体的经营情况，对未来的发展趋势做出合理的预期。

（2）分部报告的设计模式。企业设计分部报告时，可以采取业务分部和地区分部两种模式。

①业务分部的设计。业务分部是指企业内可区分的、能够提供单项或一组相关产品或劳务的组成部分，该组成部分承担了不同于其他组成部分的风险和报酬。对于某些企业而言，某一业务部门可以是一个业务分部，也可以将若干个业务部门组成一个业务分部；可以将生产某一种产品或提供某一种劳务的部门作为一个业务分部，也可以将生产若干种（一组）相关产品或提供一组劳务的部门作为一个业务分部。在确定业务分部时，应当注意以下几点：

a.业务分部中涉及的单项产品或劳务的性质必须相同，不能把性质不同的产品或劳务确定为一个业务分部。

b.业务分部中涉及的单项产品的生产过程的性质必须相同。生产过程的性质包括采用劳动密集或资本密集方式组织生产、使用相同或相似设备和原材料、采用委托生产或加工方式等。

c.业务分部中涉及的产品或劳务的客户类型应当相同。产品或劳务的客户类型包括大宗客户、零散客户等，因为客户类型相同，销售条件也基本相同，业务风险和报酬也相同或相似。

d.业务分部中涉及的销售产品或提供劳务的方式应当相同。销售产品或提供劳务的方式包括批发、零售、自产自销、委托销售、承包等，因为销售产品或提供劳务的方式不同，其承受的风险和报酬也不相同。

e.业务分部中涉及的生产产品或提供劳务所处的法律环境应当相同。

②地区分部的设计。地区分部是指企业内可区分的、能够在一个特定的经济环境内提供产品或劳务的组成部分，该组成部分承担了不同于在其他经济环境内提供产品或劳务的组成部分的风险和报酬。企业在确定地区分部时，应当考虑分部经营活动的主要风险和报酬是与其生产产品或提供劳务的地区相关，还是与其经营活动的市场及客户所在地区相关，从而选择以资产所在地或者客户所在地为基础确定。此外，企业在确定地区分部时，还应当考虑如下因素：

a.划定为一个地区分部的各个地区所处的经济、政治环境应当相似，包括境外经营所在地区经济和政治的稳定程度等。

b.划定为一个地区分部的各个地区的经营之间应当存在紧密联系，包括在某地区进行产品生产，而在其他地区进行销售等。

c.划定为一个地区分部的各个地区的生产经营接近程度应当较高，包括在某地区生产的产品是否需在其他地区进一步加工生产等。

d.划定为一个地区分部的各个地区之间在生产经营上应当不存在与经营相关的特别风险，包括气候异常变化等。

e.对于划定的境外地区分部的各个地区，应当考虑是否实行外汇管制，不能将实行外汇管制的国家或地区与外汇自由流动的国家或地区划定为一个地区分部。

f.对于划定的境外地区分部的各个地区，应当考虑是否存在外汇汇率变动的风险，不能将外汇汇率变动幅度不同的国家或地区划定为一个地区分部。

（3）分部报告的信息披露形式和主要内容的设计。分部报告的信息披露形式，涉及主要报告形式和次要报告形式两种。企业可以业务分部作为主要报告形式，也可以地区分部作为主要报告形式，但无论以哪种作为主要报告形式，分部信息都应当包括分部收入、分部费用、分部利润（亏损）、分部资产和分部负债等五部分。以业务分部为主要报告形式和以地区分部为主要报告形式的分部报告的内容与格式参见表6-5。

表6-5　**分部报告**

编制单位：　年度　单位：元

项　目	××业务（地区）		××业务（地区）		……		其他		抵销		合计	
	本年	上年	本年	上年			本年	上年	本年	上年	本年	上年
一、营业收入												
其中：对外交易收入												
分部间交易收入												
二、营业费用												
其中：对外交易费用												
分部间交易费用												
三、营业利润（亏损）												
四、资产总额												
五、负债总额												
六、补充信息												
1.折旧和摊销费用												
2.资本性支出												
3.折旧和摊销以外的非现金费用												

公司法定代表人　主管会计工作负责人　会计机构负责人

7.或有事项。

8.资产负债表日后事项。

它包括每项重要的资产负债表日后非调整事项的性质、内容及其对财务状况和经营成果的影响；企业利润分配方案中拟分配的以及经审议批准宣告发放的股利或利润。

9.关联方关系及其交易。

第四节 对内财务报表的设计

对内财务报表是为企业各管理部门提供的报表，其作用在于为管理部门及时提供预测、决策所需要的会计信息，是财务报表体系的重要组成部分。

一、对内财务报表的特点和设计原则

（一）对内财务报表的特点

与对外财务报表相比，对内财务报表的设计权完全归属于企业。因此，在对内财务报表的种类、内容、指标及编报期限上，各个企业都不尽相同。其主要特点如下：

1.报表内容有较强的针对性。对外财务报表的报送对象是外界信息使用者，为了适应不同信息使用者的需要，其内容具有普遍性。而对内财务报表的信息使用者均为本企业管理部门或管理人员，是为了特定的管理要求设计的，其内容具有较强的针对性。

2.报表指标的多样性。在对外财务报表中，为了综合反映企业财务状况和经营成果，便于信息使用者对指标的分析和评价，采用的指标都是价值指标。而对内财务报表是为企业的经营管理服务的，其使用重点是通过对报表指标的分析、比较和评价，检查计划和预算执行情况及结果，分析计划和预算执行中存在的问题与不足，总结计划和预算执行过程中的经验，以便提高企业管理水平。因此，采用的指标不仅有价值指标，还应有实物指标；不仅有绝对指标，还应有相对指标；不仅有定量指标，还应有定性指标。

3.编报期限的灵活性。对外财务报表都是要求定期编报的报表，具有报表报送的最后限制期限。而对内财务报表根据报表的使用要求和报送对象，具有一定的灵活性，既可按年、季、月定期编报，也可根据企业经营管理的需要不定期编报。

4.报表种类的不固定性。对外财务报表的种类由财政部门统一规定，并在一定时期保持稳定不变。而对内财务报表由于是根据企业经营和管理需要而设计的，因此，不同时期因管理需求不同，报表的种类也有所不同。

（二）对内财务报表的设计原则

对内财务报表是企业进行经营预测和决策、考核评价经营业绩的重要依据，其设计是否适宜将直接关系到企业的经营决策是否正确。因此，对内财务报表的设计应遵循以下原则：

1.适用性。对内财务报表的设计，不要求形成完整的报表体系，应当按照使用者的需要设计，做到针对性强、重点突出。

2.简明性。对内财务报表是直接为企业生产、经营、管理服务的，报送对象是企业的经营管理部门和人员，在保证适用的基础上，其格式和指标名称应当尽量简单、明了。

3.及时性。报表信息是企业预测和决策的主要依据，而预测和决策具有极强的时效性，因此，报表的编报必须及时，不得拖延。

二、对内财务报表的具体设计

对内财务报表是企业内部经营管理者进行预测和决策的重要依据，企业的经营规模和管理要求不同，需要设计的对内财务报表种类也不一致，大中型企业一般应当考虑设计以下几种报表：

（一）日常管理用报表的设计

企业的日常管理，主要是货币资金管理、存货管理和销售管理。为了适应日常管理的需求，通常需要编制反映一日货币资金增减变动和结余情况、一日或一段时间的存货增减变动和结存情况以及一日或一段时间商品销售情况的财务报表，这类报表可以按日编制，也可以视业务量按旬或按月编制。

1.货币资金增减变动情况表的设计。货币资金增减变动情况表是反映企业库存现金及银行存款每日增减变动及其余额情况的财务报表，由出纳在每日业务终了后，根据库存现金、银行存款日记账及其他有关资料编制，报送会计负责人和企业主要领导，以便及时掌握企业库存现金和银行存款的变动情况，合理调配资金，并准确做出货币资金的使用决策。

为了全面反映企业各项货币资金的变动、结余和存放情况，便于资金调度，设计该表时应突出三方面内容：一是当日实际资金余额，根据昨日账面余额，加本日增加金额，减本日减少金额计算得出；二是本日货币资金增加的渠道和减少的去向；三是资金的存放地点和账户。其格式参见表6-6。

表6-6　**货币资金增减变动情况表**

年　月　日　　　　单位：元

项　目	银行存款	库存现金	合　计	备　注
一、昨日账面余额				
加：营业收入				
融资金额				
欠款回收				
投资收回				
其他收款				
减：营业支出				
归还欠款				
归还投资				
投资支出				
其他支出				
二、本日账面余额				
未记账增加数				
未记账减少数				
三、本日实际余额				

会计主管　　审核　　出纳（制表）

2.银行借款报告单的设计。银行借款报告单是对企业各种银行借款的借入、偿还和结欠情况进行详细反映的报表。一般由主管银行借款的会计人员在每月底编制并报送会计负责人和企业主要负责人，使其及时了解与掌握银行借款的增减变动和余额情况，以便加强银行借款管理，按期归还借款。

银行借款报告单的设计，应按银行借款的种类（短期借款、长期借款）划分栏次，分别反映不同种类借款每月的借入、归还和欠款数。其一般格式参见表6-7。

表6-7 **银行借款报告单** 单位：元

项　目	短期借款	长期借款	合　计
一、上月欠款总额			
其中：逾期未还数			
二、本月借款总额			
三、本月还款总额			
四、月末欠款总额			
其中：逾期未还数			

会计主管　　审核　　制表

3.进货日报表的设计。进货日报表是对企业每日材料或商品购进的详细情况进行反映的报表，一般由主管材料和应付账款业务的会计人员在每日工作结束时编制并报送采购部门及其他有关部门，以便他们及时了解材料采购计划的执行情况，加强对采购业务的管理。为了反映材料采购资金的结算情况，应按现购和赊购分别列示。其格式参见表6-8。

表6-8 **进货日报表**

年　月　日　　金额单位：元

品名	规格及型号	计量单位	数量	单价	金　额			本月累计购进	
					现购	赊购	合计	数量	金额
合计									

会计主管　　审核　　制表

4.销货日报表的设计。销货日报表是对每日商品销售的详细情况进行反映的报表，一般由主管销售和应收款业务的会计人员在每日工作结束时编制，并报送企业主要负责人及其他有关部门，以便他们及时了解和掌握企业销售计划的执行情况，及时发现问题，调整销售方式，改进销售策略，减少销售风险。为了反映销货款的结算情况，销货日报表也应按现销和赊销分开列示。其格式参见表6-9。

表6-9 **销货日报表**

年　月　日　　金额单位：元

品名	规格及型号	计量单位	数量	单价	销售金额			本月累计销售	
					现销	赊销	合计	数量	金额
合计									

会计主管　　审核　　制表

（二）财务状况分析表的设计

财务状况分析表是指根据资产负债表的有关资料，对各项资产、负债及所有者权益在各自总额中所占比重以及报告期和基期比较的变化情况进行分析的报表，也称资产负债分析表。通过分析，可以查找企业资产、负债和所有者权益增减变动的原因，考查企业资产、负债的构成是否合理，便于了解企业的偿债能力，预测企业未来的财务状况。其格式参见表6-10。

表6-10　　财务状况分析表

年　月　日　　金额单位：元

资产项目	上期数		本期数				负债及所有者权益项目	上期数		本期数			
	金额	比重（%）	金额	比重（%）	增减额	增减百分比（%）		金额	比重（%）	金额	比重（%）	增减额	增减百分比（%）
一、流动资产							一、流动负债						
1.货币资金							1.短期借款						
2.交易性金融资产							2.应付款项						
3.应收款项							3.预计负债						
4.存货							二、非流动负债						
二、非流动资产							1.长期借款						
1.债权投资							2.应付债券						
2.长期股权投资							3.长期应付款						
3.固定资产							4.其他非流动负债						
4.在建工程							三、所有者权益						
5.无形资产							1.投入资金						
6.其他资产							2.留存收益						
合　计							合　计						

会计主管　　审核　　制表

（三）经营成果分析表的设计

经营成果分析表主要是对企业一定时期构成经营成果的各项目本期实际数与预算数（或上期数、上年同期实际数）等进行比较和分析的报表。利用此表，可以反映企业本期利润实际数与对比数之间的关系，确定增减变动情况以及各项目对利润总额变化的影响程度，以便据此查明利润升降的原因，总结经验，发现问题，提出措施，改进工作。

经营成果分析表一般包括利润分析表、主营业务利润分析表（主营业务收支明细表）、营业外收支明细表、管理费用明细表、营业费用明细表等。分别说明如下：

1.利润分析表的设计。为了反映利润计划的本期和本年累计执行情况，利润分析表的设计应按本期数和本年累计数分设栏目，并按利润的构成项目反映它们的实际数、预算数（或其他对比数）、差异额和增减百分比。对比数字可以选一个，也可以选多个。这里以预算数为对比数，其格式参见表6-11。

表6-11

利润分析表

年　　月　　　　　　　　　　　　　　　　　　　　金额单位：元

项　目	本期数				本年累计数			
	实际数	预算数	差异额	完成预算百分比（%）	实际数	预算数	差异额	完成预算百分比（%）
一、营业收入								
减：营业成本								
税金及附加								
销售费用								
管理费用								
研发费用								
财务费用								
其中：利息费用								
利息收入								
加：其他收益								
投资收益（损失以“-”号填列）								
其中：对联营企业和合营企业的投资收益								
以摊余成本计量的金融资产终止确认收益（损失以“-”号填列								
净敞口套期收益（损失以“-”号填列）								
公允价值变动收益（损失以“-”号填列）								
信用减值损失（损失以“-”号填列）								
资产减值损失（损失以“-”号填列）								
资产处置收益（损失以“-”号填列）								
二、营业利润（亏损以“-”号填列）								
加：营业外收入								
减：营业外支出								
三、利润总额（亏损总额以“-”号填列）								
减：所得税费用								
四、净利润（净亏损以“-”号填列）								
（一）持续经营净利润（净亏损以“-”号填列）								
（二）终止经营净利润（净亏损以“-”号填列）								
五、其他综合收益的税后净额								
（一）不能重分类进损益的其他综合收益								
1.重新计量设定受益计划变动额								
2.权益法下不能转损益的其他综合收益								
3.其他权益工具投资公允价值变动								
4.企业自身信用风险公允价值变动								
⋮								
（二）将重分类进损益的其他综合收益								
1.权益法下可转损益的其他综合收益								
2.其他债权投资公允价值变动								
3.金融资产重分类计入其他综合收益的金额								
4.其他债券投资信用减值准备								
5.现金流量套期储备								
6.外币财务报表折算差额								
⋮								
六：综合收益总额								
七、每股收益：								
（一）基本每股收益								
（二）稀释每股收益								

会计主管　　　　　　　　　　　　审核　　　　　　　　　　　　制表

2.主营业务利润分析表的设计。主营业务利润分析表可分别按主营业务利润结构和采用因素分析法进行编制。按主营业务利润结构编制的主营业务利润分析表是指按主营业务种类或者所售商品品种分栏设计，反映每类主营业务或每一商品营业收入、营业成本、税金及附加的本期实际数与预算数（或上期数、上年同期数、上年平均数等），通过比较，分析和考核各主营业务或所售商品营业情况的报表，也称主营业务利润结构分析表。其一般格式参见表6-12。

表6-12　**主营业务利润结构分析表**

年　月　金额单位：元

项目 商品名称	主营业务收入				主营业务成本				税金及附加				主营业务利润			
	实际数	预算数	差异额	完成百分比（%）	实际数	预算数	差异额	完成百分比（%）	实际数	预算数	差异额	完成百分比（%）	实际数	预算数	差异额	完成百分比（%）
合　计																

会计主管　审核　制表

采用因素分析法编制的主营业务利润分析表，是对主营业务利润计划执行情况进行重点分析时所使用的报表，也称主营业务利润因素分析表。该表与“其他业务利润分析表”“营业外收支明细表”一起，共同反映企业利润计划的执行情况和升降原因。设计主营业务利润分析表时，应当把影响主营业务利润变动的各个因素及其影响程度反映出来。其一般格式参见表6-13。

表6-13　**主营业务利润因素分析表**

年　月　金额单位：元

影响主营业务利润变动的因素	影响利润	各影响因素占总变动额百分比（%）
商品销售数量变动影响		
商品销售价格变动影响		
商品销售成本变动影响		
商品销售税金变动影响		
商品销售结构变动影响		
合　计		

会计主管　审核　制表

3.其他业务利润分析表的设计。其他业务利润分析表是按其他业务种类分栏设计，将各种其他业务收入、其他业务成本实际数与上年实际平均数或本年计划数比较（这里选用上年实际平均数为比较数），用以分析其他业务利润增减变动情况的报表。由于是依据其他业务利润的构成项目进行分析，因此，也称为其他业务利润结构分析表。其一般格式参见表6-14。

表6-14 **其他业务利润结构分析表**

年 月 金额单位：元

项目 业务种类	其他业务收入				其他业务成本				其他业务利润			
	本期实际	上年同期实际	升降额	升降率（%）	本期实际	上年同期实际	升降额	升降率（%）	本期实际	上年同期实际	升降额	升降率（%）
出租固定资产												
出租无形资产												
出租包装物												
销售材料												
用材料进行非货币性交换												
合 计												

会计主管 审核 制表

4.营业外收支明细表的设计。营业外收支明细表是根据营业外收入明细账和营业外支出明细账的有关资料，对各项营业外收支的本期实际数加以反映，并与上年实际平均数进行对比分析的报表。编制营业外收支明细表，有利于了解企业营业外收支的构成情况，以便针对性地采取措施，控制营业外收支，扩大盈利。其一般格式参见表6-15。

5.投资收益分析表的设计。投资收益分析表是根据投资收益明细账的有关资料，对各投资项目的投资收益和投资损失的本年实际数进行反映，并与上年实际数进行对比的报表。由于是以构成投资收益的各个项目进行分析，因而也称为投资收益结构分析表。该表一般由负责投资收益明细账的会计人员于每年年末编制，报送企业主要负责人及投资管理部门，以便他们做出正确的投资决策，优化企业投资结构，取得最佳投资效益。其一般格式参见表6-16。

6.销售费用分析表。销售费用分析表是由负责登记销售费用明细账的会计人员，于每月末根据销售费用明细账编制的，用以反映企业每月销售费用的实际发生情况，并与本期预算数和上期实际数进行对比的报表。编制此表，有助于了解和掌握销售费用预算的执行情况，分析销售费用变化发展态势，控制销售费用的开支，提高产品盈利水平。其一般格式参见表6-17。

表6-15

营业外收支明细表

年　　月

金额单位：元

项　目	行　次	本期实际	上年实际平均数	升降额	升降率（%）
一、营业外收入					
1.债务重组利得					
2.与企业日常活动无关的政府补助					
3.盘盈利得					
4.接受捐赠利得					
营业外收入合计					
二、营业外支出					
1.固定资产毁损报废损失					
2.无形资产毁损报废损失					
3.债务重组损失					
4.公益性捐赠支出					
5.非常损失					
6.罚款支出					
7.盘亏损失					
营业外支出合计					
三、营业外收支净额					

会计主管　　　　审核　　　　制表

表6-16

投资收益结构分析表

年　　月

金额单位：元

项　目	行　次	本年实际	上年实际	升降额	升降率（%）
一、投资收益					
1.交易性金融资产持有收益					
2.交易性金融资产处置收益					
3.债权投资持有收益					
4.债权投资处置收益					
5.其他债权投资持有收益					
6.其他债权投资处置收益					
7.其他权益工具投资持有收益					
8.其他权益工具投资处置收益					
9.长期股权投资持有收益					
10.长期股权投资处置收益					
⋮					
投资收益合计					
二、投资损失					
1.交易性金融资产取得费用					
2.交易性金融资产处置损失					
3.债权投资处置损失					
4.其他债券投资处置损失					
5.其他权益工具投资处置损失					
5.长期股权投资持有损失					
6.长期股权投资处置损失					
⋮					
投资损失合计					
三、投资净损益					

会计主管　　　　审核　　　　制表

表6-17

销售费用分析表

年　　月

金额单位：元

项　目	本期实际	本期预算	差异额	差异率（%）	上期实际	增减额	增减率（%）
1.专设销售机构经费							
其中：职工薪酬							
业务费							
折旧费							
固定资产修理费							
2.运输费							
3.装卸费							
4.包装费							
5.保险费							
6.展览费							
7.广告费							
8.商品维修费							
9.预计产品质量保证损失							
⋮							
其他							
合　计							

会计主管　　　　　　　　　　审核　　　　　　　　　　制表

7.管理费用分析表。管理费用分析表是由负责登记管理费用明细账的会计人员，于每月结束后根据管理费用明细账编制的，用以反映企业每月管理费用实际支出情况，并与本年预算数和上年实际数进行比较的报表。其报送对象一般为企业主要负责人和费用预算管理部门及其他有关部门。由于管理费用直接计入当期损益，其实际支出水平如何，直接关系到企业的盈利水平。因此，编制此表，有利于管理当局及时了解与掌握企业各月份管理费用实际支出情况和预算执行情况，及时采取控制费用支出的措施，提高管理水平和企业盈利水平。其一般格式参见表6-18。

表6-18 **管理费用分析表**

年　　月　　　　　　金额单位：元

项　目	本期实际	本期预算	超支或节约额	完成百分比（%）	上期实际	增减额	增减率（%）
1.职工薪酬							
2.物料消耗费							
3.修理费							
4.折旧费							
5.办公费							
6.水电费							
7.差旅费							
8.低值易耗品摊销							
9.工会经费							
10.董事会费							
11.聘请中介机构费							
12.咨询费							
13.诉讼费							
14.业务招待费							
15.审计费							
16.技术转让费							
17.矿产资源补偿费							
18.研发费用							
19.筹建期间开办费							
⋮							
其他							
合　计							

会计主管　　　　　　审核　　　　　　制表

（四）现金流量分析表的设计

现金流量分析表是以现金流量表为依据，对现金流量表中各种活动产生的现金流入、现金流出和现金流量净额进行分析的报表，一般一年编制一次，通过将连续三年的实际数进行环比，判断企业现金流量的变化趋势，并从中找出各类活动以及各项目增减变动的真实原因，了解现金流量的变化结果与变化过程之间的关系。其格式及内容参见表6-19。

表6-19 **现金流量分析表**

年度 金额单位：元

项　　目	上年实际	上年			本年		
		实际数	同比增减额	同比增减率（%）	实际数	同比增减额	同比增减率（%）
一、经营活动							
1.现金流入							
2.现金流出							
3.现金流量净额							
二、投资活动							
1.现金流入							
2.现金流出							
3.现金流量净额							
三、筹资活动							
1.现金流入							
2.现金流出							
3.现金流量净额							
四、汇率变动对现金影响额							
五、现金及现金等价物净增加额							

会计主管 审核 制表

（五）成本费用报表的设计

反映企业成本费用的报表均属于内部管理用财务报表，因为在市场经济体制下，企业成本费用管理是企业内部管理问题，采用何种管理方法，管理成效如何，均为企业的商业秘密，一般不予外露。另外，从企业信息使用者来看，他们所关心的是企业的财务状况、经营成果及现金流量的信息，而对企业成本费用管理方法也不太关注。在制造企业，常用的成本费用报表主要有制造费用明细表、生产成本明细表、主要产品单位成本表、完工产品生产成本表、材料消耗报告和人工消耗报告等。

1.制造费用明细表的设计。制造费用明细表是由负责登记制造费用明细账的会计人员，于每月末根据制造费用明细账编制，反映企业一定时期制造费用的实际发生情况，并与本期预算数和上年实际数进行对比的内部报表，一般报送给生产成本管理部门及其他有关成本费用管理部门。编制制造费用明细表，可以及时了解企业制造费用预算执行情况，掌握其发展变化趋势，以便及时采取对策，提高费用管理水平，降低制造费用，从而降低生产成本。制造费用明细表的一般格式参见表6-20。

表6-20　**制造费用明细表**

年　　月　　金额单位：元

项　目	本期实际	本期预算	差异额	预算完成百分比（%）	上期实际	增减额	同比增减率（%）
1.职工薪酬							
2.折旧费							
3.租赁费							
4.办公费							
5.水电费							
6.机物料费							
7.劳动保护费							
8.季节性和修理期间的停工损失							
⋮							
其他							
合　计							

会计主管　　审核　　制表

2.主要产品单位成本表的设计。主要产品单位成本表是对企业的各种主要产品，按成本项目反映其实际成本构成情况，并与本年目标成本或标准成本进行比较的内部报表。编制此表，有利于了解主要产品的单位成本变化情况，分析成本升降原因，寻求降低成本的途径，加强成本管理。主要产品单位成本表的一般格式参见表6-21。

表6-21　**主要产品单位成本表**

年　　月

产品名称　　规格及型号　　计量单位　　售价

本月实际产量　　本年累计产量　　金额单位：元

成本项目	本期实际成本	本期目标成本	成本升降额	成本升降率（%）	上年实际平均数	成本升降额	成本升降率（%）
直接材料							
燃料及动力							
直接人工							
制造费用							
废品损失							
停工损失							
合　计							

会计主管　　审核　　制表

3.完工产品生产成本表的设计。完工产品生产成本表是由负责登记生产成本明细账的会计人员，于每月末根据生产成本明细账编制的，用来反映企业一定时期内完工产品生产总成本的内部报表。其报送对象是企业主要负责人和有关成本管理部门。完工产品生产成本表通常按照成本项目分别列示本月实际、本年累计实际和上年实际平均等有关指标，以便通过对比分析，了解企业产品生产成本的发展趋势，强化成本管理。其一般格式参见表6-22。

表6-22 **完工产品生产成本表**

年 月 单位：元

项 目	本月实际	本年累计实际	上年实际平均
月初在产品成本			
加：本月生产费用			
其中：直接材料			
燃料及动力			
直接人工			
制造费用			
废品损失			
停工损失			
减：月末在产品成本			
完工产品总成本			

会计主管 审核 制表

4.材料消耗报告。材料消耗报告是详细反映产品生产过程中材料耗费情况的报表，该表一般由负责登记材料明细账的会计人员于每月末根据材料明细账和有关材料定额管理资料编制，主要报送对象为企业主要负责人、生产部门和有关成本管理部门。通过编制本表，可以及时发现材料消耗中存在的问题和不足，便于生产部门和管理部门及时采取降低材料消耗的对策，从而降低材料费用和产品生产成本。该表一般分生产车间或班组编制，其格式从略。

5.人工消耗报告。人工消耗报告是详细反映企业一定时期内产品生产过程中人工消耗情况的报表，一般由负责工资核算的会计人员于每月结束后根据工资核算凭证进行编制，同时反映人工定额消耗和实际消耗指标。其报送对象是本单位主要负责人和有关生产管理部门，以便及时发现生产管理中存在的问题和不足，改进管理方案，提高人工利用效率，降低成本，提高经济效益。人工消耗报告一般分车间或班组编制，其格式从略。

需要指出的是，与制造企业相比，商品流通企业只需编制费用报表，而且费用报表种类较少，一般只需要设计“营业费用明细表”。

商品流通企业的营业费用是指商品在进、销、存过程中所发生的一切费用。营业费用明细表是反映商品流通企业一定时期营业费用发生情况的财务报表，由负责营业费用明细账登记的会计人员于每月末根据营业费用明细账编制，并报送单位主要负责人和有关管理部门。为发现管理工作中的问题和不足，提高企业经营管理水平和经济效益，本表应同时提供本月实际指标和本月预算指标。其格式从略。

本章小结

本章主要阐述财务报表设计的基本概念、基本理论和基本方法，重点介绍对内财务报表的设计内容与方法。

主要概念和观念

□　主要概念

财务报表　对外财务报表　对内财务报表　分部报告

□　主要观念

会计工作的基本目的和任务是对企业内外部信息使用者提供决策所需要的会计信息，设计科学合理的财务报表，对于加强企业经营管理、满足利益相关者的需要、充分发挥会计在经济管理中的作用，具有十分重要的意义。由于对外财务报表在会计相关法规中有强制性规定，留给企业的设计空间不大，因而本章主要介绍对内财务报表的设计。

基本训练

□　知识题

● 阅读理解

1.1　简答题

（1）财务报表设计的意义是什么？

（2）设计财务报表应遵循哪些原则？

（3）财务报表设计基本内容包括哪些？

（4）企业需要设计哪些日常管理用报表？

（5）制造企业需要设计哪些成本费用报表？

（6）制造企业需要设计哪些内部经营成果报表？

1.2　思考题

（1）企业为什么设计对内财务报表？

（2）与对外财务报表相比，对内财务报表的设计有哪些特点？

● 知识应用

1.1　单项选择题

（1）下列不属于期间费用报表反映的内容是（　　）。

A.财务费用　B.管理费用　C.销售费用　D.制造费用

（2）下列属于动态财务报表的是（　　）。

A.现金流量表　B.利润表　C.资产负债表　D.所有者权益变动表

（3）在我国现行资产负债表中，对资产项目进行分类的依据是（　　）。

A.流动性　B.重要性

C.是否具有实物形态　D.永久性

（4）利润表项目一般按照相关科目的发生额填列，但例外的是（　　）。

A.管理费用　B.每股收益　C.营业收入　D.营业成本

1.2 多项选择题

（1）上市公司对外提供的财务报表应包括（　　）。

A.资产负债表　　B.利润表　　C.现金流量表　　D.所有者权益变动表

（2）与对外财务报表相比，对内财务报表的特点表现为（　　）。

A.报表内容有较强的针对性　　B.报表指标的多样性

C.编报期限的灵活性　　D.报表种类的不固定性

（3）反映企业成本费用的报表主要有（　　）。

A.主要产品单位成本表　　B.制造费用明细表

C.管理费用明细表　　D.完工产品生产成本表

1.3 判断题

（1）企业无须自行设计对外财务报表。（　　）

（2）与对外财务报表一样，对内财务报表的报送也需要单位负责人签字。（　　）

（3）对内财务报表的报送时间应当由会计人员确定。（　　）

□ 技能题

根据此前已经学习过的财务会计知识以及本章的学习内容，请绘制一张对外财务报表设计与对内财务报表设计的比较表。

□ 能力题

• 案例设计题

根据我国现行会计规范要求，为一新注册成立的制造企业设计对内财务报表（包括报表种类和名称）。

第七章

账务处理程序的设计

学习目标

明确账务处理程序的设计原理，掌握逐笔过账账务处理程序与汇总过账账务处理程序的具体设计方法等。其具体目标包括：

☐ 知识目标

了解账务处理程序的种类、特点及使用范围，掌握账务处理程序设计的意义、原则和内容。

☐ 技能目标

熟悉各种账务处理程序的设计方法。

☐ 能力目标

具备针对各种类型的企业设计账务处理程序的能力。

第一节　账务处理程序设计概述

账务处理程序，又称会计核算形式或会计核算组织程序，是指从填制会计凭证、登记会计账簿到编制财务报表的整个过程。在这一过程中，由于各个部分的组织和结合方式不同，因此产生了不同的账务处理程序。科学合理的账务处理程序，对于保证会计核算质量、简化会计核算工作、提高工作效率等具有重要的作用。因此，科学合理地设计账务处理程序，是企业会计制度设计的重要内容之一。

一、账务处理程序的设计意义

在前面几章，我们分别介绍了会计凭证、会计账簿和财务报表的设计，但在会计实务工作中，它们并不是孤立存在的，必须采用一定的方式，按照一定的顺序进行科学合理的组织和链接，才能完成会计核算的任务，发挥会计在经济管理工作中的作用。账务处理程序的设计，不同于凭证、账簿和报表的设计，它是对相关会计制度进行的合理组织，将各部分独立的、分散的内容结合起来，使之成为一个有机的整体和严密的系统。

账务处理程序设计要解决的问题是：如何以账簿组织为核心，将会计凭证、会计账簿、记账方法和记账程序有机地结合起来处理账务。具体包括：在会计制度中选用哪些账簿，各种账簿之间如何建立联系，进而组成记录全部经济业务的账簿体系；使用哪些种类与格式的原始凭证和记账凭证，凭证之间以及凭证和账簿之间怎样进行联系；各种财务报表产生的程序和根据；会计凭证如何填制和传递、会计账簿如何登记、如何根据账簿记录编制财务报表等方面的工作顺序的规定。

可见，账务处理程序的设计是整个会计制度设计中一项比较复杂的工作，具有很大的灵活性，必须依据企业的具体情况而定。账务处理程序设计是否妥当，是否符合本单位的业务特点和管理要求，关系到会计工作能否顺利进行，会计信息能否及时准确地提供，会计劳动能否节约，会计的作用能否充分发挥。账务处理程序的设计意义具体表现为：

（一）体现会计制度的系统性和完整性

前已述及，会计制度中的许多内容不是孤立存在的，也不能以独立的方式去指导会计实践，而必须结合一定的账务处理程序。例如，会计制度中的会计科目体系，包括总账科目和明细科目，都要通过账簿组织来安排相应的总账账户和明细账户，进行记录和核算；各种业务的核算都要通过安排各种凭证、表格、账簿以及它们之间的关系来具体实施；各种财务报表，包括对外财务报表和对内财务报表，都需要通过合理的账务处理程序产生和形成。可以说，账务处理程序的设计，是对经济业务的记录、处理和汇集手段进行协调、组织和综合，使之成为一个系统，从而体现会计制度的系统性和完整性。

（二）保证会计工作的有机运行

会计核算的基础工作可以概括为三项：填制会计凭证、登记会计账簿和编制财务报表。良好的账务处理程序，可以促使会计的各项工作有条不紊、相互协调地运行，使会计信息在各个工作环节上的整理、加工以及反馈都能及时准确，杜绝会计凭证的迂回传递和会计账簿的重复登记，有利于会计信息在适宜的时空条件下产生。

（三）提高会计核算质量和工作效率

会计核算质量的高低，影响着会计对经济活动管理作用的发挥，而核算质量又与其工作的效率有着直接的关系。效率低下的会计工作，不可能产生高质量的会计信息。而账务处理程序设计得合理、科学，有利于简化工作手续，避免重复劳动，从而提高工作效率。只有工作效率提高了，核算速度加快了，才能保证信息的及时提供，核算内容也能相应拓宽，会计工作质量才能相应提高。否则，工作手续繁琐，核算不及时，会计质量将无法保证。

（四）节约会计耗费，降低会计成本

会计耗费是指从事会计工作所支出的一切物化劳动和活劳动；会计成本是指为加工一定种类和数量的会计信息所发生的会计耗费。会计与经济效益有着“血缘”关系，会计管理的最终目的就是提高经济效益。为此，会计自身的工作也必须注重节约。账务处理程序设计得好，可以在对凭证、账簿和报表的协调中，发现问题并及时解决，减少不必要的工作环节和手续，杜绝无效劳动，节约人力、财力、物力的支出，降低会计成本，进而实现整个会计制度经济节约、简明适用的目的。

总之，科学合理地设计账务处理程序，不仅有助于充分发挥会计凭证、账簿、报表等个体的作用，而且能够保证会计制度的总体效应，高效、高质、低耗地做好会计工作。

二、账务处理程序设计的种类

将会计凭证、会计账簿、财务报表等要素，按照不同的方式和顺序有机地组合起来，就形成了不同的账务处理程序，它们分别适用于经济业务特点、经营规模大小、经济管理要求不同的单位。由于各种账务处理程序的主要区别在于登记总分类账的依据和方式不同，因此，设计账务处理程序的种类主要以如何登记总分类账作为标准。一般地讲，在登记总分类账时，既可以将经济业务逐笔记入总分类账，简称逐笔过账，又可以将经济业务汇总后记入总分类账，简称汇总过账。逐笔过账程序和汇总过账程序的具体方式又包括多种，参见图7-1。

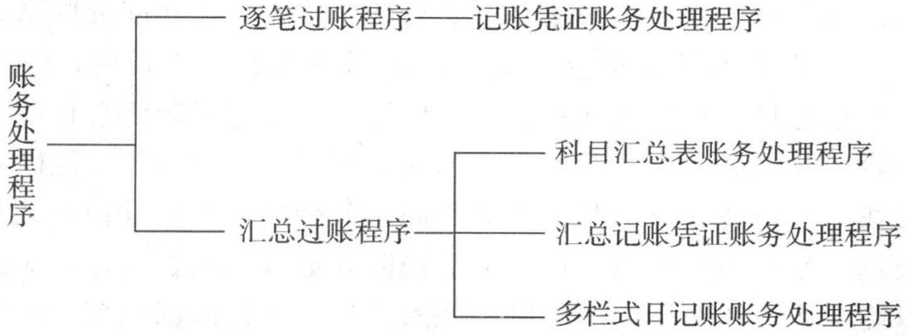

图7-1　账务处理程序设计的种类

需要指出的是，尽管逐笔过账程序和汇总过账程序登记总分类账的依据及方式不同，但在实际工作中，往往可以相互变通，结合使用，并派生出一些其他的账务处理程序。

三、账务处理程序的设计原则

账务处理程序的设计，实际上是对会计凭证、会计账簿、财务报表及记账程序等诸要素的协调和组织，具有内容庞杂、涉及面广、综合性强和灵活性大的特点。因此，为了保证其设计科学合理、简便适用，应当遵循以下设计原则：

（一）符合本单位的具体情况

要设计科学合理的账务处理程序，必须从本单位的实际出发，考虑各种主客观条件，而不能一味模仿其他单位的做法。具体地讲，应当考虑以下几个方面：

1.经济活动的特点和经济业务的数量。这是设计账务处理程序的决定性因素，任何单位的账务处理程序，要想做到科学合理，首先必须适应本单位的经济活动的特点和经济业务发生的数量。例如，从事生产经营活动的企业与从事预算收支活动的事业单位相比较，二者经济业务的繁简程度、相应会计科目的数量、使用凭证和账簿的种类等均有明显的区别，因此，设计时绝不能把它们等同起来，必须区别对待。一般地讲，行政事业单位和小型企业，经济业务比较简单，数量也相对较少，因此可以考虑采用逐笔过账程序；而大中型企业，经济业务复杂，数量也较多，更适宜采用汇总过账程序。具体采用哪种账务处理程序，可再根据会计科目的数量、人员的分工等情况决定。

2.经济管理的要求。经济管理对会计工作提出的要求，是设计账务处理程序时必须考虑的第二因素。账务处理程序的终点，是编制财务报表，为经济管理提供数据资料。为此，各种资料出自何处、在哪个环节提供、采用什么方式等都应当有合理的安排。例如，对内财务报表较多的单位，一般应采用凭单日记账账务处理程序或多种日记账账务处理程序，以方便数据资料的摘取；而对内财务报表很少的单位，则应考虑记账凭证账务处理程序或日记总账账务处理程序。

3.财务机构的内部组织情况。一般地讲，财会人员数量多、内部分工比较细、岗位责任制健全的单位，适宜选用汇总过账的核算程序，以方便机构内部的分工合作；反之，则应考虑逐笔过账的核算程序。

（二）有利于凭证、账簿和报表之间的协调

设计账务处理程序，就是对会计凭证、账簿、报表等进行的合理组织，使之有机地结合起来，协调一致。为此，在设计账务处理程序时，必须解决好以下几方面的问题：

1.凭证与凭证之间的联系。这是账务处理程序的第一个“工序”。它具体解决：（1）如何根据原始凭证编制记账凭证，即建立原始凭证与记账凭证之间的联系；（2）是否需要汇总原始凭证，以及汇总原始凭证与原始凭证之间的关系怎样确立；（3）若采用汇总过账，记账凭证与汇总记账凭证如何联系，怎样根据记账凭证编制汇总记账凭证。

2.凭证与账簿之间的联系。这是账务处理程序的关键“工序”。各种账务处理程序的主要区别，就是在于凭证和账簿的联结方式不同。各种凭证用来登记什么账簿？各种账簿根据什么凭证登记？是采用记账凭证还是汇总记账凭证或是原始凭证？对这些问题都应有明确的规定，以确保凭证和账簿之间的紧密联系，杜绝重记或漏记现象的发生。

3.账簿与账簿之间的联系。这些联系包括分类账簿与序时账簿之间的联系、总分类账簿与明细分类账簿之间的联系。

4.账簿和报表之间的关系。各种财务报表所需要的资料如何从有关的账簿中取得？哪些报表根据总分类账编制？哪些报表根据明细分类账编制？哪些报表还需借助于有关的日记账？报表在何时编制？对这些问题都应做出明确的规定，以保证会计信息的及时性和准确性。

（三）有利于减少会计工作量，提高会计工作效率

记账凭证账务处理程序，是账务处理程序的基本形式，其他各种账务处理程序都是在这一基本形式的基础上发展演变而来的。由记账凭证账务处理程序转化为多种账务处理程序的原因之一，就是为了简化记账的工作量，杜绝重复抄录的现象。为此，设计账务处理程序，必须考虑减少工作量、提高工作效率的要求。具体到一个单位，其所设计的账务处理程序，应当小于或等于记账凭证账务处理程序下的工作量。否则，就是不成功的设计。

会计工作中的重复抄录不仅会降低工作效率，而且会加大错误发生的概率，无论是会计凭证记录中的重复，还是账簿登记中的重复，都是如此。所以，尽量减少填制凭证的手续、改进账簿登记的方法，是设计账务处理程序时必须注意的问题。下面提供一些在适当情况下简化会计工作量的方法。

1.以原始凭证代替记账凭证。原始凭证是编制记账凭证的依据，记账凭证是对原始凭证的内容进行的会计加工，二者反映的经济业务内容是一致的。因此，对于某些自制原始凭证，只要略加改进，增设会计科目、记账符号、财会人员签章的位置，并予以重新编号，就可使其起到记账凭证的作用，从而省去编制记账凭证的工作量。

2.尽可能采用累计原始凭证。累计原始凭证可以连续反映一定时期内不断重复发生的同类经济业务，据此编制的记账凭证数量必然可以减少，整个记账工作随之简化。因此，对于自制的原始凭证，在条件许可时，尽可能采用累计方式。但不能将不同类型的经济业务累计到一张凭证上。

3.设计专用记账凭证。企业里某些类型的经济业务是大量重复发生的，且具有一定的规律。例如，产品销售业务在取得销售收入的同时，主要是货款收存银行或形成应收款项。为了便于核算和管理，可以为这些重复发生的业务设计统一的专用凭证，将业务所涉及的会计科目直接印制在凭证上，编制时只需填制金额和签字，从而简化工作量。

4.改进记账凭证汇总方法。在采用汇总记账凭证和科目汇总表账务处理程序时，由于某些经济业务较复杂，使一张凭证中涉及几个会计科目，给汇总工作造成许多不便，而且汇总发生差错时又难于查找。为此，在编制记账凭证时，应当尽可能地编制一借一贷和多借一贷的会计分录，若遇一借多贷或多借多贷的情况，可将其化为一借一贷或多借一贷的形式，分解在几张凭证上，以便按单一的贷方汇总记账凭证，给汇总工作提供方便，简化汇总工作量。

需要指出的是，以上简化会计工作量的方法，必须根据企业的实际情况确定是否采用。一般情况下，它们适用于经营规模大，经济业务种类复杂、数量多的大中型企业；而经济业务种类简单、数量少的企业则不宜采用，否则，难免事倍功半，适得其反。

（四）有利于加强内部会计控制

账务处理程序的设计，不仅要求符合单位具体条件，协调会计的各项工作，提高会计工作效率，而且要求加强会计工作的内部控制制度，明确会计核算的各个环节、各个岗位上的责任，使从事各项工作的人员能够相互制约、相互监督，既有明确的分工，又能有效地合作。如果账务处理程序的设计不合理，则内部控制就会不严密，责任也会不明确，既影响工作效率，又难以保证工作质量。

四、账务处理程序的设计步骤

根据各设计单位具体情况的不同，账务处理程序的设计应当采用不同的工作步骤，才能保证质量、节约劳动。账务处理程序的设计步骤包括以下两种情况：

（一）原有账务处理程序改进设计的步骤

对各企业单位原有的账务处理程序进行改进设计，应当先确定账务处理程序的类型，然后再逐项设计账务处理程序各组成部分的具体内容。因为原有单位已经设立运行，且对原有账务处理程序是否合适，存在哪些问题，需要做哪些改进、创新等情况都比较清楚，对财会人员的习惯也了解，相关资料也容易获得，因此，能够比较容易地确定账务处理程序的类型，并在此基础上，进行各个核算环节的设计。

具体地讲，这种设计的基本步骤是：（1）根据对该单位生产经营特点和管理要求的调查，大致规划出该单位适用的账务处理程序类型。必要时可以画出账务处理程序的草图；（2）按照草图的要求安排账簿组织，设计各个核算环节使用的会计凭证、序时账簿、分类账簿和财务报表等，并使它们各自形成完整的体系；（3）在设计各个具体核算环节的内容时，如果发现事先规定的账务处理程序有不妥的地方，应当进行修改，在草图上适当予以调整，使其逐步完善和严密，做到科学合理。

（二）新建单位账务处理程序设计的步骤

为新成立的企业单位设计账务处理程序，其步骤与第一种情况一般相反，即先分别设计凭证、账簿、报表等具体内容，然后再将它们组合起来，形成所需要的账务处理程序。由于新建单位一切从零开始，既无成形的凭证、账簿、记账方法和记账程序，又不了解财会人员的习惯，因此，可以不受原有模式的束缚，在一张“白纸”上自由“作画”。

具体地讲，这种设计的基本步骤是：（1）根据经济业务特点和管理要求，分别设计所需要的凭证、账簿及报表的种类和格式，并各自形成独立的完整体系；（2）将各种凭证、账簿、报表等与记账方法有机地组合起来，确定它们之间的联系和记账程序，从而构成整体账务处理程序；（3）对不适应或不利于整体账务处理程序实施的各个核算环节，进行必要的修改或补充。

第二节 逐笔过账账务处理程序的设计

逐笔过账账务处理程序，是根据原始凭证编制记账凭证，并根据记账凭证登记总账，也称记账凭证账务处理程序，是账务处理程序中最基本、最常用的形式。

一、记账凭证和会计账簿的设计

1.记账凭证的设计。记账凭证一般设置收款凭证、付款凭证、转账凭证三种或只设一种通用格式的记账凭证，具体格式参见第四章第三节记账凭证的设计，这里不再赘述。

2.账簿的设计。账簿组织应当包括总分类账和各种明细分类账。总分类账一般采用三栏式订本账，并按每一总分类科目开设账页。明细分类账可根据实际需要，分别采用三栏式、数量金额式和多栏式等格式，但均为活页账。为了加强货币资金的核算和管理，及时了解货币资金的增减变化及结存情况，还应当单独设置库存现金日记账和银行存款日记账，其格式一般采用三栏式订本账，如有必要，也可采用多栏式。

此外，为了保证记账凭证的完整和方便保管，还可以设计一本“记账凭证登记簿”，按记账凭证的顺序号进行登记。

二、记账基本程序的设计

1.根据原始凭证编制汇总原始凭证。

2.根据汇总原始凭证编制记账凭证。

3.根据记账凭证中的收款、付款凭证逐日逐笔登记库存现金日记账和银行存款日记账。

4.根据各种记账凭证，结合原始凭证或原始凭证汇总表逐笔登记各种明细分类账，并将记账凭证号记入“记账凭证登记簿”。

5.根据各种记账凭证逐笔登记总分类账，并在总账的摘要栏内说明经济业务的主要内容或对方科目，以建立账户之间的对应关系。

6.根据总账资料定期与有关的明细账和日记账进行核对，保证账账相符。

7.根据总账、明细账和其他有关资料定期编制财务报表。

此外，为了检查总账各账户余额的平衡关系，为对账、报账的顺利进行作准备，还可在账账核对之前，编制“总账科目余额试算平衡表”。记账凭证账务处理程序参见图7-2。

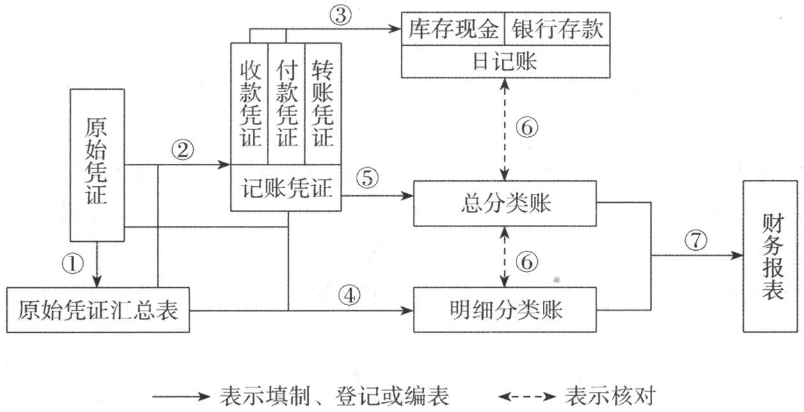

图7-2　记账凭证账务处理程序图

从图7-2可以看出，记账凭证账务处理程序是按照“原始凭证→记账凭证→会计账簿→财务报表”的顺序完成会计核算的，所以说，它是最基本的会计账务处理程序。

三、优缺点及适用范围

1.优点。记账凭证账务处理程序的优点主要有：（1）手续简便，账务处理环节少，操作比较容易；（2）总分类账可以比较详尽地记录和反映经济业务的发生或完成情况，对一些不常发生经济业务的会计科目，可以不设置明细分类账，只需在总分类账的摘要栏内详细说明业务内容即可，使总账内一些会计科目的摘要记录起到明细账的作用；（3）对月末没有余额的一些会计科目，如“管理费用”“主营业务收入”等，其总账和明细账可以合二为一，只要总账使用多栏式账页，就可避免总账与一些明细账的重复登记问题。

2.缺点。记账凭证账务处理程序的缺点主要是总账逐笔登记，导致工作量较大，尤其是在经济业务量多时，存在大量的重复劳动。因此，它适用于规模较小、经济业务较少的企事业单位。

第三节　汇总过账账务处理程序的设计

汇总过账的账务处理程序具有汇总登记总账的共同特点，但由于总分类账的登记，既可以根据汇总后的记账凭证，也可以根据各种日记账的汇总数字，因此，可以设计成以下三种基本方式：记账凭证分类汇总（汇总记账凭证）账务处理程序、多栏式日记账账务处理程序和科目汇总表账务处理程序。

一、科目汇总表账务处理程序的设计

这种账务处理程序是在以记账凭证为基础汇总登记总账时最常用的一种方式。

其特点是将一定时期的记账凭证中总账科目的发生额全部汇总在一张科目汇总表（也称记账凭证汇总表）上，然后据此登记总分类账，又称“记账凭证汇总表账务处理程序”。

（一）记账凭证、科目汇总表和会计账簿的设计

1.记账凭证的设计。在科目汇总表账务处理程序下，记账凭证可以选择通用记账凭证，也可以选择专用记账凭证。具体格式见第四章第三节记账凭证的设计，这里不再赘述。

2.科目汇总表的设计。科目汇总表账务处理程序的特点是依据科目汇总表登记总账，所以，必须设计“科目汇总表”（具体格式参见表7-1），以便定期对全部记账凭证的内容进行汇总。汇总时，将全部记账凭证所涉及的各个总分类账会计科目的借方、贷方发生额定期、分别合计起来，填入有关栏内，据此登记总账。登账后，将总账账页编号填入“总账页次”一栏内，以便账证核对，保证相符。

表7-1 **科目汇总表** 科汇字第 号

年 月 日至 日 附件：

会计科目	总账页次	发生额	
		借方	贷方
合计			

会计主管 复核 记账 制表

需要指出，编制“科目汇总表”的间隔时间不宜太长，一般以10天或15天为宜，业务不多的企业可以1个月汇总编制一次。

3.会计账簿的设置。账簿组织及格式与记账凭证账务处理程序一致，包括总分类账、库存现金日记账、银行存款日记账和各种明细分类账。

（二）记账基本程序的设计

1.根据原始凭证或原始凭证汇总表编制记账凭证；

2.根据收款凭证、付款凭证登记库存现金日记账和银行存款日记账；

3.根据记账凭证，结合原始凭证或原始凭证汇总表登记各种明细分类账；

4.根据记账凭证定期编制“科目汇总表”；

5.根据科目汇总表登记总分类账；

6.总账与明细账、日记账定期核对，保证账账相符；

7.根据总账、明细账和其他有关资料编制财务报表。

科目汇总表账务处理程序如图7-3所示。

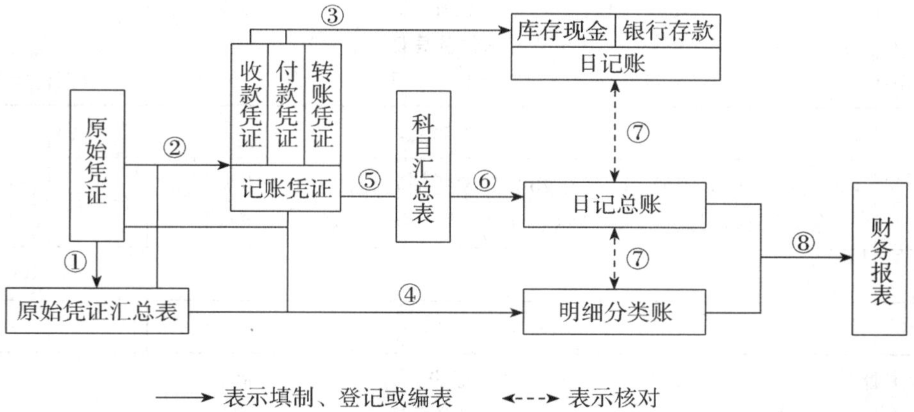

图7-3　汇总过账账务处理程序

（三）优缺点及适用范围

（1）优点。主要有：①汇总手续简单，大大简化了登记总账的工作量；②科目汇总表分别借贷方合计本期各账户的借方发生额和贷方发生额，利用借贷方合计数可以起到试算平衡的作用，便于及时发现错误予以更正；③总账记录成为综合性的数据，只反映各会计科目一定时期的增减发生额，因此，总账可以不设置“摘要”栏而采用多栏式总账格式，方便记账和对账工作。

（2）缺点。主要有：①经济业务复杂，复合会计分类较多时，汇总工作比较麻烦；②科目汇总表不能明确反映账户之间的对应关系，不便于分析和检查经济业务的来龙去脉，不便于查对账目。该程序适用于经济业务较多的大中型企业。

二、汇总记账凭证账务处理程序的设计

汇总记账凭证账务处理程序的特点是：先定期将全部记账凭证按收款、付款、转账凭证分别归类编制汇总记账凭证，再根据汇总记账凭证登记总分类账。

（一）记账凭证、汇总记账凭证和会计账簿的设计

1.记账凭证的设计。在汇总记账凭证账务处理程序下，最好选择专用记账凭证，包括收款凭证、付款凭证和转账凭证。具体格式参见第四章第三节记账凭证的设计。

2.汇总记账凭证的设计。汇总记账凭证账务处理程序的特点是依据汇总记账凭证登记总账，所以，企业在设计了记账凭证的基础上，必须设计汇总记账凭证，包括汇总收款凭证、汇总付款凭证和汇总转账凭证。汇总记账凭证的汇总期限一般为10天或15天，最长不能超过1个月。3种汇总记账凭证的格式分别参见表7-2、表7-3、表7-4。

表7-2　**汇总收款凭证**

借方科目：　　　　年　　月　　　　汇收字第　　号

贷方科目	金额				总账页次
	1日至10日收款凭证第×号至第×号	11日至20日收款凭证第×号至第×号	21日至31日收款凭证第×号至第×号	合　计	
合　计					

会计主管　　　　　复核　　　　　记账　　　　　制单

表 7-3

汇总付款凭证

贷方科目：　　　　　　　　年　　月　　　　　　　汇付字第　　号

借方科目	金额				总账页次
	1日至10日付款凭证第×号至第×号	11日至20日付款凭证第×号至第×号	21日至31日付款凭证第×号至第×号	合　计	
合　计					

会计主管　　　　　复核　　　　　记账　　　　　制单

表 7-4

汇总转账凭证

贷方科目：　　　　　　　　年　　月　　　　　　　汇转字第　　号

借方科目	金额				总账页次
	1日至10日转账凭证第×号至第×号	11日至20日转账凭证第×号至第×号	21日至31日转账凭证第×号至第×号	合　计	
合　计					

会计主管　　　　　复核　　　　　记账　　　　　制单

汇总记账凭证的具体编制方法是：(1) 汇总收款凭证，按库存现金或银行存款科目的借方分别设置，根据一定时期内的全部库存现金或银行存款收款凭证，分别按与设证科目（库存现金或银行存款）相对应的贷方科目加以归类，定期（一般为5天、10天或15天等）汇总填列一次，每月编制一张，月终根据合计数登记总账。(2) 汇总付款凭证，按库存现金或银行存款科目的贷方分别设置，根据一定时期内的全部现金或银行存款付款凭证，分别按与设证科目（库存现金或银行存款）相对应的借方科目加以归类，定期汇总填列一次，每月编制一张，月终根据合计数登记总账。(3) 汇总转账凭证，按每一贷方科目设置，根据一定时期内的全部转账凭证，按与设证科目相对应的借方科目加以归类，定期汇总填列一次，每月编制一张，月终结算出合计数，据此登记总账中各有关账户的借方和设证账户的贷方。

3.账簿的设计。账簿体系及格式应与记账凭证账务处理程序相符，包括总分类账、库存现金日记账、银行存款日记账和各种明细分类账。

（二）记账基本程序的设计

1.根据原始凭证编制汇总原始凭证。

2.根据原始凭证或原始凭证汇总表编制记账凭证。

3.根据收款凭证、付款凭证登记库存现金日记账和银行存款日记账。

4.根据记账凭证，结合原始凭证或原始凭证汇总表登记各种明细分类账。

5.根据收款凭证、付款凭证和转账凭证，定期编制汇总收款凭证、汇总付款凭证和汇总转账凭证。

6.月终，根据汇总收款凭证、汇总付款凭证和汇总转账凭证，登记总分类账。

7.总账与明细账、日记账定期核对，保证账账相符。

8.根据总账、明细账和其他有关资料编制财务报表。

在填制汇总收款凭证、付款凭证时，对于现金和银行存款之间相互划转的业务，应以付款凭证为依据，汇总到以贷方为主的付款凭证中去；此外，为了便于汇总转账凭证的填制，在日常编制转账凭证时，应使各账户之间保持一借一贷或多借一贷的对应关系，而不宜采用一借多贷或多借多贷的对应关系。

需要指出的是，如果在月份内，某一贷方科目的转账凭证为数不多，或者有些汇总原始凭证已按贷方科目设置，那么，可以不编制汇总转账凭证，而直接据以登记总分类账，以简化核算手续。

记账凭证分类汇总账务处理程序参见图7-4。

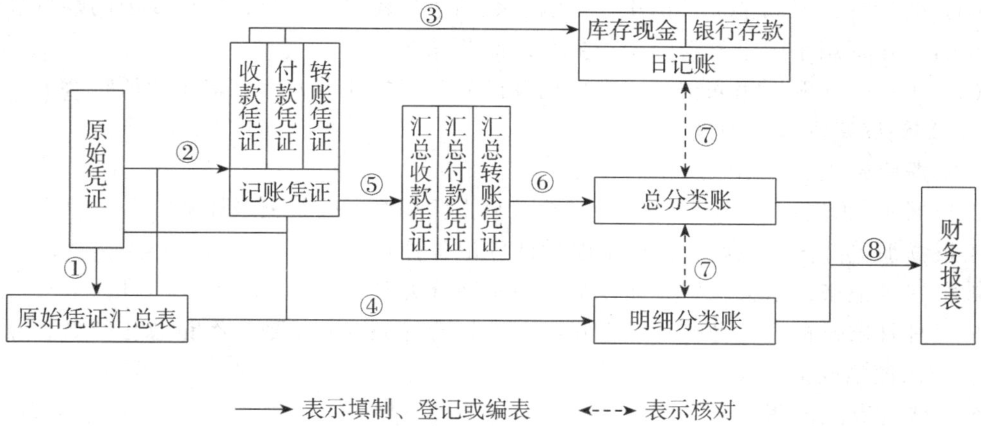

图7-4　记账凭证分类汇总账务处理程序图

（三）优缺点及适用范围

1.优点。记账凭证分类汇总处理程序的优点主要有：（1）汇总记账凭证每月定期编制一次或数次，登记总账，大大简化了记账工作；（2）汇总记账凭证和总账上仍然能够反映出科目之间的对应关系，不仅便于了解经济业务内容的来龙去脉，而且发生差错后也容易查找；（3）分类汇总、分类平衡，便于会计人员分工，加快汇总的速度。

2.缺点。记账凭证分类汇总处理程序的缺点主要有：汇总手续比全部汇总核算程序麻烦，如果单位经济业务较少，凭证数量不多，会增加汇总的工作量，起不到简化的作用。因此，它适用于规模大、业务多的企业。

三、多栏式日记账账务处理程序的设计

这种账务处理程序的特点是：设置多栏式现金日记账和银行存款日记账，购货日记账、销货日记账和生产日记账，并作为过账媒介登记总分类账。由于各种专用日记账是按对应科目设置专栏，对经济业务分类汇总后登记总账的，所以属于汇总过账核算程序。

（一）记账凭证和账簿的设计

1.记账凭证的设计。这种账务处理程序不绝对要求每一笔经济业务都编制记账凭证，

可以根据加盖戳记的原始凭证直接登记日记账。实际工作中，可以对外来原始凭证编制记账凭证，以方便记账和保管；而对自制原始凭证，只要留有加盖戳记的位置，并保证尺寸规格统一即可代替记账凭证。

2.账簿的设计。账簿组织以及分类账和明细分类账账页格式的设计与记账凭证账务处理程序下的设计一致，库存现金日记账和银行存款日记账的账页格式必须按照对方科目设计为多栏式。对于购销业务量发生频繁的企业单位，还可增加设计购货日记账和销货日记账。对制造企业，还可增加设计生产日记账。

（1）库存现金日记账，用来记录现金的收入和支出业务，可按收入和支出分设两本账，也可合设一本账。

（2）银行存款日记账，用来记录银行存款的收支业务，库存现金日记账，银行存款日记账可以分设收、支两本账，也可合设一本账。

（3）购货日记账和销货日记账。赊购、赊销业务较多的单位，可设专门的购货日记账和销货日记账，用来记录材料赊购业务和产品赊销业务。

（4）生产日记账，用来记录生产费用及产品完工的业务，为制造企业所特有。

（二）记账基本程序的设计

1.根据原始凭证编制汇总原始凭证。

2.根据实际需要，对外来原始凭证或原始凭证汇总表编制记账凭证。

3.根据加盖戳记的原始凭证或记账凭证登记各种日记账。

4.根据日记账，结合原始凭证登记各种明细分类账。

5.每月月末，根据各种特种日记账的各专栏合计数（月结数）登记总分类账，并根据普通日记账逐笔或汇总登记总分类账。

6.总账与有关的明细账定期核对。

7.根据总账编制总账科目余额表。

8.根据总账、明细账和有关的日记账编制财务报表。

需要指出的是，当一笔经济业务涉及两种日记账时，往往需要规定何种业务登记何种日记账。如果某笔经济业务在两种日记账中被重复登记，就必须明确规定哪一本日记账中的有关专栏过总账，哪一本日记账中的有关专栏不过总账。因此，过总账的手续比较复杂。此外，在这种账务处理程序下，总账的账页格式可以使用三栏式，每一会计科目占用一张账页，分别反映各科目的情况；也可使用多栏式，将全部科目排列在一张账页上，以便通过账户的对应关系了解资金运动的情况，并进行试算平衡，省去编制“总账科目余额表”的工作。

（三）优缺点及适用范围

1.优点。多种日记账账务处理程序的优点主要有：（1）日记账可以形成完整的序时记录体系，便于分析和检查各类经济业务的发生情况；（2）省略了部分记账凭证的编制工作，同时简化了总账的登记工作；（3）便于会计人员分工，提高工作效率。

2.缺点。多种日记账账务处理程序的缺点主要是账簿组织复杂，不便于中小企业使用，且不太符合实际会计工作者的习惯。因此，它适用于经济业务复杂、往来业务多，财会人员分工细、业务水平较高的大型工商企业。

第四节　会计信息化环境下账务处理流程的设计

从原始凭证到记账凭证，从记账凭证到会计账簿，从会计账簿到财务报表是建立在手工记账手段下账务处理的流程，该流程能够清晰地反映出会计凭证、账簿和报表之间的递进和依存关系，但存在数据用途单一、工作量重复、容易发生抄写错误等问题。在把计算机和信息技术引入会计实务后，账务处理流程不能完全照搬手工模式下的账务处理流程，应有所突破，设计更适合计算机、效率更高、处理更合理的账务处理系统，详见图7-5。

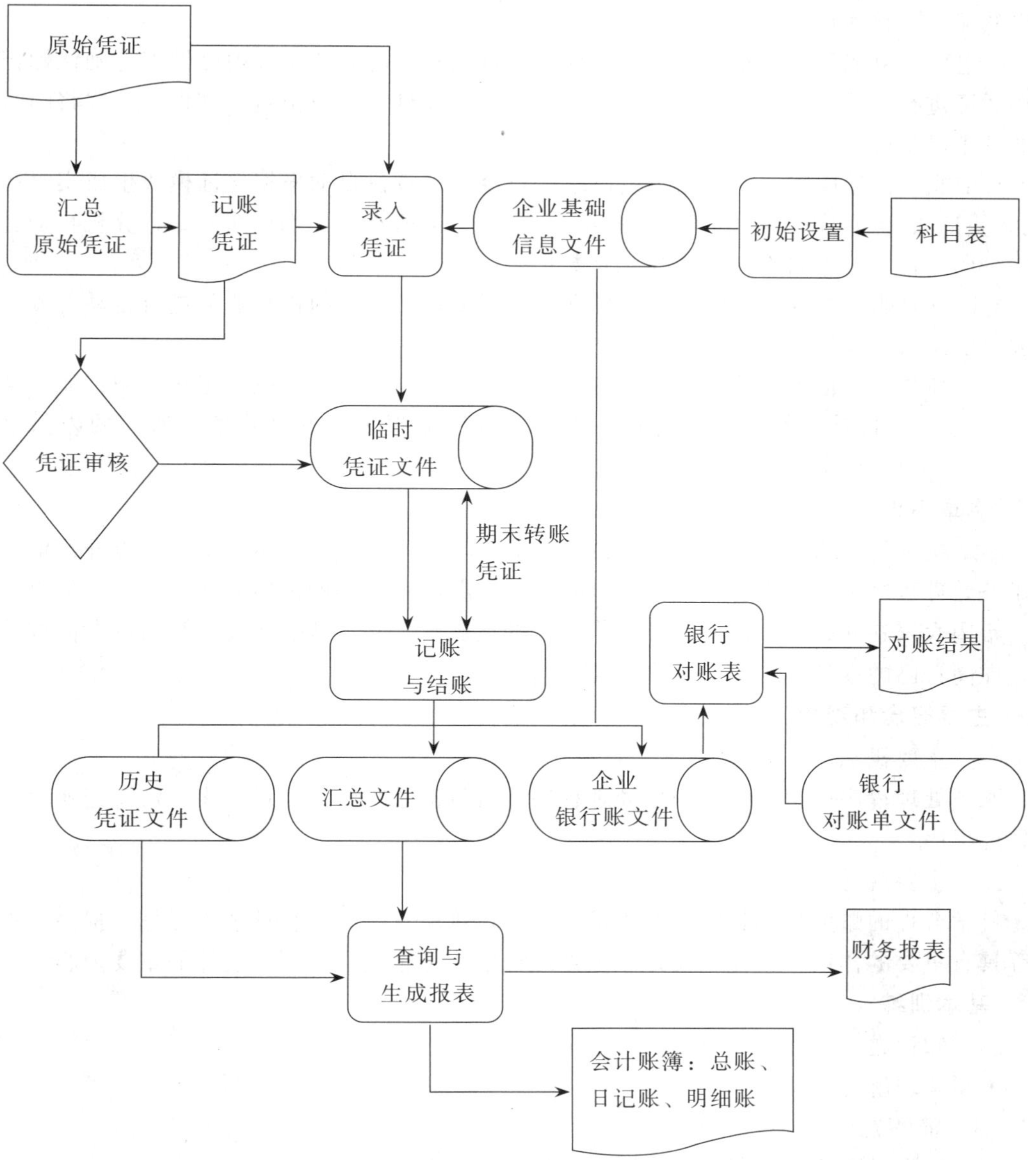

图7-5　会计信息化环境下账务处理程序

会计信息化环境下账务处理程序说明如下：

1.在系统启用前由制单人将本单位的基本信息、科目编码和名称、期初余额、客户档案、供应商档案‘会计人员档案、仓库档案等基础会计信息，通过初始设置模块输入计算机，并保存在企业基础信息文件中。

2.接收和审核原始凭证，编制记账凭证。日常经济业务发生时，业务人员将原始单据提交会计部门，如需汇总，编制汇总原始凭证。原始凭证和汇总原始凭证经审核无误后，由制单员输入记账凭证，经检查无误后，保存在临时凭证文件中。

3.记账凭证审核。审核员从临时凭证文件中获取记账凭证，并进行审核。对审核无误的记账凭证做审核确认标记；对审核有误的记账凭证返回制单员进行更正后进行再审，直至审核无误，再做确认标记。

4.记账。由记账员发布记账指令，计算机自动对临时凭证文件中已做审计确认标记的记账凭证进行记账，分别更新汇总文件、历史凭证文件、企业银行账文件等，并将临时凭证文件中已记账的凭证删除。

5.结账。会计期末，由结账员发出结账指令，计算机自动根据凭证模块生成实时凭证(机制凭证)，保存在临时凭证文件中供记账使用；当所有凭证都记账后，计算机自动进入结账阶段，计算出本月合计、本年累计数据。

6.银行对账。根据企业银行账文件和银行对账单文件中的银行业务进行自动对账，并生成对账结果。

7.查询与生成报表。计算机根据各种数据文件自动、实时生成日记账、明细账（某科目、部门、项目等明细账）和总账，以及对外财务报表和各级管理者所需的内部财务报表。

本章小结

本章主要解读账务处理程序设计的基本概念、基本理论和基本方法，重点介绍汇总过账账务处理程序。本章内容与此前“基础会计学”课程所学的内容有相通之处，但也有差异。希望大家在回顾过去已学实务操作知识的基础上，从设计的角度加深对本章内容的理解，提高自己的设计能力和综合应用能力。

主要概念和观念

□ 主要概念

账务处理程序　记账凭证账务处理程序　科目汇总表账务处理程序　汇总记账凭证账务处理程序

□ 主要观念

科学合理的账务处理程序，对于保证会计核算质量、简化会计核算工作、提高工作效率等具有重要的作用。因此，设计账务处理程序，是企业会计制度设计的重要内容之一。

基本训练

□ 知识题

• 阅读理解

1.1 简答题

(1) 什么是账务处理程序？设计账务处理程序有什么意义？

（2）账务处理程序有哪几种？它们的主要区别是什么？

（3）设计账务处理程序应当符合哪些要求？

（4）什么是逐笔过账的账务处理程序？

（5）汇总过账账务处理程序包括哪几种？各有哪些优缺点？

1.2　思考题

（1）各种账务处理程序如何变通使用？试举一具体形式予以说明。

（2）会计信息化环境下账务处理程序设计有什么特点？

• 知识应用

1.1　单项选择题

（1）一般情况下，对经营规模较小、业务量较少、管理要求较低的企业，会计核算形式的设计可采用（　　）。

A.记账凭证账务处理程序　　B.科目汇总表账务处理程序

C.汇总记账凭证账务处理程序　　D.多栏式日记账账务处理程序

（2）账务处理程序的起点是（　　）。

A.填制会计凭证　B.编制会计分录　C.登记会计账簿　D.编制财务报表

（3）各种账务处理程序的区别是（　　）。

A.记账凭证的格式不同　　B.原始凭证的传递路线不同

C.总账的登记依据和方法不同　　D.编制的财务报表不同

1.2　多项选择题

（1）账务处理程序的设计，一般包括（　　）。

A.会计凭证的设计　　B.会计账簿的设计

C.财务报表的设计　　D.会计科目的设计

（2）汇总过账账务处理程序具体包括（　　）。

A.总账账务处理程序　　B.多栏式日记账账务处理程序

C.科目汇总表账务处理程序　　D.汇总记账凭证账务处理程序

（3）各种账务处理的相同点在于（　　）。

A.原始凭证的格式相同　　B.记账凭证的填制方法相同

C.账簿体系一致　　D.总账的登记依据相同

1.3　判断题

（1）科目汇总表账务处理程序是最受欢迎的一种账务处理程序。（　　）

（2）记账凭证的格式因所采用的账务处理程序不同而不同。（　　）

（3）明细账的登记依据与账务处理程序没有关系。（　　）

□　技能题

根据此前已经学习过的财务会计知识以及本章的学习内容，请绘制一张各种账务处理程序对比表（包括相同点和不同点）。

□　能力题

• 案例设计题

根据我国现行会计规范体系，为一新注册成立的、会计岗位分工较细的国有大型制造业企业设计账务处理程序。

第八章 内部控制制度的设计

学习目标

明确内部控制制度及其在经济管理中的作用；掌握内部控制制度设计的意义、基本要求、内容范围和方法程序。其具体目标包括：

□ 知识目标

了解内部控制制度的发展历史，明确会计工作与内部控制之间的内在联系，熟悉内部控制制度设计的意义、目标、原则、程序和方法。

□ 技能目标

掌握内部控制制度设计的基本技能与方法。

□ 能力目标

具备为企业设计货币资金收支、材料采购、资产盘存、产品销售、筹资、投资等业务内部控制制度的能力。

第一节 内部控制制度设计概述

我国上市公司2017年执行企业内部控制规范体系情况分析报告

一、内部控制制度的含义和作用

（一）内部控制制度的含义

20世纪初，随着生产社会化程度的空前提高，股份公司逐渐成为西方国家主要的企业组织形式，竞争的加剧迫使许多企业普遍加强了对生产经营活动的控制。在管理理论的指导和企业管理的现实需求下，欧美一些企业在内部牵制思想的基础上，借助各种事先确定的科学标准和程序，纷纷在企业内部组织结构设置、经济业务授权和处理程序等方面实施控制，基本做到了职能部门和人员分工制度化，业务处理程序标准化、规范化，从而达到了防错消弊，保护企业财产的安全和完整，保证会计信息的真实和可靠，确保经营管理方针的贯彻落实及提高企业经营效率的目的。1936年，美国注册会计师协会发布的《独立公共会计师对的审查》首次定义了内部控制，该文件将内部控制定义为“为了保护公司现金和其他财产的安全、检查账簿记录的准确性，而在公司内部采用的各种手段和方法”。

第二次世界大战后，随着西方资本主义国家营运资本趋向集中，企业规模不断扩大，职能管理部门随之细化，子公司、分公司、派出机构大量出现，经济业务日趋复杂。为了加强母公司与子、分公司之间、公司内部各职能部门之间的相互控制，保证经济活动的规范进行，进而促使各办事机构的人员尽职尽责，遵循既定的管理方针，提高工作效率和工作质量，提高会计信息的可靠性，内部控制的范围和内容不断扩大，控制手段和方法进一步规范化和科学化。出于适应环境发展的需要，1949年美国注册会计师协会又将内部控制定义为“企业为了保证财产的安全完整，检查会计资料的准确性和可靠性，提高企业的经营效率以及促进企业贯彻既定的经营方针，所设计的总体规划及所采取的与总体规划相适应的一切方法和措施”。

1963年，美国注册会计师协会审计程序委员会首次将内部控制划分为内部会计控制和内部管理控制两个分支，使内部控制理论体系日臻完善。进入20世纪80年代以后，内部控制理论又有了新的发展。美国注册会计师协会于1988年4月公布的《审计准则公告第55号》，提出以“内部控制结构”取代“内部控制制度”，并开始注意控制环境的作用，将会计制度正式列为内部控制的构成要素，从而使内部控制由相互独立的两个分支上升到一个从关注各利害关系主体对内部控制的态度开始，到对内部控制实施最终效果——会计信息的评价这样一个逻辑较为严密的控制体系。

在对20世纪80年代后期发生的财务舞弊案件进行总结和反思的基础上，美国反虚假财务报告委员会（Treadway委员会）的发起组织委员会（COSO）于1992年发布，并于1994年修订的《内部控制——整合框架》，对内部控制结构进行了重新设计，并对内部控制做出如下描述：“内部控制是由企业董事会、经理阶层和其他员工实施的，为经营的效率效果、财务报告的可靠性、相关法律的遵循性等目标的实现而提供合理保证的过程。”报告还将内部控制的目标重新界定为“合理地确保经营的效率和有效性、财务报告的可靠性、对适用法律的遵循”，并承认了风险评估在内部控制中的地位。将内部控制确定为由控制环境、风险评估、控制活动、信息与沟通、监督五大要素组成的整体框架。1994年，美国管理会计师协会在其发布的《内部控制结构》中又对内部控制进行了定义，认为“内部控制是这样一个整体系统，它是由管理者建立的，旨在以一种有序的和有效的方式进行公司的业务，确保其与管理政策和规章的一致，并报告资产，尽量确保记录的完整性和正确性”。2004年9月，受美国“安然”“世通”等恶性财务舞弊案的影响，COSO结合《萨班斯-奥克斯利法案》（Sarbanes-Oxley Act）对内部控制的要求，再次发布内部控制报告——《企业风险管理——总体框架》，提出了风险偏好和风险容忍度等概念，将原来的风险评估要素扩展为目标设定、事项识别、风险评估和风险反映，强调了风险管理在内部控制中的重要性，认为企业风险管理是一个过程，受企业董事会、管理层和其他人员的影响，应用于战略制定，并贯穿于企业的所有层级和单位之中，旨在识别影响组织的事件并在组织的风险偏好范围内管理风险，为各类目标的实现提供合理保证。至此，内部控制度由注重对经营效率的提高、会计信息可靠性的保证以及对既定法律的遵循，演变为对经营风险的预防、控制和评估。

随着市场环境的日趋复杂，COSO委员会于2010年根据市场情况重新审核原内部控制整合框架，并于2013年5月14日修订发布了新的《内部控制——整合框架》。新框架在内部控制的核心定义、体例结构以及各个维度方面基本保持原貌，但更加明确了目标设定在内部控制中的作用，扩大了报告目标类别，更加关注非财务目标，并加强了对反舞弊预期的考虑。其中最大的变化是，它明确地列出了17项总体原则，这些原则代表着与5个内部控制要素相关的基本概念，可确保内部控制五大要素以及整个内部控制系统的有效运行。

回顾内部控制制度的发展演变历史，可以得出如下结论：第一，内部控制制度是社会化大生产的必然产物，是强化企业管理制度、促进企业发展的客观需要，并随着企业经营环境复杂程度的提高而不断丰富其内容，其本身是一个随经济环境的日益复杂化而涉及面越来越广、受影响和制约的因素越来越多的动态概念；第二，内部控制的基本目标是保证资产安全完整和会计信息真实可靠；第三，内部控制的基本职能是行为引导和权力制衡；第四，内部控制的未来发展方向是风险导向型内部控制。

综上所述，要给出内部控制制度一个权威性解释并非易事，但我们可以透过内部控制制度的产生和发展历程，得出内部控制制度的最基本的解释，即内部控制制度是由管理者所设立的，由企业董事会、管理层和全体员工共同实施的，约定和保证企业内部各职能部门、各有关工作人员之间，在处理经济业务过程中相互联系、相互制约的一种管理制度，是对经济业务的处理过程实施控制的方法、程序和手续的总称。这里的联系，是指在经济业务发生时，有关经办人员之间如何互相沟通、协调，从而使经济活动得以顺利进行；这里的制约，是指经办人员之间如何相互牵制、相互监督，以防止权力膨胀、决策失误、营私舞弊和技术错误，保证经济活动的合法合理性和效率性。这种相互联系和相互制约的关系是否明确、有效，是内部控制制度是否严密、完善的标志。

完善的内部控制制度一般应具备四个方面的要素：一是职权与责任，即企业管理者与各个职能部门拥有的职权和应承担的责任，以及据此确定的他们在处理经济业务时所处的地位和作用；二是程序与手续，即处理每一项经济业务的规定程序和手续，要求明确规定每一项经济业务需要经过哪些手续、由哪些人员负责办理、他们之间如何沟通联系，以及应当采用哪些具体的处理方法等；三是控制方式，即处理每一项经济业务的人员之间相互制约的方式，要求某人办理的业务必须经过其他人员的核准和同意，必须置于其他人员的监督之下，有关人员之间必须形成制约关系；四是监督机制，即建立独立的监督部门对整个业务管理过程进行监督，并且对发现的偏差进行及时修正，以保证制度实施的可行性和效益性。

以上所述表明，内部控制制度不只涉及财会部门，也不只是会计工作的需要，而要牵涉企业的各个职能部门和各个方面的业务工作。因此，为了保证各部门的经济活动都能符合预定目标、防错消弊、保质保量，各职能部门在制定其业务管理制度时，都应当符合内部控制制度的要求。由于财会部门在经济业务所牵涉的各个职能部门当中处于中心位置，是财务收支的“关口”，任何经济业务的办理都离不开财会部门，因此，在设计会计制度时，必须将内部控制制度作为一项重要内容设计。

（二）内部控制制度的作用

严格地讲，内部控制制度不是一项独立的制度，其思想和要求一般贯穿于各项管理制度之中，对各项制度的健全完善和有效执行起着保护性作用。内部控制制度的作用表现在以下几个方面：

1.保护会计制度的贯彻执行。内部控制制度在会计制度体系中，不像会计科目、会计凭证、财务报表等，一般不作为独立的部分，而是贯穿于会计制度的各个方面，对整个会计制度的实施起保护作用。从某种意义上讲，会计制度能否顺利执行、实施效果是否理想，关键取决于内部控制制度是否严密完善。如果只有会计制度条文，而缺乏严格的保护性措施，会计工作同样不能规范运行。例如，关于产品销售业务所使用的会计科目、凭证、账簿以及账务处理办法等方面的规定虽已齐备，但如果没有明确规定开票、收款、发货、门卫等有关人员的职责，没有规定他们之间的制约方式，销售业务就可能出现漏洞，违法乱纪行为就有可乘之机，会计制度的作用就会削弱和降低。可见，完善的内部控制制度是保证会计制度效用必不可少的措施。

2.防错消弊，保护企业财产的安全完整。内部控制制度的基本要求是将经济业务的办理工作进行合理的分工，明确规定每一个业务经办人员的职权和责任，设计周密的业务处理程序和手续。可见，内部控制制度强调办理经济业务的多层次性，以保证业务处理过程的透明度和处理结果的客观性，否定经办人员和经办手续的单一性，以防止业务处理过程的隐蔽性和处理结果的主观性。它可以将每一经办人员的职责、行为置于其他经办人员的监督之下，使每一经办人员只享有办理业务的部分权利，以保证任何经济业务的发生和完成都有若干人参与或知晓。这样，就不会给任何不法行为形成机会，可以有效地防止营私舞弊行为。即使一些经办人员在处理业务时做了手脚，也会立即暴露在其他有关人员的监督之下。同时，还可以避免或减少会计工作中的失误和技术性的错误，保证会计工作的质量。所以说，严密完善的内部控制制度，既能形成一种威慑力量，制止一切伪造、篡改会计记录的营私舞弊行为发生，又能产生预防效应，防止工作上的失误，确保企业财产物资的安全完整。

3.保证会计信息的真实、正确、完整和及时，提高其使用价值。会计信息虽然最终由财会部门提供，但由于信息来源渠道复杂，各种数据资料经过的环节较多，业务办理人员的素质参差不齐，所以保证会计信息的质量不能单纯依靠财会部门。要想解决这一问题，企业在设计会计制度时，必须根据内部控制制度的要求，规定各项业务的标准处理程序，包括业务的发生地点、经过环节、经办人员的职责划分、业务处理时间、审批稽核手续以及使用的会计凭证和账簿等。这样，通过会计制度的实施，就可以保证会计信息的质量。可见，严密完善的内部控制制度，为提供真实、完整、可靠、及时的会计信息奠定了基础，这样的会计信息在经营管理中才具有使用价值。

4.加强岗位责任制，提高会计工作效率。完善的内部控制制度，能够使经办业务的各有关人员按专业分工，明确自己的岗位责任，并在分工的基础上，建立有机的协作关系。这样，既体现了工作的专业化，又增强了工作的协调性，不仅为各有关人员熟练地掌握自己的工作内容、工作方法、工作要求创造了条件，有利于发挥专业优势、提高会计工作效率，避免因头绪过多而顾此失彼，而且有利于加强岗位责任制，促使业务经办人员尽职尽责。

5.防范和化解经营风险，提高企业经营效率。内部控制制度通过机构分设、岗位分工、制定标准化业务处理流程、规范业务经办手续，可以有效地防止权力膨胀、预防不合理的个体性决策行为发生，从而起到防范和化解经营风险、提高经营效率的作用。

二、内部控制制度的范围与设计原则

中国上市公司2018年内部控制白皮书

（一）内部控制制度的范围

一般地讲，内部控制制度的范围应当涉及企业的各种经济业务，范围扩展得越大，控制就越严密，作用也就越大。但由于企业的经营规模、业务复杂程度、内部组织机构、办事人员的分工等具体情况各不相同，对内部控制制度的范围和要求也应有所区别。小型企业由于经济业务比较简单、数量较少，企业领导能够经常过问、了解并掌握企业各项经济业务的发生情况和财务收支情况，因此，内部控制制度不宜过分复杂，范围可相对小一些，重点应放在货币资金的收付业务上。大中型企业由于经济业务的种类繁多，内部分工较细，对外关系复杂，企业管理层难以随时掌握各方面的情况，因此，要设计严密完善的内部控制制度，其范围应当扩展到企业的每一种经济业务，同时对所有经办业务的部门和人员提出具体要求，以保证内部控制制度的效用。

企业发生的货币资金收支业务和商品购销业务不仅数量大，牵涉的部门和人员多，而且大多数业务又是与企业外部发生业务关系，因此发生错误和弊端的可能性也较大，尤其是商品的赊购、赊销业务，更是如此。所以在任何企业里，内部控制制度都应以上述两类业务为中心来设计，将它们作为内部控制的主要范围和内容。具体地讲，内部控制制度的范围主要包括：（1）货币资金业务的内部控制；（2）采购业务的内部控制；（3）资产盘存业务的内部控制；（4）销售业务的内部控制。

除此以外，对于筹资业务、对外投资业务、债权债务结算业务、成本费用业务、工程项目、信用担保等，都需要建立内部控制制度。随着会计信息化的普及，会计信息系统内部控制也成为企业内部控制的主要内容之一。有关各种经济业务内部控制制度的具体设计，将在以后几节中分别讨论。

（二）内部控制制度的设计原则

为了充分发挥内部控制制度的作用，实现内部控制的目标，设计内部控制制度时，应当遵循以下原则：

1.合法性原则。内部控制制度的设计应当在国家有关法律、行政法规的指导下进行，符合政府监管部门的监管要求。

2.全面性原则。内部控制制度在层次上应当涵盖企业董事会、经理层和全体员工，在对象上应当覆盖企业各项经济业务和管理活动，在流程上应当渗透到决策、执行、监督和反馈等各个环节，避免内部控制出现空白和漏洞。

3.重要性原则。内部控制制度设计应当在兼顾全面的基础上突出重点，针对重要业务与事项、高风险领域与环节采取更为严格的控制措施，确保不存在重大缺陷。

4.有效性原则。内部控制制度应当能够为内部控制目标的实现提供合理保证。企业全体员工应当自觉维护内部控制的有效执行，内部控制建立和实施过程中存在的问题应当能够得到及时的纠正和处理。

5.制衡性原则。企业的机构、岗位设置和权责分配应当科学合理，确保不同部门、岗位之间权责分明和有利于相互制约、相互监督，履行内部控制监督检查职责的部门应当具有良好的独立性，任何人不得凌驾于内部控制制度之上或游离于内部控制制度之外。

6.适应性原则。内部控制制度应当体现企业经营规模、业务范围、业务特点、风险状况以及所处具体环境等方面的要求，并随着企业外部环境的变化、经营业务的调整、管理要求的提高等不断改进和完善。

7.成本效益原则。内部控制制度应当在保证内部控制有效性的前提下，合理权衡成本与效益的关系，争取以合理的成本实现更为有效的控制。

8.相对稳定性原则。内部控制制度是一项受企业内外部经营环境影响较大的综合性管理制度，随着企业经营环境的变化和管理要求的提高，原来设计的制度很可能表现出一定的局限性。因此，企业应在保持原有内部控制制度相对稳定的基础上，结合现实环境对其不断予以修订和完善。

三、会计工作中常见的错误

如前所述，防错消弊是内部控制制度的一个重要作用，要想充分发挥这一作用，首先必须了解会计工作中可能发生的各种错误，然后才能提出针对性的防范措施，进而设计出严密完善的内部控制制度。会计工作中的错误，按其发生的原因不同，一般可分为两种情况：一是客观技术性错误，二是主观原则性错误。设计内部控制制度时，必须针对各种可能发生的错误，提出相应的防范措施。

（一）客观技术性错误

发生客观技术性错误的原因：一是会计人员的业务水平低，会计知识不丰富，对会计原理的理解不够，会计处理方法运用不当；二是会计人员的工作态度不认真，会计核算中粗心大意所致。这种错误具有不可避免性、无意性、容易发现和纠正等特征。防止和减少这种错误的根本办法是加强会计人员的责任心，不断提高他们的业务素质。但在这些因素既定的情况下，内部控制制度如果设计得科学合理，无疑能够在一定程度上弥补会计人员的不足。例如，严格的审批制度在一定程度上可以帮助会计人员熟悉业务，正确选择会计处理方法；健全的稽核制度一般可以及时发现会计凭证、账簿、报表中存在的错误，并尽快予以纠正等。

客观技术性错误在会计工作中经常出现，且种类较多，一般有：

1.填制原始凭证时，出现金额计算的错误，如根据数量和单价计算错销售金额，根据费用分配标准和分配率计算错费用分配数额等。

2.编制记账凭证时，用错会计科目或记错借贷方向，致使会计分录错误。

3.登记账簿时，发生串户、漏记、多记或少记数字等错误。

4.编制财务报表时，有关的项目和数字发生抄写、计算等错误。

5.在办理货币资金收支业务时，多收或少收，多付或少付款项，造成账实不符。

6.确认收入实现和费用发生的时间错误，导致各会计期间损益计算错误。

7.混淆收益性支出与资本性支出的界限，如把购置固定资产的运输费、包装费、安装费等作为期间费用处理。

8.存货的实际收发与会计的账务处理手续脱节，时间、内容不一致，致使存货的账面数与存货的实际数不相符等。

（二）主观原则性错误

会计人员的思想素质不高、法治观念不强、私心杂念严重、办事损公肥私是形成主观原则性错误的主要原因。这种错误具有故意性、复杂性、隐蔽性等特征。其性质属于违法乱纪，目的在于通过故意制造会计错误掩盖不可告人的舞弊行为。预防和从根本上解决这种错误的根本办法是加强法治建设、提高会计人员的法治意识和思想素质，但建立健全内部控制制度，也是非常重要的措施。例如，通过建立“分权”制度，形成业务经办人员之间的相互牵制、相互监督关系，可以产生威慑力量，迫使舞弊者收敛；通过建立“岗位轮换”和“内部审计”制度，会使舞弊者心有余悸，即使产生不轨想法也不敢轻易付诸实施。因此，设计严密完善的内部控制制度是消除主观原则性错误的有效办法。

一般地讲，主观原则性错误，如隐匿收入、编造收入和成本、虚列成本和费用、虚增货币资金、截留现金、贪污挪用公款等行为发生后，必然使会计凭证、会计账簿、财务报表等档案资料失去真实性。这些错误纯属于原则性问题，属于违法违规行为，与前述业务技术性错误有本质区别，因此，内部控制制度应当重点加以防范。

四、内部控制要素的设计

华为公司内部控制基本框架

内部控制涵盖企业经营管理的各个层级、各个方面和各项业务环节，不同行业、不同规模和不同组织形式的企业可以结合实际情况，从不同的角度入手建立健全内部控制制度。但是，从总体上讲，设计有效的内部控制制度，必须考虑如下五大要素。

（一）内部环境

内部环境是影响、制约企业内部控制制度建立与执行的各种内部因素的总称，是实施内部控制的基础。内部环境主要包括治理结构、组织机构设置与权责分配、企业文化、人力资源政策、内部审计机构设置、反舞弊机制等。

健全的治理结构、科学的内部机构设置和权责分配是建立并实施内部控制的基本前提，是影响、制约内部环境的重要因素。建立规范的法人治理结构，能够促进企业内部控制的有效运行。科学合理地设置内部机构，能够适应企业经营管理的实际需要和外部环境的变化，减少管理层级和提高管理效能，避免机构重叠和效率低下，促进内部控制的有效实施。科学界定决策、管理、执行、监督各层面的地位、职责与任务，形成有效的分工和制衡机制，能够切实发挥相关机构的职能作用，为企业内部控制的建立与实施提供强有力的组织结构保障和工作机制保障。

企业文化是指企业在经营管理过程中形成的、影响企业内部环境与内部控制效力的精神、意识和理念，主要包括企业的整体价值观，高级管理人员的管理理念、经营风格与职业操守，员工的行为守则等，为建立与实施内部控制营造良好的氛围和环境。

人力资源政策是影响企业内部环境的关键因素，一般包括员工的聘退与培训，员工的薪酬、考核、晋升与奖惩，财会等关键岗位员工的轮岗制衡要求，对掌握重要商业秘密或核心技术等关键岗位员工离岗的限制性规定。科学、规范、公平、公开、公正的人力资源政策，有利于调动员工在内部控制与经营管理活动中的积极性、主动性和创造性。

健全的内部审计机构和有效的内部审计监督，能够在企业内部形成有权必有责、用权必受监督的良好氛围，是营造守法、公平、正直的内部环境的重要保证。

科学的反舞弊机制，能够对财务报告和信息披露方面的弄虚作假行为，未经授权、滥用职权或者采取其他不法方式侵占、挪用企业资产的行为，在开展业务活动中牟取不当利益的行为，企业高级管理人员的舞弊行为，以及员工单独或者串通舞弊的行为起到制约和威慑作用。企业应当建立健全反舞弊机制，明确有关部门在反舞弊工作中的职责权限和协调机制，规范反舞弊调查处理程序，建立情况通报制度，有效防范因舞弊而导致内部控制失效的现象。

（二）风险评估

风险是指对实现内部控制目标可能产生负面影响的不确定性因素。风险评估是指及时识别、科学分析和评价影响企业内部控制目标实现的各种不确定因素，并采取应对策略的过程，是实施内部控制的重要环节。风险评估主要包括目标设定、风险识别、风险分析和风险应对。其中，目标设定是风险识别、风险分析和风险应对的前提。

风险识别是指在充分调研和科学分析的基础上，准确识别影响企业内部控制目标实现的内部风险因素和外部风险因素。这里的内部风险因素一般包括：高级管理人员职业操守、员工专业胜任能力、团队精神等人员素质因素；经营方式、资产管理、业务流程设计、财务报告编制与信息披露等管理因素；财务状况、经营成果、现金流量等基础实力因素；研究开发、技术投入、信息技术运用等技术因素；营运安全、员工健康、环境污染等安全环保因素。而外部风险因素一般包括：经济形势、产业政策、资源供给、利率调整、汇率变动、融资环境、市场竞争等经济因素；法律法规、监管要求等法律因素；文化传统、社会信用、教育基础、消费者行为等社会因素；技术进步、工艺改进、电子商务等科技因素；自然灾害、环境状况等自然环境因素。

风险分析包括定性分析和定量分析，企业应当根据风险分析的结果，运用专业判断，按照风险发生的可能性大小及其对企业影响的严重程度进行风险排序，确定应当重点关注的风险。

风险应对一般包括风险回避、风险承担、风险降低和风险分担等策略，一般而言，企业对超出整体风险承受能力或者具体业务层次上的可接受风险水平的风险，应当实行风险回避；对在整体风险承受能力和具体业务层次上的可接受风险水平之内的风险，在权衡成本效益之后无意采取进一步控制措施的，可以实行风险承担；对在整体风险承受能力和具体业务层次上的可接受风险水平之内的风险，在权衡成本效益之后愿意单独采取进一步的控制措施以降低风险、提高收益或者减轻损失的，可以实行风险降低；对在整体风险承受能力和具体业务层次上的可接受风险水平之内的风险，在权衡成本效益之后愿意借助他人力量，采取包括业务分包、购买保险等进一步的控制措施以降低风险、提高收益或者减轻损失的，可以实行风险分担。

（三）控制措施

控制措施是指根据风险评估结果、结合风险应对策略所采取的确保企业内部控制目标得以实现的方法和手段，是实施内部控制的具体方式。控制措施应当结合企业具体业务和事项的特点与要求制定，主要包括职责分工控制、授权控制、审核批准控制、预算控制、财产保护控制、会计系统控制、内部报告控制、经济活动分析控制、绩效考评控制、信息技术控制等。

（四）信息与沟通

信息与沟通是指及时、准确、完整地收集与企业经营管理相关的各种信息，并使这些信息以适当的方式在企业有关层级之间进行及时传递、有效沟通和正确应用的过程。信息与沟通主要包括信息的收集机制以及在企业内部和与企业外部有关方面的沟通机制等。

内部信息主要包括会计信息、生产经营信息、资本运作信息、人员变动信息、技术创新信息、综合管理信息等，企业可以通过会计资料、经营管理资料、调查研究报告、会议记录纪要、专项信息反馈、内部报刊网络等渠道和方式获取所需要的内部信息。外部信息主要包括政策法规信息、经济形势信息、监管要求信息、市场竞争信息、行业动态信息、客户信用信息、社会文化信息、科技进步信息等，企业可以通过立法监管部门、社会中介机构、行业协会组织、业务往来单位、市场调查研究、外部来信来访、新闻传播媒体等渠道和方式获取所需要的外部信息，并保持与投资人、债权人、客户、供应商、监管机构、外部审计师、律师等外部相关利害关系人的沟通。

此外，企业还应当采取互联网络、电子邮件、电话传真、信息快报、例行会议、专题报告、调查研究、员工手册、教育培训和内部刊物等多种方式，实现所需的内外部信息在企业内部准确、及时传递和共享，确保董事会、管理层和企业员工之间的有效沟通。

（五）监督检查

监督检查是指企业对其内部控制的健全性、合理性和有效性进行监督检查与评估，形成书面报告并做出相应处理的过程，是实施内部控制的重要保证。监督检查工作应由企业董事会所属审计委员会、内部审计机构或者实际履行内部控制监督职责的其他有关机构，根据国家法律法规要求和企业有关规定，对内部控制的某一方面或者某些方面进行不定期的、有针对性的专项监督检查，以便提交相应的检查报告，提出针对性的改进措施。

此外，企业应定期对内部控制的健全性、合理性与有效性进行自我评估，形成书面评估报告，并及时声明以下内容：（1）声明企业董事会对建立健全和有效实施内部控制负责，并履行了指导和监督职责，能够保证财务报告的真实可靠和资产的安全完整。（2）声明已经遵循有关的标准和程序对内部控制设计与运行的健全性、合理性和有效性进行了自我评估。（3）声明对开展内部控制自我评估所涉及的范围和内容进行了简要描述。（4）声明通过内部控制自我评估，可以合理保证本企业的内部控制不存在重大缺陷。如果在自我评估过程中发现内部控制存在重大缺陷，应当披露有关的重大缺陷及其影响，并专项说明拟采取的改进措施。（5）自资产负债表日至内部控制自我评估报告报出日之间，如果内部控制的设计与运行发生重大变化，应当说明重大变化情况及其影响。

五、内部控制的基本方式

苏宁易购2018年度内部控制评价报告

内部控制的方式很多，在不同的经济业务处理过程中，应当采用不同的控制方式，以最大限度地发挥内部控制制度的作用。

（一）分权控制

分权控制又称职务分管控制、不相容职务分离控制。它要求任何一项经济业务的办理，都必须由两人或两人以上分工掌管，不允许任何一个人单独办理任何一项经济业务，从而形成相互制约、相互监督的格局，避免因一个人包办经济业务全过程而容易出现的弊端和错误。一般情况下，以下职务和权力应当实行分管：

1.经济业务的授权批准职务与执行职务应予分离，即将审批权与执行权分离。例如，审批支付货款的人员不能同时担任出纳，审批发料的人员不能同时担任仓库保管员等。

2.经济业务的执行职务与记录职务应予分离，即将业务的承办权与记录权分离。例如，承办购货业务的采购员、承办销售业务的推销员不得兼任账目记录的会计员。

3.财产物资的保管职务与会计记录职务应予分离。例如，保管货币资金的出纳、管理实物资产的仓库保管员等不得兼任会计员，实行钱、账、物分管制。

4.经济业务的经办职务与稽核检查职务应予分离。例如，财产清查及账实核对工作不能由财产保管人员单独进行，银行存款余额调节表不能由出纳编制等。

5.货币资金出纳职务与总账记录职务应予分管。有条件的单位，出纳人员尽可能只处理货币资金的收支及保管，登记“出纳备查簿”，不登记现金日记账和银行存款日记账。人员较少，需要由出纳人员兼管库存现金、银行存款日记账登记工作的单位，总分类账必须由专人登记，并对库存现金、银行存款日记账进行经常性的检查和核对，以便利用总账对明细账、日记账的控制作用，形成制约关系。

此外，经济业务的授权批准职务与监督检查等职务也应分离，以确保内部控制的严密性。

（二）授权控制

授权控制是指单位内部的各级工作人员必须获得批准和授权后，方能执行或处理有关的经济业务。其基本要求是：单位内部的各级管理层必须在授权范围内行使相应职权，各级工作人员在处理业务时，必须首先明确自己的职权和责任，在授权范围内开展工作，既不能超越权限去处理那些不属于自己职权范围内的事情，如非出纳人员收付货币资金，非会计人员处理账务等，也不能推诿责任，对那些属于自己职权范围内的事情不认真办理，如保管员不认真负责物资收发，会计员不按规定登记账簿等。

按授权的性质，授权控制可分为一般授权和特定授权。一般授权通常规定处理正常经济业务的标准，授予有关人员处理一般经济业务的权力，如推销员按规定价格销售产品或商品，采购员可在计划指标内购买材料等。特定授权，也称临时性授权、应急性授权，是指企业在特殊情况、特定条件下授予有关人员处理特殊经济业务的权力。例如，企业销售闲置设备、削价处理积压的存货，必须经行政领导特别批准授权后才能处理，销售人员不得自行决定。否则，就属于越权行为，销售价格就会失去控制，就有可能产生漏洞。

可见，授权控制有利于建立岗位责任制，使各级工作人员在获得权力时，就相应地承担了责任，所任职务与所负责任挂钩，便于有关人员各司其职、各负其责，有效防止问题的出现，即使发生问题也便于查找解决。

（三）岗位轮换控制

岗位轮换控制是指各个岗位上的工作人员定期或不定期地相互调换职务，避免一个人在一个工作岗位上长期滞留。特别是涉及货币资金收支和财产实物收发的岗位的人员，应尽可能地经常调换。这种控制方式的作用有以下四个方面：

1.有利于促使工作人员尽职尽责。由于每一个工作人员随时都有调动职务、移交工作的可能，所以必须按规定及时完成自己的本职工作，不能拖拉疲沓。

2.防止某些人因长期从事某项工作而产生惰性，或利用工作之便编织关系网进行舞弊活动。

3.有利于及时发现问题，并采取措施尽快解决。由于原来的工作人员被轮换后，他所从事的工作要受到接替人员的检验，即使发生了差错或舞弊行为，也便于发现和揭露并加以处理，以免长期隐匿，造成大的损失。

4.有利于培养“多面手”，提高工作人员的业务素质和独立工作的能力。

职务轮换的具体方式一般有对换和轮换两种，对换即两种职务之间的对调，如材料保管员与产品保管员对换，管应收款的会计与管应付款的会计对换等。轮换则是多种职务之间的循环调换，如财会机构内部的材料会计去搞成本核算，成本会计去管销售账务，销售会计去登记总账和编制报表，总账会计则去从事材料核算，以形成一个工作轮换循环圈。

（四）预算控制

预算控制是指企业内部的各项费用开支应当实行预算管理的办法，通过预算的编制、执行、分析和考核，强化费用开支的管理。其基本要求是：

1.明确预算项目，凡能实行预算管理的项目力求纳入预算控制系统，并建立明确的预算标准。

2.规范预算的编制、审定、下达和执行程序，划清各环节的控制责任。

3.及时分析和控制预算差异，反映预算的执行结果，发现问题，采取改进措施。

4.预算内开支实行责任人限额审批，限额以上的开支实行集体审批，严格控制无预算的资金支出。

（五）凭证控制

凭证控制是指经济业务发生时，通过填制和传递原始凭证，对经济业务实施记录控制，以便在任何时候、任何问题发生时都有据可查。为此，设计足够的凭证联次和合理的凭证传递程序，将业务发生所涉及的各职能部门或个人联系起来，是强化内部控制的有效方式。其主要内容是：

1.每发生一笔经济业务，都必须填制或取得合法的、真实的、正确的原始凭证，作为各项业务的证明材料和控制依据。

2.根据需要用复写方式填制凭证，即一式几联。

3.重要的凭证如收款收据、销货发票等应当事先编号，以防短缺，一般凭证可在使用时按顺序统一编号。

4.凭证上必须具备业务经办人员的签名或盖章，以明确其应负责任，强化制约关系。

5.建立复查和核对制度，包括对凭证本身的复查和与其他有关凭证的核对。例如，对购货发票，既要审查其是否符合原始凭证填制要求，又要与订货合同、收料单等进行核对。

6.建立科学合理的凭证传递程序，并与业务的标准处理程序结合起来，使各种凭证在业务经办部门和人员之间合理地流转。凭证传递程序既要经过每一个必要的环节，防止遗漏、发生失控现象、分不清责任，又要尽可能地减少传递环节，提高工作效率。

7.建立严格的印制、购买、保管、使用、注销和存档等管理制度。

（六）账簿控制

这一控制方式是通过利用会计账簿对经济业务进行序时、分类记载的功能，实施内部控制。其主要内容是：

1.设计完整的账簿组织体系，明确规定各种账簿的作用以及它们之间的关系。做到总账控制明细账、日记账，明细账控制财产实物和债权债务的数量、金额变化，日记账控制收付款的笔数和金额。

2.规定过账、对账、结账的要求，并区别各种账簿做出不同的规定。例如，总账既可逐笔过账，又可汇总过账，而明细账、日记账必须逐笔登记，尤其是库存现金、银行存款日记账还须逐笔结出余额。

3.建立严格的账簿领用、存档、查阅、销毁等方面的管理制度。

（七）内部报告控制

这一控制方式是指企业应当建立与完善内部报告制度，明确有关信息的收集、分析、报告和处理程序，及时提供业务活动中的重要信息，以全面反映经济活动情况，增强内部管理的时效性和针对性。内部报告方式通常包括例行报告、实时报告、专题报告、综合报告等。

（八）审批与稽核控制

这一控制方式是通过事前的审批控制与事后的稽核控制，对经济业务的合法合理性起到前把关、后验收的作用。其主要内容有：

1.建立专人审批制度，防止多人插手、“政”出多门，导致职责不清，标准不一。

2.严把审批关，按制度、政策办事。要求审有依据，批有理由，审要全面，批要慎重，正确行使权力。防止只批不审、滥用职权、草率行事、越俎代庖等现象的发生。

3.健全内部稽核制度，设置专职或兼职稽核员，负责凭证、账簿、报表、合同、计划、预算等的稽查，以及账证、账账、账表、账实之间的核对，保证正确相符。

（九）档案专管控制

这一控制方式是指对会计凭证、账簿、报表等档案资料，实行专人保管，以便对档案所涉及的有关人员的工作情况实施控制，防止根据个人需要更改、调整甚至毁灭档案记录的现象发生。其主要内容是：设置专职或兼职（出纳不得兼任）档案保管员并规定其岗位责任；规定专门的保管场所；规定各种档案的存续时间；建立严格的档案调阅、销毁等制度。

（十）标准处理程序控制

这一控制方式是指对每种经济业务的处理程序和手续制定出标准化模式，使程序的各个环节之间形成步步核查、环环监督的格局，以便及时发现差错和弊端并加以处理，防止同类业务的处理因程序与手续不同而出现职责不清、结果各异等现象。其主要内容有：规定每种经济业务应经过的环节和手续；对主要经济业务用文字或流程图的方式制定出标准化处理程序；规定经济业务由哪些部门和哪些人员处理，各环节的流转手续和滞留时间以及审核内容等；规定各个环节和各道手续之间的关系。

采用标准处理程序控制方式实施内部控制，一方面可以把各职能部门串联在一起，形成一个有机的整体，有条不紊地开展工作，及时规范地完成任务；另一方面又可形成相互制约、相互监督的机制，把可能发生的差错和弊端消灭在业务处理过程中。

（十一）信息系统控制

随着会计信息化水平的提升，一些传统控制方式的作用被削弱，而舞弊手段也在朝着智能化、现代化的方向发展。为适应这种变化，必须运用电子信息技术手段建立控制系统，减少和消除人为控制的影响，确保内部控制的有效实施。同时要加强对电子信息系统开发与维护、数据输入与输出、文件储存与保管、网络安全等方面的控制。

（十二）经济活动分析控制

经济活动分析控制要求企业综合运用生产、购销、投资、财务等方面的信息，利用比较分析、比率分析、因素分析、趋势分析等方法，定期对企业经营管理活动进行分析，发现存在的问题，查找原因，并提出改进意见和应对措施。

（十三）绩效考评控制

绩效考评控制要求企业科学设置业绩考核指标体系，对照预算指标、盈利水平、投资回报率、安全生产目标等方面的业绩指标，对各部门和员工当期业绩进行考核与评价，兑现奖惩，强化对各部门和员工的激励与约束。

此外，制定内部结算制度、强化财产保全和风险控制、定期召开财务分析会议、健全民主理财制度等，都是强化内部控制制度的方式，这里不再一一详述。

以上各种方式，有些是从总体上考虑，不局限于某种经济业务，如分权控制、凭证控制、授权控制等；有些则是针对具体业务而采用，如档案专管控制等。严密完善的内部控制制度取决于各种控制方式的综合效应，在设计各种业务内部控制制度时必须综合考虑。

六、内部控制的设计主体及设计程序

（一）内部控制的设计主体

企业可以成立内部控制项目建设委员会或者类似工作机构，负责组织领导和统筹协调本企业内部控制的建立与实施工作，内部控制项目建设委员会负责人一般应由董事长或者总经理担任。

（二）内部控制的设计程序

企业应当按照下列五个阶段设计内部控制：

1.调研阶段。需要设计人员对企业的组织体系、机构设置、营业范围、经营方式、主要业务、营运情况、管理水平、员工情况、财务状况、经营成果以及所处的外部环境等进行全面考察、总结和分析。

2.相关系统整合阶段。内部控制制度并不是一项独立运作的管理制度，它需要与其他相关的管理制度进行联结，甚至是融合，因此要求设计人员按照一定的方法，合理归集、构建适应企业经营管理状况和内部控制要求的相关子系统，包括职责确定、机构设置、职能划分、人员配备等决策管理系统；采购、生产、销售、储存、运输等经营系统；会计、统计、审计、计算机信息技术等支持保障系统。

3.确定主要风险和关键控制点阶段。要求设计人员对各相关子系统进行认真研究和梳理，确定各子系统运行过程中的主要风险、关键环节和关键控制点，并针对每一个关键环节和关键控制点制定有效的控制措施。

4.具体设计阶段。通过前三个环节的工作，设计人员对内部控制制度涉及的业务范围、关键控制点有了清晰的认识以后，就可以进行具体设计了。在设计中，应采用文字、流程图和风险控制文档等多种形式将各相关子系统及其业务和事项的风险类型、控制目标、关键控制点、控制措施、控制频率加以规定和说明，从而形成与经营管理制度有机结合的内部控制。

需要注意的是，运用计算机信息技术手段实施内部控制的企业，在设计内部控制时，应当充分考虑计算机信息技术的特点及其与手工控制的差异，但不得因实行计算机信息技术控制而免除或减少必要的控制程序。

5.修改和完善阶段。内部控制设计不是一劳永逸的工作，它需要随经营环境的变化而不断修改、补充和完善。

第二节 货币资金业务内部控制制度的设计

一、货币资金业务内部控制的基本要求

（一）货币资金业务的特点

货币资金业务是指现金、银行存款和其他货币资金的收支业务。它具有以下特点：

1.业务数量大。由于单位在资金筹集、材料采购、费用支付、工资发放、对外投资、产品销售、税金上缴、债权收回、负债偿还等经济活动中，都会发生货币资金业务，因此，货币资金业务在单位发生的各种业务中占有很大的比重，且内容复杂。

2.发生范围广。货币资金业务的发生范围，不像其他业务，一般发生在某个部门或供、产、销某个环节，它可以发生在单位内部的各个职能部门，还可以发生在本单位与其他单位或个人之间；既可以发生在供应环节，还可以发生在生产、销售环节。可以说，有经济活动的地方，就有发生货币资金业务的可能。其范围之广，是其他任何种类的业务不可比拟的。

由于以上特点，货币资金业务就成为最容易发生差错和舞弊的业务。加之，货币作为流通手段，可以与任何财产物资、商品交换，尤其是现金，既便于携带，又便于储存，因此就成了营私舞弊和贪污盗窃的猎取目标。可见，货币资金的管理是整个资金管理的重点，货币资金业务的内部控制，是整个内部控制制度设计的关键。如何堵塞漏洞、避免差错、防止舞弊、保护货币资金的安全完整，是设计货币资金业务内部控制制度必须解决好的问题。

（二）货币资金业务内部控制的基本要求

鉴于上述原因，在设计货币资金业务的内部控制制度时，必须符合以下要求：

1.严格遵守现金、银行管理制度。国家有关部门的现金管理制度和银行结算制度，是管理货币资金业务的准绳，也是设计货币资金业务内部控制制度的基本准则。这些制度要求：不得坐支现金；对于库存的现金应当规定限额；支用现金应当符合现金使用范围，并严格按照付款申请、付款审批、付款复核和付款支付的程序办理；超过现金结算限额时应当使用转账结算方式；采用何种结算方式应当符合银行结算办法的有关规定等。通过这些制度保证货币资金收支的合法合理性。

2.正确使用分权、授权和稽核控制等方式。这要求：

（1）坚持钱账分管，将货币资金业务的实际处理与记录工作分离，出纳人员管银钱收付，会计人员管账务记录。出纳人员只能根据会计主管人员审核后的原始凭证和收、付款记账凭证办理收款和付款，登记库存现金与银行存款日记账，不得擅自收付现款，更不得

兼管收入、费用、债权、债务等明细账的登记工作。有条件的单位，最好实行“双出纳”制度，由两个出纳人员分别负责货币资金的收支，分别登记库存现金（银行存款）收入日记账和支出日记账，强化牵制作用。

（2）由业务经办部门和财会部门分管货币资金业务的不同环节，使各种收入能够及时足额地纳归财会部门，使各种支出能够从财会部门适度、有效、合法、合理地支付出去，从而形成各种业务的具体处理在业务经办部门，而货币资金的收支集中到财会部门这一“关口”的格局。

（3）一切货币资金的收支，除发生在外地或因特殊情况，由财会负责人授权有关人员代收、代付外，一律由出纳集中办理。

（4）稽核与出纳职务分离，稽核人员负责一切收付款业务及原始凭证的审核，发现问题，及时终止收付款；出纳人员根据审核无误的凭证办理款项收付，如发现不符合制度的情况，有权拒绝并退给稽核人员重新处理。

（5）出纳不得兼管银行印鉴章，银行印鉴章分管，单位的“财务专用章”与财会主管的印鉴章由两人分别掌管。

（6）出纳与现金清查人员相分离，建立库存现金定期与不定期相结合的现金清查制度。

（7）出纳与银行存款对账人员相分离，具体包括出纳不得领取银行对账单、不得参与银行对账工作，单位应和开户行协商，采取银行对账单邮寄方式。

（8）出纳不得兼管会计档案保管。

3.实行永续盘存制度，强化对现金的清查盘点和对银行存款的账项核对。这要求：

（1）出纳人员对库存现金必须日清月结，保证其实有数与库存现金日记账的结余数相符。

（2）财会部门应当定期、不定期地派人对库存现金进行盘点，检查其实有数与库存现金日记账余额、与总账中“库存现金”账户的余额是否相符。如果发现盈亏，应及时查明原因，公正处理。

（3）定期与开户银行核对账目，至少每月一次，保证银行存款日记账余额与“银行对账单”中的余额相符，如有未达账项，应通过编制“银行存款余额调节表”加以验证。必须强调，与银行对账应当由非出纳人员进行，而不能让出纳人员核对，以防掩盖真相、隐匿作弊行为。“银行存款余额调节表”的编制也应由非出纳人员进行。

4.健全收付款凭证的管理制度。这要求：

（1）各种收据、发票等办理货币资金收支业务的凭证，应由财会部门统一管理，按顺序编号，领用时办理领用手续，用后的存根及作废的凭证一律收回，按编号顺序核查后统一归档保管，以防私收、私支款项等行为的发生。

（2）各种支付款项的凭证，应当由会计部门的有关人员审核签章，并经审核后，由出纳人员再行付款。

（3）支票的签发，除财务专用章外，还必须具有财会主管和出纳的印章。签发空白支票时，必须注明收款单位、款项用途、签发日期以及最高限额内容，并严格控制数量，不得滥用。

5.特殊结算方式的控制。实行网上交易、电子支付等方式办理货币资金支付业务的企业，应当与承办银行签订网上银行操作协议，明确双方在资金安全方面的责任与义务、交易范围等，操作人员应当根据操作授权和密码进行规范操作。使用网上交易、电子支付方式的企业办理货币资金支付业务，不应因支付方式的改变而随意简化、变更支付货币资金所必需的授权批准程序。企业在严格实行网上交易、电子支付操作人员不相容岗位相互分离控制的同时，还应当配备专人加强对交易和支付行为的审核。

6.建立出纳强制休假制度。为更加有效地防范货币资金风险，单位应在建立以上1至5项制度的基础上，辅以强制休假制度，通过强制休假前的工作交接，及时发现出纳的违法违规行为。

7.建立出纳岗位轮换制度。为了强化货币资金收支业务的内部控制制度，有条件的单位，还应当定期（一般2~3年）调换出纳职务，不要让某一人长期从事出纳工作，以防积久生弊。

二、货币资金收入业务的内部控制

收入货币资金的途径，一是通过银行收款，二是直接收取现金。由于通过银行收款的业务，受到了银行的直接监督，起到了外部控制的作用，客观上能够有效地减少和堵塞货币资金收入业务中的漏洞，是保护货币资金安全的一个有力措施。因此，货币资金收入业务的内部控制制度设计，应主要针对现金收入业务。

现金收入业务的内部控制，除严格按照前述货币资金业务内部控制基本要求设计外，还应当重点加强收入业务的记录工作。因为现金收入业务在未被记录下来之前，最易出现漏洞，给舞弊行为留有可乘之机，且在舞弊行为发生后无证据、无线索可查。为此，保护现金收入的关键是在现金进入单位时，立即记录下来。及时准确的记录，既可以防止不轨行为发生，又能作为查找错弊的线索。企业应当针对收入现金的渠道和方式，建立合理的记录方式，并掌握好记录的时间和内容。

一般情况下，企业的现金收入主要有销售货物取得现金和回收欠款取得现金。下面分别介绍它们的控制方式：

（一）销售货物收入现金的内部控制

企业销售产品或商品，应尽可能采用银行转账结算方式收取货款，以强化银行对企业货币资金收入业务的控制作用，但对于小额销售、与个人交易等业务，只得收取现金。随着商品经济的发展，资金市场竞争的加剧，交易方式的多样化，现金收支业务将越来越多，对其控制的要求也就越来越高。为销售货物收取现金实施内部控制，企业可区别不同情况采用不同的方式。

1.工业、商品批发等企业，应主要采用填制“销货单”“提货单”“提货通知单”的方式控制现金收入业务。它是“凭证控制方式”在现金收入业务中的具体应用，它要求在顾客购货时，由销售部门开具销货单和提货单，注明所销物品的名称、规格、数量、单价、金额等内容，顾客持销货单向财会部门交付现金，然后持出纳盖“收讫”章后的销货单向保管员提货。由于填制了销货单，使销售业务在未收取现金、发出货物之前，就在销售部门留下了完整的记录，起到了事前控制的作用，也就保证了现金收入的严密性、合理性，商品发出的准确性。

2.在专设“收款台”的商品零售企业，其控制方式可视同工业和批发企业，即营业员开具“销货票”，顾客持票向收款台交付现金，收款员收款后将盖有“收讫”章的销货票交给顾客办理取货。此时，营业员与收款员各持收入现金的记录，一日营业终了，营业员将销货票汇总上交会计部门，收款员登记现金收入日记账后，将汇总单及款项送交会计部门。会计部门将两方面的数据核对无误后，由出纳人员负责将款项送存银行，并将银行回单交给会计人员，再由会计人员编制记账凭证并登记入账。

以上两种情况都是将开票、收款、核对工作进行了分离，分别由业务员、出纳人员和会计人员负责，使他们三者之间形成牵制关系，达到了内部控制的效果。

3.无法集中收款的商品零售企业，可考虑采用“售价金额核算法”控制现金收入业务。在这种情况下，虽然由营业员直接收取现金，但由于库存商品明细账反映的是各柜组（实物负责人）持有各种商品的总售价，因此，通过定期盘点确定结存商品的总售价，即可倒挤出各柜组实际收取也是应当交回的现金总额，从而起到内部控制的作用。

4.饮食服务等企业销售业务频繁，但每笔销售业务收入的现金不多，为简化开票等手续，可采用周转性购货凭证的方式控制现金收入业务，即收款员收取现金后，交给顾客购货凭证，顾客以此为据购货。营业终了，营业员将购货凭证交财会部门，用来与收款员上交的现金数额核对，以防止现金收入的短缺，达到内部控制的效果。但由于该方式没有完整的记录，购货凭证又容易丢失，因此，企业最好采用开具“销货单”的方式。

5.扫码收款。随着微信、支付宝等扫码付款方式的普及，小型商品批发企业，商品零售企业，餐饮、住宿等服务业企业，通过微信、支付宝扫码收款的业务量急剧增加，企业应当建立扫码收款控制制度。

（二）回收欠款收入现金的内部控制

单位在办理回收各种应收及暂付款项的业务时，应尽可能通过开户银行办理。如果采用收取现金的方式，通常有两种情况，一是由出纳人员直接收取现金，二是通过邮局汇款方式收取现金。其控制办法如下：

1.在出纳人员直接向交款人收取现金时，必须由出纳人员开具事先印有连续编号的“现金收据”，采用复写方式，一式三联，在加盖财务专用章和出纳章以及交款人签章后，将其中一联给交款人作为交款凭证，一联送交会计部门作为记账依据，一联留作存根。为保证现金收据的真实性和完整性，会计部门应当对出纳人员交来的收据逐一核对，除核实有关内容是否真实、完整外，应重点检查其编号是否连续，如有短缺，应及时查明原因，即使是作废的收据，也应将三联收据加盖“作废”字样后一并送交会计部门检查后归档保管。

应当指出，“现金收据”最好由会计人员开具，然后交给出纳加盖本单位财务专用章（公章）和出纳个人名章，同时收取现金。在这种方式下，由于票据、公章由两人分管，使开票和收款工作分离，因此可以进一步强化现金收入业务的内部控制。

2.在通过邮局汇款方式收取现金时，由于不开具“现金收据”，容易发生截留挪用现金等舞弊行为，也容易遗失。因此，单位之间最好不采用这种方式，非用不可时必须设计严密的防范措施。较好的方法是填制“汇款清单”，即收到汇款时，由收件单位的收发室采用复写方式填制汇款收入清单，注明汇款单位、汇款详细地址、汇款数额及原因等内容，一份送交会计部门，一份连同“汇款单”送交出纳办理取款。会计部门根据“清单”所列内容核查出纳应收入的现金数额，并与有关现金收入原始凭证相核对，检查无误后进行账务处理，编制收款凭证，登记账簿。

需要指出的是，不论在什么情况下、采用什么方式收取现金，除前述应重点加强记录工作，即强调原始凭证的作用外，还必须充分利用账簿的功能，按规定及时登记现金日记账和现金总分类账，并加强二者之间的核对工作。

三、货币资金支出业务的内部控制

货币资金支出业务与收入业务相比，其相同之处在于支出途径也有两条，即通过银行转账支付和由出纳人员直接支付现金；不同之处在于支出用途多样、业务内容繁杂、牵涉范围广、涉及人员多，加之货币资金支出时资金已离开单位，如果此时发生损失不易挽回，现金支出业务又是一切不法分子作弊的主要目标。因此，在设计会计制度时，对货币资金支出业务的内部控制制度，更应当高度重视。

（一）采购物品通过开户行支付的内部控制

单位通过银行支出货币资金时，要求采用银行规定的结算办法，填制银行统一的结算凭证，这在客观上受到银行的外部控制，很大程度上起到了防错消弊的作用。因此，对这种业务实施内部控制，除建立出纳、会计岗位分离制度外，重点应放在结算凭证的管理上。基本要求是：建立严密完善的结算凭证管理制度，妥善保管各种凭证，尤其是现金支票和转账支票；严把各种凭证的使用关，出纳开具支票时，财务主管应当审查批准，而不能让其独自办理；对已用和未用凭证应当由非保管人员定期检查；严格限制签发空白支票；随时与开户银行对账等。

（二）现金支出业务的内部控制

现金支出业务是货币资金支出业务内部控制的重点，该类业务按支出用途不同大致可分为采购物品支出现金、发放工资支付现金和支付各种借款使用现金等，由于各业务办理程序和涉及部门不同，因而所采取的具体控制方法也不相同。下面分别介绍它们的控制办法。

1.采购物品支出现金的内容控制

对采购材料、商品等支出现金的业务实施内部控制，关键是在付出现金之前，业务部门应先取得相应的原始凭证，如支付购货款须取得销货单位的发货票，支付货物运费应取得运输单位的收费单据等，并及时送交财会部门，由财会主管审核批准后，交由复核人对付款批准范围、权限、程序的正确性，手续和相关单证的齐备性，金额计算的正确性以及支付方式、支付单位是否妥当等进行复核，复核无误后，交给出纳人员支付现金。这样能够保证在现金付出之前，先经过了业务部门、财会部门，使若干人知晓并实施监督，防止出纳人员独自支付现金可能发生的舞弊行为。

为了进一步强化内部控制，还应当提倡根据付款凭证而不是原始凭证支付现金的方式。也就是说，会计部门在接到发票等原始凭证后，先由财会负责人审核批准，再由会计人员据其编制付款凭证，注明会计科目、款项用途及金额等并交给出纳人员，由出纳人员根据付款凭证列示的金额支付现金并登记现金日记账，最后将付款凭证退交会计部门，以便登记总账。这样，出纳人员应当付出多少现金，会计部门已经记录在案，更有利于形成控制关系。

2.发放工资支出现金的内部控制

发放工资是单位支出现金数额最大的一项业务，特别是在企业里，随着经营机制的转换，劳动用工制度的改革，财务自主权的放开，工资的构成内容越来越复杂，发放范围越来越大，发出的数额越来越多，发生错弊的概率也就随之增大。因此，必须设计完善的内部控制制度，保证工资业务的合法合理性，防范虚设冒领、吃空饷等违法违规行为的发生。

对发放工资支出现金的业务实施内部控制，主要应采取下列措施。

（1）严格划分劳资部门、财会部门和内部审计部门的职责，使工资发放业务由劳资管理员、工资计算员、现金出纳员和内部审计员分工协作完成。其具体要求是：劳资部门负责审查并提供职工名单和考勤记录、工资标准等；财会部门负责计算工资额、编制工资发放表、提取现金发放工资并分配工资费用等；内部审计部门负责审核各种资料。

（2）建立健全劳动用工和考勤制度。这要求：①工资表上的人名须经劳资部门审查，对于临时雇佣的劳务人员，应签订劳务用工合同，在合同中注明其身份证号码，并保留其身份证复印件作为记账的原始凭证，领取工资时，应由本人或带领人签字，并按手印，以防虚设人名，冒领工资；②调动工作和变更工资标准须有劳资部门的正式批准文件，以防多计工资总额，侵吞余额；③考勤记录和产量记录须有车间负责人的签章，以防多记工时、产量等现象；④离职人员应及时从工资表中去除，以防继续领发工资等违法行为的发生；⑤对于长期性劳务用工，应当与劳务公司签订“劳务派遣合同”，并在合同中约定劳务派遣的时间、人数和劳务报酬支付结算办法；⑥对于临时性劳务用工，应当指定业务主管部门，由指定的业务主管部门与提供劳务人员签订劳务合同，在劳务报酬结算时应当要求劳务人员提供身份证复印件和银行卡复印件，采用银行转账方式支付，严禁支付现金。

（3）强化审查复核手续。由于工资的构成内容复杂，包括基本工资、职务工资、各种津贴、奖金以及浮动工资等，而计算手续又相当繁琐，不仅要计算应发工资，还要计算代扣款项、实发工资等，即使不发生作弊行为，差错也在所难免。为此，必须强化审查复核工作。要求：重复计算每一张工资表，至少计算两遍；内部审计人员应当经常性地审查其他人员的工作；每一张工资表都应经过劳资部门、财会部门和审计部门多环节的复查等。

（4）创造条件，委托金融机构代发工资。其具体做法是：为单位的全体职工在同一定点储蓄所内开设活期存款账户，每月计算出工资总额及每个职工的实发工资后，将工资结算单交给职工，而资金则一并交存储蓄所分别划入每个职工的存款户内。这样，既可简化工资发放手续，减少现金流通，保证现金安全，又可将工资发放业务改变为“集体整存，个人零取”的储蓄业务，将内部控制与外部控制紧密结合起来，有效地防止工资业务中的差错和弊端。

3.借款支出现金的内部控制

一般情况下，发生出差借款和其他公务性借款业务时，需要支付现金。该类业务相对较简单，对其实施内部控制，业务流程如下：

（1）借款人需要预支现金时，首先应填制一式三联的“借款单”，并由所在部门负责人签字，然后交财务主管审核批准，经会计人员复核无误，将第一联作为借款的原始凭证编制记账凭证（付款凭证），第二联、第三联交由借款人保存。

（2）会计人员根据记账凭证（付款凭证），登记“其他应收款明细账”，发挥账簿控制的作用。

（3）出纳人员根据记账凭证（付款凭证）和“借款单”进行支付，借款人签字后由出纳人员在“借款单”上加盖“现金付讫”章。严格禁止非公务性借款行为，不得以便条（白条）作为借款手续，更不能搞口头承诺、君子协定。

（4）出纳人员依据付款凭证登记库存现金日记账。

（5）借款人出差归来或完成业务后，持借款单第二联、第三联和经本部门负责人、财务部门负责人、业务主管领导签字的报销单报销，由报销审核岗会计人员审核无误后，在第二联、第三联上签注实际报销的金额、应退补的现金额并签字。将第二联作为报销业务的原始凭证，第三联交由借款人保存。会计人员编制记账凭证后，登记其他应收款明细账，结清借款。

（6）将记账凭证交给出纳收取或补付现金。如属于补付现金，借款人收取现金后，在记账凭证相应位置上签字，出纳则在记账凭证空白处加盖“现金付讫”章后，据以登记库存现金日记账。如属于退回现金，出纳应在收取现金后，开具内部“现金收据”，注明收取现金的时间、原因和金额，经报销人签字后作为原始凭证，附在记账凭证的后面，并在记账凭证空白处加盖“现金收讫”章。

（7）出纳依据记账凭证登记库存现金日记账。

对于出差前没来得及借支现金的出差人员或业务人员（以下简称“报销员”），由报销员持经本部门负责人、财务部门负责人、业务主管领导签字的报销单和相关票据，交报销审核岗的会计人员审核无误后，编制记账凭证，并登记相关账户的明细账。然后将记账凭证和报销单等原始凭证交由出纳办理付款。如果采取支付现金的方式，出纳支付现金，报销员确认后在记账凭证相应位置上签字，出纳在记账凭证空白处加盖“现金付讫”章，并依据记账凭证登记库存现金日记账。如企业采取银行卡结算方式，应当由报销员在报销单上留下银行卡号和开户银行名称，并在记账凭证相应位置上签字。银行转账成功后，由出纳员在记账凭证空白处加盖“银行付讫”章，并依据记账凭证登记银行存款日记账。

为防止员工假借出差名义冒领出差补助，以及少付多报等违法违规行为的发生，建议采取银行卡、微信、支付宝等支付方式，并将银行卡支出凭证、微信和支付宝支付记录作为支付的原始凭证。

四、货币资金业务内部控制的监督检查制度

为保证货币资金业务内部控制制度实施的有效性，企业应当建立对货币资金内部控制制度的监督检查制度，明确监督检查机构和人员的职责权限，定期和不定期地进行检查。通过检查，一方面可以促使货币资金内部控制制度的有效执行，另一方面可以及时发现货币资金内部控制中的薄弱环节，并及时采取措施，加以纠正和完善。

货币资金业务内部控制监督检查的内容主要包括以下内容：

1.货币资金业务相关岗位及人员的设置情况，重点检查是否存在货币资金业务不相容职务混岗的现象。

2.货币资金授权批准制度的执行情况，重点检查货币资金支出的授权批准手续是否健全，是否存在越权审批的行为。

3.支付款项印章的保管情况，重点检查是否存在办理付款业务所需的全部印章交由一人保管的现象。

4.票据的保管情况，重点检查票据的购买、领用、保管手续是否健全，票据保管是否存在漏洞。

第三节　采购业务内部控制制度的设计

一、采购业务内部控制的基本要求

（一）采购业务的环节

采购业务是指企业围绕购买材料或商品等所发生的经济业务。它是企业生产经营循环中的第一阶段，从业务的处理过程看，一般分为五个环节。

1.请购与审批环节。请购与审批是指由物资需求部门向拥有请购权的部门提出采购申请，拥有请购权的部门根据需求申请、生产计划和采购预算对采购申请审批后，将采购类别、质量等级、规格、数量、相关要求和标准、到货时间等信息通知采购部门的过程。

2.询价与确定供应商环节。采购部门接到请购部门的通知后，首先要组织采购员进行询价，然后组织请购部门、生产计划管理部门、财会部门、仓储部门等相关部门共同对供应商进行评价，包括对所购商品的质量、价格、交货及时性、付款条件及供应商的资质、经营状况等进行综合评价，并根据评价结果确定供应商。一般情况下，大宗材料采购等必须采用招投标方式确定采购价格，并明确招投标的范围、标准、实施程序和评标规则；其他材料的采购，应当根据市场行情制定最高采购限价，不得以高于采购限价的价格采购；同一企业（或企业集团）下属的分支机构应当尽量避免多头对同一个供应商的情况。

3.签订购货合同或订货单环节。确定了供应商后，一般由采购部门根据各用料部门的购货申请，确定供应计划，联系货源，与供货单位签订购销合同或订货单。合同或订货单中要列举所购材料或商品的品名、规格、数量、单价、交货日期和交货方式等内容，并作为购销双方共同遵守的契约。对某些采购数量不大、不经常购买的材料，也可以不签合同而直接购买，以简化手续，加快进货速度。

4.验收入库环节。这是采购业务的重要步骤，包括验收和入库两个环节。为确保采购安全，无论采用提货制，还是发货制，所购材料或商品运抵企业后，都必须根据规定的验收制度和经批准的订单、合同等采购文件，由独立的验收部门或指定专人对所购物品的品种、规格、数量、质量和其他相关内容进行验收，并出具检验、计量等验收证明。对验收过程中发现的异常情况，负责验收的部门或人员应当立即向有关部门报告，有关部门应当查明原因，及时处理。

5.结算支付货款环节。企业财会部门在办理付款业务时，应当对采购合同约定的付款条件以及采购发票、结算凭证、检验报告、计量报告等相关凭证的真实性、完整性、合法性及合规性进行严格审核，对于不符合规定要求的采购事项，应推迟或拒绝付款。

（二）采购业务内部控制的基本要求

从采购业务的环节可以看出，该种业务涉及采购部门、仓库的有关人员及财会部门，由他们分别负责货物的购买、验收和款项结算工作。因此，设计采购业务的内部控制制度，重点是解决好这些部门及其有关人员之间的相互制约和分工协作关系，使之符合以下基本要求：

1.正确运用分权、机构独立控制方式，将采购业务中的预算、请购、审批、采购、验收、审核、付款、记账等工作分离开来，分别由专门的预算与审批部门、专门的采购机构或专职采购人员、专职保管人员及财会机构的有关人员完成，避免盲目采购、重复采购和预算外采购行为，严禁采购员擅自采购、代办验收和记录性工作的现象发生。

2.充分运用审批与稽核控制方式，建立严格的审批制度。任何材料或商品的购买都必须经过采购部门负责人批准，按其批准的品种、数量及质量要求进行采购。采购员不得在未经批准的情况下，擅作主张，以免造成材料或商品的超储积压，导致资金的浪费。

3.按照授权控制方式，使采购员、保管员、记账员和出纳员在各自的授权范围内处理业务，各负其责，不得相互代替。采购员按审批的材料或商品购进计划，及时、保质保量地完成采购任务；保管员对所购物品的数量、质量等严格验收，核实无误后办理入库手续；记账员根据有关的原始凭证编制付款凭证，并计算材料或商品的采购成本，登记总账和明细账；出纳人员根据财会主管审批后的付款凭证，向供货单位支付货款。

二、采购业务内部控制的具体方式

根据采购业务的五个环节、涉及的职能部门和有关人员，应当采用下列具体方式，设计采购业务的内部控制制度：

（一）填写“请购单”，办理申请手续

企业各部门所需要的材料、商品和其他物资，或者仓库认为某种货物的储备量已达到最低储备限额而需要补充时，应当通过填写“请购单”的方式，申请购货。“请购单”是通知采购部门进行采购活动的一种业务通知凭证。申请购货的有关部门负责人在“请购单”上签字后，送交采购部门负责人审批，并授权采购人员办理购货。采用这种方式，使每一次采购业务都能有相应的依据，并建立在有计划的基础之上，对于防止盲目采购、节约使用资金、分清各有关部门和个人的责任有一定的作用。

“请购单”一般采用两联复写方式，详细注明需求部门，请购部门，请购材料名称、规格、数量、质量标准，要求到货日期及用途等内容，一并交采购部门。供应部门据此办理订货手续后，将其中一联退回请购部门，以示答复。

（二）签订“订货单”，规范采购活动

如前所述，企业中除零星物品的采购可随时办理外，大宗购买业务应尽可能签订合同并采用订货单制度，以保证采购活动的规范化。“订货单”是采购部门进行采购活动的一种业务执行凭证，也是购销双方应当共同遵守的一种条约，它不仅使采购业务在开始时就置于控制的范围之内，而且便于企业查询整个采购业务在任何时候、任何环节上的执行情况。

“订货单”可根据实际情况，采用三联复写方式，其中一联送交供货单位，请求发货；一联转交仓库保管部门，作为核收物品时与发票核对的依据，即验收货物的依据；一联留作存根，在采购部门归档保存，以便对订货与到货情况进行查对、分析。

（三）填制“入库单”，严格验收制度

采购部门购买回的各种材料物品，都应及时送交仓库验收。验收人员应当对照销货单

位的发货票和购货订单等，对每一种货物的品名、规格、数量、质量等严格查验，在保证正确、相符的基础上填写“入库单”（或收料单）。“入库单”是证明材料或商品已经验收入库的会计凭证，由仓库验收人员填制，在取得采购人员的签字后，一联留存，登记仓库台账，一联退给采购部门进行业务核算，一联送交会计部门。严格的验收制度，有利于考核采购人员的工作质量，有利于划清采购部门与仓库之间的经济责任，保证入库材料的准确性、安全性。

（四）强化审查制度，严格审核购货业务的各种凭证

对购货业务的各种凭证进行严格的审查，是保证业务的合法合理性、内部控制的严密性的重要手续。财会部门在正式记录采购业务、支付货款之前，应对各有关部门送来的各种原始凭证，包括发货票、运费收据、入库单以及订货单等进行认真的审查、核对。财会部门不仅要审查每一凭证的购货数量、金额计算的正确性，还要检查各种凭证之间是否内容一致、时间统一、责任明确、手续清楚等，如果发现问题，应及时查明原因，分清责任，合理解决。在此基础上，财会部门应编制付款凭证，由出纳人员结算支付货款，并按货币资金支出业务的内部控制要求和方式实施内部控制，使两种业务的内部控制统一起来。

应当提出的是，当企业采用赊账方式购买货物时，必然形成债务，由此而引发债务结算业务，对此必须加强控制。其具体要求是：（1）尽可能设置专人专职登记应付账款明细账，充分发挥账簿控制的作用；（2）由稽核人员定期与供货单位（债权人）核对账目，如果在对账中发现问题，应及时查明原因，分清责任，按有关规定予以处理，确保双方的账目相符；（3）按双方事先约定的条件，及时清理债务，支付欠款后，应取得债权人的收款证明，并以此为依据编制记账凭证，登记账簿；（4）强化总分类账对应付账款明细账的控制，保证账账相符。

三、采购业务内部控制的监督检查制度

材料采购管理制度示例

为保证采购业务内部控制制度的有效实施，单位应当对采购业务内部控制建立监督检查制度，明确监督检查机构和人员的职责与权限，通过实施符合性测试和实质性测试，定期或不定期地检查采购业务内部控制制度是否健全、各项规定是否得到有效执行，以便及时发现采购与付款内部控制中的薄弱环节，及时采取措施，加以纠正和完善。采购业务内部控制监督检查主要包括以下内容：

1.采购业务相关岗位及人员的设置情况，重点检查是否存在采购业务不相容职务混岗的现象。

2.采购授权批准制度的执行情况，重点检查采购业务的授权批准手续是否健全，是否存在越权审批的行为。

3.应付账款及预付账款的管理，重点检查应付账款和预付账款支付的正确性、时效性与合法性。

4.有关单据、凭证和文件的使用与保管情况，重点检查凭证的登记、领用、传递、保管、注销手续是否健全，使用和保管制度是否存在漏洞。

第四节　资产盘存业务内部控制制度的设计

一、资产盘存业务的内容和环节

（一）资产盘存业务的主要内容

资产盘存业务主要指单位的实物资产从入库开始，到出库为止，即在仓库储存或滞留期间的业务。由于该业务一般只涉及企业内部的有关部门，不与企业外部发生关系，很少牵涉货币资金的收支，因此，该业务在内部控制问题上往往不能引起人们的重视。这是造成许多企业账实不符、家底不清、财产短缺现象时有发生的重要原因之一。其实，资产盘存业务的内部控制制度完善与否，不仅关系到各种存货的安全完整，而且直接影响到企业成本计算的准确性、利润指标的真实性。所以，在设计内部控制制度时，理应给予资产盘存业务以高度重视。

由于企业的经营方式不同，资产盘存业务的内容也有区别。在制造企业里，资产盘存业务的内容主要是存货，具体包括：

1.原材料的盘存。它包括各种原料、主要材料、辅助材料、燃料、修理用备件、外购半成品等的盘存。

2.在产品和自制半成品的盘存。

3.包装物和低值易耗品的盘存。

4.产成品的盘存。

商品流通企业的盘存业务主要针对库存商品，此外也有材料物资、包装物和低值易耗品等的盘存。

（二）资产盘存业务的环节

资产盘存业务是存货在仓库存续期间的业务，因此，它由三个环节组成：

1.存货入库环节。它标志着盘存业务的开始，是与前述采购业务相衔接的环节。把好存货的入库关，对于保证各种存货记录准确无误、分清采购人员与仓库保管人员的经济责任有重要作用，能够使盘存业务建立在良好的基础上。

2.存货储存环节。它是各种存货在仓库的滞留，表现为各种存货处于相对静止的状态，数量保持不变。因此，这一环节的控制重点是使各种存货的质量不受到影响，有一个安全的储存环境。

3.存货出库环节。它标志着存货盘存期间的结束，是与销售业务或生产业务相衔接的环节。把好存货的出库关，不仅能够使各种存货的减少建立在有据可查的基础上，防止存货的短缺、丢失，而且有利于分清保管人员与销售人员或领料人员的经济责任。

二、资产盘存业务内部控制的具体要求

固定资产管理制度示例

（一）资产盘存业务与购销业务的关系

明确资产盘存业务与购销业务之间的关系，不仅有利于分别设计各种业务的内部控制制度，而且有利于各种业务之间形成完整的内部控制体系，有效地发挥内部控制制度的作用。

一般地讲，资产盘存业务的时间顺序介于采购业务与销售业务之间，它的开始意味着采购业务趋于结束，而它的结束又意味着销售业务已经开始发生。采购业务的完成，为仓库提供了各种材料或商品，使资产盘存业务的开展成为必要；销售业务的发生，减少了库存的各种产品或商品，使盘存资产的内容减少。因此，严格地说，资产盘存业务与购销业务并不能彻底分离，各自完全独立。设计资产盘存业务的内部控制制度时，必然要涉及其他业务如何控制的问题。资产盘存业务与购销业务之间的关系参见图8-1。

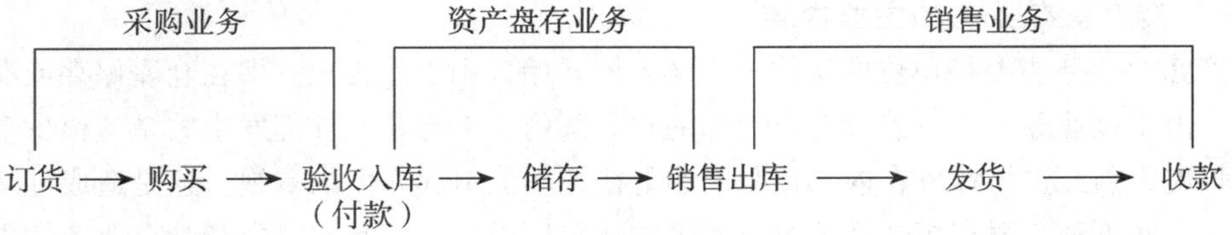

图8-1 资产盘存业务与购销业务的关系图

从图8-1中可以看出，存货的入库、出库分别为两种业务之间的转折点，也是设计各类业务内部控制制度的关键环节。所以，在这些环节上，除运用分权、机构独立、授权和审核等控制方式外，一般都要利用“凭证控制方式”，如入库环节须填制“入库单”，销售环节须填制“销货单”，以便使存货的增减都有据可查，出现问题时能够分清责任。

（二）资产盘存业务内部控制的具体要求

鉴于前述资产盘存业务的内容、环节以及与购销业务之间的关系，应当按照下列要求对资产盘存业务实施内部控制：

1.建立专人保管制度。应当设置专门的仓库，由专人专职负责各种存货的保管，通过仓库“台账”记录各种存货的实物数量变化。无论存货进入仓库还是运出仓库，都必须经保管人员的同意和批准，并具备正式的手续和记录。任何非保管人员一律不得擅自变更库存物资。

2.采用永续盘存制。由于永续盘存制对各种存货的增减变化，都要在会计账簿上做出连续的记录，因此，通过采用永续盘存制能够从账面上随时掌握各种存货的结存数量和金额，并可将账面结存数与实物盘点的结果相对照，揭露财产管理中存在的问题，从而形成一种牵制关系。这种关系具体表现为存货的保管与存货变动的记录相互分离，永续盘存制是分权控制方式的具体运用。

永续盘存控制方式不仅有利于加强会计人员与财产保管人员之间的相互制约，防止资产盘存业务处理中的错弊，保护财产物资的安全完整，而且能够促使保管人员尽职尽责，提高财产管理水平。

3.严格财产清查制度。对各种存货应当进行定期或不定期的清查，使资产盘存经常化、规范化、制度化。清查工作应由专人负责，并成立专门的清查小组，不得由实物保管人员独自进行，以保证清查结果的客观公正性。在清查过程中发现盈亏，应及时查明原因、分清责任，并区别不同情况分别予以处理。属于主观原因造成的损失，应当追究当事人的责任，酌情给予行政处分和经济处罚，严重者还应追究法律责任；属于客观因素造成的损失，应吸取教训，引以为戒；对超储积压物资，应予尽快处理，以加速资金周转；对储备不足的物资，应催促采购部门尽快购买，以保证生产顺利进行。总之，通过财产清查，不仅要完善资产盘存业务的内部控制，而且要促进企业管理水平的全面提高。

4.严把入库和出库两个关口。把好入库关，能够使资产盘存业务有一个良好的开端；

把好出库关，能够有效地防止资产盘存业务中的漏洞。关于各种存货在入库时如何实施内部控制，前面采购业务中已经作了较详细的介绍，这里不再赘述。存货的出库主要有两种原因：一是销售，二是生产领用。对于销售导致存货出库的内部控制，将在下节销售业务内部控制制度的设计中详细介绍，这里只讨论生产领用材料业务的内部控制。

生产领用材料业务，一般由申请领料、审核批准、仓库发料和会计账务处理四部分组成，涉及的部门有用料部门、生产计划管理部门、仓储部门和财会部门，分别负责领料、审批、发料和账务记录等工作。由此，生产领用材料业务的内部控制主要应通过填制“领料单”的方式实现。“领料单”是记录并据以办理材料的领用和发出的一种原始凭证，一般为一式四联，由用料部门填制，注明材料的名称、规格、用途、请领数量等内容。用料部门负责人签字后送交生产计划管理部门审批，仓库保管员经审核后根据审批后的领料单发出材料，并将实发数量填入领料单内，一张退回用料部门进行车间核算或费用预算，一张留存仓储部门登记台账，一张送交生产计划管理部门进行业务核算，一张送交财会部门审核后据以进行账务处理。

对于经常领用，并有消耗定额的材料，企业可以使用“限额领料单”，由用料部门直接从仓库领料，不必每次进行审批，月终汇总后送交财会部门进行账务处理。这样，既能保证内部控制，又可以简化手续。

材料领发业务处理程序参见图8-2。

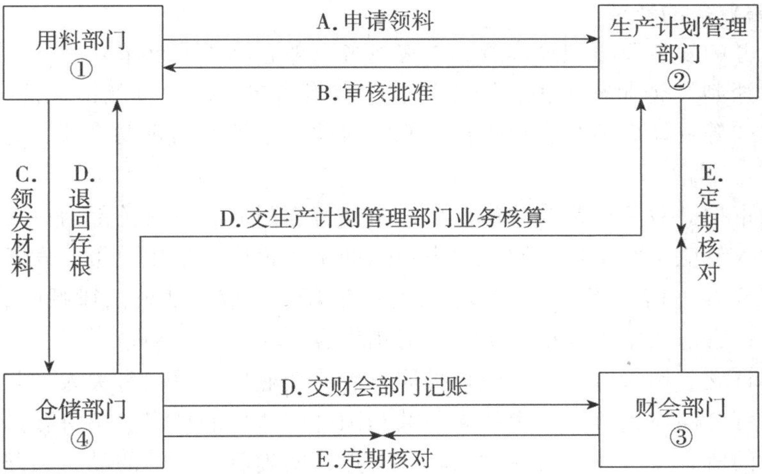

说明：A、B、C、D、E表示业务处理步骤；①、②、③、④表示“领料单”联次（后同）。

图8-2　材料领发业务处理程序图

三、资产盘存业务内部控制的监督检查制度

企业应建立资产盘存业务内部控制的监督检查制度，通过定期或不定期的检查，发现其薄弱环节，以便及时采取措施，加以纠正和完善。资产盘存业务内部控制监督检查主要包括以下内容：

仓库管理流程图示例

1.保管业务相关岗位及人员设置情况，重点检查是否设置专人保管制度。

2.财产清查制度，重点检查是否建立定期与不定期的财产清查制度及对清查结果的责

任追究制度。

3.入出库制度，重点检查是否建立完善的存货入库和领用制度，尤其是领用手续是否健全。

第五节 销售业务内部控制制度的设计

一、销售业务内容和环节

（一）销售业务的内容

销售业务是指企业围绕销售商品或劳务所发生的经济业务，它是企业生产经营活动的基本内容，是生产经营过程的最后一个环节，其目的在于获得货币收入，实现产品的价值。

企业的经营方式和经营范围不同，销售业务的内容也不相同。在制造企业里，销售业务一般包括产品销售业务和其他销售业务。其中，产品销售业务是企业的主要销售业务，一般指销售产成品、自制半成品和提供工业性劳务等发生的经济业务；其他销售业务一般指销售多余或不需用的材料、销售包装物等发生的经济业务，它属于企业的附营业务。

（二）销售业务的环节

从销售业务的发生及处理过程看，销售业务一般包括以下环节：

（1）销售谈判。企业在销售合同订立前，应当指定专门人员就销售价格、信用政策、发货及收款方式等具体事项与客户进行谈判。对谈判中涉及的重要事项，应当有完整的书面记录。

（2）合同审批。对于谈判成功的事项，由销售部门向企业有关部门或人员提交销售合同草案，审批人员应当对销售合同草案中提出的销售价格、信用政策、发货及收款方式等严格审查并建立客户信息档案；金额重大的销售合同，应当征询法律顾问或专家的意见；有条件的企业，可以指定内部审计机构等对销售合同草案进行初审。

（3）合同订立。销售合同草案经审批同意后，企业应当授权有关人员与客户签订正式销售合同。签订合同应当符合《中华人民共和国合同法》的规定。销售合同应当明确与销售商品相联系的所有权、风险与报酬的转移时点，明确所销产品的品名、规格、价格、交货方式及时间、货款结算方式、违约责任等。订立合同是企业销售业务的重要环节，也是强化内部控制的手段。

（4）组织销售。企业销售部门应当按照批准的销售合同编制销售计划，向发货部门下达销售通知单。在采用发货制时，企业的销售部门应根据销售合同填制发货单，并通知仓储部门和运输部门发货。企业的发货部门应当对发货单进行审核，严格按照销售通知单所列的发货品种和规格、发货数量、发货时间、发货方式组织发货，并建立货物出库、发运等环节的岗位责任制，确保货物的安全发运。

（5）办理货款结算。在发货手续办妥后，销售部门应开具发票并送交财会部门，财会部门根据发票向购货单位收取货款。

如果采用提货制，则销售业务的环节一般为签订销售合同、销售部门开具“销货单”、财会部门办理收款手续和仓储部门办理发货手续四个环节。

二、销售业务内部控制的基本要求

销售业务的发生，一方面引起企业的存货减少，另一方面引起收入的增加、货币资金的流入或债权的增加，因此，销售业务实际上是同时涉及销售和收款的业务，与资产盘存业务和货币资金收入业务密切相关。为销售业务设计严密完善的内部控制制度，不仅可以保证销售业务的合法合理性，而且可以加强资产盘存业务和货币资金收入业务的内部控制。

根据上述销售业务的环节不难看出，销售业务涉及部门较多，又牵涉货币资金的收入。因此，企业对销售业务实施内部控制，应当符合以下基本要求：

（一）严格遵守不相容职务分离制度

销售业务中的下列职务应当分离：

1.客户信用调查评估与销售合同的审批签订相分离。

2.销售合同的审批、签订与办理发货相分离。

3.销售货款的确认、回收与相关会计记录相分离。

4.销售退回货品的验收、处置与相关会计记录相分离。

5.销售业务经办与发票开具、管理相分离。

6.坏账准备的计提与审批、坏账的核销与审批相分离。

（二）设置专门的销售机构或销售岗位

除规模特别小的企业专设销售岗位外，其他企业都应当设置专门的销售机构，配备专职销售人员负责办理销售业务。一般情况下，不应该将销售机构与其他业务部门或管理部门合并，也不应当将销售业务交由非销售部门办理。销售部门人员不应兼办采购、保管、出纳、会计等工作，直接经手销货的人员，不能参与登记销售和应收账款明细账。

（三）建立客户信用管理制度

企业应当设置专门的信用管理机构或信用管理岗，负责对现有客户信用进行跟踪和评价，对有购货意向的客户进行资信评估，并根据企业自身风险承受程度确定信用等级和销售方式。负责对现有客户和潜在客户进行信用动态档案管理，并根据客户信用等级和企业信用政策，拟定客户赊销起限和限额，经销售、财务等部门人员审批。对于境外客户和新开发客户，还应建立严格的信用保证制度。

（四）建立销售登记制度，加强各种凭证的管理

任何一笔销售业务都应开具销售单据。企业应当在销售与发货各环节设置相关的记录，填制相应的凭证，建立完整的销售登记制度，对反映销售业务的合同、销货单、发票等要按顺序编号，严格管理。尤其是发票，应当经过非开票人的审核，以防在价格、金额等方面发生差错。同时，企业应加强销售订单、销售合同、销售计划、销售通知单、销货单、运货单、销售发票等文件和凭证的相互核对工作。

（五）提倡合同销售方式

大宗商品销售，应当采用事先与购货单位签订购销合同的方式办理销售业务。这样既可以合同作为销售依据，对销售业务起到事前控制的作用，又可用合同与销售发票核对，起到事后对比分析的作用，从而强化内部控制。因此，企业应当建立健全销售合同谈判

人、合同订立及审批管理制度，明确合同谈判人选、合同签订范围，规范合同订立程序，确定具体的审核、审批程序和所涉及部门人员及相应的责任。

（六）建立健全销售检查制度

为保证销售业务的正确性，企业应当建立健全各种销售检查制度。对非合同销售、残料与废料的销售、销售折让与折扣、销售退回、固定资产和包装物的出租等特殊的销售业务，企业应当有专人负责检查，并保持经常化、制度化。

（七）建立销售台账制度

销售部门应当设置销售台账，及时反映各种商品、劳务等销售的开单、发货、收款情况，并由相关人员对销售合同执行情况进行定期跟踪审阅。销售台账应当附有客户订单、销售合同、客户签收回执等相关销售单据。

（八）建立发货制度

发货是根据销售合同的约定向客户提供商品的环节，为防止误发、错发、多发或少发等风险的发生，企业应当建立发货制度。仓库保管员应在接到销售部门和财务部门的发货通知后，严格审查销货单与销售合同、销售通知与销售合同所列的货物品名和规格、发货数量、发货时间、发货方式和接货地点是否一致，是否有销售部门、会计部门的签章，销货单是否连续编号以及编号是否正确。

（九）建立销售退回管理制度

企业应专设售后管理部门或售后管理岗，专门负责处理销售退回事宜。对于因自身原因导致购货方要求退货时，应及时和购货方沟通，尽量采取销售折让方式解决。如沟通无效，确实需要退回时，必须报经销售部门负责人和主管领导审批后方可执行。销售退回的货物应当由质检部门检验和仓储部门清点后方可入库。质检部门应当对客户退回的货物进行严格的质量检验并出具检验证明；仓储部门应当在清点货物、注明退回货物的品种和数量后填制退货接收报告；财会部门应当对检验证明、退货接收报告以及退货方出具的退货凭证等进行审核后办理相应的退款事宜，并增加对退货原因进行分析的自我评估控制。

此外，企业还应当加强销售业务各环节的审批工作。销售合同的签订、发货单的编制、销售发票的开出、销售方式的选择等，都力求经过有关负责人员的审核批准。

三、销售业务内部控制的具体设计

产品销售管理制度示例

（一）现销业务的内部控制

一般企业的销售业务都可以分为现销和赊销两种情况。现销业务是指企业在销售商品的同时，收取货款，强调钱货两清。工业、商品批发等企业对现销业务实施内部控制的主要手段是开具“销货单”，并确定其合理的传递程序。其具体做法是：

1.客户购货时，由销售部门填制一式数联的“销货单”，注明购货单位、货物名称、规格、数量、单价、金额等，经负责人审核签章后，留一联作为存根，进行业务核算，其余交客户办理货款结算和提货。

2.客户持“销货单”向财会部门交款。财会部门对“销货单”认真审核后，办理收取货款的手续，并加盖财务专用章和有关人员的签章，留一张编制记账凭证，其余退给客户。

3.客户持“销货单”中的提货联向仓储部门提货。仓库保管人员对“销货单”复核，确认已办妥交款手续后，予以发货，并将提货联留下登记仓库台账。

现销业务处理程序参见图8-3。

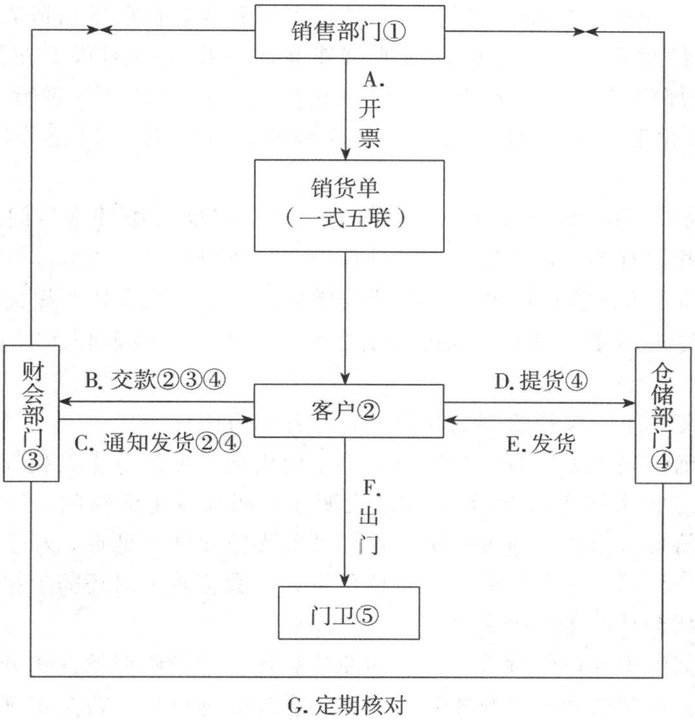

图8-3　现销业务处理程序图

值得指出，财会部门收取货款，可能通过银行转账、微信、支付宝等方式，也可能由出纳员直接收取现金，但不论采用哪种方式，都必须符合货币资金收入业务的内部控制要求，确保销售货款的安全。

商品流通零售企业的销售业务，大多为现销业务，其内部控制方法已在货币资金收入业务的内部控制中详细介绍，这里不再赘述。

（二）赊销业务的内部控制

赊销业务是指企业先办理商品发出，然后在规定的时间内收取货款。这种业务在使企业收入增加的同时，也使企业的债权结算业务发生。随着商品经济的发展，市场交易方式日趋灵活多样，企业的赊销业务将日益增多，债权结算业务也随之增多。由于赊销业务涉及的部门较多，销售活动与货款结算的时间不相一致，发生错弊的可能性也较大。因此，只有合理规定各有关部门之间的制约关系，强化销售业务各环节的衔接，明确债权结算的有关规定，充分发挥凭证控制的作用，才能使赊销业务的内部控制严密完善。

一般情况下，企业对赊销业务的内部控制除符合前述基本要求外，还应当采用下列程序和方式：

1.严格订货单制度，明确定价原则、信用标准和条件，强化销售合同的作用。对于赊销业务，最好采用订货方式，将订单确定后列入销售计划，作为日后发货的依据，防止无计划地发出货物。

2.建立赊销业务授权审批制度。赊销业务应当经过财务负责人、主管领导的批准，未经批准，销售部门不得指令仓库发货，以防止因不了解客户信用度而造成损失。

3.尽可能设置专人专职，登记销售明细账和应收账款明细账。在发出货物后，财会部门应对销售部门开具的“销货单”以及相关的合同、订单等进行审查核对，正确无误后编制记账凭证，并及时登记销售和应收账款明细账，以充分发挥账簿控制的作用。

4.由稽核人员定期与客户（债务人）核对账目，对账目中发现的问题应及时查明原因，分清责任，并按有关规定予以处理，确保双方的账目相符。

5.准确掌握债务人的资信程度，及时催收货款，避免或减少坏账损失。

6.建立坏账注销制度，及时、准确注销坏账。对于大中型企业，应采取坏账备抵法。具体内容如下：

（1）制定坏账政策，选择恰当的坏账准备金计提方法。

（2）对于已确认确实无法收回的应收账款，应由会计部门负责人授权应收账款明细账登记人员撰写“应收账款注销申请”，详细说明应收账款发生的时间、事由、账款核对情况、债务人回馈信息、债务人财务状况等足以证明无法收回的证据，经会计部门负责人审核签字后上报总会计师、主管销售业务单位负责人，数额较大时还需上报经理会集体决策后，报董事会，甚至是股东大会审议。

（3）应收账款注销申请经批准后，作为原始凭证，做应收账款注销处理。

（4）对于已注销又收回的应收账款，应明确会计处理流程，避免出现账外资金。

四、销售业务内部控制的监督检查制度

A公司应收账款管控经验

为保证销售业务内部控制制度的有效实施，企业应当对销售业务内部控制制度建立监督检查制度，明确监督检查机构和人员的职责权限，定期或不定期地通过实施符合性测试和实质性测试，检查销售业务内部控制制度是否健全、各项规定是否得到有效执行，以便及时发现销售业务内部控制中的薄弱环节，并及时采取措施，加以纠正和完善。销售业务内部控制监督检查主要包括以下内容：

1.销售业务相关岗位及人员的设置情况，重点检查是否存在销售业务不相容职务混岗的现象。

2.销售业务授权批准制度的执行情况，重点检查授权批准手续是否健全，是否存在越权审批行为。

3.销售的管理情况，重点检查信用政策、销售政策的执行是否符合规定。

4.收款的管理情况，重点检查单位销售收入是否及时入账，应收账款的催收是否有效，坏账核销和应收票据的管理是否符合规定。

5.销售退回的管理情况，重点检查销售退回手续是否齐全，退回货物是否及时入账。

第六节　对外投资业务内部控制制度的设计

一、对外投资业务的内容与特点

（一）对外投资业务的内容

在市场经济环境下，企业除通过传统的原材料投入、加工、销售方式取得利润外，通常采用投资、收购、兼并、重组等方式拓宽生产经营渠道，提高获利能力。对外投资指企业为了获取收益或实现资本增值，向被投资单位投放资金的一种经济行为。通过不同的分类可以看出，对外投资业务的内容从投资性质上划分，可以分为债权性投资和权益性投资；从管理层持有意图上划分，可以分为交易性投资、可供出售投资、持有至到期投资；从持有时间上划分，又可以分为短期投资和长期投资，如交易性投资和可供出售投资属于短期投资，而持有至到期投资和长期股权投资则属于长期投资，其中，长期股权投资主要包括对子公司投资、对联营企业投资和对合营企业投资。

（二）对外投资业务的特点

对外投资业务主要有以下特点：

1.企业以货币资金、固定资产和无形资产等向被投资单位进行投资，可以获得被投资单位的股权或债权，能够获取收益或实现资本增值。

2.有些投资是在证券交易市场上进行的，如股票、债券或基金等，其交易性强、价值变化快、舞弊隐蔽性强。

3.由于投出资金是在被投资单位运作的，除债权性投资外，投资收益取决于被投资单位的经营业绩，尤其是长期股权投资。因此，为规范对外投资行为，防范对外投资风险，保证对外投资的安全，提高对外投资效益，企业应当建立健全对外投资业务的内部控制制度。

二、对外投资业务的环节

企业的对外投资，无论是债权性投资，还是权益性投资，一般都需要经过对外投资项目建议书编制，对外投资可行性研究、评估与决策，对外投资执行，对外投资持有、对外投资清查和对外投资处置六个环节。

投资管理制度示例

（一）对外投资项目建议书编制

为确保对外投资的计划性和安全性，应当由具有对外投资业务办理权的部门，根据经股东大会（或者企业章程规定的类似权力机构）批准的年度投资计划，编制对外投资项目建议书，并提交给企业相关部门或人员。

（二）对外投资可行性研究、评估与决策

企业收到对外投资项目建议书后，首先应当及时开展对被投资单位的调查或实地考察，然后组织相关部门或人员，或委托具有相应资质的专业机构对投资项目进行分析与论证，并形成评估报告，最后由企业董事会根据经股东大会（或者企业章程规定的类似权力机构）批准的年度投资计划，按照职责分工和审批权限，对投资项目进行决策审批。重大

的投资项目应当根据企业章程及相应权限，报经股东大会或董事会（或者企业章程规定的类似权力机构）批准。

（三）对外投资执行

对外投资业务部门收到经审批的对外投资项目建议书后，应积极组织投资项目的实施：一是制订对外投资实施方案，明确出资时间、金额、出资方式及责任人员等内容；二是在签订合同时，要征询企业法律顾问或相关专家意见，经授权部门或人员批准后签订。

（四）对外投资持有

对外投资持有环节是指从投资形成到投资处置的环节，该环节的主要任务包括保管投资权益证书、股票债券等有价证券、对投资项目进行跟踪管理、控制投资收益、核对投资账目、计提减值准备、进行投资核算等。

（五）对外投资清查

对外投资清查环节是指在对外投资持有期间对尚未经批准处置的投资证书、股票、债券等有价证券进行清查。

（六）对外投资处置

对外投资处置环节是对外投资的最后环节，这一环节主要涉及对处置方式、处置时间的选择，以及对处置结果的会计处理等具体工作。

三、对外投资业务的内部控制设计

苏宁易购内部控制规则落实自查表

（一）严格遵守不相容职务分离制度

对外投资业务是一项高风险业务，企业应当科学合理地设置投资专业机构，配备具备良好职业道德，掌握金融、投资、财会、法律等专业知识的合格人员，并明确职责分工、权限范围和审批程序。其中，最为关键的是准确划分不相容职务，实行对外投资项目的可行性研究与评估权力、决策权力、执行权力、处置审批权力、绩效评估权力的分离，并结合具体情况对投资业务经办人员进行岗位轮换。

（二）建立对外投资授权和审核批准制度

具有对外投资业务办理权的部门和人员，应按照规定的权限和程序办理投资项目建议书的编制、调查、评估、预审和审批工作，以及对外投资的收回、转让与核销事宜。转让对外投资时，应当由相关机构或人员合理确定转让价格，并报授权批准部门批准，必要时可委托具有相应资质的专门机构进行评估；核销对外投资时，应当取得因被投资企业破产等原因不能收回投资的法律文书和证明文件。

（三）建立实地调查和跟踪制度

为确保对外投资项目的安全性和收益性，企业应当对拟投资项目与已投资项目建立实地调查和跟踪调查制度。例如，企业在接到投资部门提交的对外投资项目建议书后，应当及时组织有关人员对被投资企业的资信情况进行调查或实地考察，尤其要关注被投资企业的管理层或实际控制人的能力、资信等情况。对外投资项目如有其他投资者，还应当根据情况对其他投资者的资信情况进行了解或调查，以便为投资项目的可行性研究提供证据。对已投资项目，应当指定专门的部门或人员进行跟踪管理，掌握被投资企业的财务状况、经营情况和现金流量，定期组织对外投资质量分析，发现异常情况时应当及时向有关部门和人员报告，并采取相应措施，以尽量减少投资损失，降低投资风险。

（四）建立凭证记录控制和管理制度

为加强投资对外全过程的有效控制，对实际发生的对外投资业务，应当建立凭证记录控制制度，包括审批文件、投资合同或协议、投资方案书、对外投资付款申请书、对外投资处置决议书等，以如实记载各环节业务的开展情况，加强内部审计。企业对上述文件资料应当加强管理，明确各种文件资料的取得、归档、保管和调阅等各个环节的管理规定及相关人员的职责权限。

（五）建立权益证书专人保管制度

企业进行对外投资，尤其是长期债权性投资和权益性投资，往往有能够证明其投资的证券或证书。为防止丢失现象和舞弊行为的发生，企业应当指定专门的部门或人员保管权益证书，并建立详细的记录，未经授权人员不得接触权益证书。此外，财会部门应当定期和不定期地与相关管理部门和人员清点核对有关权益证书，以加强对有关权益证书的管理。

（六）加强对外投资核算制度

为加强对外投资的管理，财会部门要建立严格的投资核算制度，具体包括：

1.指定专人严格审核投资项目计划书、投资付款申请书、对外投资处置决议书是否符合规定审批程序。对于获取的投资收益，要根据投资合同、被投资方股利分配公告和证券公司的利息或股利收入划账单编制投资收益表，以保证投资收益及时、正确入账，严防投资收益账外设账情况的发生。

2.指定专人负责对外投资会计处理，负责对外投资业务记账凭证编制、账簿登记。

3.设置对外投资业务登记簿，及时反映对外投资的购入和处置，以及投资收益的取得情况，作为对会计凭证和账簿记录的补充。

4.对于权益性投资，定期或不定期地与被投资企业核对有关投资账目，保证对外投资的安全完整。对于股票、债券、基金等有价证券投资，应定期或不定期进行检查，以防业务经办人和记账员合谋擅自处置事项的发生。

5.加强对对外投资项目减值情况的定期检查和归口管理，并按照有关规定准确及时地计提减值准备。

（七）建立对外投资处置授权审批制度

对于权益性投资，应根据投资额度分别确定经理会、董事会、股东大会的处置权限；对于股票、债券、基金等有价证券投资，应明确投资部门负责人的处置权限，严防投资业务负责人、业务经办人和记账员合谋擅自处置事项的发生。

（八）建立责任追究和奖励制度

对外投资的责任人因投资品种和性质的不同而有别，但一般会涉及投资项目负责人，以及向被投资企业派出的董事、监事、财务负责人或其他管理人员等。为防范责任人舞弊，企业应当建立责任追究制度和业绩考评制度。

第七节　筹资业务内部控制制度的设计

一、筹资业务的特点

筹资，也称融资，是指企业为了满足生产经营发展的需要，通过发行股票、债券或者银行借款，或者抵押、质押等形式筹集资金的活动。筹资按照资本来源的不同，可分为权益性筹资和债务性筹资。

企业在筹集资金时必然会产生筹资成本，不同筹资渠道的筹资成本所带来的经济后果不同，权益性筹资成本由税后利润列支，债务性筹资成本由税前利润列支。不同筹资渠道的筹资成本的固定性也有差别，权益性筹资成本不具有固定性，而债务性筹资成本在筹资前就已确定，具有固定性。可见，任何筹资渠道都会给企业带来财务压力，但相比之下，债务性筹资的财务压力较大。对筹资业务建立内部控制制度，其目的就是合理确定筹资比例，控制筹资风险，降低筹资成本，防止筹资过程中的差错与舞弊。

二、筹资业务的环节

从内部控制的角度出发，不论是权益性筹资，还是债务性筹资，都应经过如下环节：

（一）拟订筹资方案

拟订筹资方案是保证筹资方式合法、筹资金额合理的关键环节，企业应当在符合国家有关法律法规、政策和企业筹资预算要求，并充分考虑企业经营范围、投资项目的未来效益、目标资本结构、可接受的资金成本水平和偿付能力以及财务风险等因素的前提下，明确筹资规模、筹资用途、筹资结构、筹资方式和筹资对象，并对筹资时机的选择、预计筹资成本、潜在筹资风险和具体应对措施以及偿债计划等做出安排与说明。在海外筹集资金的企业，还应当考虑筹资所在国的政治、法律、汇率、利率、环保和信息安全等风险。

（二）评估、审批筹资方案

企业对重大筹资方案应当进行风险评估，形成评估报告，并报董事会或股东大会审批。评估报告应当全面反映评估人员的意见，并由所有评估人员签章。对于重大筹资方案，企业应当实行集体决策审批或者联签制度，决策过程应有完整的书面记录。

（三）签订筹资合同或协议

筹资合同或协议是维护筹资方与出资方双方利益的法律文书，也是确定双方权利与责任的重要凭证。因此，企业应当根据经批准的筹资方案，按照规定程序与筹资对象、中介机构或银行等订立筹资合同或协议，对筹资合同的订立与审核、资产的收取、股利（利润）或利息的支付方式等做出明确规定。企业相关部门或人员应当对筹资合同或协议的合法性、合理性、完整性进行审核，审核情况和意见应有完整的书面记录。

（四）偿付

偿付环节主要是由企业按照合同或协议规定，向出资方偿还本金，支付利息、租金、股利（利润）等工作，是出资方权利的实现和受资方责任履行的重要环节。

三、筹资业务的内部控制设计

（一）严格遵守不相容职务分离制度

企业应当明确有关部门和岗位的职责权限，使办理筹资业务的不相容岗位相互分离，确保筹资方案的拟订与决策、筹资合同或协议的审批与订立、款项偿付的审批与执行等由不同的部门和人员完成。筹资业务的人员应具备必要的筹资业务专业知识和良好的职业道德，熟悉国家有关法律法规、相关国际惯例及金融业务。

（二）建立授权批准制度

企业应明确授权批准方式、程序和相关控制措施，规定审批人的权限、责任以及经办人的职责履行要求。企业在支付筹资利息、股息、租金时，应当履行审批手续，经授权人员批准后方可支付。企业的股利（利润）分配方案应当按照企业章程或有关规定，经审批后执行。

（三）建立凭证记录和保管制度

企业应当制定筹资业务流程，明确筹资决策、执行、偿付等环节的内部控制要求，并设置相应的记录或凭证，包括筹资决策、审批过程的书面记录制度以及有关合同或协议、收款凭证、支付凭证等资料的存档、保管和调用制度，并指定专人管理，明确其职责权限，以便如实记载各环节业务的开展情况，确保筹资全过程得到有效控制。

（四）建立筹资决策责任追究制度

企业应当按照筹资方案所规定的用途使用筹集的资金，因市场环境变化等特殊情况导致确需改变资金用途的，应当履行审批手续，并对审批过程进行完整的书面记录，严禁擅自改变资金用途。对重大筹资项目，企业应明确相关部门及人员的责任，定期或不定期地进行检查，对没有按照筹资计划和筹资程序进行的筹资业务责任人，以及变更筹资用途的直接责任人，按照产生不良后果的严重程度予以处罚。

（五）加强筹资业务核算制度

筹资业务的核算应当符合国家统一会计制度的规定。企业在取得货币性资产时，应当按实有数额及时入账；在取得非货币性资产时，应当根据合理确定的价值及时记录，并办理有关财产转移手续；对需要进行评估的资产，应当聘请有资质的中介机构及时进行评估。企业应严格按照筹资合同或协议规定的本金、利率、期限及币种计算利息和租金，并与债权人定期核对，如有不符，应查明原因，按权限及时处理。企业委托代理机构支付股利（利润）时，应清点、核对代理机构的股利（利润）支付清单，并及时取得有关凭据。

第八节　会计信息系统内部控制制度的设计

一、会计信息系统内部控制概述

（一）会计信息系统内部控制的概念

会计信息系统内部控制是指以系统本身为控制的对象，为了保证系统的正确性、可靠性和安全性，提高系统的运行效率，以保证会计信息的精确可靠，利用多种办法对会计信息系统实施管控的过程。

（二）会计信息系统内部控制目标

1.保证系统的合法合规性

系统的合法合规性包括两层意思：第一是指系统本身是合法的，即该系统能符合当前的行业法规和财经制度的有关规定，并且符合国家财政部颁布的有关会计软件开发的规定；第二是指系统处理的业务是合法的，即符合企业既定的会计政策，符合公认的会计准则、法律和法规等。

2.保证系统的安全可靠性

系统的安全可靠性是其正常运行的条件和根本。故在会计信息系统设计并正式使用之前，就必须充分考虑到各种威胁因素，并对系统的软硬件环境和安全措施进行防范和加强，用来减少和消除这些因素带来的安全隐患。

3.保证会计数据的真实性和正确性

会计数据的真实和正确是财务工作最基础的要求，因此，应将关键控制点放在软件设计开发质量和操作规范上，如与业界口碑较好的软件开发商合作、建立不相容职务分离控制、操作员权限控制、重要数据处理步骤保痕控制、监控系统控制等，都是保证会计数据真实性和正确性的重要手段。

4.提高会计工作效率

简单地讲，会计信息系统就是将计算机技术和信息技术运用到会计处理中，取代手工操作，如果所开发的系统不能充分发挥计算机技术和信息技术精、准、快的优势，说明系统的建设是失败的。

（三）会计信息系统内部控制的特点

会计信息系统与传统手工记账手段下的账务处理流程比较，在操作风险和关键控制点等方面都发生了较大的变化，因此，内部控制也呈现出不同的特点。

1.控制领域向业务部门扩展

随着会计信息化水平的不断提高，“业财”融合度也随之提高，会计信息系统控制由系统内部控制逐渐向系统外部控制扩展，并通过一套会计信息系统完成会计和业务的同步控制。

2.控制手段向人机联合控制转移

随着网络和信息技术的飞跃式发展，线上交易、电子发票的推广，以及财务机器人在会计中的应用，业务处理的信息化、职能化水平不断提高，传统人工控制已不能满足业务发展的需要，以计算机控制为主的人机联合监控是会计信息控制的发展趋势。

3.关键控制点向数据输入转移

数据输入是将审核无误的原始凭证和记账凭证录入软件系统的过程，是系统数据的原始来源，是唯一通过人工完成的工作，所以录入数据的真实可靠性和正确性是决定终端数据质量的关键。因此，数据输入环节成为确保会计信息输出正确的关键点。

4.控制模式向管理、技术一体化转移

信息技术和网络技术是一把双刃剑，会计信息系统在减少会计人员劳动、提高工作效率的同时，也不可避免地会遇到病毒、黑客的攻击，防备不当会遭受不可逆的破坏。因此，内部控制既涉及对会计处理流程的控制，更需要对软件和硬件的控制。这就要求会计信息系统内部控制从纯管理模式向管理技术一体化的综合控制模式转移。

5.权限管理成为新的控制点

会计信息系统下，职责分工体现为操作权限，权限设置、秘钥管理成为系统安全的重要内容。

二、会计信息系统内部控制设计内容

按照内部控制内容不同，会计信息系统内部控制设计可分为一般控制和应用控制两个方面。

（一）一般控制的设计

一般控制也称环境控制，是对整个会计信息系统及环境构成要素实施的、对系统的所有应用或功能模块具有普遍影响的控制，是会计信息系统可靠运行和进行数据处理的前提，是保证整个系统安全的必要条件。它普遍适用于各个企业的会计信息系统，常常以制定规章制度、采用网络安全软件等形式来体现。一般控制设计的主要内容如下：

1.组织控制设计

组织控制是将组织作为主要的控制对象和手段，通过建立具有控制能力的组织结构，采用满足控制要求的组织流程。组织控制通过构筑认同和重视控制的组织文化以达到控制目标，所以，组织控制是其他控制实施和发挥作用的基础。组织控制的内容包括：

（1）职责分工。会计信息系统是人机系统，所以应当在人、机职责划分合理的基础上进行岗位设置和人员配备。在岗位设置和人员配备中必须遵循不相容职务分离控制和授权控制方式。

（2）制定组织流程。组织流程是由组织建立并实施、为实现组织目标而采取行动的过程。组织流程本身就是一种控制手段，按照组织控制的需要，组织中每一项核心工作都应规定明确的流程。会计信息系统下组织流程设计涉及业务记录、岗位牵制及上下级签核等主要内容。

2.操作控制设计

操作控制是指在会计信息系统操作过程中，针对系统被破坏风险所实施的控制，主要表现为上机守则和操作规程。

上机守则是针对机房内工作的一般性规定，通常包括对进出机房的人员和物品进行限制，包括对文件的存放和处置、操作人员进出机房的手续及进出时间、操作人员的日常工作性质和范围、交接班制度、出现紧急状况时的应急措施等做出规定。目的是使机房保持一个良好的工作秩序，以减少数据和程序被破坏的风险。

操作规程则是对系统操作程序等方面进行的规定。一般包括系统开关的步骤、交接班和运行日志登记手续、数据备份的时间、内容和存放地点，意外事故发生时的处理步骤，机器及网络的使用范围以堵截病毒感染的途径等。目的是通过标准的操作规程保证信息处理的质量，以减少差错的发生和未经批准而使用数据和程序的机会。

3.软硬件系统控制设计

（1）硬件系统控制。硬件控制是由硬件生产厂家在计算机设备中实施的控制技术和方法，主要是将一些必要的自我监测功能固化在硬件中，能自动查出某些类型的错误，而无须人工输入任何特殊指令。

（2）软件系统控制。软件系统控制是指为保证软件系统运行正常而预先在软件内部设计的各种处理故障、纠正错误、保证系统安全的控制。信息系统的软件一般包括操作系统（包括网络操作系统和单用户操作系统）、工具软件（包括数据库管理系统、编译器和程序设计语言、电子表格处理软件、Web服务、发布和浏览软件、信息采集、FTP，以及Telnet等软件）及应用系统软件三大部分。

4.数据资源控制设计

会计数据以记录的形式存储在系统数据库中，因此，对数据资源控制的重点实际上是对系统数据库的控制。主要目的是防止对数据库的非法访问，以及系统故障、误操作或人为破坏对数据库造成的毁损。其控制措施有：

（1）数据库访问控制，即控制对数据库的接触和访问。其包括三个方面：一是密码或身份鉴别。即通过密码和身份鉴别来限制访问数据库的人员。可以采用口令等软件手段，也可以采用指纹及声音等识别设备的硬件手段。二是存取权限控制。即根据岗位、工作性质和涉及的内容等，对数据库的访问范围设置权限。包括为不同用户确定其数据存取的范围、更新修改权限、读取权限等。三是对数据存储介质进行管理，如指定专人妥善保管、对重要数据甚至采用硬加密防复制和防跟踪技术等措施。

（2）数据备份和恢复控制。其包括三个方面：一是双备份和异地存贮制度；二是数据恢复制度；三是日志文件维护制度。一旦系统发生故障，能够在最短时间内把数据库恢复到某一正确状态，并且尽可能不影响计算机系统其他部分的正常运行。

5.档案控制设计

会计信息系统下的会计档案除包括传统纸质档案外，还包括会计信息系统所有与硬件和软件有关的文档资料、存储在计算机硬盘内或存储在磁盘、磁带、光盘等介质上的源程序、目标程序、会计数据备份等文件资料。对档案资料的管理，要注意做好防磁、防火、防潮和防尘工作。重要的会计档案应当采取双备份和异地存放制度。采用磁性介质保存的会计档案，应定期进行检查、复制，以防止由于磁性介质的损坏而致使会计档案丢失。

（二）应用控制的设计

应用控制是对会计信息系统中具体数据处理过程进行的控制，其内容与数据处理有关，取决于数据处理的需要。任何数据处理系统都可以划分为输入、处理和存储、输出三个环节，因此，应用控制的设计包括“输入控制”、“处理控制”和“输出控制”的设计三部分内容。

1.输入控制的设计

数据输入控制是会计信息系统的关键控制点。数据输入方式分为人工原始数据输入和其他系统数据转入两种情况，数据输入流程包括数据采集、数据准备、输入数据和数据存储等几个环节，因此，输入控制设计应从以下几个方面进行。

（1）数据采集与数据准备环节的控制。主要控制点有：授权、合法及合规性检查；采用标准化格式的原始凭证；经济业务程序合规性检查；数据采集采用适当的程序；原始单据进行批量控制等。

（2）输入数据环节的控制，包括：①授权控制，即用户只能输入被允许的数据，主要的控制方法是授权和密码。②正确性控制，即保证输入数据的正确性。常用方法有校验、格式化输入和比较等。其中，校验控制可采用人工目测核对和计算机校验两种方式。人工目测核对是指在数据录入后，在处理之前，由人工目测屏幕上的数据，核对无误后再处理。计算机校验是指在应用程序中嵌入校验程序，对输入数据的正确性进行校验，包括合理性校验、界限校验、平衡校验和校验码检验等。格式化输入控制是指提供标准化输入格式，以减少用户输入出错的概率。比较控制则是将同样的数据向计算机系统输入两次，由系统自动核对两次输入的结果，并标记不一致的记录，核对后由数据输入人员修改标记错误的记录。③完整性控制。常见的有批总数控制，即对处理的一批业务单证，在数据输入前先以某种特征为基础（如凭证张数和金额）计算总数。输入该批业务后，由计算机程序自动计算该批的总数，通过二者核对来判断该批业务数据是否全部输入系统。④错误纠正控制。即对输入系统中的错误数据，应提供改正和重新输入的机会，并对改错与重新输入的数据实施控制。

（3）数据存储控制。输入的数据应根据需要保存足够长的时间，确保可以重新查询、分析或检查。输入数据保存时应同时保存输入者信息，包括时间、用户ID号和终端号等，以便为审计提供线索。

2.处理控制的设计

处理控制是对数据处理过程实施的控制，数据处理包括数据校验、记账、计算、分类、汇总、访问、纠错等环节。各环节一般通过预先编制好的计算机程序自动进行，所以需从以下几个方面进行设计：

（1）处理权限控制。程序中应设计处理权限的授权功能，即只有经过授权的人员才能执行处理操作。

（2）业务处理次序控制。在会计信息系统中，数据处理功能之间存在递进关系，不能随意调换。如凭证记账前必须经过审核，月末结账前必须将本期的记账凭证全部记账，结账之后才能输出账表。如在记账过程中突然发生意外中断，当再次启动系统时应强制进入中断处理程序，以便恢复记账前数据状态，然后重新进行记账处理。系统中需要进行次序控制的内容很多，设计软件时一定要考虑周全，并通过设置操作状态参数控制各项操作的先后次序，从而防止由于数据处理次序颠倒所引起的数据混乱。

（3）勾稽关系检查控制。应充分利用会计数据之间的各种勾稽关系来验证处理的正确性。如资产负债表中“未分配利润”项目与利润分配表中“未分配利润”项目数额应当一致，利润分配表中“净利润”项目与利润表中“净利润”项目的“本年累计”数额应当一致，编制的资产负债表应满足“资产=负债+所有者权益关系”，等等。

（4）数据合理性检验控制。由计算机程序／数据库为数据处理结果确定一个合理的范围（或预测结果），数据处理时能自动将处理的结果与设定的范围进行比较，如果数据的处理结果超出了范围（或与预测结果不一致），则系统自动报警。

（5）数据有效性校验控制。其目的是为了发现用错文件、记录以及数据错误的情况，保证数据处理的正确性和准确性。其控制措施包括文件标签控制、记录标识检验、业务代码检验、数据顺序检验和数据合理性检查等。

①文件标签控制是指当打开并使用文件时，应检查文件的内部标签，保证使用的文件是所需要的文件以及所需要的版本，以防止用错文件。

②记录标识检验是指在顺序处理某个文件中的记录时，软件应检验记录的标识符，以防止各记录处理顺序混乱。

③业务代码检验是指对某些会计业务文件中存放的不同业务记录的处理代码进行检验。因为业务代码决定系统调用不同的子程序进行数据处理，所以必须确保各记录业务代码的正确性。

④数据顺序检验是指对文件中记录的排列次序是否正确进行检验，以防止在处理过程中遗漏记录、排序或合并的失败，常采用两次读入的方法来校验。

⑤数据合理性检查是指检查字段的类型是否正确，字段的取值是否在正常的范围之内，以保证数据的正确性，防止处理时出现意外。

（6）数据有效性检测控制。数据有效性检测控制是对应用程序的逻辑错误、硬件与系统软件运行错误进行的检测。其主要措施有运算正确性检测、数据双重存储、数据合理检测、数据极限检测等。

①运算正确性检测是指通过使用逆运算、溢出检查等方法来控制运算处理的正确性。

②数据双重存储是指对存于两处的同一数据进行比较来判断处理是否正确。

③数据合理性检测是指用于发现处理结果超出预期结果或合理性界限的错误。

④数据极限检测是指用于检查处理结果是否超出最大界限值的错误。

（7）纠错控制。错纠控制是指将数据处理过程中可能出现的错误预先嵌入纠错程序，以便在错误发生时及时更正。可能出现的错误有两种情况，一种是在数据有效性检测中发现的错误，其处理办法是将出错数据暂存入临时文件，待更正后同下一批数据一起进行处理。另一种错误是在处理过程结束后通过人工审核输出数据才发现的，这类错误数据已经影响到主文件的结果，其处理方法是对错误数据作抵销处理，以得出正确的数据，然后再进行下一步骤的处理。另外，在对重要数据进行处理之前首先要对其进行备份，一旦机内数据部分甚至全部被破坏，可以通过备份文件予以恢复。这也是一种非常有效的出错控制方法。

（8）断点技术控制。断点是由一条指令或其他条件所规定的程序中的一点。当程序运行到该点时能被外部干预或为监督程序所中断。程序运行中断后，用户可以进行直观检查，如打印输出或进行其他分析。利用断点技术，可以在断点处计算控制数据（主文件金额数、记录计数、前一程序指令的序号）。如果发现处理错误，可以清楚识别错误出在程序运行的哪一个环节，从而及时进行纠正。

（9）审计线索控制。在数据处理过程中，应产生必要的审计线索，以便对各项交易进行追踪审查。对成功处理的交易应记录在交易日志中，交给相关的用户进行核对。未能成功处理的交易应记录在错误文件中，交给有关用户纠错后重新提交。

（10）数据存储控制。应根据需要，对处理后的结果保存足够长的时间，以确保可重新查询、分析或检查。对处理数据进行保存时，应同时保存操作者的信息，如业务的处理时间、用户ID号和终端号等，以便为审计提供线索。

（11）备份及恢复控制。在信息系统运行过程中，偶尔也会出现因意外事件而中断处理的情况。如果此时正在更新处理数据文件，数据的完整性将会受到破坏。因此，应当做一些必要的备份，一旦处理过程意外中断，可恢复到处理前的状态，并再次处理，从而保证数据处理的正确性。对重要的数据系统可增设在退出系统时的强制备份功能，用户再次进入系统时自动把备份数据与机内数据比较对照，及时发现数据文件的改变。

3.输出控制的设计

信息系统数据处理的结果输出，主要有屏幕显示输出、打印输出、存入磁性介质输出，以及网络传输等方式。输出控制的目的就是要保证各种输出结果的真实性、完整性和正确性。同时，还要确保输出的信息只提供给经过授权的使用者。对输出的控制主要有以下措施：

（1）输出信息控制。输出的信息要符合使用者的要求，内容完整、正确、及时，并且格式清晰，易于使用者理解和把握。

（2）输出授权控制。未经授权不能进行输出操作，以防有人窃取或篡改输出资料。

（3）输出正确性控制。输出数据的正确性控制应当针对具体的应用系统设计相应的控制措施。这些措施包括：总数控制，即将初始的输入控制总数与最后输出的控制总数相比较；数据稽核控制，即根据证、账、表之间的勾稽关系，设置控制程序对输出数据进行核对；审校输出结果，即检查数据的正确性和完整性；抽样统计控制，即通过对某些特定项目进行抽样统计来判断输出的正确性；对照检查控制，即将输出文件中的有关数据与其他相关文件对照检查；制度保证，即规定纠正输出错误和处理重要数据。

（4）输出数据审核控制。业务职能部门要将收到的机制单证数据与保存的原始凭证清单逐一核对，确定输出数据的完整性和正确性。与实物有关的数据还应当核对实物。内部审计人员也要定期审核输出数据与报告。

（5）输出资料传递的控制。重要机密资料的泄露往往会给企业带来巨大的经济损失，因此，输出的信息要有适当的审核过程和签章，并只能分发给有权接受资料的使用者，对此应建立数据输出登记簿，并设专人审核登记所有输出资料。无论输出到磁性介质还是打印出的资料，输出后都应立即受到严格控制，认真检查其完整性、正确性并进行详细记录。如打印的各种会计报告要记录使用人、发送份数、送达时间等并由发送人签字；输出到磁性介质上的会计资料，要登记输出时间、输出内容、磁盘编号等，同时还要及时在磁盘上贴上外部标签及加写保护，并在外部标签上写明文件名称、输出时间，进行妥善保管。

（6）输出错误列表和差错更正控制。无论是数据输出的正确性检查，还是对输出信息的分发控制，都可能发现一些差错，对于发现的差错，审核员应当详细列表登记，以便提交给相关部门进行更正或重新处理。对差错的更正控制，要设计专门的更正程序，并设置相应的控制日志，以保证错误更正工作的顺利完成。

（三）一般控制与应用控制的关系

一般控制是应用控制的基础，没有有效的一般控制，应用控制的作用难以发挥；应用控制是一般控制的最终表现，没有应用控制，一般控制就失去了存在的意义。所以，一般控制和应用控制作为整个会计信息系统内部控制体系的两个方面，相辅相成，缺一不可，为达到系统目标发挥着不同的作用。

本章小结

内部控制制度设计是会计制度设计的重要内容。本章主要解读内部控制及内部控制制度设计的基本概念、基本理论和基本方法，并运用内部控制的基本理论和方法阐述了货币资金收支、材料采购、资产盘存、产品销售、筹资、投资等业务的内部控制设计内容。本章内容与审计学课程有一定的联系，希望同学们能够将这两门课程中的相关知识进行融合。

主要概念和观念

□ 主要概念

内部控制制度　风险评估　分权控制　授权控制　岗位轮换控制 监督检查

□ 主要观念

内部控制制度是由管理者所设立的，由企业董事会、管理层和全体员工共同实施的，约定单位内部各职能部门、各有关工作人员之间，在处理经济业务过程中相互联系，相互制约的一种管理制度。科学完善的内部控制制度，一般应具备四个方面的要素：一是权利与责任的明确划分；二是程序与手续的健全完善；三是控制方式的合理选择；四是监督机制的建立与运行。设计内部控制制度，有助于保障企业各项会计制度的规范运行，发挥会计制度的作用。

基本训练

□ 知识题

• 阅读理解

1.1 简答题

（1）设计内部控制制度有何作用？

（2）设计内部控制制度应遵循哪些原则？

（3）内部控制的基本方式有哪些？简述各种方式的要点。

（4）货币资金业务内部控制的基本要求是什么？

（5）采购业务内部控制的基本要求是什么？

（6）资产盘存业务内部控制的具体要求有哪些？

（7）销售业务内部控制的具体要求是什么？

（8）对外投资业务内部控制的基本要求是什么？

（9）筹资业务内部控制的基本要求是什么？

（10）会计信息系统内部控制设计有哪些特点？

（11）会计信息系统内部控制设计的内容有哪些？

（12）会计信息系统内部控制中的一般控制包括哪些内容？

（13）会计信息系统内部控制中的应用控制包括哪些内容？

1.2 思考题

（1）库存现金如何实施控制？

（2）为什么说“分权控制”是内部控制的关键？

（3）货币资金业务的不相容职务应包括哪些？

（4）采购业务的不相容职务应包括哪些？

（5）销售业务的不相容职务应包括哪些？

（6）对外投资业务的不相容职务应包括哪些？

（7）筹资业务的不相容职务应包括哪些？

（8）会计信息系统内部控制的关键控制点是什么？

• 知识应用

1.1 单项选择题

（1）投资业务内部控制设计的首要目标是（ ）。

A.防范投资风险　　B.实施保密控制

C.获取高额回报　　D.保护投资资产的安全和完整

（2）下列各项中，不能体现货币资金控制重要性的是（ ）。

A.货币资金的流动性最强　　B.货币资金的安全性最高

C.货币资金的风险最大　　D.货币资金的使用范围最广

（3）库存现金支出审批人员同出纳人员、业务经办人员和记账人员相分离，这种安排属于（ ）。

A.授权审批控制　　B.不相容职务分离控制

C.会计核算控制　　D.监督检查控制

（4）建立严格的销售退货管理制度，对退货条件、退货手续、货物入库和退款做出明确规定，这种安排属于（ ）。

A.付款控制设计　　B.销售与收款控制设计

C.授权审批控制设计　　D.职责分工控制

（5）内部控制的基本方式是（ ）。

A.岗位轮换控制　　B.分权控制　　C.授权审批控制　　D.职责分工控制

（6）内部控制实施的基础是（ ）。

A.风险评估　　B.监督检查　　C.控制措施　　D.内部环境

（7）为实现货币资金业务控制目标，企业的内部控制应主要包括（ ）。

A.职责分工控制　　B.授权审批控制　　C.监督检查控制　　D.反洗钱控制

（8）筹资计划审批后，该项筹资活动对未来净收益增加和筹资活动合理性的审批人一般为（ ）。

A.总经理　　B.董事长　　C.财务顾问　　D.法律顾问

1.2 多项选择题

（1）下列属于内部控制的产生、发展过程的是（ ）。

A.内部牵制阶段　　B.内部监督阶段

C.内部控制制度阶段　　D.内部控制整合框架阶段

（2）存货业务内部控制设计的目标包括（ ）。

A.保证存货的安全完整　　B.控制存货的流动

C.提供真实、完整、有用的存货信息　　D.监督、落实存货的经营责任

（3）企业出纳人员不得兼任的职务有（ ）。

A.会计档案保管　　B.稽核

C.债权、债务账目的登记　　D.银行存款日记账的登记

1.3 判断题

（1）内部控制的基本控制方式是授权审批控制。（ ）

（2）货币资金内部控制的核心是职务分离控制。（ ）

（3）对外投资业务内部控制的核心是风险控制。（ ）

□ 技能题

结合本章所学内容，为职工借款业务、零星费用报销业务、有价证券投资业务绘制业务流程图。

□ 能力题

• 案例设计题

1.甲公司是一家小型企业，由于业务量不大，销售与收款业务均由主管销售业务的会计一人办理，货款拖欠现象时有发生。近来因业务量激增，拖欠货款现象较为严重。最近公司新进了一批人员准备充实该业务管理，但不知如何设置岗位和进行职责分工。

要求：

（1）请为该公司销售与收款业务设置必要的岗位，并指出哪些岗位是不相容岗位。

（2）针对日益严重的拖欠货款现象，提出改进建议。

2.审计人员在对A公司进行审计时，发现存在以下情况：

（1）出纳王某负责办理A公司货币资金收付业务和收付款原始凭证的稽核。

（2）出纳王某负责空白支票的保管、支票签发及用于支票签发的相关印鉴的保管。

（3）出纳王某负责登记库存现金日记账和银行存款日记账，并同时登记库存现金明细账和银行存款明细账。

（4）出纳王某同时负责业务招待事项的办理和报销工作。

（5）某日，总经理办公室主任急需现金5 000元，向出纳王某借款，王某仅让其写了一张欠条即办理了借款业务。

要求：

（1）根据上述情况，指出A公司在货币资金内部控制方面存在哪些问题。

（2）针对存在的问题，指出相应的正确做法。

3.B公司是一家新注册成立的食品加工企业，因材料种类和品种较多，采购业务较为频繁，需要设计材料采购内部控制，但在设计采购与验收控制制度时遇到以下问题：

（1）如何确定采购方式？

（2）如何建立采购材料的验收制度？

要求：请为该公司的采购与验收业务提出适当的内部控制设计建议。

4.某公司的产品销售方式采用合同发货制，请为该公司设计合同发货制销售业务内部控制，并指出销售业务内部控制的设计要点。

第九章

成本核算制度的设计

学习目标

明确成本核算制度的设计意义和设计原则，掌握成本核算基础制度、成本计算对象、费用要素与成本项目、费用归集分配程序和成本计算方法的具体设计，了解作业成本法设计的条件、作业中心设计方法以及作业成本法下成本流程的设计等内容。其具体目标包括：

□ 知识目标

了解产品成本、成本计算对象、费用要素、成本项目等基本概念，掌握成本核算基础制度、成本核算制度设计应遵循的原则、成本核算制度设计的具体内容、作业成本法下作业中心的设计方法、作业成本法下成本流程。

□ 技能目标

掌握成本核算制度设计的基本理论、制造成本法下成本核算制度的设计、作业成本法下成本核算制度的设计。

□ 能力目标

根据不同企业生产组织方式和工艺特点设计成本核算制度；依据成本会计制度设计理论和设计方法发现案例企业成本制度设计和运行中存在的问题，并提出相应的改进建议。

第一节　成本核算制度设计概述

成本核算是指应用会计原理、企业会计准则和成本核算制度，系统地记录企业产品生产或劳务提供过程中所发生的一切费用，并计算出各种产品、服务或劳务的单位成本和总成本的过程，以便及时提供各种成本资料、正确确定销售价格、计算销售利润。成本核算是企业会计核算工作中复杂程度最高、工作量最大、牵涉业务部门和人员最多的一项工作，成本核算质量也是决定企业盈亏和会计信息质量的最重要因素，成本会计信息备受单位高管层的密切关注，所以，成本核算制度的设计就显得尤为重要。

一、产品成本的概念

产品成本是指为制造一定种类和数量的产品所耗费的物化劳动与活劳动的总和，或者说，产品成本是企业为制造产品所付出的能够用货币表现的价值牺牲。产品成本内容是指产品成本的具体构成要素，由成本开支范围决定。具体内容见本章第二节。

二、成本核算制度设计的意义

成本核算制度设计，是指根据国家的有关会计法规制度，结合本企业的生产特点和成本管理需求，制定成本核算方面的有关制度。成本的高低，直接决定着企业利润的高低。在其他因素一定的情况下，成本愈高，盈利愈少；反之，成本愈低，盈利愈多。所以，所有的企业都应当在国家会计法规制度的指导下，结合本企业的实际情况设计一套科学、适用的成本核算制度。设计成本核算制度的意义，可归纳为以下几方面：

1.保证成本核算和成本管理工作的有序进行。成本核算制度包括成本预测、核算、控制、分析和考核等内容，健全的成本核算制度不仅可以为生产费用的确认、计量提供指导依据，规范汇集和分配生产费用、计算产品成本的行为，监督和考核生产费用预算执行情况，正确反映产品成本水平，而且还可以依据成本核算资料，分析成本升降的原因，落实成本管理责任制，加强对产品生产事前、事中、事后的全过程控制，从而促使企业经营管理的全面改善和经济效益的全面提高。

2.优化企业会计工作。设计完善的成本核算制度，不仅有利于成本核算和成本管理工作的顺利进行，而且可以通过完善材料领用、固定资产折旧、工资结算分配、各种费用确认等方面的会计制度，实现会计制度的统一完整，从而优化整个会计工作。

3.保证产品定价科学合理。成本加成法是最基本的产品定价方法，通过设计科学合理的成本核算制度，能够保证产品成本会计信息的真实性、正确性和可靠性，防止弄虚作假，减少和避免工作中的失误，从而促进产品定价的科学性和合理性。

三、成本核算制度设计的主要内容

成本核算，表面上看似乎就是对生产过程中发生的各项费用进行的归集和分配，但是，从整个会计工作看，成本核算是一项涉及业务领域最宽，核算内容最多，核算结果最重要的一项会计工作。成本核算制度应当包括以下主要内容：

1.成本核算基础制度的设计。

2.成本核算对象、成本计算期、成本中心的设计。

3.成本计算方法的设计。

4.费用要素和成本项目的设计。

5.生产费用的归集、分配和结转程序的设计。

6.成本报表的编制和报送制度的设计。

7.其他有关成本核算规定的设计。

成本报表的编制和报送制度参见第六章第四节对内报表的设计，这里不再赘述。

四、成本核算制度设计的原则

为了保证成本核算制度的科学性、完整性和有效性，充分发挥其作用，企业在设计成本核算制度时应当遵循以下原则：

（一）合法合规性原则

《企业会计准则》《企业产品成本核算制度》等会计法规制度对企业的成本计算制度、成本开支范围等均做出了明确的规定，它们是企业设计成本核算制度的依据和准绳。各企业在设计成本核算制度时，必须严格贯彻、执行这些法规制度，不得与此相抵触。否则，各企业的成本核算制度将失去统一的标准，据此进行成本计算而提供的数据资料不仅无法比较分析各企业的财务状况、经营成果和成本管理水平，也不利于国家实施宏观调控和企业改善经营管理。

（二）适用性原则

由于各企业的经济性质、生产经营方式、会计核算组织方式不同，经营管理的要求和目的不同，因此，成本核算制度的设计必须在强调统一性的同时体现各企业的生产经营特点，注重制度的适用性，将制度的统一性与适用性有机地结合起来，以适应各企业的具体情况，设计出科学合理的成本核算制度。例如，企业成本计算方法的设计在很大程度上取决于企业的生产类型和产品的生产工艺过程，单步骤大量生产的企业应采用品种法，单件小批量生产的企业应采用分批法，连续加工式生产的企业则应采用分步法。对于产品种类较多，并按产品类别组织管理生产活动的企业，则应采用分类法。对于连续加工的生产企业，在自身条件允许的情况下，也可以采用作业成本法，按照作业或作业中心（作业单元）来核算成本，如钢铁企业和生产油化产品的石油石化企业。

（三）适度简化原则

为了保证成本会计信息的及时性，企业在设计成本核算制度时，应当在保证成本会计信息真实可靠的基础上，对于一些对产品成本影响不大的费用支出尽可能简化核算手续。例如，对于单位价值非常低的低值易耗品，其成本是一次进入产品成本还是分次进入产品成本对成本会计信息的影响很小，在设计其摊销方法时就应当考虑使用“一次摊销法”。

第二节　成本核算基础制度的设计

要保证成本核算工作的有序性，成本会计信息的真实性和可靠性，成本核算制度的系统性和完整性，成本核算制度设计必须从成本核算工作的基础制度抓起。为此，企业应当设计以下各方面的成本核算基础制度。

一、明确成本开支范围

成本开支范围是确定成本核算的空间领域，即哪些部门发生的费用准予计入产品成本，哪些部门发生的费用不准予计入产品成本。确定成本开支范围，是统一成本计算口径、确定产品成本核算内容、保证成本会计信息正确性和可比性的基础。所以，企业在设计成本核算制度时，必须根据国家的有关规定，确定企业的成本开支范围。

（一）成本开支范围的理论观点

成本开支范围，是指应列入产品成本的费用项目及具体内容。成本开支范围不同，构成成本的项目也不同，进而产生不同的成本计算方法。那么，如何确定成本开支范围？哪些内容应当计入成本？哪些内容不应当计入成本？在我国成本会计发展史上，理论界曾经产生了以下三种观点：

1.理论成本观。持这种观点的人认为：成本开支范围应以马克思的成本价格学说为理论依据，只包括物化劳动的耗费C和活劳动的耗费V两部分，即成本=C+V。为生产产品而消耗的一切劳动资料价值、劳动对象和支付给劳动者的劳动报酬，都必须计入产品成本，不得有所遗漏。除此之外，其他任何支出都不得列入。理论成本是广义的，通常是指在正常生产、合理经营条件下的社会平均成本。因此，按照这种观点设计的成本开支范围，由于计入产品成本的内容与成本的经济本质一致，不仅有利于确定产品价值，并在此基础上制定产品价格，便于在实际计算成本时掌握，而且可以作为预测产品成本水平高低的标准，成为衡量社会产品经济效果的尺度。但是，从加强成本管理、降低产品成本、提高经济效益的角度来看，按照这种观点设计的成本开支范围似有不足之处。因此，成本开支范围的确定不完全与此一致。

2.财务成本观。持这种观点的人认为：成本开支范围是进行成本核算和成本管理的制度之一，其如何确定，应考虑成本管理的实际需要，不能单纯强调理论依据。马克思的“成本=C+V”的学说，只应作为制定成本开支范围的基础。除此之外，成本还应包括生产经营过程中的一些特殊消耗，并体现国家的有关财经政策。只要有利于加强成本管理、提高综合经济效益，即使属于理论成本的内容，也可以适当地划在成本开支范围之外。按照这种观点设计的成本开支范围，有可能包括属于剩余价值M部分的某些内容，也可能不包括属于C+V的某些内容。

3.生产资料成本观。这种观点认为：成本内容只应包括生产资料成本C，不包括工资成本V，即劳动资料和劳动对象的耗费构成成本开支范围的全部内容。按照这种观点设计成本开支范围，由于工资不计入成本，而从企业净收益中分配，将职工利益与企业经济效益相挂钩，因而有利于调动企业和职工个人的生产经营积极性，提高经济效益，同时也有利于正确处理国家、企业和职工个人三者之间的关系。从长远的观点来看，这种主张不失为一种可行的、明智的选择。但就我国目前的生产力水平、价格体系以及职工的心理承受能力来看，这种主张实施的条件尚不成熟，还有待于进一步研究和尝试。因此，成本开支范围还不能以此为依据。

（二）成本开支范围的实务选择

中华人民共和国成立以来，我国企业成本开支范围的规定经历了两个阶段，并产生了两种不同的成本计算方法。

1.完全成本法。1993年7月1日以前，我国以财务成本观点设计成本开支范围，成本开支范围包括企业行政管理部门发生的经营管理费用、销售费用、属于M部分的银行借款利息，不包括职工付出超额劳动而得到的部分奖金。由于成本开支范围涉及生产经营活动的全过程，成本核算的空间领域为整个企业，因而这种成本计算方法被称为完全成本法。

2.制造成本法。1993年7月1日以后，我国进行了会计改革，与国际会计惯例接轨，产品成本的计算采用制造成本法。制造成本法把原属于成本开支范围的行政管理费用、财务费用和销售费用划分出来，作为期间费用直接计入当期损益，缩小了成本核算的内容和范围。由于产品成本的内容只包括与产品生产有密切关系的劳动耗费，成本核算的空间领域为加工制造产品的生产车间，因而这种成本计算方法被称为制造成本法。制造成本法由于缩小了成本开支范围，从微观上讲，减少了成本核算工作量，有助于提高成本计算的准确性，正确考核企业生产经营单位的成本管理责任，方便了成本预测和成本决策，强化了成本管理。从宏观上讲，由于成本构成项目只包括与产品生产直接相关的费用支出，排除了企业管理因素对产品成本会计信息的影响，更便于同行业之间成本管理水平的比较，成本会计信息的使用价值更高，对投资者预算决策的参考价值更大。

按照制造成本法的要求，成本开支范围一般应当包括：

（1）直接材料。它包括企业生产经营过程中实际消耗的原材料、辅助材料、备品配件、外购半成品、燃料、动力、包装物以及其他直接材料。

（2）直接人工。它包括企业直接参加产品生产的工人的工资费、福利费、社会保险费、住房公积金、工会经费、职工教育经费、非货币性福利、辞退福利和股份支付等费用，以及奖金、津贴和各种补贴。

（3）制造费用。它包括企业各个生产单位（分厂、车间）为组织和管理生产所发生的生产单位管理人员的工资，生产单位厂房、建筑物、机器设备等的折旧费、租赁费（不包括融资租赁费）、修理费，机物料消耗，低值易耗品摊销，车间取暖费、水电费、办公费、差旅费、运输费、保险费、设计制图费、试验检验费、劳动保护费，在产品盘亏、毁损和报废（减盘盈）损失，季节性、大修理期间的停工损失以及其他制造费用。

需要指出的是，企业在设计成本核算制度时，应当在国家统一规定的基础上，结合自身实际对成本开支范围进行必要的补充，对不准予计入成本的费用做出明确的规定，以便在实际执行时，有据可查，有规可依。

二、建立健全原始记录制度

对发生的经济业务按照会计核算的要求及时进行记录，并最终形成符合会计规范要求的原始凭证是保证会计信息可靠性的基本前提。所以，企业在设计成本核算制度时，必须按照生产业务流程设计完整的原始记录制度，包括反映材料领用、工时消耗、设备运转、动力消耗、废品发生、质量检验、产品入库等业务原始凭证格式的设计、填制手续的设计、传递路线和传递时间的设计、凭证的保管制度的设计等内容。

电网经营企业输配电服务成本核算流程的设计

成本核算工作涉及企业的许多生产部门和职能管理部门，原始记录制度需要由企业内部的生产、供应、销售、劳资、设备、质检和会计等部门各司其职，并通力合作。如产品入库业务需要企业的生产部门、质检部门、仓储部门等共同完成，反映产品入库业务的原始凭证只有由生产部门、质检部门和仓储部门及时填制完毕，并及时传递到会计部门，才能确保库存商品明细账记录和完工产品成本计算的及时性、真实性和正确性。

三、制定内部结算制度

内部结算制度指企业内部各业务部门之间在发生业务往来时，模拟市场规则进行计价结算的一种内部管理制度。实行内部结算制度，有利于明确各业务部门的经济责任，考核各业务部门的经济责任，促进各业务部门节约开支、降低成本，从而达到降本增效的目的。开展内部结算，必须科学合理制定内部结算价格。通常，内部结算价格可采取模拟市场定价、标准成本、计划成本等。内部结算价格一经确定，应当保持相对稳定，不得朝令夕改。

石油石化企业炼化产品成本核算流程的设计

四、制定消耗定额管理制度

消耗定额是企业根据当前的设备条件和技术水平，对生产产品所耗费的材料、人工、燃料、动力等费用确定的一个应达到的标准。它既是企业制定成本预算和进行成本预算的基础，也是成本控制的依据。在制造成本法下，企业一般应当制定的消耗定额主要有：

1. 材料消耗定额，包括原料及主要材料、辅料的消耗定额，其中，重点是原料及主要材料的消耗定额。

2. 燃料、动力消耗定额，如煤炭、天然气、电的消耗定额。

3. 劳动定额，包括产品生产工时、劳动生产率、停工率等方面的定额。

4. 设备利用定额，包括各种机器设备的利用率（或平均开工时间）等方面的定额。

新船重工目标成本管理实践经验

5. 费用定额，包括各种制造费用的消耗定额，应根据不同的制造费用项目分别制定，对发生数额较大的费用的定额力求精确，对不常发生且数额不大的费用的定额可适当估算。

五、设计成本核算体系

成本核算体系包括成本核算会计科目、会计账簿和成本报表。相关设计已分别在第三章、第四章、第五章和第六章中做了阐述，这里不再赘述。成本核算体系见表9-1。

表9-1 **产品成本核算体系**

<table>
<tr><th colspan="4">会计科目</th><th rowspan="2">会计账簿</th><th rowspan="2">成本报表</th></tr>
<tr><th>总账科目</th><th>二级科目</th><th>三级科目</th><th>四级科目</th></tr>
<tr><td rowspan="4">生产成本</td><td rowspan="2">基本生产成本</td><td rowspan="2">成本核算对象</td><td rowspan="2">成本项目</td><td rowspan="2">基本生产成本明细账</td><td>主要产品单位成本表</td></tr>
<tr><td>完工产品生产成本报表</td></tr>
<tr><td rowspan="2">辅助生产成本</td><td>辅助车间或作业单元</td><td>费用项目</td><td rowspan="2">辅助生产成本明细账</td><td rowspan="2">辅助生产成本明细表
制造费用明细表</td></tr>
<tr><td>辅助产品名称</td><td>成本项目</td></tr>
<tr><td>制造费用</td><td>车间或作业单元</td><td>费用项目</td><td></td><td>制造费用明细账</td><td></td></tr>
</table>

六、设计成本核算流程

成本核算流程，也称成本核算程序或成本核算步骤。企业进行产品成本核算的目的是正确计算出产成品成本，所以，无论企业采取哪种生产组织方式，也不论企业产品生产的工艺特点如何，成本核算的流程都基本相同。

1.合理确定成本计算对象和成本计算期。

2.根据实际管理需要，设置成本中心。

3.以成本中心为基础，归集成本费用。

4.对成本中心成本费用进行分配和结转，计算完工产品成本。

第三节 成本计算对象、成本计算期和成本中心的设计

一、成本计算对象的设计

（一）成本计算对象设计的意义

成本计算对象是指承担生产费用的实体，也称成本核算对象，是设计生产业务核算的会计科目、设置生产成本明细账以及计算产品成本的前提。所以，成本计算对象设计的质量直接关系到成本计算方法的设计质量，关系到日后成本核算工作效率和成本核算资料的质量。

（二）成本计算对象设计的影响因素

1.企业生产组织方式

企业产品生产的组织方式指在较长时期内生产同一种或同一类产品的安排方式，通常可分为以下三种：

（1）大量生产，指经常不断地重复生产同一种或同一类产品，而且生产数量较大。

（2）成批生产，指周期性地重复生产同一种或同一类产品，按生产批量的大小又可分为小批生产和大批生产。

（3）单件生产，指按照订货合同上购货方的要求，生产个别的、专用的产品，一般不重复生产，或很少重复生产。

2.产品生产工艺的特点

产品生产工艺指产品生产过程的复杂程度，一般分为：

（1）单步骤生产，又称简单生产，是指产品从原材料投入到产品完工，生产过程不能间断，或者由于工作地点限制不便于分散在几个不同地点进行的生产，如采煤、发电等企业就是典型的单步骤生产企业。

（2）多步骤生产，又称复杂生产，是指生产工艺过程可以间断的、可以分散在不同地点，经过多个生产步骤进行的生产。多步骤生产又分为连续加工式生产和平行加工式生产两种类型。前者的特点是每一生产步骤的半成品必须依次转移到下一步骤加工，由最后的生产步骤制造出产成品，也称连续加工式生产，如钢铁企业就是典型的连续加工生产式企业，其钢铁产品在铁矿石、废钢、铁合金等原料投料后，依次经过人工造块、高炉炼铁、转炉炼钢以及轧钢等工序生产出最终产品——钢材；后者的特点是各生产步骤同时加工半成品，并直接交由最后的生产步骤组装成产成品，所以也称装配式生产，如汽车、冰箱、洗衣机、空调、自行车等产品的生产企业，就属于典型的装配式生产企业。

3.成本管理的要求

成本管理的要求，是指管理层对提供成本核算指标的要求。成本核算指标有产成品成

本指标和半成品成本指标两种。产成品成本指标是成本核算的终极目标，任何一个企业的成本核算都必须提供，是否提供半成品成本指标则视企业生产工艺特点和成本管理的要求而定。

4.成本核算的组织形式

为满足管理层对成本核算指标的要求，通常企业成本核算组织又分为集中核算和分散核算两种形式。

（1）集中核算。集中核算也称一级核算，指全部成本核算工作都集中在厂部会计部门进行，适用于单步骤生产的企业。

（2）分散核算。分散核算也称二级核算、三级核算，指企业成本核算工作分散在厂部、分厂、车间分别进行，其中，分厂、车间的成本核算员，负责所在分厂、车间的成本核算工作；厂部成本核算员负责计算产成品成本，适用于多步骤生产的企业。

（三）成本计算对象的具体设计

1.成本计算对象设计的一般规则

企业在设计成本计算对象时，应当根据本单位生产组织方式、生产工艺特点和成本管理要求，坚持“分别主次、区别对待、主要从细、次要从简、细而有用、简而有理”的原则，按照如下规则进行设计：

（1）以产品品种为成本计算对象。对于大量大批单步骤生产的产品，或者大量大批但管理上不要求分步计算半成品成本的多步骤生产的产品，企业应当选择以产品品种为成本计算对象。以产品品种为成本计算对象的企业，适宜的成本计算方法为品种法。

（2）以产品批别为成本计算对象。对于小批单件组织生产的产品，或者小批单件但管理上不要求分步计算半成品成本的多步骤生产的产品，企业应当选择以产品批别为成本计算对象。以产品批别为成本计算对象的企业，适宜的成本计算方法为分批法。

（3）以生产步骤为成本计算对象。对于大量大批、管理上要求分步计算半成品成本的多步骤生产的产品，企业应当选择以生产步骤为成本计算对象。以生产步骤为成本计算对象的企业，适宜的成本计算方法为分步法。

关于对外提供服务或劳务的企业，在确定成本计算对象时，一般以各个劳务项目或作业项目为成本计算对象，不需要考虑生产组织方式和生产工艺的特点，如建筑业企业、交通运输企业。

2.不同行业企业成本计算对象的具体设计

按照成本计算对象设计的一般规则，不同行业的企业成本计算对象设计见表9-2。

表9-2列示了14个主要行业的成本计算对象的设计结果。

表9-2 **不同行业企业成本核算对象的设计**

所属行业	成本核算对象
制造业	产品品种、批别、订单、生产步骤
农业	生物资产的品种、成长期、批别（群别）、与农业生产相关的劳务作业
批发零售业	商品的品种、批别、订单、类别
建筑业	订立的单项合同、合并合同
房地产业	开发项目、综合开发期数并兼顾产品类型等

续表

所属行业	成本核算对象	
采矿业	采掘的产品	
其中：煤炭企业	煤炭产品：原煤、洗选煤（精煤、中煤、煤泥）	
交通运输业	以运输工具从事货物、旅客运输	航线、航次、单船（机）、基层站段等
	从事货物等装卸业务	货物、成本责任部门、作业场所等
	从事仓储、堆存、港务管理业务	码头、仓库、堆场、油罐、筒仓、货棚、主要货物的种类、成本责任部门等
信息传输业	基础电信业务、电信增值业务和其他信息传输业务	
软件及信息技术服务业	科研课题、承接的单项合同项目、开发项目、技术服务项目	
文化业	制作产品的种类、批别、印次、刊次	
电网经营业	根电压等级	
钢铁业	产品	炼焦工序产品：全焦、煤气等
		烧结球团工序产品：烧结矿、球团矿
		炼铁工序产品：炼钢生铁、铸造生铁
		炼钢工序产品：连铸、钢坯、模铸钢锭
		轧钢工序产品：成品钢材等
石油石化业	油气产品	原油、天然气、凝析油、液化气
	炼化产品	石油燃料类产品、石油溶剂类产品、化工原料类产品、润滑油类产品、石蜡类产品、石油焦类产品、石油沥青类产品、有机化工原料类产品、合成树脂类产品、合成纤维原料类产品、合成纤维类产品、合成橡胶类产品、化肥类产品、动力类产品、辅助劳务类产品
铁路运输业	运输类别	客运、货运

二、成本计算期的设计

成本计算期，指企业按照成本计算对象归集生产费用、计算产品成本的起止日期。成本计算期的设计，一般有两种方法：

1.定期计算成本。对于连续不断地进行投入和产出的产品，不可能在产品完工时立即计算成本，应当选择定期计算成本。其成本计算期可以选择与会计报告期（一般为会计月度）一致，也可以选择与产品的生产周期一致。从理论上讲，以生产周期作为成本计算期有利于保证成本计算的准确性，但对于生产周期小于30天的企业不适用。

2.不定期计算成本。对于小批单件组织生产的企业，产品成本只能在某一批别产品或某一件产品完工后才能进行计算，其成本计算期应当与该批别产品，或该件产品的生产周期一致。

三、成本中心的设计

成本中心，指企业归集和分配生产费用的空间范围。明确成本中心，有利于划清不同空间的费用界限，保证费用的合理归属，从而准确计算产品成本。成本中心的设计与产品的生产工艺结合较为紧密，对于单步骤生产的企业，一般以生产车间、班组为成本中心；对于多步骤生产的企业，一般以生产步骤（或生产工序）、车间、班组为成本中心。对于采用作业成本法的企业，则以生产工序中的作业为成本中心。有关作业成本法下成本中心的设计内容将在本章第六节进行讲解。

表9-3列示了部分行业成本中心设计的一般规则。

表9-3 **部分行业成本中心的设计**

<table>
<tr><td>所属行业</td><td colspan="3">成本中心</td></tr>
<tr><td>制造业</td><td colspan="3">生产环节、车间、班组</td></tr>
<tr><td>煤炭业</td><td colspan="3">生产环节、生产管理单元（车间、队组）</td></tr>
<tr><td rowspan="3">钢铁业</td><td colspan="3">生产工序、生产管理单元（车间、部门）</td></tr>
<tr><td>作业</td><td colspan="2">工序系统：铁前系统、钢后系统、辅助生产系统</td></tr>
<tr><td>作业单元</td><td colspan="2">各系统工序名称</td></tr>
<tr><td>电网运营业</td><td colspan="3">管理等级</td></tr>
<tr><td rowspan="7">石油石化业</td><td rowspan="6">油气产品</td><td rowspan="2">按行政组织架构设置</td><td>行政单位：厂、矿</td></tr>
<tr><td>井组、站点</td></tr>
<tr><td>按矿区设置</td><td>油藏经营管理单元</td></tr>
<tr><td>按区块设置</td><td>一个油藏为一个区块，相邻多个油藏为一个区块，一个独立集输计量系统为一个区块，一个大油藏划分为几个独立集输计量系统区块，采用重大、新型采油技术并工业化推广的区域为一个区块</td></tr>
<tr><td>作业单元</td><td>采出作业、驱油物注入作业、稠油热采作业、油气处理作业、轻烃回收作业、井下作业、测井试井作业、天然气净化作业、厂矿管理作业、其他辅助作业</td></tr>
<tr><td>炼化产品</td><td colspan="2">装置设置、生产管理单元（车间、部门）</td></tr>
</table>

注：表中以"作业"或"作业单元"设置成本中心，适用于作业成本法。

四、成本计算对象、成本计算期和成本中心设计汇总

企业成本计算对象、成本计算期和成本中心设计结果汇总，见表9-4。

表9-4 **成本计算对象、成本计算期、成本中心设计汇总表**

<table>
<tr><td colspan="2">企业生产类型</td><td rowspan="2">核算组织形式</td><td rowspan="2">成本指标</td><td rowspan="2">成本计算对象</td><td rowspan="2">成本计算期</td><td rowspan="2">成本中心</td></tr>
<tr><td>组织方式</td><td>生产工艺</td></tr>
<tr><td rowspan="3">小批单件</td><td>单步骤生产</td><td>集中核算</td><td>产成品成本</td><td>单件产品
某批别产品</td><td>生产周期</td><td>生产车间</td></tr>
<tr><td>连续加工</td><td>分散核算</td><td>自制半成品成本
产成品成本</td><td>自制半成品
产成品</td><td>生产周期</td><td>生产步骤</td></tr>
<tr><td>平行加工</td><td>分散核算</td><td>产成品成本</td><td>单件产品
某批别产品</td><td>生产周期</td><td>生产步骤</td></tr>
<tr><td rowspan="3">大量大批</td><td>单步骤生产</td><td>集中核算</td><td>产成品成本</td><td>某批别产品</td><td>会计期间</td><td>生产步骤</td></tr>
<tr><td>多步骤
连续加工</td><td>集中核算</td><td>自制半成品
产成品成本</td><td>自制半成品
产成品</td><td>会计期间</td><td>生产步骤</td></tr>
<tr><td>多步骤
平行加工</td><td>集中核算</td><td>零部件成本
产成品成本</td><td>零部件
产成品</td><td>会计期间</td><td>生产步骤</td></tr>
</table>

第四节　费用要素和成本项目的设计

费用要素和成本项目是成本核算中必须明确的两个重要概念，理清二者的内涵和外延，明确二者间联系和区别是决定成本核算质量的重要工作。因此，在确定了成本计算对象、成本计算期和成本中心后，必须对费用要素和成本项目进行设计。

一、费用要素的设计

企业发生的费用一般可以分为支付给劳动者的劳动报酬、消耗的劳动对象和消耗的劳动资料价值三类。其中，支付给劳动者的劳动报酬按其支付的方式不同又可分为工资和工资附加费（计提的职工福利费）两部分；消耗的劳动对象按其在生产中的作用不同又可分为原料及主要材料、燃料及动力等；消耗的劳动资料价值则可分为固定资产折旧费和修理费用两种。

费用要素是指对企业发生的费用按其经济性质进行的分类。如何确定费用要素，既要考虑费用的经济性质，又要考虑企业对费用预算管理的要求和国民生产总值计算指标的要求。按照这些要求，企业的费用一般可分为外购材料、外购燃料、外购动力、人工费、固定资产折旧费、固定资产修理费和其他费用等费用要素。费用要素一经确定，应当保持较长时期的稳定性，以保证费用信息的可比性。但是，由于费用要素是根据管理需要确定的，当管理要求发生变化时，费用要素必须做出相应的改变。

由于每一费用要素发生的费用既包括生产产品耗用的，也包括管理部门耗用的。所以，企业的费用要素按照是否计入产品成本，又可以分为生产费用要素和经营管理费用要素。按照我国现行企业成本核算制度的规定，不同行业企业生产费用要素的一般设计见表9-5。

表9-5　不同行业企业生产费用要素设计表

所属行业	生产费用要素
制造业	原料及主要材料费、燃料及动力费、辅助材料费、人工费、水电费、固定资产折旧、无形资产摊销、管理人员的职工薪酬、劳动保护费、国家规定的有关环保费用、季节性和修理期间的停工损失、其他费用
农业	原料及主要材料费、燃料及动力费、辅助材料费、畜禽医药费、人工费、机械作业费、运输费、灌溉费、固定资产折旧费、租赁费、保养费、其他费用
批发零售业	采购价款、进口关税、资源税和不能抵扣的增值税、运杂费、装卸费、保险费、仓储费、整理费、合理损耗、其他费用
建筑业	人工费、原料及主要材料费、辅助材料费、租赁费、摊销费、材料搬运费、材料装卸保管费、燃料动力费、临时设施摊销、生产工具用具使用费、检验试验费、工程定位复测费、工程点交费、场地清理费、差旅费、投标费、其他费用
房地产业	土地买价或出让金，市政配套费，契税，耕地占用税，土地使用费，土地闲置费，农作物补偿费，危房补偿费，土地变更用途和超面积补交的地价及相关税费，拆迁补偿费用，安置及动迁费用，回迁房建造费用，政府许可规费，招标代理费，临时设施费以及水文地质勘察，测绘、规划、设计、可行性研究、咨询论证费，筹建、场地通平、建筑工程费，安装工程费及精装修费，社区管网工程费和环境卫生、园林绿化等园林、景观环境工程费用，公共配套设施费用，其他费用

续表

所属行业		生产费用要素
采矿业		原料及主要材料费、辅助材料费、燃料及动力费、人工费、折旧费、劳动保护费、无形资产摊销费、保险费、办公费、环保费用、化（检）验计量费、设计制图费、停工损失、洗车费、科研试验费、信息系统维护费、其他费用
其中：煤炭业		原料及主要材料费、辅助材料费、燃料及动力费、人工费、折旧费、折耗及摊销、安全生产费、维护及修理费、运输费、财产保险费、外委业务费、低值易耗品摊销、租赁费、机物料消耗、试验检验费、劳动保护费、信息系统维护费、其他费用
交通运输业		货物费、港口费、起降及停机费、中转费、过桥过路费、燃料和动力、航次租船费、安全救生费、护航费、装卸整理费、堆存费、铁路线路等相关设施的维护费、检验检疫费、劳动保护费、折旧费、租赁费、备件配件、保险费、驾驶及相关操作人员薪酬及伙食费、其他费用
信息传输业		人工费、折旧费、无形资产摊销费、低值易耗品摊销费、频率占用费、卫星测控费、安全保卫费、码号资源费、设备耗用的外购电力费、自有电源设备耗用的燃料和润料费、电路及网元租赁费、其他费用
软件及信息技术服务业		人工费、外购软件与服务费、场地租赁费、折旧费、无形资产摊销费、差旅费、培训费、转包成本、水电费、办公费、其他费用
文化业		信息搜集费、调研交通费、通信费、组稿费、专题会议费、人工费、稿费、审稿费、校对费、录入费、编辑加工费、直接材料费、印刷费、折旧费、剧本费、演职员的薪酬、胶片及磁片磁带费、化妆费、道具费、布景费、场租费、剪接费、洗印费、其他费用
钢铁业		原料及主要材料费、辅助材料费、燃料及动力费、人工费、折旧费、运输费、维护及修理费、财产保险费、办公费、差旅费、会议费、外委业务费、低值易耗品摊销、租赁费、机物料消耗、劳动保护费、信息系统维护费、其他费用
电网经营业		折旧费、材料费、人工费、修理费、输电费、委托运行维护费、电力设施保护费、租赁费、财产保险费、安全费、检测费、劳动保护费、办公费、水电费、差旅费、会议费、低值易耗品摊销、无形资产摊销、车辆使用费、其他费用
石油石化业	油气产品	材料费、燃料费、水费、电费、人工费、折旧折耗及摊销、运输费、维护及修理费、外委业务费、财产保险费、办公费、差旅费、会议费、低值易耗品摊销、图书资料费、租赁费、取暖费、物业管理费、技术服务费、机物料消耗、试验检验费、劳动保护费、信息系统维护费、其他费用
	炼化产品	原料及主要材料费、辅助材料费、其他直接材料费、燃料费、动力费、人工费、折旧及摊销、水费、电费、办公费、差旅费、会议费、低值易耗品摊销、图书资料费、财产保险费、取暖费、物业管理费、机物料消耗、试验检验费、劳动保护费、合同能源管理费、信息系统维护费、其他费用
铁路运输业		运输生产人员及运输生产单位发生的管理和服务人员的人工费，固定资产折旧费，固定资产周期性大修理支出，轨道隧道等局部修理支出，设备运用、养护修理中耗费的材料、燃料、电力、配件、工具备品支出，生产场所用煤、水、电及生产用杂费、办公费、差旅费、劳动保护费、制服补贴、季节性和修理期间的停工损失，事故净损失，灾害预防支出，运输业务保险，保价支出，按照模拟市场和内部分账核算要求发生的付费支出，其他支出。

可见，不同行业企业费用要素的具体内容是有很大差异的，各企业应参照国家相关会计制度，并结合自身业务特点进行设计。

二、成本项目的设计

（一）成本项目与费用要素的关系

成本项目，全称为“产品成本核算项目”，是指根据企业的成本管理要求，对计入产品的各种生产费用按其经济用途进行的分类。成本项目与费用要素的关系如下：

1.成本项目是各费用要素按其用途和发生地点进行的归类。因此，费用要素是设计成本项目的基础，成本项目则是费用要素按用途分配和归集的结果。通常情况下，成本项目所包含的内容均属于生产费用要素的内容。

2.一种生产费用要素可以直接计入一个成本项目，如原料及主要材料费直接归入直接材料成本项目；也可能被分配到几个成本项目中，如人工费、水费、电费等费用要素需要根据用途和使用部门进行分类，分别归入直接人工、制造费用等成本项目。同样，一个成本项目可以只包括一种费用要素，如“原料及主要材料”；也可能包括若干种费用要素，如“制造费用”成本项目应包括制造车间为组织和管理本车间生产活动所发生的车间管理人员人工费、固定资产折旧费、水费、电费、机物料消耗费、办公费、劳动保护费、低值易耗品摊销等多个费用要素。

3.生产费用的核算，既要分别费用要素归集，以反映企业在一定时期内生产费用的情况；又要按照成本项目计算，以确定各成本计算对象所应负担的生产费用。

（二）成本项目设计的意义

1.有利于分析成本升降的原因，寻求降低成本的有效途径。通过成本项目信息可以判断产品生产耗费结构，分析各种耗费占总成本的比重，从而为分析成本升降原因提供详细资料。

2.有利于明确经济责任，为成本考核提供依据。通过成本项目信息，不仅可以准确判断产品生产中各种耗费占总成本的比重，而且还可以通过各种耗费的计算，判断导致成本升降的原因是价格因素，还是消耗量因素，为明确各相关部门的经济责任提供证据。如通过“直接材料”成本项目，不仅可以判断直接材料在总成本中所占的比重，还可以通过直接材料费金额的计算，判断影响直接材料费升降的原因是消耗量变动造成的，还是材料单位成本升降导致的。如果是前者，应当追究生产部门的责任；如果是后者，应当追究采购部门的责任。如果成本在很长一段时间内，持续上升或下降，则需要考虑成本预算的制定是否科学。

（三）成本项目设计的原则

1.配比原则。为成本管理提供信息是成本核算的主要任务，所以，成本项目的设计应当与企业成本管理的要求相匹配。如生产过程中发生的废品损失和季节性停工损失，管理上需要进行单独核算的企业，就应当设计“废品损失”和“停工损失”成本项目；否则，就不需要设计。

2.重要性原则。产品在生产过程中发生的生产费用很多，如果每一个生产费用都单独设计一个成本项目，不仅会增加成本核算的工作量，而且还会导致成本管理无从下手。所以，在设计成本项目时，应当将在产品总成本中占比重较大的生产费用单独设计成本项目，所占比重较小的生产费用可以合并设计成本项目。如在材料费用和人工费用占总成本比重较大的企业，固定资产折旧费在总成本中所占比重就相当低，就不应当单独设置成本项目；但是，在信息传输业，没有材料费用，固定资产折旧费占总成本的比重相当大，就应当单独设计一个成本项目。

3.简化性原则。设计成本项目既要遵循成本核算和管理的要求，又要考虑不增加不必要的工作量。如对于连续加工的多步骤生产企业，就需要单独设计“自制半成品”成本项目，并在月末，对计入完工产品总成本的“自制半成品”成本项目的金额，进行成本还原。对于平行加工的多步骤生产企业，就不需要单独设计“自制半成品”成本项目。

（四）成本项目设计的一般规则

1.关于劳动对象的耗费，包括外购材料、外购燃料和外购动力。对于构成产品实体的原材料以及有助于产品形成的主要材料和辅助材料，可设置“直接材料”或“原料及主要材料”成本项目；对于直接用于产品生产的燃料和动力，如对于钢铁企业，可设置“燃料和动力”成本项目。此外，在消耗的劳动对象中，如果外购半成品占成本比重较大，为了加强管理，也可单独设置“外购半成品”成本项目。

2.关于活劳动的耗费，对于直接从事产品生产的工人的职工薪酬，可设置“直接人工”成本项目；对于从事组织和管理生产活动的生产部门管理人员的薪酬，则作为间接费用，设置“制造费用”成本项目。

3.关于企业为生产产品和提供劳务而发生的各项间接费用，包括企业生产部门（如生产车间）发生的水电费、固定资产折旧费、无形资产摊销费、管理人员的工薪费、劳动保护费、季节性和修理期间的停工损失等，在产品总成本中所占比重都不大，一般不单独设置成本项目，而合并在“制造费用”成本项目中。对于有规律的季节性停工损失和修理期间的停工损失，因停工时间长、发生费用高，适宜单独设置“停工损失”成本项目，如对于煤炭企业和钢铁企业。

4.关于废品损失，如果管理上需要单独列示，则可单独设置“废品损失”成本项目，以明确相关责任人的赔偿责任。

综上所述，产品的成本项目一般可归纳为：（1）直接材料，指构成产品实体的各种原料及主要材料，如木器加工厂的木材、毛纺厂的羊毛等；（2）燃料及动力，指直接用于产品生产的外购与自制的燃料和动力；（3）直接人工，指直接参加产品生产的工人的工资费、福利费、社会保险费、住房公积金、工会经费、职工教育经费、非货币性福利、辞退福利和股份支付等费用；（4）废品损失，指由于在生产中出现废品而发生的各项损失；（5）停工损失，指因季节性停工和修理期间停工而发生的应计入产品成本的费用；（6）制造费用，指企业基本生产车间与辅助生产车间为组织和管理生产而发生的各项费用。

各企业在设计成本费用时，可根据自己的生产特点和管理需求，在上述6个项目的基础上进行增加、减少、合并或拆分。如果企业消耗的燃料和动力比重较大，可将“燃料及动力”项目一分为二，设置“燃料”“动力”2个成本项目，如对于石油石化企业；如果企业发生的废品损失和停工损失不多则可以不设“废品损失”与“停工损失”这2个项目；如果企业的零部件以委托外单位加工为主，并且费用开支大，可以增加设置“委外加工费”项目；如果企业发生的某些专用费用较多，可以增加设置“专项费用”项目。如电网经营企业可设置“固定资产折旧”“无形资产摊销”“设备租赁费”等成本项目。再如，房地产开发企业，可将土地征用及拆迁补偿费、前期工程费、建筑安装工程费、基础设施建设费、公共配套设施费、开发间接费、借款费用等设置为成本项目。对于没有明确的生产车间的企业，可以设置“间接费用”成本项目，取代“制造费用”成本项目，如对于农业企业、建筑业企业。表9-6列示了14个行业企业的成本项目。

表9-6　不同行业企业的成本项目设计

所属行业		成本项目
制造业		直接材料、燃料和动力、直接人工和制造费用
农业		直接材料、直接人工、机械作业费、其他直接费用、间接费用
批发零售业		进货成本、相关税费、采购费
建筑业		直接人工、直接材料、机械使用费、其他直接费用和间接费用
房地产业		土地征用及拆迁补偿费、前期工程费、建筑安装工程费、基础设施建设费、公共配套设施费、开发间接费、借款费用
采矿业		直接材料、燃料和动力、直接人工、制造费用
其中：煤炭业		直接材料、燃料和动力、直接人工、制造费用、季节性停工损失、副产品成本（实际成本的扣除项）
交通运输业		营运费用、运输工具固定费用与非营运期间的费用
信息传输业		直接人工、固定资产折旧、无形资产摊销、低值易耗品摊销、业务费、电路及网元租赁费
软件及信息技术服务业		直接人工、外购软件与服务费、场地租赁费、转包成本
文化业		开发成本和制作成本
钢铁业		原料及主要材料、辅助材料、燃料及动力、直接人工、制造费用、季节性停工损失、副产品成本（扣除项）
电网经营业		固定资产折旧、直接材料、直接人工、其他运营费用
石油石化业	油气产品	材料、燃料、动力、直接人工、季节性停工损失、
	炼化产品	原料及主要材料、辅助材料、燃料、动力、直接人工、制造费用、季节性停工损失、自制半成品、副产品成本（扣除项）、厂际（装置）互供
铁路运输业		工资、材料、燃料、电力、折旧、外购劳务、其他

第五节　费用归集、分配和结转程序的设计

归集和分配费用的过程实质上就是产品成本的计算过程。因此，设计科学、合理的费用归集、分配和结转程序，对于严格成本核算手续、正确计算产品成本、保证成本资料的真实可靠、保障成本核算工作的规范有序运行具有重要的意义。

一、费用归集、分配和结转程序的设计要求

为了保证费用计入各期产品成本和各种产品成本的合理性，在归集和分配费用时，应满足以下要求：

1.按照成本开支范围规定，划清费用的归属去向。企业为制造产品而发生的直接费用和间接费用属于生产费用，应归属计入产品成本；企业行政管理部门发生的各种费用、筹集资金发生的筹资费用、为推销产品发生的销售费用以及与生产经营无关的各种支出，均属于经营管理费用，不应列入产品成本，而应作为当期损益列支。此外，企业为购建固定资产、无形资产等非流动资产所发生的支出，属于资本性支出，与本期费用无关也不应计

入本期产品成本。

2.按照权责发生制原则，分清生产费用的受益期限。在权责发生制下，企业在一定时期内发生的应当计入产品成本的费用，应由本期和以后会计期间生产的产品负担；有些费用应由本期产品负担，但在以后会计期间支付。这些费用的支付期和归属期（受益期）不一致。这就要求我们在归集和分配费用时，必须根据费用的受益期限确定其归属期，并在此基础上，将属于本期的费用在各成本计算对象之间进行归集和分配。

3.按照成本核算对象或成本中心分清费用的受益对象和范围。在生产多种产品的情况下，费用由哪种产品负担、负担多少，应根据各成本核算对象的受益程度决定，各产品负担的费用应与该产品的受益程度成正比。如果成本计算对象与成本中心不一致，生产费用的归集和分配则应根据各成本中心的受益程度决定。

4.适应成本核算体制和成本计算方法。对于实行集中核算的企业，直接费用可由会计部门直接归集到各成本计算对象；在分散核算的情况下，直接费用则需要先归集到车间（成本中心），然后再由车间归集到各成本计算对象。采用的成本计算方法不同，归集和分配费用的要求也不相同，如在品种法下，将费用直接归集到各种产品；在分批法则应归集到各批别产品。

5.合理确定完工产品和在产品各自负担的生产费用。如果月末有未完工的产品，还需要采用一定的方法，将归集到某产品的生产费用在完工产品和在产品之间进行分配，计算出完工产品成本和在产品成本。

二、费用归集、分配和结转的一般程序

传统成本计算方法下钢铁企业生产费用归集、分配和结转程序的设计

如上所述，归集、分配和结转费用的过程要受到成本开支范围、成本计算方法、成本核算对象、成本中心、在产品以及费用的期限等多种因素的影响。因此，企业在具体设计费用的归集、分配和结转程序时，必须根据这些因素来确定。现将费用归集、分配和结转的一般程序介绍如下：

1.按费用性质与种类在各有关耗用部门之间进行归集和分配。直接费用记入基本生产或辅助生产中的各成本核算对象的成本计算科目——“生产成本”科目，间接费用记入生产部门的“制造费用”科目，期间费用按其用途记入“管理费用”“财务费用”“销售费用”科目。

2.将成本计算期内发生的辅助生产费用，按照所选定的费用分配方法，在受益对象之间进行分配，分别记入“生产成本”“制造费用”“管理费用”等科目。

3.将成本计算期内基本生产车间和辅助生产车间发生的制造费用，按照所选定的费用分配方法，分别在基本生产车间和辅助生产车间的各个成本计算对象之间进行分配，记入“生产成本”科目。

4.各成本计算对象所负担的费用在完工产品和在产品之间进行分配，将完工产品成本记入“库存商品”科目。

现将费用归集和分配的一般程序图示如下，参见图9-1。

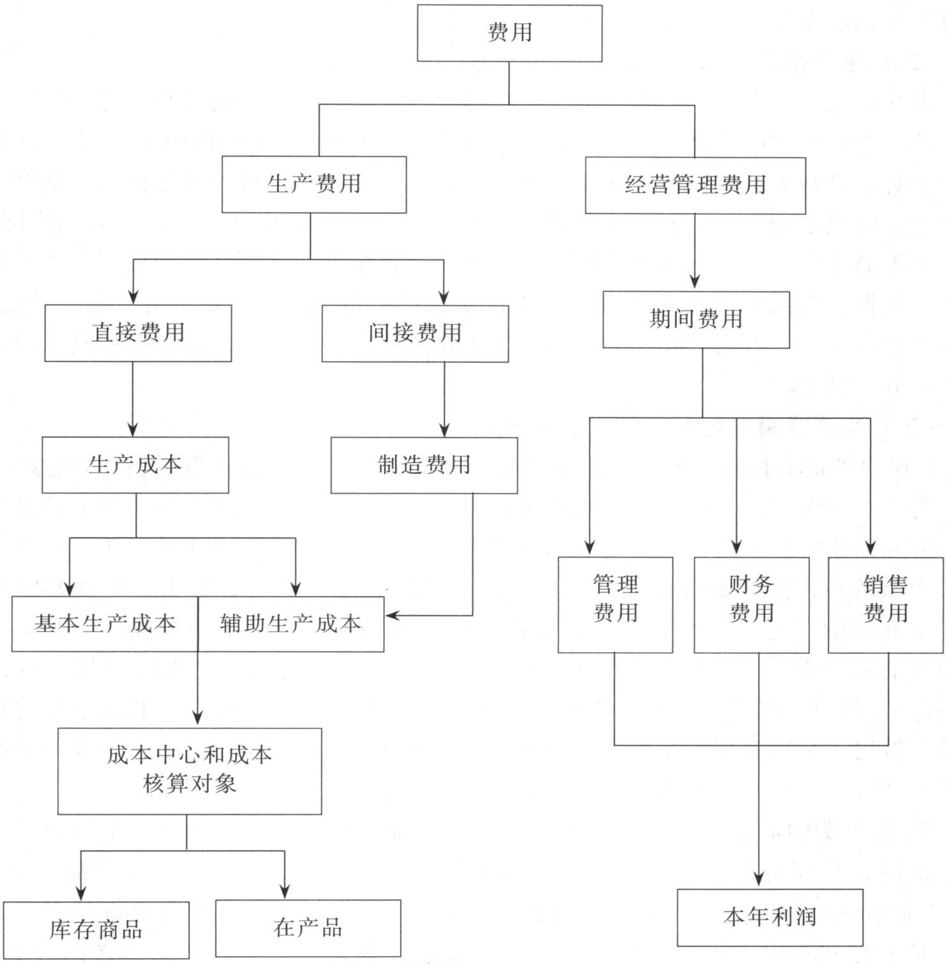

图 9-1　费用归集和分配的一般程序图

三、生产费用的分配方法

生产费用分配是制造企业产品成本计算中的重要一环，通常涉及材料费用的分配、人工费用的分配、辅助生产费用的分配、制造费用的分配和生产费用在完工产品与在产品之间的分配五项内容。需要明确的是，不论哪一项费用的分配，都需要科学合理地选择分配标准，确定分配方法。

传统成本计算方法下石油石化企业油气产品生产费用归集、分配和结转程序的设计

（一）生产费用分配标准设计的原则

1.相关性原则，即所选择的分配标准与被分配的生产费用之间存在密切的正相关关系，也称因果关系。

2.利于管理原则，即所选择的分配标准应当有利于企业进行成本管理，包括成本预算、成本控制、成本分析和成本考核。

3.简便性原则，即所选择的分配标准应当具有资料搜集便捷、计算简便、计算工作量适中的特点。

4.相对稳定性原则，即所选择的分配标准在满足当前环境的前提下，还应当具有一定

的前瞻性，以保持一定时期稳定不变，避免朝令夕改。

（二）生产费用分配标准的设计

通常情况下，不同生产费用的分配标准设计规则如下：外购材料、外购燃料费用的分配标准，选择所生产产品定额消耗量、定额费用。外购动力费用的分配标准，选择产品的生产工时、机器工时或定额消耗量。计时工资制下直接人工费的分配标准，选择产品的实际生产工时或定额工时；计件工资制下直接人工费的分配标准，选择工人的实际生产量。制造费用的分配标准，在传统成本计算方法下选择生产产品所耗用的实际生产工时、定额工时、机器工时或生产工人工资；对于计划管理水平较高的企业，可以选择计划分配率；在作业成本法下，可以选择作业动因。关于作业成本法下制造费用分配的具体内容将在本章第六节予以讲解。

（三）生产费用分配和结转方法的设计

1.材料费的分配和结转。制造企业发出的材料成本，可以根据实物流转方式、管理要求、实物性质等实际情况，采用先进先出法、加权平均法、个别计价法等方法计算，有条件的企业，也可以采用计划成本、标准成本、内部结算价格。对于基本生产车间和辅助生产车间由两种产品或两种以上产品共同消耗的原料及主要材料费用，应选择定额消耗量法、定额比例法进行分配。然后，根据分配的结果，借记“生产成本——基本生产成本（×产品直接材料）”“生产成本——辅助生产成本（某辅助产品直接材料）科目，贷记“原材料”科目。对于基本生产车间和辅助生产车间因生产各种产品共同消耗的辅助材料费用，借记“制造费用——××基本车间（机物料费）”“制造费用——××辅助车间（机物料费）”科目，贷记“原材料”科目。

2.人工费的分配和结转。依据所选择的分配方法将各成本中心发生的直接人工费进行分配后，根据分配的结果，借记“生产成本——基本生产成本（×产品直接人工）”“生产成本——辅助生产成本（×辅助产品直接人工）”科目，贷记“应付职工薪酬”科目。对于各成本中心管理人员的人工费，借记“制造费用——××基本车间（人工费）”“制造费用——××辅助车间（人工费）”科目，贷记“应付职工薪酬”科目。

3.辅助生产费用的分配。企业辅助生产部门为生产部门提供劳务和产品所发生的费用，应当参照生产成本项目归集，并按照合理的分配标准分配计入各成本核算对象的生产成本。辅助生产部门之间互相提供的劳务成本或作业成本，应当采用交互分配法进行分配。辅助生产车间之间互相提供劳务、作业不多的情况下，可以不进行交互分配，采用直接分配法直接分配给辅助生产部门以外的受益单位。对于有足够证据能否明确划分受益多少的企业，还可以采用顺序分配法，受益少的先分配，受益多的后分配，先分配的辅助生产车间不负担后分配的辅助生产车间的费用。最后，根据分配结果，借记“生产成本——基本生产成本（×产品××费）”“生产成本——辅助生产成本（××费）”“制造费用——××基本车间（××费）”“管理费用”等科目，贷记“生产成本——辅助生产成本（××辅助车间）”科目。

4.制造费用的分配和结转。企业发生的制造费用，应当按照设计的分配标准按月分配计入各成本核算对象的生产成本。企业可以采取机器工时比例法、生产工时比例法、工人工资比例法、耗用原材料的数量或成本比例法、产品产量比例法、固定资产原值比例法、计划分配率等方法进行分配。个别企业，还可以结合自身特点，将制造费用分为与资产有关的制造费用和与人工有关的费用量部分，并分别选用分配方法。例如，石油石化企业生产的炼化产品，在进行制造费用分配时，通常与资产有关的制造费用按照固定资产原值比例分配，与人员有关的制造费用按照人工成本比例分配。最后，根据分配结果，借记“生产成本——基本生产成本（××产品制造费用）科目，贷记”制造费用——××基本车间”科目。

5.联合生产成本的分配。企业在生产过程中，使用同种原料，在生产主产品的同时附带生产出来的联产品，以及副产品等非主要产品，应当根据生产经营特点和联产品、副产品的工艺要求，选择系数分配法、实物量分配法、相对销售价格分配法等合理的方法分配其生产成本。对于应从主产品中扣除的副产品成本，也可以采用可变现净值、固定价格等方法确定其成本，如煤炭企业在生产过程中产生的可以对外销售或加工利用的洗矸石和煤灰等副产品成本，石油石化企业在炼化产品生产过程中产生的价值低、数量少的副产品，钢铁企业在生产过程产生的高炉返矿、高炉水渣、转炉钢渣、锭坯切头切尾、轧制氧化铁屑、剪切边角料、报废锭坯材等回收物料，返焦粉、煤气、蒸汽、循环水、余热发电、压差发电等回收能源等副产品。

6.生产费用在完工产品与在产品之间的分配。企业应当根据产品的生产特点和管理要求，按成本计算期结转成本。企业可以选择原材料消耗量法、约当产量法、定额比例法、原材料扣除法等方法，恰当地确定完工产品和在产品的实际成本，并将完工入库产品的产品成本结转至“库存商品“科目；在产品数量、金额不重要或在产品期初期末数量变动不大的，可以不计算在产品成本。具体如下：

（1）不计算在产品成本法。该方法适用于各月月末在产品数量非常少，占投产量比例非常低的产品，或在产品金额不重要，或在产品期初期末在产品数量变动不大的产品。其特点是某种产品当月发生生产费用，即为该月完工产品的总成本。

（2）原材料消耗量法。该产品使用各月末在产品数量较大、各月末在产品数量变化也较大，而且直接材料费在产品成本中所占比重较高的产品。其特点是月末，只需将直接材料费在完工产品与在产品之间进行分配，其他费用全部由当月完工产品负担。

（3）原材料扣除法。该方法适用于直接材料费在产品总成本中所占比重相当大且在开工时一次性投入，各月末在产品数量大，且数量变化也大的产品。其特点同原材料消耗法。

（4）约当产量法。该方法适用于各月末在产品数量较大、在产品数量变化也较大，而且各成本项目在总成本中所占比重相差不大的产品。其特点是先按照月末在产品的完工程度或投料程度，将月末在产品折合为相当于完工产品的数量（简称“约当产量”），然后再按照当月已完工产品数量和月末在产品的约当产量来计算分配每一件完工产品应负担的各成本项目的金额，最后计算出完工产品总成本和月末在产品成本。

（5）定额比例法。该方法适用于消耗定额准确、稳定，各月末在产品数量变化较大的产品。其特点是首先根据当月完工产品数量、月末在产品数量和消耗定额，计算出当月完工产品定额费用或定额消耗量、月末在产品定额费用或定额消耗量以及总定额费用或总定额消耗量，然后计算当月完工产品和在产品的定额比例，最后根据各自的定额比例计算分配实际生产费用，进而计算出当月完工产品成本和月末在产品成本。

（6）系数法。对于分类计算产品成本的企业以及生产联产品的企业，在计算出每一类别产品或联产品成本之后，需要采用系数法再计算每一种产品的成本。不同行业的企业，因工序工艺要求不同，系数的确定也各异。

例如，钢铁企业，在炼焦工序和含有伴生（共生）金属的冶炼工序以联产品为对象进行成本核算。炼焦工序一般采用“系数法”在全焦、煤气和焦油等产品中进行成本分配；含有伴生（共生）金属的冶炼工序一般采用“系数法”在钢铁产品和伴生（共生）金属产品中进行成本分配。联产品系数的确定，一般以产品生产工艺流程、产品结构、产品收益率和市场价值为基础，采用经济比值法等确定，“系数法”计算过程如下：

第一步，计算某产品成本积数。

某产品成本积数=某产品成本系数×产品产量

第二步，计算某产品总成本。

某产品总成本=某产品成本积数÷全部产品成本积数之和×全部商品产品总成本

第三步，计算某产品单位成本。

某产品单位成本=某产品总成本÷某产品产量

又如，煤炭企业，在按照“品种法”计算出产品成本后，还应采用“价格系数法”计算分品种成品的实际成本。其计算过程如下：

第一步，根据市场实际情况，将售价最高的品种折合系数确定为1，按照分品种的售价（不含增值税）计算折合系数。

分品种折合系数=某品种售价÷售价最高的品种售价

第二步，将各种产品的实际产量折合为标准产量。

分品种折合量=分品种当月实际生产量×分品种折合系数

第三步，计算折合单位生产成本。

折合单位生产成本=当月实际生产成本总额÷分品种折合量总量

第四步，计算分品种当月实际生产成本（结转数）。

分品种当月实际生产成本（结转数）=分品种折合量×折合单位生产成本

第五步，计算分品种当月实际单位生产成本。

分品种当月实际单位生产成本=分品种当月实际生产成本÷分品种当月实际生产量

除以上以归集的实际费用为基础计算完工产品成本外，对于管理水平较高的企业，还可以采用实际成本标准成本法、计划成本法、模拟市价法等非实际成本法计算结转产成品成本。需要注意的是，在采用非实际成本法计算结转产成品成本时，应当在每月末汇总实际成本与非实际成本的差异，并按受益原则分配至各工序的相应成本项目。

四、传统成本计算法下费用归集、分配和结转程序的设计

前已述及，企业根据生产的组织方式和工艺特点选择不同的成本计算对象，继而产生不同的成本计算方法。传统成本计算方法有品种法、分批法、分步法和分类法，不同成本计算方法下，费用归集、分配和结转的程序各具特色，下面分别予以介绍。

（一）品种法下费用归集、分配和结转程序的设计

品种法是以产品品种为成本计算对象归集生产费用、计算产品成本的一种成本计算方法，主要适用于采煤、采矿、发电等企业。其特点是按产品品种开设生产成本明细账，成本计算期与会计报告期一致，按月计算产品成本。采用品种法计算产品成本，如果月末没有在产品，则归集到各种产品的生产成本明细账的费用就是完工产品成本；如果月末有在产品，还需要将归集到各种产品的生产成本明细账的费用在完工产品和月末在产品之间进

行分配。

品种法下费用归集、分配和结转的程序如下：（1）按产品品种设置基本生产成本明细账，并按照规定的成本项目设置专栏。（2）归集生产费用。基本生产车间发生的直接材料费、直接人工费，直接计入各种产品的基本生产成本明细账，间接费用计入制造费用明细账，辅助生产车间发生的费用计入辅助生产成本明细账。（3）分配生产费用。月末，将归集在辅助生产成本明细账中的费用，编制辅助生产费用分配表，按照规定的分配方法，分配计入基本生产成本明细账、制造费用明细账；将归集在制造费用明细账中的费用，编制制造费用分配表，按照规定的分配方法，分配计入各种产品的基本生产成本明细账。（4）月末，将归集在各种产品的基本生产成本明细账中的费用在各种产品的本月完工产品和月末在产品之间进行分配，计算完工产品总成本，即产成品成本。各种产品的完工产品总成本，除以本月完工产品的数量即为每一种完工产品的单位成本。

（二）分批法下费用归集、分配和结转程序的设计

分批法是以所生产产品的批别或订单号为成本计算对象，归集生产费用、计算产品成本的一种成本计算方法，主要适用于轮船、飞机、大型机车制造等企业。其特点是在一批产品全部完工的月份计算成本，不涉及费用在完工产品与在产品之间的分配。

分批法下费用归集、分配和结转的程序如下：（1）按产品批别或订单号设置基本生产成本明细账，并按照规定的成本项目设置专栏。（2）归集生产费用。首先在反映直接费用的原始凭证上注明产品批号或订单号，然后，将基本生产车间发生的直接材料费、直接人工费，直接计入各产品批别或订单号的基本生产成本明细账，间接费用计入制造费用明细账，辅助生产车间发生的费用计入辅助生产成本明细账。（3）分配生产费用。月末，将归集在辅助生产成本明细账中的费用，编制辅助生产费用分配表，按照规定的分配方法，分配计入基本生产成本明细账、制造费用明细账；将归集在制造费用明细账中的费用，编制制造费用分配表，按照规定的分配方法，分配计入各批别或订单号的基本生产成本明细账。（4）产品完工时，汇总各批别或订单号的基本生产成本明细账中的费用总额，计算各批别或订单号完工产品的总成本和单位成本。

（三）分步法下费用归集、分配和结转程序的设计

分步法是以产品的生产步骤和产品品种为成本计算对象，归集生产费用、计算产品成本的一种成本计算方法。其特点是按照生产步骤计算出各个生产步骤的半成品成本，最终一个生产步骤计算出完工产品成本。在大量大批多步骤生产的企业，因为各企业成本管理的要求不同，有的企业需要提供各生产步骤自制半成品成本，有的不需要，因而，分步法按照管理上是否需要单独计算各步骤半成品成本，又分为逐步结转分步法和平行结转分步法。逐步结转分步法和平行结转分步法在费用的归集、分配和结转程序上存在差异，下面分别予以介绍。

1.逐步结转分步法下费用归集、分配和结转程序的设计

逐步结转分步法，又称顺序结转分步法，或计算半成品成本法，是按照产品的生产步骤，将上一生产步骤的半成品成本随同半成品实物转移到下一步骤的产品成本中，逐步计算出半成品成本和最后一个步骤的产成品成本的一种成本计算方法，主要适用于机械、冶金、纺织、化工等企业。逐步结转分步法下费用归集、分配和结转的程序如下：（1）按生产步骤和产品品种设置基本生产成本明细账。（2）归集生产费用。把各个生产步骤发生的直接费用，计入本生产步骤的基本生产成本明细账，间接费用计入本生产步骤的制造费用

明细账，辅助生产费用计入辅助生产成本明细账。(3) 分配生产费用。月末，编制辅助生产费用分配表，按照规定的分配方法，将辅助生产费用分配计入各个生产步骤的基本生产成本明细账和制造费用明细账，编制制造费用分配表，按照规定的分配方法，将各个生产步骤归集的制造费用分配计入各个生产步骤的基本生产成本明细账。(4) 计算半成品成本。月末，将归集到各个生产步骤的基本生产成本明细账的生产费用在各步骤的完工产品与在产品之间进行分配，计算各个步骤完工的半成品成本。(5) 结转半成品成本。将各个步骤半成品的成本，从本步骤基本生产成本明细账转入下一步骤的基本生产成本明细账。(6) 计算完工产品成本。归集最后生产步骤的生产费用，计算完工产品总成本和单位成本。(7) 成本还原。将最后生产步骤计算出的完工产品总成本中的“自制半成品”成本项目还原为规定的成本项目。

逐步结转分步法的成本计算程序，参见图9-2。

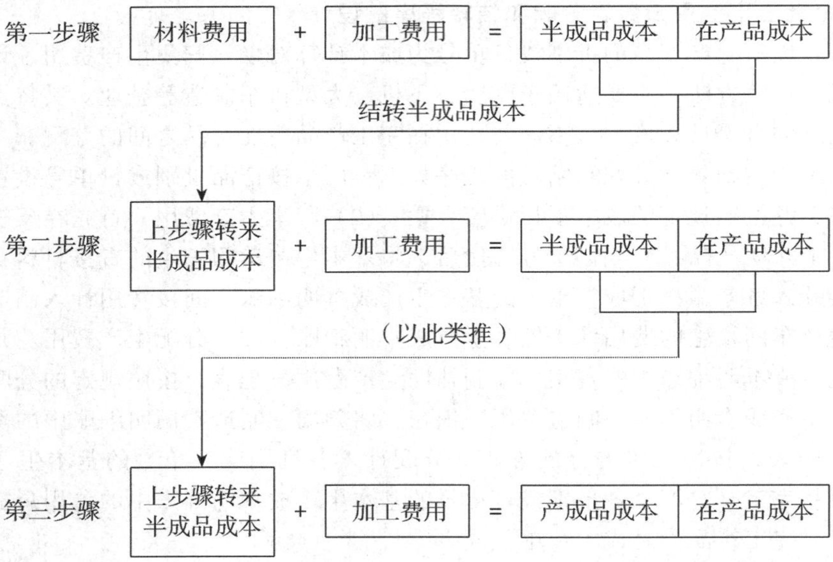

图9-2 逐步结转分步法的成本计算程序图

2.平行结转分步法下费用归集、分配和结转程序的设计

平行结转分步法，又称“不计算半成品成本法”，是先计算各生产步骤发生的生产费用中应当计入完工产品成本的“份额”，然后将计入完工产品成本的“份额”进行汇总，形成企业最终产品成本的一种成本计算方法，主要适用于汽车、空调、电视、洗衣机等生产企业。其特点是各步骤半成品成本不随着半成品实物向下一步骤转移，直到最后加工为产成品时，才将各个生产步骤中应该计入完工产品成本的“份额”从各步骤生产费用中转出来。

平行结转分步法下费用归集、分配和结转的程序如下：(1) 按生产步骤和产品品种设置基本生产成本明细账。(2) 归集生产费用。把各个生产步骤发生的直接费用，计入本生产步骤的基本生产成本明细账，间接费用计入本生产步骤的制造费用明细账，辅助生产费用计入辅助生产成本明细账。(3) 分配生产费用。月末，编制辅助生产费用分配表，按照规定的分配方法，将辅助生产费用分配计入各个生产步骤的基本生产成本明细账和制造费用明细账，编制制造费用分配表，按照规定的分配方法，将各个生产步骤归集的制造费用分配计入各个生产步骤的基本生产成本明细账。(4) 计算各生产步骤发生的生产费用应当计入产成品成本的"份额"。(5) 计算产成品成本。将各步骤计入产成品成本的份额相加，计算本月完工产品的总成本，再除以本月完工产品的数量，计算本月完工产品的单位成本。

平行结转分步法的成本计算程序参见图9-3。

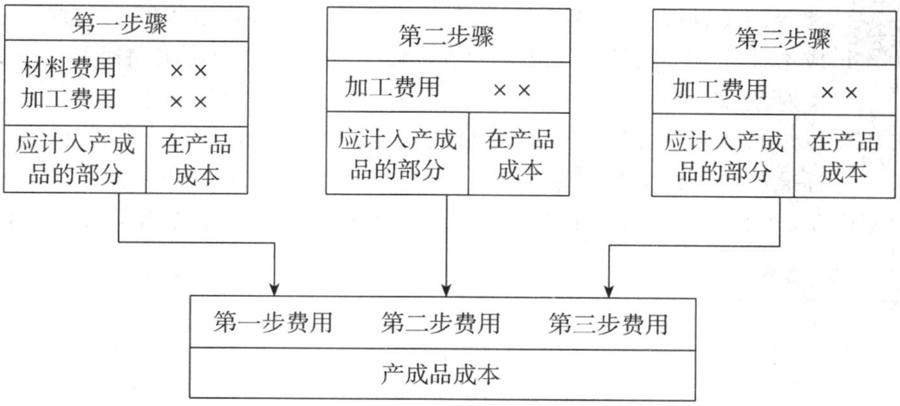

图9-3　平行结转分步法成本计算程序图

(四) 分类法下费用归集、分配和结转程序的设计

分类法，是以产品类别为成本计算对象，先按照品种法、分批法或分步法计算出每一类完工产品的总成本，然后选定某一种产品为某类产品的标准产品，将每类产品的完工产品总成本按照折算的标准产品系数，分配计算每一种产品的完工产品总成本和单位成本的一种成本计算方法。分类法适用于生产产品种类较多，每一类别产品又包括多种产品的企业，如食品加工、服装、鞋帽、针织、陶瓷、家用电器等企业。

分类法是品种法、分批法和分步法的延续，其费用归集、分配和结转的程序如下：(1) 根据产品结构、耗用主要材料或生产工艺的异同，对产品进行分类。(2) 按照产品的类别和规定的成本项目，设置生产成本明细账，并按类别归集、分配费用，计算各类产品的完工产品总成本。(3) 在每类产品中选择一种产品为标准产品，并以定额消耗量、定额工时、定额成本、产品重量、产品体积或产品售价为分配标准，计算每一种产品折合为标准产品的系数，按照标准系数计算出各个成本项目的分配率，最终计算出每种产品的完工产品总成本和单位成本。

第六节　作业成本法的设计

一、作业成本法概述

(一) 作业成本法的特点

作业成本法 (Activity-based Costing)，又译为作业成本计算法 (英文简称ABC法)，是指生产企业在按成本中心核算产品成本的基础上，按照生产活动中发生的各项作业归集费用，计算作业成本，并根据作业成本与成本核算对象之间的因果关系，将作业成本追溯到成本核算对象，完成成本计算，评价作业绩效和资源利用情况的一种成本计算方法。

作业成本法下钢铁企业生产费用归集、分配和结转程序的设计

作业成本法下成本计算方法也包括品种法、分批法和分步法。成本计算对象与传统成本计算方法的成本对象相同。直接材料、直接人工的计算和分配方法相同。成本核算的会计科目、账簿体系也基本一致。它与传统成本计算方法的差异主要体现在间接费用，如制造费用和辅助生产费用的归集对象和分配标准的选择上。传统成本计算方法下间接费用或制造费用一般以车间为归集对象，通常以产品生产的总工时（机器工时或定额工时）为分配标准；作业成本法下间接费用或制造费用以作业为归集对象，以作业所消耗的资源为分配标准。传统成本计算法下成本核算与作业成本法成本核算的异同参见图9-4。

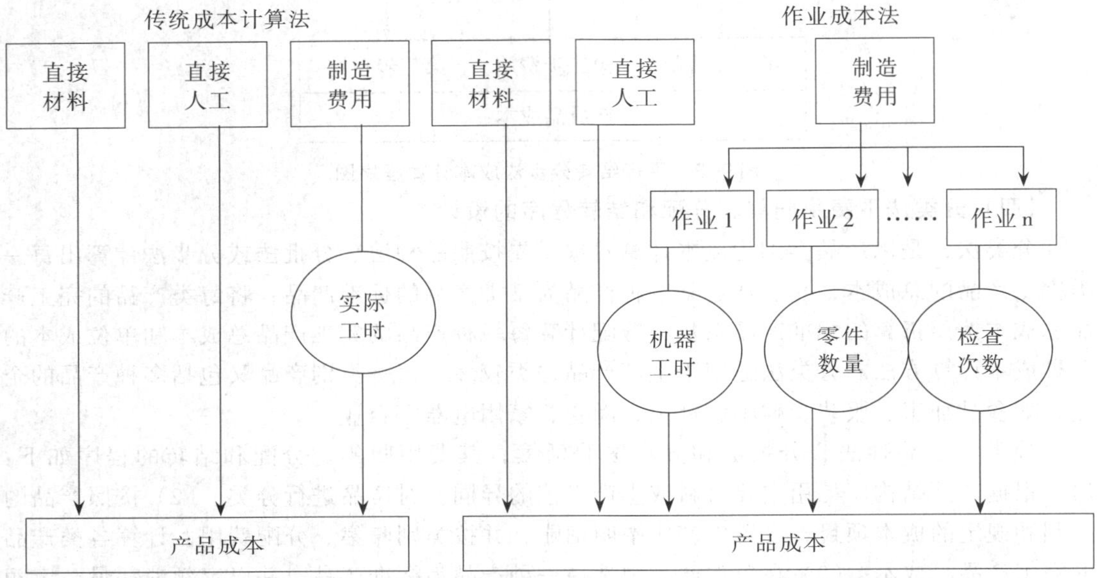

图9-4　传统成本计算法与作业成本计算法对比图

（二）作业成本法的要求

作业成本法下石油石化企业油气产品生产费用归集、分配和结转程序的设计

作业成本法一般适用于具备以下特征的企业：作业类型较多且作业链较长；同一生产线生产多种产品；企业规模较大，而且管理层对产品成本的准确性要求较高；产品、客户和生产过程多样化程度较高；间接费用或辅助资源费用在单位产品成本中所占比重较大；企业拥有先进的计算机及网络技术，配备完善的信息系统，能够及时、准确提供各项资源、作业、成本动因等方面的信息。

二、作业成本法下成本核算流程的设计

1.合理确定成本计算对象和成本计算期

作业成本法下成本计算对象和成本计算期的设计与传统成本计算方法相同，这里不再赘述。

2.确认作业，划分作业中心

作业认定和作业中心的划分，是作业成本法的特色，也是作业成本法的灵魂。作业可

以根据企业生产流程，自上而下进行分解，也可以通过各部门负责人、员工调查表法或座谈会法认定。作业确定后，应当编制作业清单。作业清单一般包括作业名称、作业内容、作业类别、所属作业中心等内容。在作业确定的基础上，设定作业中心，并确定主要作业和次要作业。

作业及作业中心设计参见图9-5。

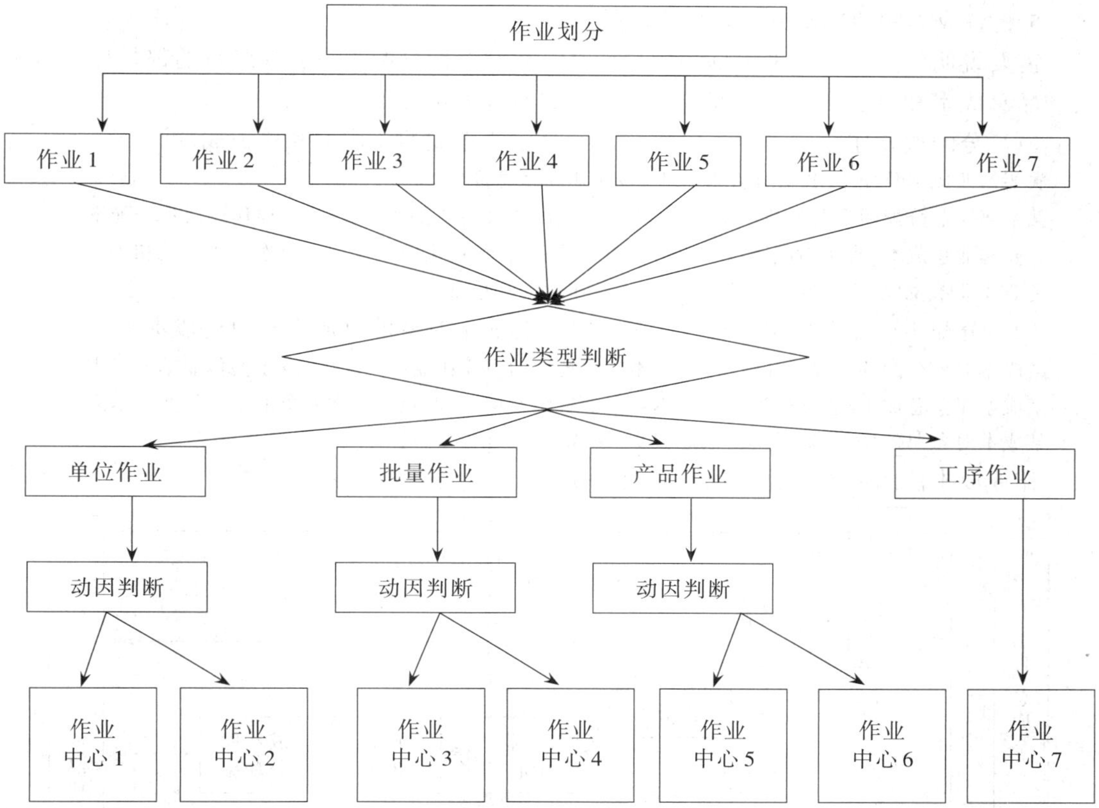

图9-5 作业及作业中心设计图

3.列示资源费用清单，以作业中心为成本中心归集费用

资源费用清单一般应当分部门列示当期发生的所有资源费用，一般包括发生费用名称、费用性质、所属类别、受益对象等。

成本中心，也称"成本库"，是费用的汇集地，在产品生产过程中发生的各项生产费用要先汇集到各成本库，然后再按一定的标准进行分配。作业成本法下，每一个作业中心就是一个成本库，归入每一成本库的费用都可以用成本动因进行解释。

4.依据各作业单元成本动因确定费用分配标准

作业成本法的关键环节是确定各作业资源消耗的成本动因，并根据成本动因确定费用分配率。成本动因是引起成本发生的因素，通常分为作业动因和资源动因。

作业动因分配的计算公式是：

某作业费用分配率=该作业中心所归集的作业费用÷该作业中心资源耗用总数

例如，对于领料投料作业，需要确定该作业内各产品的单位消耗定额和投产量，然后根据消耗定额将消耗的材料费用分配给各产品；对于人工投入作业，需要确定该作业内各产品的定额工时和投产量，然后根据定额工时标准将消耗的人工费分配给各产品；对于检验、维修、水费、电费等作业中心，则可根据检验次数、机器工时、产品数量、资产原值等标准进行分配。

资源动因是决定作业消耗资源的因素，反映作业量与资源消耗之间的因果关系，资源动因的选择与计量为将各项资源费用归集到作业中心提供依据。

5.将各成本库的成本分配到最终产品

需要说明的是，不论采用哪种成本计算方法和费用分配方法，最终目的都是计算出完工产品总成本和单位成本。作业成本法下，成本分配步骤如下：

（1）分配次要作业成本至主要作业，计算主要作业的总成本和单位成本。

次要作业成本分配率=次要作业总成本÷该作业动因总量

某主要作业分配的次要作业成本=该主要作业耗用的次要作业动因量×该次要作业成本分配率

主要作业总成本=直接追溯至该作业的资源费用+分配至该主要作业的次要作业成本之和

主要作业单位成本=主要作业总成本÷该主要作业动因总量

（2）分配主要作业成本至成本对象，计算各成本对象的总成本和单位成本

某成本对象分配的主要作业成本=该成本对象耗用的主要作业成本动因量×主要作业单位成本

某成本对象总成本=直接追溯至该成本对象的资源费用+分配至该成本对象的主要作业成本之和

某成本对象单位成本=该成本对象总成本÷该成本对象的产出量

作业成本法的成本核算流程参见图9-6。

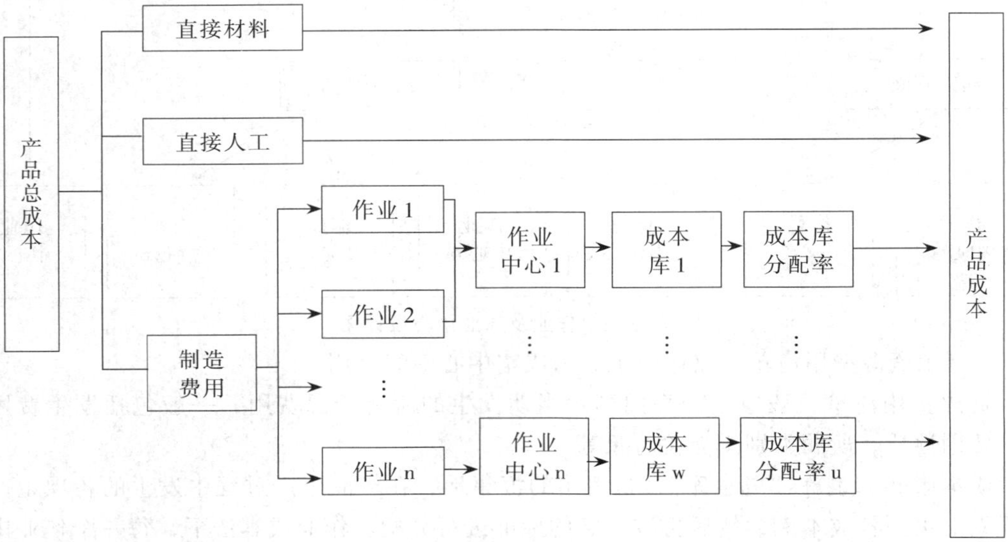

图9-6 作业成本法下成本核算流程图

本章小结

成本核算制度设计是会计制度设计的重点内容之一，本章内容是有关成本核算制度设计的基本概念、基本理论和基本方法，与此前已经学过的成本会计学课程的内容相近，但也存在差异。本章的突出特点是在成本计算对象、生产费用要素、成本项目、成本计算方法等的设计中，引入了具体实例，尤其是在二维码扫码资料中加入了石油石化企业、钢铁企业作业成本法设计实例，增强了成本制度设计的现实感，缩短了理论与实际之间的距离。希望同学们能够在已经掌握的成本核算方法的基础上，从制度设计的角度深入学习和

领悟。

主要概念和观念

□　主要概念

成本项目　费用要素　成本计算期　品种法　分批法　分步法　逐步结转分步法　平行结转分步法　分类法

□　主要观念

成本核算是成本会计中的核心内容，成本核算制度是组织和处理成本会计工作的规范，是企业会计制度的重要组成部分，设计成本核算制度也是会计专业学生和会计从业者应当掌握的专业技能。

基本训练

□　知识题

● 阅读理解

1.1　简答题

(1) 试述成本核算制度设计的意义。

(2) 试述成本核算制度设计的内容。

(3) 设计成本核算制度应当遵循哪些原则？

(4) 企业应当如何设计成本核算对象、成本计算期和成本计算方法？

(5) 费用要素和成本项目有何关系？

(6) 企业应当如何设计费用要素和成本项目？

(7) 企业应当如何设计费用在完工产品与在产品之间的分配方法？

(8) 什么是作业成本法？作业成本法下的成本中心应当如何设计？

(9) 作业成本法的特点是什么？

(10) 简述作业成本的成本核算程序。

(11) 简述作业成本法下费用归集、分配和结转的程序。

1.2　思考题

(1) 成本开支范围应如何界定？

(2) 成本计算对象应如何确定？

(3) 如何根据企业的生产特点选择成本计算方法？

(4) 不同行业费用要素和成本项目为什么存在差异？

(5) 不同成本计算方法之间有哪些异同？

(6) 什么样的企业适合采用作业成本法？

(7) 作业成本法与传统成本计算法相比，有哪些异同？

● 知识应用

1.1　单项选择题

(1) 单件小批生产的企业，其成本计算对象的设计一般为（　　）。

A.产品品种　　B.产品批别　　C.生产步骤　　D.产品类别

(2) 成本核算业务基础工作控制制度设计中，不应包括（　　）。

A.定额管理制度　　B.原始记录控制制度

C.内部价格控制制度　　D.奖惩制度

(3) 在大量大批多步骤生产的企业，一般适用的成本计算方法是（　）。

A.品种法　　B.分批法　　C.分类法　　D.分步法

(4) 消耗定额准确、稳定，月末在产品数量变化较大的产品，其生产费用在完工产品与在产品之间的分配方法一般可采用（　）。

A.不计算月末在产品成本的方法　　B.定额比例法

C.约当产量法　　D.在产品按定额成本计算法

1.2 多项选择题

(1) 单件小批生产的企业，其成本计算期的设计一般为（　）。

A.定期计算成本　　B.成本计算期与会计报告期一致

C.不定期计算成本　　D.成本计算期与会计报告期不一致

(2) 根据企业的生产特点和管理要求，以产品批别为成本计算对象，一般适用于（　）。

A.大量大批单步骤生产的产品

B.小批单件组织生产的产品

C.大量大批，但在管理上不要求分步骤计算半成品成本的多步骤生产的产品

D.小批单件，但在管理上不要求分步骤计算半成品成本的多步骤生产的产品

(3) 在设计成本项目时，必须设计的成本项目有（　）。

A.直接材料　　B.废品损失　　C.制造费用　　D.直接人工

1.3 判断题

(1) 大量大批，且在管理上要求分步骤计算半成品成本的多步骤生产的产品的企业，应当采用分步法。（　）

(2) 在废品数量较多，但在管理上不要求单独计算废品损失的企业，不需要设置“废品损失”成本项目。（　）

(3) 多品种生产的企业适宜采用品种法计算产品成本。（　）

□ 技能题

根据此前已经学习过的成本会计知识以及本章的学习内容，请绘制一张符合综合企业生产组织、工艺特点和成本管理要求的成本计算方法设计表。

□ 能力题

• 案例设计题

1.某集团公司是一家大型国有控股企业集团，集团内有许多规模不等的子公司和分厂，在生产组织上既有大量大批生产，也有单件小批生产；在生产工艺上既有多步骤加工，也有单步骤加工；在成本管理上既有需要计算自制半成品成本的，也有不需要计算自制半成品成本的。面对如此复杂的现状，成本制度设计者感到很为难。

要求：结合该公司如此复杂的现状，请为其成本计算方法的确定提供合理化建议。

2.甲公司是一家大量大批多步骤（三个步骤）生产的企业，设有三个基本生产车间和供水供电两个辅助生产车间，根据成本管理的要求，需要计算各步骤自制半成品成本。

要求：请为该公司设计合适的成本计算方法和相应的成本计算流程。

3.某公司是一家大型企业，其生产组织和工艺特点是大量大批多步骤加工，设有三个基本生产车间和供水供电两个辅助生产车间。期末在产品数量较多且定额资料准确、稳定，但根据成本管理的要求，不需要分步计算各步骤自制半成品成本。

要求：请为该公司设计合适的成本计算方法和成本计算流程。

第十章 破产企业会计制度的设计

学习目标

明确破产企业会计与持续经营会计的区别；掌握破产企业会计制度设计的原则；破产企业会计科目、会计账簿、财务报表的设计；破产企业财产核算制度、费用核算制度、会计组织管理制度的设计等。其具体目标包括：

□ 知识目标

了解破产企业会计产生的原因和特点，掌握破产企业会计制度设计应遵循的原则以及破产企业会计制度设计的内容。

□ 技能目标

掌握破产企业会计科目、会计账簿、财务报表的设计以及破产财产核算制度、费用核算制度、会计组织管理制度的设计方法。

□ 能力目标

能够结合破产企业案例，为其设计破产会计核算制度。

第一节　破产企业会计制度设计概述

一、破产企业会计制度设计的法律依据和意义

在激烈的市场竞争环境下，任何一个企业都面临着破产或倒闭的风险。2006年8月27日，《中华人民共和国企业破产法》（以下简称《企业破产法》）在第十届全国人民代表大会常务委员会第二十三次会议上审议通过。根据《企业破产法》的规定，企业因经营管理不善造成严重亏损，不能清偿到期债务的，并且资产不足以清偿全部债务或者明显缺乏清偿能力的，经人民法院调解，与债权人未达成和解协议，或债务人已执行了重整计划，但

在重整期间经营仍无起色，不仅未能扭亏为盈，反而使财务状况进一步恶化的，债权人或者依法负有清算责任的人可以向人民法院提出对债务人进行破产清算的申请。人民法院裁定受理破产申请的同时，应当指定负责破产清算的管理人，管理人主要由律师事务所、会计师事务所、破产清算事务所等社会中介机构担任，按照市场化方式进行运作。管理人应当履行的职责包括：接管债务人的财产、印章和账簿、文书等资料；调查债务人财产状况，制作财产状况报告；决定债务人的内部管理事务；决定债务人的日常开支和其他必要开支；在第一次债权人会议召开之前，决定继续或者停止债务人的营业；管理和处分债务人的财产；代表债务人参加诉讼、仲裁或者其他法律程序；提议召开债权人会议；人民法院认为管理人应当履行的其他职责。因此，债务人或者财产持有人应当向管理人清偿债务或者交付财产，管理人对破产申请受理前成立而债务人和对方当事人均未履行完毕的合同有权决定解除或者继续履行，并通知对方当事人。

根据我国《企业破产法》的规定，人民法院依法宣告债务人破产后，债务人称为破产人，债务人财产称为破产财产。这时，管理人应当对破产企业的财产、债权、债务进行清理结算，并将剩余财产（清算收益）在投资者之间进行分配，分配结束后，由管理人申请、人民法院裁决破产程序终结。管理人自破产程序终结之日起十日内，持人民法院终结破产程序的裁定，向破产人的原登记机关办理注销登记，破产企业即行消失。破产清算是财务会计的一个特殊的分支，无论在会计理论上，还是在会计实务上，均与持续经营会计有着密切的联系，同时，它又与传统的持续经营会计有着诸多不同，有其自身的特点。为保证清算工作的顺利进行和清算结果的公正公平，保护各债权人和投资者的利益，为破产清算工作设计会计制度将是一项必不可少的工作。

二、破产企业会计与持续经营企业会计的区别

（一）会计主体不同

根据《企业会计准则——基本准则》的规定，持续经营企业的会计主体可以是法人企业，也可以是非法人企业。根据《企业破产法》和《企业破产清算有关会计处理规定》，破产企业的会计主体为经法院宣告破产，处于破产清算期间的企业，一般称为“破产企业”。

（二）会计行为主体不同

依据《会计法》的规定，持续经营企业的会计行为主体是由企业自主决定的，其和企业之间的关系是委托代理关系，其存在方式一般有三种：一是企业成立独立的会计机构并配备专职的会计人员；二是企业不成立独立的会计机构，但配备专职的会计人员；三是企业不配备专职的会计人员，而是聘请会计中介机构代理记账。对于破产企业而言，依据我国《企业破产法》的规定，原企业会计行为主体已无资格参与企业的破产清算工作，而是由人民法院指定的管理人接管破产企业。管理人负责破产财产的保管、清理、估价、处理和分配。因此，管理人成为破产企业在清算期间的会计行为主体，但它并不是接受破产企业的委托，而是接受人民法院的委托，因此它与破产企业之间并不存在委托代理关系，而是与人民法院之间存在委托代理关系。

（三）持续经营假设和会计分期假设不再适用于破产企业会计

持续经营企业会计是对企业全部生产经营活动的过程及结果进行反映和监督，既要提

供会计主体的动态资金信息，又要提供会计主体的静态资金信息；而破产企业会计所反映和监督的是企业进入破产清算后对破产财产的估价与处置、对清算费用的处理、对债务的清偿以及对剩余财产的分配等事项，因此，持续经营假设和会计分期假设对于破产企业会计来说已不再适用。破产企业会计确认、计量和报告均以非持续经营为前提，其会计期间自清算开始至清算结束，具体表现为破产宣告日、债权人会议确定的编报日、破产终结申请日等几个重要时点，也称破产报表日。

（四）权责发生制原则对破产企业会计失去效力

权责发生制原则和历史成本原则是决定持续经营企业会计核算的两项重要原则，它们在正确核算企业损益、正确反映企业资产的价值和提供不同企业会计信息的可比性上起着支柱作用。然而，当企业进入破产清算后，这两项原则却失去了原有的效力。因为对于破产企业而言，持续经营假设和会计分期假设已不复存在，也就没有必要划分权利和责任，清算期间所发生的清算费用、清算收益只能也必须在清算期间直接确认为清算损益，一些不能收回的债权也必须采用直接冲销法予以核算。

（五）历史成本计量属性对破产企业不复存在

对破产资产和负债的初始计量，不能再坚持历史成本计价属性。破产宣告日，对破产资产的初始计量，采用清算净值，最常用的是公开拍卖的变现价值扣除相关的处置税费后的净额；对于按照国家规定不能公开拍卖或限制转让的，应当将按照国家规定的方式处理后的所得作为变现价值；对于债权人会议另有决议的，应当以其决议的处置方式下的变现价值计量。破产企业在破产清算期间因盘盈、追回等方式取得的资产，也应按照取得时的破产资产清算净值进行初始计量。破产清算期间，破产资产的后续计量亦为破产资产的清算净值。破产宣告日，对破产债务以及在破产清算期间新承担的债务，均应以破产债务清偿价值进行初始计量，该清偿价值为在不考虑破产企业的实际清偿能力和折现等因素的情况下，破产企业按照相关法律规定或合同约定应当偿付的金额。破产清算期间，破产负债的后续计量亦为破产债务清偿价值。

（六）财务报表的编制目的、格式、基本内容、报表使用者和报表附注等均发生重大变化

持续经营企业财务报表编制的目的是向与企业相关的各利害关系方包括投资者、债权人等提供与决策有关的会计信息，主要涉及企业在一定时期的经营活动过程及结果的资产负债表、利润表和现金流量表；而破产企业清算财务报表编制的主要目的是向债权人和国家有关部门报送反映破产财产处置情况以及债务清偿情况的清算资产负债表、清算损益表、清算现金流量表与债务清偿表。

从财务报表的格式和基本内容来看，无论是财务报表的栏目、项目还是具体内容，破产企业会计与传统的持续经营会计均存在不同。以“资产负债表”和“清算资产负债表”为例，从报表的栏目上看，“资产负债表”中只需反映资产、负债诸项目期初、期末的账面金额，而“清算资产负债表”不仅要反映资产、负债诸项目的账面金额，更要反映资产的“预计可实现净值”和负债项目的“实际确认数”；从报表的项目上看，“清算资产负债表”中的资产和负债均要按照有无担保进行区分，同时“资产负债表”中的“所有者权益”也被“清算净收益”所取代。

从财务报表的使用者来看，持续经营企业会计报告的使用者主要是企业的投资者、债权人和政府有关部门；而破产企业会计报告的使用者主要是受理破产案件的人民法院以及主管财政机关、国有资产管理部门以及债权人、投资者等。

从财务报表附注需要披露的内容看，破产企业清算财务报表附注披露的信息包括：

（1）破产资产明细信息；

（2）破产管理人依法追回的账外资产明细信息；

（3）破产管理人依法取回的质物和留置物的明细信息；

（4）未经法院确认的债务的明细信息；

（5）应付职工薪酬的明细信息；

（6）期末货币资金余额中已经提存用于向特定债权人分配或向国家缴纳税款的金额；

（7）资产处置损益的明细信息，包括资产性质、处置收入、处置费用及处置净收益；

（8）破产费用的明细信息，包括费用性质、金额等；

（9）共益债务支出的明细信息，包括具体项目、金额等。

基于破产企业会计与持续经营企业会计的上述不同，破产清算不能继续沿用持续经营企业的会计制度，而必须根据破产清算的内容和特点设计适用的会计制度。

三、破产企业会计制度设计的原则

破产清算意味着企业将退出市场经济，因此，其会计制度的设计必须遵循以下原则：

（一）合法合规性原则

破产企业会计的中心内容是对破产企业财产的确认、估价、收回和处置，为防止企业财产的流失，保护投资者和债权人的利益，我国《企业破产法》对以上内容都有相关的规定，因此，破产企业会计制度的设计，应严格遵循《中华人民共和国会计法》、《中华人民共和国企业破产法》和《企业破产清算有关会计处理规定》的规定。

（二）公平公正性原则

破产财产的确认、估价和处置直接决定清算财产价值的大小，进而影响债权人和投资者的权利，因此，破产财产的确认、估价和处置方式的选择必须坚持公平公正性原则。

（三）针对性原则

企业在破产清算期间所发生的经济业务，通常仅涉及财产的变卖和处置、债权的收回和债务的清偿，业务种类和业务数量比持续经营企业少。因此，破产企业会计制度的设计应从破产企业的实际情况出发，有针对性地进行，以避免出现制度过剩的现象。例如，破产企业不涉及长期资产价值转移和减值问题，就不需要设置“累计折旧”“累计摊销”“长期待摊费用”“坏账准备”“固定资产减值准备”等科目，在建账时，应当将这几个科目的余额分别与相关科目余额相减或合并。

第二节　破产企业会计制度的设计

按照《企业破产法》对破产企业会计核算的要求，破产企业会计制度设计应当包括会计机构的设置、破产财产管理制度的设计、会计科目的设计、会计账簿的设计、财务报表的设计和会计档案管理制度设计等内容。

一、破产企业会计机构的设置

破产企业在破产清算期间，应当设置专门的会计机构并配备一定的会计人员，对破产企业债务的清偿和债权的收回进行会计核算。破产企业的会计机构设置和会计人员配备与持续经营企业存在以下不同：

（一）法律依据不同

持续经营企业会计机构的设置和会计人员的配备应严格遵循《会计法》的要求；而破产企业在会计机构的设置和会计人员的配备上应严格遵循我国《企业破产法》对破产清算机构与人员配备的要求。

（二）人员来源不同

持续经营企业的会计人员一般来源于企业内部，属于企业的正常编制人员；而破产企业中参与清算工作的会计人员实际上为清算人员，他们均来自企业外部，是由人民法院从企业的上级主管部门（或股东会）、政府财政等部门和专业人员中指定的。

（三）监督主体不同

持续经营企业的会计机构和会计人员直接接受来自企业外部的国家财政、税务、银行及社会中介机构的监督；而破产企业则需要接受受理破产清算的人民法院的监督。

二、破产财产管理制度的设计

（一）破产财产范围的界定

破产清算的主要工作之一就是处置破产财产，有关破产财产处置的会计核算也相应成为破产企业会计的主要内容。因此，准确界定破产财产的范围就成为保证破产财产会计核算正确与否的重要因素。

破产财产是指破产企业在破产程序结束前所拥有的全部财产以及应当由破产企业行使的其他财产权利。它具体包括三方面内容：

1.破产企业在宣告破产时经营管理的全部财产，包括各种流动资产、固定资产、对外投资及无形资产等。

2.破产企业在宣告破产后至破产程序结束前所取得的财产，包括债权人放弃优先受偿权利、破产财产转让价值超过其账面净值的部分、破产清算清缴分到的投资收益和取得的其他收益等。

3.应当由破产企业行使的其他财产权利。

企业的一些特殊财产是否作为破产企业的财产，应当视不同情况而定：

（1）担保财产。依法生效的担保或抵押标的不属于破产财产；担保物的价款超过其所担保的债务数额的，超过部分属于破产财产。

（2）公益福利性设施。企业的职工住房、学校、幼儿园（托儿所）、医院等福利设施，原则上不计入破产财产；但无需续办并能整体出售的，可计入破产财产。

（3）职工的集资款。属于借款性质的视为破产企业所欠职工工资处理，利息按中国人民银行同期存款利率计算，属于投资性质的视为破产财产，依法处理。

（4）党、团、工会等组织占用破产企业的财产，属于破产财产。

此外，破产企业在人民法院受理破产案件前6个月至破产宣告日的期间内，隐匿、私分或者无偿转让企业财产，非正常压价出售企业财产，对原来没有财产担保的债务提供担保，对未到期的债务提前清偿，以及放弃自己的债权等行为，被认为是没有法律效力的，清算组有权向人民法院申请追回，并列入破产财产。

（二）破产财产处置政策的选择

破产财产的处置直接决定破产财产价值的大小，进而决定破产债务的清偿和剩余财产的有无，因此，破产财产处置政策的设计必然成为破产企业会计制度设计中的一项重要内容。依据我国《企业破产法》的规定，破产财产的处置主要有拍卖、招标和协议3种方式。

1.拍卖方式，一般是将企业要变卖的破产财产通过拍卖人和公证人，在拍卖市场公开由购买人开价竞争，以最高价来确定成交价。

2.招标方式，即通过招标、投标等方式来处置、变卖破产财产。

3.协议方式，即通过购、售双方看货后协商议价的方式来处置破产财产。

需要指出的是，无论采取哪种方式，破产财产的处置政策均应坚持“最高价”原则。

三、破产企业会计科目的设计

根据破产企业的特点和清算工作的需要，破产企业会计科目分为资产类、负债类、清算净值类和清算损益类。具体设计如下：

（一）资产类

1.“现金”科目，核算破产企业的库存现金，与持续经营企业中“库存现金”科目的核算内容一致。

2.“银行存款”科目，核算破产企业存入银行的各种存款以及持有的外埠存款、银行汇票存款、银行本票存款和国际信用证存款等，涉及持续经营企业中的“银行存款”和“其他货币资金”两个科目的核算内容。

3.“应收票据”科目，核算破产企业持有的商业汇票，包括银行承兑汇票和商业承兑汇票，与持续经营企业中“应收票据”科目的核算内容一致。

4.“应收账款”科目，核算破产企业应收货款，该科目与持续经营企业中“应收账款”科目的核算内容一致，并应按债务单位或个人名称设置明细账，进行明细分类核算。

5.“预付账款”科目，核算破产企业的预付货款，该科目与持续经营企业“预付账款”科目的核算内容一致，并应按债务单位或个人名称设置明细账，进行明细分类核算。

6.“其他应收款”科目，核算破产企业除应收账款、预付账款外的其他应收款项，该科目与持续经营企业中的“其他应收款”科目的核算内容一致，并应按债务单位或个人名称设置明细账，进行明细分类核算。

7.“材料”科目，核算破产企业库存以及在途的各种材料的实际成本，包括持续经营企业中的“材料采购”（或“在途材料”）、“原材料”、“周转材料”（“包装物”和“低值易耗品”）等科目；如果企业原来采用计划成本核算法，还应包括“材料成本差异”科目。该科目应按材料种类或品名设置明细账，进行明细分类核算。

8.“自制半成品”科目，核算破产企业尚未完工产品的实际成本，涉及持续经营企业中的“生产成本”“制造费用”“自制半成品”科目。该科目应按产品名称设置明细科目，进行明细分类核算。

9.“库存商品”科目，核算破产企业库存的各种产成品和外购商品的实际成本；如果企业原来采用计划成本核算法，还应涉及“产品成本差异”等科目。与持续经营企业中的“库存商品”科目一致，该科目应按产品名称设置明细账，进行明细分类核算。

10.“投资”科目，核算破产企业持有的各种对外投资，包括股票投资、债券投资和其他投资，涉及持续经营企业中的“金融资产”“长期股权投资”“长期股权投资减值准备”“投资性房地产”等科目。该科目应按投资种类设置明细账，进行明细分类核算。

11.“持有至到期投资”科目，核算破产企业持有的准备持有至到期的债券投资，该科目与持续经营企业核算内容和方法相同。

12.“可供出售金融资产”科目，核算破产企业持有的股票投资和不准备持有至到期的债券投资，该科目与持续经营企业中的该科目核算内容和方法相同。

13.“长期股权投资”科目，核算破产企业持有的股权性投资，该科目与持续经营企业中的该科目核算内容相同，核算方法只采用成本法。

14.“固定资产”科目，核算破产企业所有固定资产的净值，包括持续经营企业中的“固定资产”“累计折旧”“固定资产减值准备”等科目。该科目应按固定资产的种类和品名设置明细账，进行明细分类核算。

15.“在建工程”科目，核算破产企业尚未完工的各项工程的实际成本，库存工程物资的实际成本以及预付工程款也在本科目核算范围内，包括持续经营企业中的“在建工程”“工程物资”“在建工程减值准备”科目。该科目应按工程项目设置明细账，进行明细分类核算。

16.“无形资产”科目，核算破产企业持有的各种专利权、非专利技术、商标权等各种无形资产的净值，包括持续经营企业中的“无形资产”“累计摊销”“无形资产减值准备”科目。该科目应按无形资产名称设置明细科目，进行明细分类核算。

17.“长期应收款”科目，核算破产企业在破产申请前因分期收款销售尚未收回的债权，该科目应按照债务方单位或个人名称设置明细科目，进行明细分类核算。

（二）负债类

1.“短期借款”科目，核算破产企业需要偿还的期限在1年以内的借款，与持续经营企业中的“短期借款”科目核算内容一致。

2.“应付票据”科目，核算破产企业需要偿还的商业票据，包括银行承兑汇票和商业承兑汇票，与持续经营企业中的“应付票据”科目的核算内容一致，并应按债权单位或个人名称设置明细账，进行明细分类核算。

3.“应付账款”科目，核算破产企业需要偿还的货款，与持续经营企业中的“应付账款”科目的核算内容一致，并应按债权单位或个人名称设置明细账，进行明细分类核算。

4.“预收账款”科目，核算破产企业预售的货款，与持续经营企业中的“预收账款”核算内容一致，并应按债权单位或个人名称设置明细账，进行明细分类核算。

5.“其他应付款”科目，核算破产企业除应付账款和预付账款之外的其他应偿还款项，与持续经营企业中的“应付票据”科目的核算内容一致，并应按债权单位或个人名称设置明细账，进行明细分类核算。

6.“应付股利”科目，核算破产企业应支付给投资者的利润，与持续经营企业中的“应付股利”科目的核算内容基本一致。

7.“应付债券”科目，核算破产企业需偿还的债券本金和利息，与持续经营企业中的“应付债券”科目的核算内容一致。

8.“应付破产费用”科目，核算破产企业在破产清算期间发生的破产法规定的各类破产费用。

9.“应付共益债务”科目，核算破产企业在破产清算期间发生的破产法规定的各类共益债务。共益债务，是指在人民法院受理破产申请后，为全体债权人的共同利益而管理、变卖和分配破产财产而负担的债务，主要包括因管理人或者债务人（破产企业，下同）请求对方当事人履行双方均未履行完毕的合同所产生的债务、债务人财产受无因管理所产生的债务、因债务人不当得利所产生的债务、为债务人继续营业而应当支付的劳动报酬和社会保险费用以及由此产生的其他债务、管理人或者相关人员执行职务致人损害所产生的债务以及债务人财产致人损害所产生的债务。

10.“应付职工薪酬”科目，核算破产企业需要支付给职工的工资等，与持续经营企业中的“应付职工薪酬”科目的核算内容一致。

11.“应交税费”科目，核算破产企业需要缴纳的各种税金，与持续经营企业中的“应交税费”科目的核算内容基本一致。该科目应按应交税种设置明细科目，进行明细分类核算。

12.“长期借款“科目，核算破产企业偿还期限在1年以上的借款，与持续经营企业中的“长期借款”科目核算内容一致。

（三）清算净值类科目

“清算净值”科目，核算破产企业在破产报表日结转的清算净损益科目余额。破产企业资产与负债的差额，也在本科目核算。

（四）清算损益类科目

1.“资产处置净损益”科目，核算破产企业在破产清算期间处置破产资产产生的、扣除相关处置费用后的净损益。

2.“债务清偿净损益”科目，核算破产企业在破产清算期间清偿债务产生的净损益。

3.“破产资产和负债净值变动净损益”科目，核算破产企业在破产清算期间按照破产资产清算净值调整资产账面价值，以及按照破产债务清偿价值调整负债账面价值产生的净损益。

4.“其他收益”科目，核算除资产处置、债务清偿以外，在破产清算期间发生的其他收益。

5.“破产费用”科目，核算破产企业破产清算期间发生的破产法规定的各项破产费用，主要包括破产案件的诉讼费用，管理、变价和分配债务人资产的费用，管理人执行职务的费用、报酬和聘用工作人员的费用。本科目应按发生的费用项目设置明细账。

6.“共益债务支出”科目，核算破产企业破产清算期间发生的破产法规定的共益债务相关的各项支出。

7.“其他费用”科目，核算破产企业破产清算期间发生的除破产费用和共益债务支出之外的各项其他费用。

8.“所得税费用”科目，核算破产企业破产清算期间发生的企业所得税费用。

9.“清算净损益”科目，核算破产企业破产清算期间结转的上述各类清算损益科目余额。

除以上会计科目外，破产企业可根据具体情况增设、减少或合并某些会计科目。

四、破产企业会计账簿及建账方法的设计

（一）会计账簿的设计

1.会计账簿种类的设计

清算组接管破产企业后，应当设置专门的清算账册。因为企业破产意味着经营活动停止，所以，其账簿的设置完全不同于持续经营企业既需要依法设置日记账，又需要依法设置总账和明细账。一般情况下，破产企业只需要设置总账与明细账联合登记的联合账簿，对于明细项目较多的总账科目，应当单独设置明细账，如可以单设“应收账款明细账”“应付账款明细账”“破产费用明细账”“材料明细账”“固定资产明细账”“无形资产明细账“现金日记账”“银行存款日记账”等。

2.账页格式的设计

（1）日记账账页格式的设计。在企业破产清算阶段，清算组需要设置现金日记账和银行存款日记账。在账页格式的选择上，考虑到破产清算会计的特点，现金日记账和银行存款日记账的账页格式可以只选择“三栏式”账页（见第五章第二节），不必设置“多栏式”账页。

（2）材料明细账账页格式的设计。对破产企业材料明细核算的要求与持续经营企业材料明细核算的要求基本相同，既要提供材料的价值指标，又要提供材料的数量指标，因此，材料明细账账页格式应当选择“数量金额式”（见第五章第四节）。

（3）固定资产明细账账页格式的设计。对于固定资产的明细核算，清算组只需设置明细账，不必再设置固定资产卡片账。固定资产明细账账页格式与持续经营企业的账页格式相同，即“三栏式”。

（4）破产费用明细账账页格式的设计。其账页格式采用“多栏式”（见第五章第四节）。

（5）联合账簿账页格式的设计。由于在破产清算会计中仅对“现金”“银行存款”“应收账款”“应付账款”“材料”“破产费用”“固定资产”“无形资产”等科目单独设置日记账或明细账进行明细记录，因此，总账中除应对各个总账账户进行记录外，还应对没有设置明细账，但需要进行明细核算的其他总账账户进行明细记录。此种联合账簿的账页格式应选择“三栏式”（其格式见第五章第三节）。

（二）破产企业建账方法的设计

破产管理人接受破产清算业务后，应当根据破产企业移交的会计科目余额表建账。具体方法如下：

1.原“应付账款”“其他应付款”等科目中属于破产法所规定的破产费用的余额，转入“应付破产费用”科目；原“应付账款”“其他应付款”等科目中属于破产法所规定的共益债务的余额，转入“应付共益债务”科目；其他余额转入“应付账款”“其他应付款”科目。

2.原“商誉”“长期待摊费用”“递延所得税资产”“递延所得税负债”“递延收益”“股本”“资本公积”“盈余公积”“其他综合收益”“未分配利润”等科目的余额，转入

"清算净值"科目。

3.调整相关科目破产宣告日的余额。

(1)关于各类资产。破产企业应当对拥有的各类资产(包括原账面价值为零的已提足折旧的固定资产、已摊销完毕的无形资产等)登记造册，估计其破产资产清算净值，按照其破产资产清算净值对各资产科目余额进行调整，并相应调整"清算净值"科目。

(2)关于各类负债。破产企业应当对各类负债进行核查，按照规定对各负债科目余额进行调整，并相应调整"清算净值"科目。

4.根据新建账会计科目的余额，编制会计科目余额表。

五、破产清算业务账务处理方法的设计

(一)破产清算期内新增破产资产账务处理方法的设计

1.破产清查时发现的未入账破产资产账务处理方法的设计

在破产清算期间通过清查、盘点等方式取得的未入账资产，应当按照取得日的破产资产清算净值，借记相关资产科目，贷记"其他收益"科目。

2.破产管理人依法追回破产资产的账务处理方法的设计

对于破产企业债务人的董事、监事和高级管理人员利用职权从破产企业获取的非正常收入和侵占的财产，破产管理人依法追回相关破产资产时，应当按照追回破产资产的清算净值，借记相关资产科目，贷记"其他收益"科目。

3.破产清算期内收回股息、利息业务账务处理方法的设计

破产企业在破产清算期内收到的利息、股利、租金等孳息，借记"现金""银行存款"等科目，贷记"其他收益"科目。

(二)破产资产处置业务账务处理方法的设计

1.破产企业收回应收票据、应收款项类债权、应收款项类投资，按照收回的款项，借记"现金""银行存款"等科目，按照应收款项类债权或应收款项类投资的账面价值，贷记相关资产科目，按其差额，借记或贷记"资产处置净损益"科目。

2.破产企业出售各类投资，按照收到的款项，借记"现金""银行存款"等科目，按照相关投资的账面价值，贷记相关资产科目，按其差额，借记或贷记"资产处置净损益"科目。

3.破产企业出售存货、投资性房地产、固定资产及在建工程等实物资产，按照收到的款项，借记"现金""银行存款"等科目，按照实物资产的账面价值，贷记相关资产科目，按应当缴纳的税费贷记"应交税费"科目，按上述各科目发生额的差额，借记或贷记"资产处置净损益"科目。

4.破产企业出售无形资产，按照收到的款项，借记"现金""银行存款"等科目，按照无形资产的账面价值，贷记"无形资产"科目，按应当缴纳的税费贷记"应交税费"科目，按上述各科目发生额的差额，借记或贷记"资产处置净损益"科目。

5.破产企业的划拨土地使用权被国家收回，国家给予一定补偿的，按照收到的补偿金额，借记"现金""银行存款"等科目，贷记"其他收益"科目。

6.破产企业处置破产资产发生的各类评估、变价、拍卖等费用，按照发生的金额，借记"破产费用"科目，贷记"现金""银行存款""应付破产费用"等科目。

（三）破产报表日破产资产后续计量属性及账务处理方法的设计

在编制破产清算期间的财务报表时，应当对所有破产资产项目按照其于破产报表日的清算净值重新计量，清算净值与账面余额之间的差额，借记或贷记相关资产科目，贷记或借记“破产资产和负债净值变动净损益”科目。

（四）破产清算期间发现未入账债务账务处理方法的设计

破产清算期间通过债权人申报发现的未入账债务，应当按照破产债务清偿价值确定计量金额，借记“其他费用”科目，贷记相关负债科目。

（五）清偿债务业务账务处理方法的设计

1.破产企业清偿破产费用和共益债务，按照相关已确认负债的账面价值，借记“应付破产费用”“应付共益债务”等科目，按照实际支付的金额，贷记“现金”“银行存款”等科目，按其差额，借记或贷记“破产费用”“共益债务支出”科目。

2.破产企业按照经批准的职工安置方案，支付的所欠职工的工资和医疗、伤残补助、抚恤费用，应当划入职工个人账户的基本养老保险、基本医疗保险费用和其他社会保险费用，以及法律、行政法规规定应当支付给职工的补偿金，按照相关账面价值借记“应付职工薪酬”等科目，按照实际支付的金额，贷记“现金”“银行存款”等科目，按其差额，借记或贷记“债务清偿净损益”科目。

3.破产企业支付所欠税款，按照相关账面价值，借记“应交税费”等科目，按照实际支付的金额，贷记“现金”“银行存款”等科目，按其差额，借记或贷记“债务清偿净损益”科目。

4.破产企业清偿破产债务，按照实际支付的金额，借记相关债务科目，贷记“现金”“银行存款”等科目；非货币性资产清偿债务的，按照清偿的价值借记相关负债科目，按照非货币性资产的账面价值，贷记相关资产科目，按其差额，借记或贷记“债务清偿净损益”科目；债权人依法行使抵销权的，按照经法院确认的抵销金额，借记相关负债科目，贷记相关资产科目，按其差额，借记或贷记“债务清偿净损益”科目。

5.破产企业在破产清算终结日，剩余破产债务不再清偿的，按照其账面价值，借记相关负债科目，贷记“其他收益”科目。

（六）清算报表日破产负债后续计量属性及账务处理的设计

应当对所有负债项目按照破产债务清偿价值重新计量，借记或贷记相关负债科目，贷记或借记“破产资产和负债净值变动净损益”科目。

（七）破产清算前未完业务财务处理方法的设计

1.破产清算前未完购进业务财务处理方法的设计

破产企业在破产清算期间，作为买入方继续履行尚未履行完毕的合同的，按照收到的资产的破产资产清算净值，借记相关资产科目，按照相应的增值税进项税额，借记“应交税费”科目，按照应支付或已支付的款项，贷记“现金”“银行存款”“应付共益债务”或“预付款项”等科目，按照上述各科目的差额，借记“其他费用”或贷记“其他收益”科目。

2.破产清算前未完销售业务财务处理方法的设计

破产企业作为卖出方继续履行尚未履行完毕的合同的，按照应收或已收的金额，借记“现金”“银行存款”“应收账款”等科目，按照转让的资产账面价值，贷记相关资产科目，按照应缴纳相关税费，贷记“应交税费”科目，按照上述各科目的差额，借记“其他费用”科目或贷记“其他收益”科目。

（八）清算期间所得税业务账务处理方法的设计

在编制破产清算期间的财务报表时，如果有已实现的应纳税所得额，应当按照企业所得税法的规定，扣除准予抵扣的金额后，计算缴纳企业所得税，借记“所得税费用”科目，贷记“应交税费”科目。

（九）清算净值计算业务账务处理方法的设计

在编制破产清算期间的财务报表时，首先，应将“资产处置净损益”“债务清偿净损益”“破产资产和负债净值变动净损益”“其他收益”“破产费用”“共益债务支出”“其他费用”“所得税费用”科目的余额结转至“清算净损益”科目；然后，将“清算净损益”科目余额转入“清算净值”科目。

六、破产企业财务报表及其附注的设计

（一）财务报表的种类

破产企业清算财务报表是综合反映被清算企业的清算过程及结果的重要报告。为了全面、系统地反映清算过程和结果，对债权人、投资者和国家有关部门负责，清算组在清算期间应结合清算进度定期编制有关的清算报表。在清算开始时，清算组应将原企业会计科目的余额转入新建的清算科目后编制“清算资产负债表”，以反映被清算企业清算时的资产负债情况并检查账目结转工作的正确性。进入清算期后，清算组应根据清算进度定期编制“清算资产负债表”“清算损益表”“清算现金流量表”“债务清偿表”，以反映被清算企业破产财产的确认、变现情况和清算的阶段性结果。清算结束时，应编制“清算损益表”和“债务清偿表”，以反映被清算企业的最终清算结果和债务清偿结果。

（二）清算资产负债表的设计

1.清算资产负债表的内容和格式

“清算资产负债表”是反映破产企业在清算报表日的资产、负债和清算净值的财务报表。其编制的理论依据是“资产=负债+清算净值”，报表格式有“账户式”和“报告式”两种，由于会计制度中规定持续经营企业“资产负债表”的格式为“账户式”，因此，破产企业在清算期间编制的“清算资产负债表”也应选择“账户式”。

清算资产负债表的具体格式参见表11-1。

表11-1　**清算资产负债表**　会清01表

编制单位：　年　月　日　单位：元

资产	行次	期末数	负债及清算净值	行次	期末数
货币资金			负债：		
应收票据			借款		
应收账款			应付票据		
其他应收款			应付账款		
预付款项			预收款项		
存货			其他应付款		

续表

资产	行次	期末数	负债及清算净值	行次	期末数
金融资产投资			应付债券		
长期股权投资			应付破产费用		
投资性房地产			应付共益债务		
固定资产			应付职工薪酬		
在建工程			应交税费		
无形资产			……		
……					
			负债合计		
			清算净值：		
			清算净值		
资产总计			负债及清算净值总计		

从表11–1可以看出，破产企业的清算资产负债表列示的资产和负债项目不区分流动和非流动；金额栏只有期末数栏，没有年初数栏。

2.清算资产负债表中项目金额填列方法

清算资产负债表中“应收票据”“预付款项”“长期股权投资”“投资性房地产”“固定资产”“在建工程”“无形资产”“应付票据”“应付债券”“应付职工薪酬”“应交税费”等项目，均根据报表日与项目名称相同的总账科目余额直接填列。其他项目的填列方法如下：

（1）“货币资金”项目，根据报表日“现金”和“银行存款”科目余额合计数填列；

（2）“应收账款”或“其他应收款”项目，应分别根据“应收账款”或“其他应收款”的科目余额填列，同时，“长期应收款”科目余额也在上述两项目中分析填列；

（3）“金融资产投资”项目，应根据“交易性金融资产”“债权投资”“其他债权投资”“长期股权投资”等科目余额的合计数填列；

（4）“存货”项目，应根据“材料”“库存商品”等科目余额的合计数填列；

（5）“借款”项目，应根据“短期借款”和“长期借款”科目余额合计数填列；

（6）“应付账款”或“其他应付款”项目，应分别根据“应付账款”“其他应付款”的科目余额填列，同时，“长期应付款”科目余额也在该项目中分析填列；

（7）“清算净值”项目反映破产企业于破产报表日的清算净值，应根据“清算净值”科目余额填列。

3.清算资产负债表附注应披露的内容

破产企业清算资产负债表附注至少应当披露如下信息：

（1）对破产企业的资产应按照是否用作担保，划分为用作担保的资产和未用作担保的资产进行披露。

（2）披露依法追回的账外资产、取回的质物和留置物等明细信息，如追回或取回有关资产的时间、有关资产的名称、破产资产清算净值等。

（3）分别披露经法院确认以及未经法院确认的债务的明细信息，如债务项目名称以及有关金额等。

（4）披露应付职工薪酬的明细信息，如所欠职工的工资和医疗、伤残补助、抚恤费用，所欠的应当划入职工个人账户的基本养老保险、基本医疗保险费用，以及法律、行政法规规定应当支付给职工的补偿金。

（三）清算损益表的设计

1.清算损益表的内容和格式

清算损益表是反映破产企业在清算期间发生的清算收入和收益、清算费用和损失、清算净损益情况的财务报表，其理论依据是“清算收入和收益-清算费用和损失=清算净损益”。清算损益表类似于持续经营企业的利润表，报表格式可以参照利润表格式，选择“单步式”，具体格式参见表11-2。

表11-2　**清算损益表**　会清02表

编制单位：　年　月　日至　年　月　日　单位：元

项目	行次	本期数	累计数
一、清算收益（清算损失以“-”号表示）			
（一）资产处置净收益（净损失以“-”号表示）			
（二）债务清偿净收益（净损失以“-”号表示）			
（三）破产资产和负债净值变动净收益（净损失以“-”号表示）			
（四）其他收益			
小　计			
二、清算费用			
（一）破产费用（以“-”号表示）			
（二）共益债务支出（以“-”号表示）			
（三）其他费用（以“-”号表示）			
（四）所得税费用（以“-”号表示）			
小　计			
三、清算净收益（清算净损失以“-”号表示）			

2.清算损益表项目金额填列方法

清算损益表反映破产企业在清算期间发生的各项收益、费用。本期数反映破产企业从上一破产报表日至本破产报表日期间有关项目的发生额，累计数反映破产企业从被法院宣告破产之日至本破产报表日期间有关项目的发生额。各项目填列方法如下：

（1）“资产处置净收益”项目，根据“资产处置净损益”科目的发生额填列，如为净损失以“-”号表示。

（2）“债务清偿净收益”项目，根据“债务清偿净损益”科目的发生额填列，如为净损失以“-”号表示。

（3）“破产资产和负债净值变动净收益”项目，根据“破产资产和负债净值变动净损益”科目的发生额填列，如为净损失以“-”号表示。

（4）“清算净收益”项目，根据“清算净损益”科目的发生额填列，如为清算净损失以“-”号表示。“清算净收益”项目金额应当为“清算收益”与“清算费用”之和。

3.清算损益表附注应披露的内容

（1）资产处置损益的明细信息，包括资产性质、处置收入、处置费用及处置净收益。

（2）破产费用的明细信息，包括费用性质、金额等。

（3）共益债务支出的明细信息，包括具体项目、金额等。

（四）清算现金流量表的设计

1.清算现金流量表的格式

清算现金流量表反映破产企业在破产清算期间清算现金（货币资金）流入、流出的详细信息及余额情况，其编制原理是“货币资金余额+清算期间现金流入-清算期间现金流出=期末货币资金余额”。具体格式参见表11-3。

表11-3 **清算现金流量表** 会清03表

编制单位： 年 月 日至 年 月 日 单位：元

项目	行次	本期数	累计数
一、期初货币资金余额			
二、清算现金流入			
（一）处置资产收到的现金净额			
（二）收到的其他现金			
清算现金流入小计			
三、清算现金流出			
（一）清偿债务支付的现金			
（二）支付破产费用的现金			
（三）支付共益债务的现金			
（四）支付所得税费用的现金			
（五）支付的其他现金			
清算现金流出小计			
四、期末货币资金余额			

2.清算现金流量表项目金额的填列方法

清算现金流量表反映破产企业在破产清算期间货币资金余额的变动情况，本表应当根据货币资金科目的变动额分析填列。本期数反映破产企业从上一破产报表日至本破产报表日期间有关项目的发生额，累计数反映破产企业从被法院宣告破产之日至本破产报表日期间有关项目的发生额。

3.清算现金流量表附注应披露的内容

破产企业应当在清算现金流量表附注中，披露期末货币资金余额中已经提存用于向特定债权人分配或向国家缴纳税款的金额。

（五）债务清偿表的设计

1.债务清偿表的内容和格式

债务清偿表是反映破产企业债务清偿情况的财务报表，因债务清偿情况是破产企业债权人、破产受理法院最为关注的信息，所以，该表应按有担保的债务和普通债务分类设项，分别反映各项债务期末数经法院确认的金额、清偿比例、实际清偿金额、已清偿金额和尚未清偿金额等信息。具体格式见表11-4。

表11-4　**债务清偿表**　会清04表

编制单位：　年　月　日　单位：元

债务项目	行次	期末数	经法院确认债务的金额	清偿比例	实际清偿金额	已清偿金额	尚未清偿金额
		①	②	③	④=②×③	⑤	⑥=④－⑤
有担保的债务：							
××银行				×			
××企业				×			
⋮				×			
小计				×			
普通债务：							
第一顺序：劳动债务							
其中：应付职工薪酬薪							
⋮							
第二顺序：国家税款债务							
其中：应交税费							
⋮							
第三顺序：普通债务							
其中：借款							
——××银行							
——××企业							
应付债务工具							
——××银行							
——××企业							
应付票据							
应付款项							
——××银行							
——××企业							
小计				×			
合计				×			

2.债务清偿表项目金额的填列方法

（1）债务清偿表中各项目的期末数为负债按照破产债务清偿价值确定的金额，应根据相关明细科目的编表日余额直接填列。

（2）债务清偿表中各项目的经法院确认的债务金额为经债权人申报并由法院确认的金额；未经确认的债务，无需填写该金额。

（3）债务清偿表中各项目的清偿比例为根据破产法的规定，当破产资产不足以清偿同一顺序的清偿要求时，按比例进行分配时所采用的比例。

（4）债务清偿表中各项目的实际清偿金额为实际应清偿金额，等于经法院确认的债务金额乘以清偿比例。

（5）债务清偿表中各项目的已清偿金额为截止编表日已经清偿的金额。

（6）债务清偿表中各项目的尚未清偿金额等于实际清偿金额与已清偿金额的差额。

（六）财务报表报送时间的规定

破产企业清算财务报表的报送时间与持续经营企业财务报表的报送时间截然不同，持续经营企业财务报表的报送时间受会计期间的严格限制，而破产企业清算财务报表的报送时间受清算工作进度的影响。破产企业清算财务报表的报送时间一般为：

1.清算开始时，清算组将原企业有关会计科目的余额进行转账后，应当编制并报送清算资产负债表和债务清偿表。其中，债务清偿表只填各项目期末数、经法院确认的债务金额和尚未清偿金额三个栏目的金额。

2.清算期间，清算组可按月编制报送清算资产负债表、清算损益表、清算现金流量表，如果没有发生债务清偿业务，可不编制债务清偿表。

3.清算工作结束后，清算组应当编制报送清算资产负债表、清算损益表、清算现金流量表和债务清偿表。

七、破产企业会计档案管理制度的设计

无论是持续经营企业的会计档案，还是破产企业在清算过程中形成的会计档案，均属于重要的会计资料，清算组都应按有关规定进行档案的移交。清算结束后，清算组应将接收的会计账册等连同在清算期间形成的会计档案一并移交破产企业的业务主管部门或人民法院，由他们指定有关单位保存。会计档案的保管要求和保管期限应当符合我国《会计档案管理办法》的有关规定。

破产企业会计档案的移交工作结束后，清算组应向破产企业原登记机关办理注销手续，并解散清算组和债权人会议，至此，破产企业的破产清算工作宣告结束。

本章小结

破产企业会计是一种特殊会计，本章的内容是有关破产企业会计制度设计的基本概念、基本理论和基本方法。随着我国《企业破产法》的颁布实施，以及企业破产风险日益加大，了解有关破产企业会计核算制度将成为会计专业学生专业知识的一个重要方面，由于前期专业课程中没有涉及这方面的内容，希望学生在全面了解《企业破产法》的基础上，发挥财务会计知识优势，掌握破产企业会计制度设计和会计核算方法。

主要概念和观念

主要概念

破产企业会计　持续经营会计　清算损益类会计科目　清算资产负债表　清算损益表　债务清偿表　清算财产表

□　主要观念

在激烈的市场竞争环境下，任何一个企业都面临着破产或倒闭的风险。破产清算是财

务会计的一个特殊分支，无论在会计理论上，还是在会计实务上，均与持续经营会计有着密切的联系，同时，它又与传统的持续经营会计有着诸多不同。为保证清算工作的顺利进行和清算结果的公正公平，保护各债权人和投资者的利益，为破产清算工作设计会计制度将是一项必不可少的工作。

基本训练

□　知识题

• 阅读理解

1.1　简答题

(1) 破产企业会计与持续经营企业会计有何不同?

(2) 破产企业会计制度设计应遵循哪些原则?

(3) 一般情况下，破产企业应当设置哪几类会计科目？各包含哪些具体内容?

(4) 一般情况下，破产企业需要设计哪几种账簿？各种账簿应采取哪种账页格式?

(5) 破产财产范围应当如何界定?

(6) 依据我国《企业破产法》的规定，破产企业债务应按照怎样的清偿顺序予以清偿?

1.2　思考题

(1) 破产企业为什么需要设置“清算损益”科目?

(2) 破产企业应当设计哪几张财务报表？为什么?

(3) 破产企业清算资产负债表中各项目金额应当如何填写?

(4) 破产企业清算损益表中各项目金额应当如何填写?

(5) 破产企业清算现金流量表应当如何编制?

(6) 破产企业清算债务表应当如何编制?

• 知识应用

1.1　单项选择题

(1) 破产费用核算应使用的会计科目是（　　）。

A.破产费用　　B.清算损益　　C.银行存款　　D.库存现金

(2) 企业进入破产清算阶段，应首先偿还的债务是（　　）。

A.欠供应商的债务　　B.未缴纳的税金

C.员工的工资　　D.银行的借款

(3) 按照我国《企业破产法》的规定，破产清算管理人应当由（　　）指定。

A.破产人　　B.破产企业董事会

C.破产企业债权人　　D.接受破产清算申请的人民法院

1.2　多项选择题

(1) 企业进入破产清算时，能够担任破产清算管理人的是（　　）。

A.破产企业董事会　　B.律师事务所

C.会计师事务所　　D.破产清算事务所

(2) 破产企业会计制度设计应当遵循的原则有（　　）原则。

A.合法性　　B.公平性　　C.公正性　　D.针对性

(3) 破产清算会计科目应当包括（　　）。

A.资产类　　B.负债类　　C.所有者权益类　　D.损益类

1.3　判断题

(1) 破产清算应当由破产人向人民法院提出申请。（　）

(2) 破产企业会计人员可以直接转为破产清算会计人员。（　）

(3) 企业破产清算期间形成的会计档案应当由破产管理人管理。（　）

□　技能题

根据此前已经学习过的财务会计知识以及本章的学习内容，请绘制破产企业会计与持续经营会计异同对比表。

□　能力题

• 案例设计题

根据我国《企业破产法》的规定，甲公司债权人向债务人注册所在地人民政府提出了破产申请，请为该破产企业设计破产清算会计科目、会计账簿和财务报表（指出名称即可）。

第十一章 会计政策及其选择

学习目标

明确我国企业选择会计政策应持有的立场，掌握选择会计政策需要处理的关系等。其具体目标包括：

☐ 知识目标

了解会计政策、宏观会计政策和企业会计政策的含义，熟悉我国现行会计准则允许的会计政策范畴，掌握会计政策选择的原因、选择会计政策应坚持的立场和需要处理的关系。

☐ 技能目标

能够区分宏观会计政策和微观会计政策的联系和区别，掌握会计政策选择理论和方法。

☐ 能力目标

能够结合案例企业业务特点、管理要求，为其选择适当的会计政策。

第一节 会计政策概述

一、会计政策的含义

“政策”一词包括三个方面的含义：（1）政策是某一主体制定的，有意识地用以指导、影响某一方面工作的产物；（2）政策有预定的目标，并通过主体某一方面的活动直接或间接地予以贯彻实施；（3）政策是介于理论与实践之间，以正确的理论为指导，以现实状况为依据而制定的准则、规章、方法和措施。任何政策都是人们在一定的客观环境下，从主观愿望和目的出发，为达到一定目的或为实现一定目标而制定的，会计政策也不例外。一般认为，会计政策就是某一主体为指导会计工作、完成会计工作的任务、实现会计工作目的而制定的有关会计核算和会计报告的具体原则与具体会计处理方法。

关于会计政策的理解，目前因政策制定主体不同有如下两种观点：

1. 企业主体观。该观点认为企业是会计政策的制定主体。较具代表性的解释是1975年1月公布的《国际会计准则第1号——会计政策的说明》中对会计政策的表述："会计政策，包括在编制会计报告时，管理人员所采用的原则、基础、惯例、规则和程序，即使是对同一题目，在使用中也有许多不同的会计政策，需要根据企业的具体情况选用最能恰当地表明其财务状况和经营成果的政策。"

2. 双层主体观。该观点认为会计政策的制定主体包括有权制定会计准则的权力机关和企业两个主体。较具有代表性的解释是美国财务会计准则委员会在1980年5月发表的《会计信息质量特征》专辑中所指出的："人们所做的各种会计抉择至少有两个层次。第一个层次是本委员会所做的抉择，或其他有权做出规定的机构所做的决策，要求企业按照某些特定的方法提供报告，或者从反面来规定，禁用他们认为不适当的方法。第二个层次是各种抉择还在个别企业这一层次中做出。随着公布的会计准则越来越多，个别企业抉择的范围不可避免地会变得越来越窄。但是编制报告的企业在会计上总是有许多决定要做的，包括未颁布会计准则时，在各种可行方法中选用一种，或在奉行准则时，在各种允许方法中做一抉择，不仅现在如此，将来也会如此。"

从企业主体观来看，该观点强调企业在会计政策制定中的自主权，认为企业是生产经营的主体，会计政策的制定是企业自己的事情，企业有完全和充足的理由制定适用于自己的会计政策，无需他人干涉。从某种程度上讲，如果我们站在强调会计职业自律的角度，该观点确实有一定道理，因为对于强调会计职业自律的国家来讲，只有被企业接受的会计规范才能发挥作用。但从国民经济运行的全局出发，会计事务并非完全是企业自身的事情，会计工作秩序的好坏和工作质量的高低，会直接影响到整个国民经济的运行状况，甚至会影响到国家、社会的安定和政治的稳定，这种完全忽视国家政府机关或权力机构在会计管制中的作用的观点是不可取的。从一些西方国家成立的由会计职业团体和利益集团代表所组成的会计准则委员会来看，其制定和发布会计准则的目的也是规范企业会计工作，以最大限度地减少由企业自行制定会计政策所带来的种种问题，提高企业会计信息的有用性。因而，撇开上层干涉，片面强调企业对会计政策的决定权是不现实的。近些年，一些国家已改组了会计准则的制定机构，逐步确立了政府部门在会计准则制定机构中的地位，或政府部门越来越多地参与会计准则的制定。有的国家通过设立会计准则的审查机构，审定民间机构制定的会计准则，以增强其法律效力，约束企业会计政策选择的空间和范围。这足以说明这些国家在逐步加强政府对企业会计工作的监管力度，片面强调企业对会计政策制定的自主权是不符合时代潮流的一种观点。此外，对于由国家政府机关对会计进行管制与立法的国家（如中国、日本、法国和德国）来讲，由于任何会计规范自颁布之日起就具有法律效力，因此企业只能在国家会计规范的指导和约束之下进行选择，无权超越国家会计规范去自主抉择。

综合上述分析，我们认为，双层主体观是目前比较符合现实环境和会计发展趋势的一种观点。双层主体观强调国家的会计政策应是一个由上下两个层次构成的完整的系统，上层为由国家或有权制定会计政策的机构制定的会计政策，我们可以称之为国家会计政策或宏观会计政策；下层为由企业在国家或有权制定会计政策的机构制定的会计政策的指导和约束下制定的适合于企业具体情况的会计政策，我们可以称之为企业会计政策或微观会计政策。正确理解会计政策的层次性，将有利于我们对会计政策的正确运用。

二、宏观会计政策

宏观会计政策是指由国家政府机关或有权制定会计政策的机构，在现实的政治、经济、法律环境下，对企业进行会计核算与编制财务报表所应遵循的会计原则和所应采用的具体会计处理方法做出的规范。一般由国家政府机关或有权制定会计准则的权力机构通过会计制度或会计准则予以发布。它体现的是国家意志，具有可选择性、适用性、指导性和约束性等特点，尤其是由国家政府机关制定、发布的会计政策，更具有法律约束力。考虑到宏观会计政策的地位和作用，任何一个国家的宏观会计政策都应做到既要具有现实性，同时又必须有一定的前瞻性和先进性，以避免政策的朝令夕改。

宏观会计政策中所指的会计原则是指某一类会计业务所应遵循的特定原则，而不是笼统地指所有的会计原则。谨慎性原则、重要性原则、实质重于形式原则、客观性原则、及时性原则、历史成本原则等属于会计核算的一般原则，不属于特定会计原则。会计核算的一般原则不属于宏观会计政策，因为它是为了满足会计信息质量要求而进行的统一规定，企业必须遵守，没有选择余地。宏观会计政策中所指的具体会计处理方法是指对某一类会计业务所允许使用的各种会计处理方法，如果对某一类会计业务的处理只存在一种具体处理方法，则不能称其为宏观会计政策。所以说，可选择性应是宏观会计政策的首要特点。宏观会计政策的主要类型有如下几项：

1.合并政策，是指编制合并财务报表所采纳的原则。例如，母公司与子公司的会计年度不一致的处理原则、合并范围的确定原则，以及母公司和子公司所采用会计政策是否一致等。

2.外币折算政策，是指外币折算所采用的方法，以及汇兑损益的处理。例如，外币报表折算是采用现行汇率法，还是采用时态法或其他方法。

3.收入确认政策，是指收入确认的原则。例如，建造合同是按完成合同法确认收入，还是按完工百分比法或其他方法确认收入。

4.存货政策，是指企业存货的计价方法。例如，企业的存货是采用历史成本法，还是采用成本与市价孰低法；对历史成本法是采用先进先出法，还是采用其他允许的计价方法，如具体辨认法、移动加权平均法、月末一次加权平均法等。

5.周转材料摊销政策，是指包装物和低值易耗品的价值转移方法。例如，包装物的摊销是采用一次摊销法，还是采用分次摊销法，或是采用五五摊销法。

6.坏账损失政策，是指坏账损失的具体会计处理方法。例如，企业在计提坏账准备时，是采用应收账款余额百分比法，还是采用账龄分析法。

7.长期股权投资核算政策，是指长期股权投资的具体会计处理方法。例如，企业对被投资单位的股权投资是采用成本法，还是采用权益法。

8.固定资产折旧政策，是指固定资产折旧的会计处理方法。例如，企业对固定资产计提折旧费时，是采用直线折旧法，还是采用加速折旧法；如采用加速折旧法，是采用双倍余额递减法，还是年限总和法等。

9.借款费用政策，是指借款费用的处理方法。例如，企业的借款是采用资本化的方法，还是采用费用化的方法。

10.资产减值准备政策，是指存货、固定资产项目在会计期末计提减值准备时所采用的方法。例如，对于存货项目，国家规定采用成本与市价孰低法予以期末计价，但企业在具体计算时是按投资总体计算，还是按存货类别或是单项存货计算。

三、企业会计政策

相对于宏观会计政策而言，企业会计政策也可以称为微观会计政策，是指在宏观会计政策的指导和约束下，企业根据自身情况所选择的适合于本单位使用、有利于最恰当地反映本单位财务状况和经营成果的会计政策。各单位由于所面临的内外部环境不同，因此所选择的会计政策不可能是一样的，即使是同一企业，由于在不同经营时期所处的内外部环境、经营策略和经营目标不同，会计政策也可能是不一致的。因而，企业会计政策的选择既要受到宏观会计政策的约束，随宏观会计政策的改变而变更，又要受本单位经营环境、经营策略和经营目标的影响。当原有的会计政策不再能够最恰当地反映企业的财务状况和经营成果时，企业就应在不违反宏观会计政策的前提下，变更原有会计政策，去选择能够最恰当地反映企业财务状况和经营成果的新会计政策。总之，我们既要强调企业会计政策的相对稳定，又要允许企业在原有会计政策不能最恰当地反映其财务状况和经营成果时予以更正。

四、企业会计政策与宏观会计政策的联系与区别

（一）企业会计政策与宏观会计政策的联系

1.宏观会计政策是企业会计政策的指导和规范，为企业会计政策提供了可供选择的领域和范围，而企业会计政策是宏观会计政策的具体化，只有被企业选用的会计政策，才能发挥作用。

2.二者所规范的都是有关会计核算与财务报表编制方面的具体会计原则和会计处理方法。

3.二者所要达到的最终目的是一致的，都是为了能够最恰当地反映企业的财务状况和经营成果，保证会计信息质量，提高会计信息的决策有用性。

（二）企业会计政策与宏观会计政策的区别

1.制定政策的主体不同。宏观会计政策的制定主体是国家政府机关或有权制定会计政策的其他机构，而企业会计政策的制定主体是企业。

2.作用范围不同。宏观会计政策作用于一个国家或地区的所有企业单位或经济组织，而企业会计政策仅仅适用于一个企业。

3.可选择性不同。宏观会计政策必须具有可选择性，否则，不能称其为宏观会计政策；而企业会计政策不具有可选择性，也就是说，企业的会计政策必须明确具体，一个企业对某一类会计业务，只能选用一个会计政策，不能出现对同一会计业务有两个或两个以上会计政策并存的现象。

4.目标侧重点不同。宏观会计政策侧重于提高所有企业会计信息的质量，强调不同企业之间会计信息的可比性，对于由政府制定宏观会计政策的国家而言，则以国家利益为

重；而企业会计政策主要关注企业自身会计信息的质量，侧重于所选会计政策能否更恰当地反映本企业的财务状况和经营成果，能否使本企业受益，能否以企业利益或经营者利益为重。

5.制定会计政策的依据不同。宏观会计政策的制定要考虑国家的各项财经政策、法律和法规，要做到与有关财经方针、政策相吻合、相协调；而企业会计政策的制定仅仅是在宏观会计政策范围内进行选择，一般无需考虑上述因素，它所关注的是哪项会计政策对企业最为有利。

第二节　会计政策的选择

一、选择会计政策的前提、基础、原则

（一）选择会计政策的前提和基础

一个国家或一个地区，其宏观会计政策是否具有可选择性、是否赋予企业会计政策的选择权，是会计政策选择存在的前提和基础。而一个国家或地区的会计规范是否给企业留有自主选择会计政策的余地，是否允许企业选择会计政策，在很大程度上与该国家或该地区的经济管理体制密切相关。

在高度集中的计划经济管理体制下，一方面，由于国家对企业实行全方位的集中统一领导、管理、考核，并统一评价企业的经营业绩，在会计事务中，国家负责制定内容详尽具体的会计法规制度，在会计事项的处理方法上，国家一般只允许企业采用一种具体的会计处理方法，基本不给企业留有任何选择的余地，因此企业必须无条件地遵照执行；另一方面，由于企业无独立的生产经营和筹资的自主权，企业的供、产、销一律按照国家计划进行，且企业并不是完全意义上的市场主体，只是国家宏观计划的执行者，无需制订自己的经营计划和经营目标，因而也就没有选择会计政策的主观要求和积极性。

市场经济体制的建立，改变了国家与企业之间的关系，企业成为独立核算、自主经营、自负盈亏的经营者和管理者，具有完全的生产经营和筹资决策自主权，企业如何经营、采用何种筹资方式筹集资金、筹集多少资金完全由企业自己决定，国家不再直接干涉企业的生产经营活动，不再对企业实施行政管理，只能通过制定各种法规指导和约束企业的经营行为，只要企业能够依法经营、照章纳税，国家是无权干涉的。国家与企业之间的这种关系反映在会计问题上，客观上要求国家应改变传统的做法，实现会计规范从强制型向指导型转化，增加国家会计政策的选择范围，为企业制定会计政策创造宽松的环境，使企业能够从自身情况出发，建立适合企业需要的财务管理制度和会计核算制度，以充分发挥企业生产经营和管理的自主权。尤其是进入20世纪90年代以来，随着世界经济一体化格局的形成，企业所面临的经济形势更是复杂多变，市场竞争更加激烈，对企业会计工作的要求更多也更高。从某种程度上讲，企业能否抵御来自国内和国际的风险与压力，能否在激烈的市场竞争中立于不败之地，国家宏观会计政策的制定将起到十分重要的作用。因此，在市场经济体制和当前的客观经济环境下，宏观会计政策的制定不仅是必需的，而且是必要的。在具体制定我国的宏观会计政策时，国家不仅应考虑我国的国情，使之具有中

国特色，做到松而不散，管而不死，而且还应考虑在不影响国家利益的前提下，尽量与国际会计惯例相协调。这就是说，市场经济体制为企业选择会计政策提供了客观条件。那么，从企业角度考虑，企业有无自主制定会计政策的主观要求和积极性呢？

企业经营自主权的扩大，加大了企业的经营风险，拓宽了企业的经营领域和业务范围，也扩展了企业会计活动的范围，充实了企业会计业务的内容。但是，由于各个企业的经济实力、经营理念和经营目的不同，因此所涉及的具体业务也不一样，比如，有的企业不仅涉及国内贸易，而且涉足国外贸易；有的企业是单一化经营，而有的企业则是综合性经营；有的企业仅有国内投资，而有的企业则进行跨国经营等。经营业务的不同，又导致各企业对会计政策的需求和制定的出发点也不一样，所以国家很难制定出同时满足各企业需要的会计政策。从另一个方面讲，企业经营自主权的扩大、企业会计活动范围的拓宽和会计业务内容的充实，也提高了企业对会计工作的要求，改变了会计工作的目标。会计不再是仅提供历史数据的报账型会计，其必须贯穿于企业经营活动的全过程，对企业的经营活动进行全方面、多角度、多层次的反映和监督，既要发挥其事后反映的功能，又应充分发挥其事前分析、预测和决策的功能及事后考核评价的功能。会计所提供的历史数据，必须能够最恰当地反映企业的财务状况和经营成果，以满足企业内外部利害关系集团对会计信息的需求，妥善处理企业与各利害关系人的经济关系，实现会计从传统的报账型向管理型的转变。这一切都决定了企业会计必须寻求和选择有利于恰当反映企业经营情况、全面满足企业会计工作要求、正确处理企业与各方面经济关系且切实可行的会计政策。

（二）选择会计政策应遵循的原则

1.合法和合规性原则。会计政策选择是企业在宏观会计政策的指导和约束下进行的，不能超越宏观会计政策的规范范围，因此，企业在选择会计政策时，必须符合宏观会计政策的要求。

2.适用性原则。企业选择会计政策的目的是使会计信息能够最恰当地反映企业的财务状况和经营成果，因此，企业在进行会计政策选择时，必须从企业自身情况出发，从企业当前面临的经济环境、所制定的经营目标和所建立的经营理念出发。

3.成本效益原则。会计政策实际上就是具体会计事务中所应用的核算原则、程序和方法，制定会计政策的目的是能够最恰当地反映企业的财务状况和经营成果，向信息使用者提供决策所需要的会计信息。因此，企业在选择会计政策时，应权衡会计信息的提供成本与效益之间的关系，避免因盲目追求会计信息的质量而忽视信息提供成本，也要避免过分强调降低成本而忽视会计信息质量等偏激行为，力争做到在不影响会计信息有用性的前提下，尽量选取成本较低的会计政策。

4.相对稳定原则。企业会计政策是指导企业会计工作的具体原则、程序和方法，是为了保证企业会计信息的可比性，使会计报告的使用者在比较企业不同会计期间的会计信息时，能够正确判断企业的财务状况、经营成果和现金流量的趋势而制定。一般情况下，企业应保持会计政策在不同会计期间的连续性，不应也不能随意变更会计政策；否则，既会使会计信息失去可比性，给信息使用者带来困难，影响其正确决策，又容易导致企业利用会计政策随意操纵利润，从而使会计信息缺乏可靠性。但必须指出，强调会计政策在前后会计期间的一致性，并不完全否定会计政策的变更，因为，经济环境是复杂多变的，当国家法律或会计制度发生变化，或会计政策的变更有利于提供有关企业财务状况、经营成果和现金流量等更可靠、更相关的会计信息时，企业应及时变更会计政策。

二、选择会计政策的立场

会计政策的选择立场，是指企业站在哪个利益集团的角度选择会计政策。在现代企业里，相关的利益集团主要有投资者、经营者、债权人、国家财政和税务部门、金融机构以及职工等，他们所追求的利益各不相同，对企业会计信息的要求也不一样。会计政策的选择对于正确处理企业与各利益集团的经济关系、协调经济矛盾、分配经济利益起着十分重要的作用。对同一会计事项的处理，往往因选择的会计政策不同而产生不同的甚至是相反的会计结果，从而影响到各利益集团的经济利益。例如，按照稳健原则，采用加速折旧法计提固定资产折旧，使用备抵法处理坏账损失，使用成本与市价孰低法确定期末存货的价值，在物价上涨时采用后进先出法计算期末存货发出成本等，就会减少企业当期的应纳税所得额，减少国家的税收和投资者的收益。如果企业此时有准备上市、增发股票或发行企业债券的筹资计划，还会因利润额的下降而影响其筹资计划的落实，从而影响企业的利益。因此，会计政策的选择绝不是一个简单的会计问题，也不仅仅是会计部门或会计人员的事情，企业内部各权力层都与之密切相关，选择正确的会计政策需要各职权部门的大力协作与密切配合。此外，由于会计信息是各利益集团进行决策的主要依据，不同的会计政策下产生的会计信息还可能导致各利益集团做出不同的决策。例如，在通货膨胀时期，采用先进先出法确定期末存货发出成本，很可能使投资者认为企业的盈利能力强，而向企业投入资本；反之，采用后进先出法或成本与市价孰低法进行计量，则可能会使投资者改变投资方向。因此，各利益集团在使用会计信息时，必须搞清企业选择会计政策的立场，以防决策失误。同样，企业在选择制定自己的会计政策时，也应首先明确所持立场，以保证会计信息的透明度和清晰性，从而有效地为信息使用者服务。

选择是带有一定的倾向性的，何况会计政策的选择又涉及多方利益集团的利益。基于现代企业所涉及的利益集团，会计政策的选择立场可分为5种类型：

1.投资者立场。这是以企业投资者或公司股东为主要考虑对象，服从投资者利益，以投资者或股东的投资收益最大化为选择会计政策的出发点和目标，一般在企业社会资金紧张、以社会筹资为主要筹资方式时较多采用。

2.经营者立场。这是以经营管理者为主要考虑对象，立足于解除经营者的受托责任而选择会计政策，在经营者由行政指派，且经营者的报酬和其个人发展前途与上报利润数字有密切关系的情况下较多采用。

3.国家立场。这是以国家利益为主要考虑对象，选择有利于满足国家税收要求、扩大税源、增加国家财政收入的会计政策，一般在国家控制企业会计事务，且国家财政吃紧、税收任务较重时较多采用。

4.劳动者立场。这是以企业职工利益为主要考虑对象，选择的会计政策将有利于增加企业职工的收入、提高职工的福利待遇，以调动企业职工的工作积极性，一般在劳动力短缺或劳资关系紧张时较多采用。

5.企业立场。以企业的生存和发展为主要考虑对象，立足于保存企业财务实力、减少企业经营风险、促进企业长期稳定发展而选择会计政策。这是兼顾各方利益的选择立场。

三、我国企业选择会计政策应持有的立场

每一种会计政策的选择立场都代表了某一方的经济利益，都有各自所适用的经济环境，那么，企业究竟应当站在哪种立场上选择会计政策呢？考虑到国家会计规范不允许企业随意变更会计政策，因此，企业只能根据自身实际情况和所处的内外部经济环境，确立某一立场，选择会计政策。任何一项会计政策都很难做到兼顾各方利益，达到双赢或多赢，我们只能尽最大努力做到“突出重点，兼顾一般”。由于上述五种选择立场中，投资者立场、经营者立场、国家立场和劳动者立场，都是突出某一方的利益，而忽视其他利益集团的利益，都会或多或少地损害其他利益集团的经济利益，因此，是不可取的。而企业立场，虽然从表面上看，是站在企业立场去选择制定会计政策，究其实质，却是反映了所有利益集团的根本利益。因为任何一个利益主体，其利益的最终实现都不可避免地要建立在企业长期稳定和持续发展的基础之上，撇开企业的生存和发展，去追求个别利益主体的经济利益是没有现实意义的，也是不会长久的。具体分析如下：

其一，企业作为我国国民经济的基本组成细胞，其经营水平的高低、经济效益的好坏、财务实力的强弱，不仅决定了企业自身的生存和发展，而且会直接影响到我国的经济形势。站在企业立场上选择会计政策，有利于提高企业经营管理水平，优化企业资源配置，增强企业财务实力，促进整个国民经济形势的好转。

其二，现代企业制度的建立，虽然使企业成为自主经营、自负盈亏的市场竞争主体，但企业适应市场经济所必需的自我约束、自我发展的能力还不强，其竞争应变能力、风险承受能力还相当脆弱。站在企业立场上选择会计政策，将有利于扭转上述现象。

其三，从当前我国企业的经营现状来看，虽然已有很多国有企业实行了股份制改造，也有一部分改制后的国有企业扭亏为盈，经济效益有了一定的提高，但和发达国家的股份制企业相比，我国企业无论是在经营管理水平上，还是在经营理念和经营战略上，都有很大的距离。我国企业的市场竞争能力、抗风险能力都还比较低，在准确把握经济形势、正确处理企业与各利益集团的关系上还不尽如人意。此外，我国的资本市场尚不完善，人才市场尚不规范。在这样的环境下，我国企业最好能够站在企业立场选择会计政策，这既有利于缓解各利益主体之间的矛盾，协调企业与各利益主体之间的经济关系，又有利于企业保存财务实力，集中精力应付各种各样的竞争和挑战，争取经济效益的最大化。

需要注意的是，坚持企业立场选择会计政策，从短期看，可能会影响国家的财政收入以及投资者和企业员工的收益，但从长远来看，企业将因此而保存了财务实力，改善了经营环境，提高了经济效益，会为国家、为社会提供更多的财源，投资者、经营者、国家、劳动者也会获得更多的收益，这正是我国进行经济体制改革的方向和目标。所以说，坚持企业立场，是选择会计政策的正确思路，也是完全符合我国现实的明智之举。

四、选择会计政策应处理好的几个关系

为保证按照企业立场所选择的会计政策，既能实现企业的持续稳定发展，又能得到与企业有关的各利益集团的理解和支持，企业在选择会计政策时，必须妥善处理以下几个关系：

一是中立性与倾向性的关系。站在企业立场选择会计政策，无疑会或多或少地伤及其他利益集团的经济利益，过分强调企业利益，将可能引发其他利益集团的反对，使企业出现危机，阻碍正常的生产经营，上市公司尤其如此。因此，如何合理把握倾向性与中立性的关系至关重要。

二是稳定性与调整性的关系。会计政策既不能绝对稳定不变，也不能朝令夕改，只能在一定时期和一定环境下保持相对稳定不变。我国允许企业在国家法律或统一会计制度发生变动时，或变更的会计政策能够提供有关企业财务状况、经营成果和现金流量等更可靠、更相关的会计信息时变更会计政策。对于前一种原因，由于纯属客观原因，企业很好把握，但后一种原因纯属主观原因，完全依靠企业的主观判断，会使企业在变更时机的把握上有一定的难度。因为频繁变更会有操纵利润之嫌，墨守成规则可能导致会计信息失真。因此，企业必须妥善处理会计政策的稳定与调整之间的关系，企业在变更任何会计政策时都应严格遵守谨慎性原则、重要性原则和实质重于形式原则的要求。

三是成本与效益的关系。企业选择会计政策的最终目的是提供能够最恰当地反映企业财务状况、经营成果的会计信息，保证会计信息的质量，满足各信息使用者的信息需求。一般而言，会计信息的提供受两个因素的制约：一是信息提供成本，企业必须解决好信息所产生的效益与信息提供成本之间的关系，避免因盲目追求会计信息的质量而导致会计信息提供成本太大的现象发生；二是误差，由于会计分期假设的存在，使得一些会计业务必须依靠职业判断来进行，还有一些会计业务不能取得精确值，只能取近似值，因此，会计信息中是允许有一定误差的，只要这种误差不致扭曲企业的真实情况，不降低会计信息的使用价值，不影响决策的正确性就是允许的。正确理解会计信息质量的两个制约因素，有利于企业在制定会计政策时权衡信息提供的成本与效益，以免在一些会计政策的制定上争论不休，徒耗精力。

本章小结

在现行会计准则体系下，会计政策选择是一个重要课题。本章内容是有关会计政策选择的基本概念、基本理论和基本方法，对于学生而言较为生疏。希望同学们能够对前期财务会计课程中所学到的相关知识，站在设计者的角度重新梳理，以加深对会计政策相关知识的了解，提高应用能力。

主要概念和观念

□ 主要概念

会计政策　企业主体观　双层主体观　宏观会计政策　微观会计政策　会计政策选择

□ 主要观念

双层主体观是目前比较符合现实环境和会计发展趋势的一种观点。双层主体观强调国家的会计政策应是一个由上下两个层次构成的完整的系统，上层为由国家或有权制定会计政策的机构制定的会计政策，我们可以称之为国家会计政策或宏观会计政策，下层为由企业在国家或有权制定会计政策的机构制定的会计政策指导和约束下制定的适合于企业具体情况的会计政策，我们可以称之为企业会计政策或微观会计政策。正确理解会计政策的层次性，将有利于我们对会计政策的正确运用。企业在进行会计政策选择时，要坚持多元立场观，并妥善处理好中立与倾向、稳定与调整以及成本与效益之间的关系。

基本训练

□ 知识题

• 阅读理解

1.1 简答题

(1) 什么是会计政策？会计政策包括哪两个层次？

(2) 什么是宏观会计政策？宏观会计政策应具有哪些特点？

(3) 什么是企业会计政策？

(4) 宏观会计政策和企业会计政策有什么关系？

(5) 在现代企业里，选择会计政策有哪几种立场？

(6) 我国现行会计准则中涉及的会计政策具体体现在哪几个方面？

1.2 思考题

(1) 我国企业在选择会计政策时应持哪种立场？为什么？

(2) 选择会计政策时应妥善处理哪几种关系？为什么？

• 知识应用

1.1 单项选择题

(1) 会计政策一般包括（　　）。

A.国家会计政策　　B.行业会计政策
C.国际会计政策　　D.可选择性会计政策

(2) 国家会计政策的首要特点是（　　）。

A.适用性　　B.指导性　　C.可选择性　　D.约束性

(3) 企业会计政策与国家会计政策的最大差异是（　　）。

A.适用性　　B.不可选择性　　C.约束性　　D.指导性

1.2 多项选择题

(1) 国家会计政策的特点一般应包括（　　）。

A.适用性　　B.指导性　　C.可选择性　　D.约束性

(2) 选择会计政策的立场一般包括（　　）。

A.投资者立场　　B.经营者立场　　C.国家立场　　D.企业立场

(3) 选择会计政策应处理好的关系，一般包括（　　）。

A.稳定性与调整性的关系　　B.中立性与倾向性的关系
C.成本与效益的关系　　D.经营者与投资者的关系

1.3 判断题

(1) 企业必须在国家会计政策允许的范围内选择会计政策。（　　）

(2) 我国企业一定要站在投资者立场选择会计政策。（　　）

(3) 会计政策选择是所有企业在设计会计制度时都必然会遇到的。（　　）

□ 技能题

根据此前已经学习过的财务会计知识以及本章的学习内容，请绘制一张国家会计政策表。

□　能力题

• 案例设计题

1.甲公司是一家新成立的大型化工企业，属于增值税一般纳税人。考虑到赊销业务较多，为完善应收账款核算制度，企业欲设计坏账核算制度，但遇到如下困惑：

（1）由于刚刚成立，会计人员整体学历水平较高，但经验不丰富；

（2）因刚刚成立，客户群尚未建立。

要求：请结合上述资料，为甲公司设计坏账核算制度提出合理化建议。

2.A公司是一家老牌制造业企业，产品淡旺季较为规律，其固定资产构成较为复杂，包括房屋建筑物、电子设备、机器设备和办公设备，其中部分机器设备受腐蚀较为严重。该公司长期以来一直统一采用直线折旧法计提折旧，严重影响了企业的财务状况。最近，该公司决定变更折旧政策，但面对如此复杂的情形，设计人员无从下手。

要求：请结合A公司固定资产现状，为其提供固定资产折旧政策选择的合理化建议。